法学教育研究

（第三辑）

Studies on Legal Education (Volume 3)

主　　编　刘定华　徐德刚
执行主编　喻　军
副 主 编　邱帅萍　刘　鄂

知识产权出版社
全国百佳图书出版单位

图书在版编目(CIP)数据
法学教育研究.第三辑/刘定华,徐德刚主编.—北京:知识产权出版社,2016.9
ISBN 978-7-5130-4560-5
Ⅰ.①法… Ⅱ.①刘… ②徐… Ⅲ.①法学教育—研究—中国 Ⅳ.①D92-4
中国版本图书馆 CIP 数据核字(2016)第 260008 号

责任编辑:李燕芬　　责任出版:刘译文
特约编辑:张　萌　　封面设计:乔智炜

法学教育研究(第三辑)

刘定华　徐德刚　主编
喻　军　执行主编

出版发行:知识产权出版社有限责任公司　网　址:http://www.ipph.cn
社　址:北京市海淀区西外太平庄 55 号　邮　编:100081
责编电话:010-82000860 转 8173　责编邮箱:nancylee688@163.com
发行电话:010-82000860 转 8101/8102　发行传真:010-82000893/82005070/82000270
印　刷:北京中献拓方科技发展有限公司　经　销:各大网上书店、新华书店及相关专业书店
开　本:787mm×1092mm 1/16　印　张:29
版　次:2016 年 9 月第 1 版　印　次:2016 年 9 月第 1 次印刷
字　数:417 千字　定　价:78.00 元
ISBN 978-7-5130-4560-5

编者的话

《法学教育研究》(第三辑)是湖南法学教育研究会2016年有关法学教育研究成果的展示。《关于全面推进依法治国若干重大问题的决定》已通过一年有余,各项关于培育应用型、复合型法律人才的教育计划、有关法学教育改革的实践在我省有条不紊地贯彻实施。因此在《法学教育研究》(第二辑)的基础上,第三辑的内容无疑更加广泛、更加深刻。

本辑收录的内容不仅有普通高校关于培育卓越法律人才的教学改革,也有党校行政学院有关加强领导干部法治教育的深入分析;不仅有针对法学理论教育的论述,也有关于优化法学实践教学办法的探讨;不仅有关于改善在校本科生的法学教育的思考,也有关于加强农民大学生法治教育的探索;不仅有从法学学科自身出发的教育改善之研讨,也有结合其他学科、融汇多种理念所做的研究。

不可否认的是本辑未对研究生法学教育的问题、法律信仰之培养、湖南高校教育合作机制的运行作出分析讨论。种种不足,冀望能在下辑《法学教育研究》予以弥补。

编　者

二〇一六年九月二十五日

目 录

法学教育理论

法学教育方法

法学课程教学

法学实践教学

法学人才培养

法学教育理论

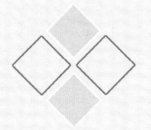

高等学校法学教育现代化研究*

李云霖** 李伯超***

摘 要:法学高等教育现代化不仅关乎法学学科教育的现代化,而且决定了培养法治国家建设人才的质量。高等院校法学教育现代化定位应以法律人的现代化为逻辑起点,是通识教育基础上法学专业教育的差异化探索、大众教育基础上法学精英教育的梯次化发展与知识传承基础上法学创新教育的多元化展开。打造高素质的专兼职教师队伍、聚焦迁移性能力的广谱法学教学模式、确立基于人的全面发展与法学学科属性的有机课程体系等是法学教育现代化内涵式发展的关键点。在应对法学教育与信息技术、大数据深度融合的趋势中,法学教育内容的拓展、法学教育方式的调适和法学教育对象的素养等是法学教育现代化需重点关注的内容。

关键词:人的现代化 迁移性能力 信息技术 大数据

---

* 本文系湖南省教育科学"十二五"规划2013年度课题"聚焦卓越法律人才培养:地方性大学研究性教学与学习模式的理论与实践"(XJK013BGD019)和湖南科技大学教改课题"大学法学本科研究性教学与学习的理论与实践"(G31046)的阶段性成果。(该文主体部分已发表在《大学教育科学》2016年第4期。)

** 李云霖(1973—),男,湖南武冈人,湖南科技大学副教授,法学博士,硕士生导师,法治发展与权利保障研究中心主任,主要从事宪法学、行政法学与法学教育研究。

*** 李伯超(1962—),男,湖南武冈人,湖南科技大学教授,湘潭大学法治湖南建设与区域社会治理协同创新中心研究员,法学博士,博士生导师,主要从事宪法学、法理学与法学教育研究。

关于包括法学在内的中国高等教育的未来发展,《国民经济和社会发展第十三个五年规划纲要》与教育部首次发布的《中国高等教育质量报告》都提出了一个共同的问题,即如何准确把握我国教育发展的阶段性特征以便更好地推进高等教育现代化?换句话说,即作为高等教育中重要学科的法学,现阶段如何推进其教育现代化?有论者此前提出需要提倡教育思想现代化、教育模式现代化、课程体系和教学内容现代化、教育手段和教育方法现代化等[1];也有论者认为需确立教、学、做合一的教育理念,提高进入法学院和律师界的标准,采用政府指导下的自主性与专业化的管理模式,以及灵活实用的课程设计[2]。前者大致明晰了法学教育现代化的内容,后者勾勒了法学教育现代化的框架,但无论内容还是框架既没有涉及法学教育现代化的逻辑起点,也没有自洽的相关体系,因而很有深入探讨的必要。我们认为,高等教育现代化虽然内容丰富体系复杂,但最终应该是围绕人的现代化这个起点而展开的逻辑体系。本文以高等学校法学本科教育为中心,在法律人的现代化这个逻辑起点上讨论法学教育现代化的三个基本问题。

一、高等学校法学教育现代化的定位

高等学校作为法学教育生态系统主体,是整个法学教育系统建设的核心;高校法学教育的准确定位,是引领高校法学发展的核心指针。基于现代化法律人的逻辑起点,法学教育现代化的定位就是培养什么样的法学人才及怎样培养法学人才和办什么样的法学教育及怎样兴办法学教育的核心观念,是建立在法学高等教育规律基础之上的法学教育发展理念与行动方略,这从根本上决定了法学教育将走向何处。由于高校法学教育主体多样、层次分明及学生差异化等多重因素,能够作出统一规定的合理性与可能性存疑。综合考虑作为国民教育学科的法学教育、作为培养依法治国人才的法学教育和作为人力资源建

---

〔1〕 王继军:《高等法学教育现代化的思考》,载《山西大学学报》2004 年第 3 期。

〔2〕 马齐林:《关于我国法学教育现代化的思考》,载《内蒙古师范大学学报》2013 年第 9 期。

设的法学教育三重视角，高校法学教育现代化的定位应是通识教育基础上法学专业教育的差异化探索、大众教育基础上法学精英教育的梯次化发展与知识传承基础上法学创新教育的多元化展开，以营造人人皆可成才、人人皆尽其才的多维现代法律人生态。

(一) 通识教育基础上法学专业教育的差异化探索

作为一个完整的法律人才培养体制，法学教育既包括通识教育，也包括专业教育；但无论通识教育抑或专业教育，都是基于综合办学条件的差异化探索。法学教育强调通识教育，是由如下几方面原因决定的。首先，法律治理以其他社会关系为基础。法律是建立在复杂社会关系之上的规范，随着依法治国的全面推进，经济关系、政治关系和社会关系等将逐步在更深层面纳入法制轨道。因此，复杂社会关系所要求的基本知识与法律知识必须相互融通。同时，从其他学科角度来观察法律背后的社会结构与社会发展，有助于更好地理解和实现社会正义。其次，法律问题独立公正的解决需要法律人员掌握必需的非法学知识。现代社会越来越显示出多学科交叉的特点，不同学科融合加速，对知识、能力和素质的要求也愈加综合。大量复合性的法律问题仅仅依靠高度专门化的法律知识已越来越难以应对。例如，程序法中规定鉴定制度等是专业知识匮乏所必须采取的措施，专家辅助人出庭制度、技术调查官说明制度等也是对非法学知识尊重与怀疑的双重结果。法律事务处理尤其是事实认定中，主导权掌握在司法人员手中，有利于独立公正地认定事实从而正确适用法律。最后，职业新特征需要通识教育。职业选择与专业教育的非对称性、职业稳定性与流动性的背离等，是众多法学学生不得不面对的择业问题。通识教育能培养学生发现、分析和解决问题时具有迁移性的部分核心能力，这种能迁移的核心能力适应了职业与专业的非对称性、职业流动性增加的现实。这对于法学本科生而言更具必要性与紧迫性，因为法学本科毕业生就业率自 2011 年以来已连续 5 年居于靠后的位置，即便是华东政法大学，“法学毕业生真正当法官检察官律师的 8%都不到”[1]。

---

[1] 周斌、李想、蔡长春：《四大金句成新年司改风向标》，载《法制日报》2016 年 1 月 11 日。

但是,作为一种高度专业化的职业,法学教育又必须是专业教育。首先,法学特有的知识体系。作为近代大学最早设立的三门学科之一,在长期的发展过程中,法学学科形成了特有的知识体系。目前,我国法学学科知识体系主要由法学的十几个二级学科知识和若干三级学科或基本课程知识所构成。法学理论、法律概念、法律规则、学术流派和各种制度规定等构成了法理学、宪法学、行政法学、民法学、刑法学、商法学、经济法学、国际法学以及三大诉讼法学(刑事、民事、行政)等二级学科的主要内容。这些知识体系具有一定的排他性,即从事法律领域的工作必须具备。其次,法律职业理念。法律职业理念既是其区别于其他职业的关键所在,也是法律职业共同体相互认同的纽带。法律职业理念大致包括法治信仰、法律意识、执法司法理念、法律执业伦理与规则、法律思维与语言等,这对法律人的发展起着定向、涵育和规范作用。最后,法律职业能力。协商能力、谈判能力、调解能力、抗辩技巧和方法、法律文书制作能力、合同起草技能、审核鉴别和运用证据能力等,这是法学学生完成法律职业工作应具备的基本技术、技巧和技能。[1] 中央全面深化改革领导小组第十三次会议指出,按照法治队伍建设正规化、专业化、职业化标准,推进人民法院、人民检察院队伍建设,为全面依法治国提供人才保障。[2] 上述对法律人才的相关要求正是专业化的具体表现,而“学生的能力水平越高,其找到的工作与专业的相关性越高”的实证结论则是专业化必受重视的最好诠释。[3]

(二)大众教育基础上法学精英教育的梯次化发展

关于法学教育人才重心的定位,有“精英说”、“大众说”与“综合说”。结合当时的高等教育情境以及不同的侧重点,各“说”都有一定的合理性。不过,通过21世纪前十年高等教育规模的扩大,无论从高等教育的入口还是出口来看,我国已完全进入大众化高等教育

---

〔1〕 霍宪丹:《法律职业与法律人才培养》,载《法学研究》2003年第4期。

〔2〕《树立改革全局观积极探索实践发挥改革试点示范突破带动作用》,载《人民日报》2015年6月6日。

〔3〕 范皑皑、杨钋:《大学生能力发展的变与不变》,载《光明日报》2016年2月25日。

时期。[1] 适应大众化高等教育时期的国情，基于国家整体角度考虑，大众教育基础上精英教育的梯次化发展是更为合适的选择。即，法学教育与其他国民教育一样，必须面向大众教育；将法律当作科学知识来学习，如同学习历史、文学等一样，强调理论、概念、知识和方法的掌握。这有利于培养并提高公民的法律素质、法学素质与法治素质，推动国民素质和人力资源整体水平迈上新台阶。

同时，法学教育由于其特殊性，又必须强调精英教育。法学教育需为国家培养依法治国的英才，这使得精英教育成为其必不可少的组成部分。首先，精英教育人才适应国家权力特性的需要。进入立法、行政与司法机关的法律人才一般都是直接运用国家权力的人员，并因其专业特点而居于国家和社会管理的重要位置，更容易影响和运用权力。[2] 精英教育培养的人才更能保证国家权力运行在法治轨道上。其次，精英教育人才适应维护公民、法人与其他组织权利的需要。法律规定的公民、法人与其他组织的各种权利是公平和正义的体现，如何在社会生活中实际地享有不仅关乎各种权利的实现，也关乎公平和正义的实现。法律人才的专业素养是权利、公平和正义实现的关键因素。最后，精英教育人才适应立法、行政与司法机关的需要。培养符合业界需求的法律人才并服务经济社会发展是法学教育成功的关键标志。《关于完善国家统一法律职业资格制度的意见》《关于招录人民法院法官助理、人民检察院检察官助理的意见》等规定，要按照法治队伍建设正规化、专业化、职业化标准，建立统一职前培训制度，把好法律职业的入口关、考试关、培训关。上述文件对于法律人才的要求是法学教育定位于精英教育的现实理由，法学教育必须要为学生未来从

---

〔1〕 从高等教育的入口来看，高等教育毛入学率从2009年的24.2%提高至2014年的37.5%。参见胡鞍钢：《教育红利正在抵消人口红利下降影响》，载《中国教育报》2015年12月11日第5版。从高考录取率看，录取率呈快速增长态势。2013年全国高考录取率为76%，部分省市高考录取率甚至高达90%以上；2014年全国高考录取率为74.33%，虽然较2013年下降近两个百分点，但与报名人数回升、计划录取人数增幅下降有直接关系。参见《2015年高招调查报告》http://www.eol.cn/html/g/report/2015/report1.shtml#baogao1-2，访问日期：2016年2月23日。从高等教育的出口来看，2014年主要劳动年龄人口中受过高等教育的比例达到15.83%，比2009年提高5.93个百分点。参见赵秀红：《高等教育怎样走上内涵发展之路》，载《中国教育报》2015年12月5日第2版。

〔2〕 霍宪丹：《法学教育的历史使命与重新定位》，载《政法论坛》2004年第4期。

事法律职业做好认真而全面的准备。当然,各学校须基于本身实力和发展的阶段性特点,找到各自的恰当定位以满足社会的不同需求,从而实现大众教育基础上精英教育的梯次化发展。

(三)法学知识传承基础上创新教育的多元化展开

现代大学人才培养、科学研究、社会服务和文化传承创新四个方面的功能都以知识作为基础,作为其中重要的学科,法学教育也不例外。无论是法律的产生、发展规律及本质、作用等理论问题,还是部门法各层面的具体内容;不论是高超的法律适用能力还是娴熟的技巧总是建立在具有广博性、系统性、连续性、完整性和逻辑性的知识基础上。因此,知识传承是法学教育的基础性内容。但是,过于强调法学知识传承,让法学课堂变成“知识传输带”、法学学生变成“知识存储器”,也与现代教育理念不符。

在以知识创新和智力竞争为标志的现代社会中,创新发挥着更加重要的导引作用,成为国家和社会可持续发展的重要基石。因此,法学知识传承基础上的创造性精神、创造性思维和创造性能力等组成的创新是更为合适的选择。创新具有多元建构的特征,不单是指想出新主意解决新问题或提出新见解,而是指包括发现问题、提出问题和解决问题序列中如何界定问题、如何调动资源解决问题、如何评估解决方法价值以及完成解决方案的实践等系列过程。从精神层面来说,法学教育创新主要关注学生通过探索、求新、求是等献身事业和奉献社会的认知、情感和行为意向。从思维层面来说,法学教育创新需要培养学生的批判性思维、反思性思维与开拓性思维。从理论能力来说,培养学生在较为广博的知识基础上的综合运用能力和创造力。从实践能力来说,培养学生结合具体案例运用所学法学知识解决系列法律问题的能力。总之,将法学知识的传承和创新取向结合,传承重心与创新内涵基于院校自身传统、特色与优势的多元化展开,能更好地促进法学学生发展和国家社会发展。

二、高等学校法学教育现代化的支点

在整个高等教育向现代化发展的进程中,人是一个最基本的内在因素。无论是科学研究、服务社会还是文化传承创新,都是位列人才培养目标之后而逐渐发展出的大学功能,而且也都是围绕人才培养而衍生出的外在功能。在内涵式发展成为教育发展底色的背景下,为引导、培育、促进"T"型法学人才的"博雅之基"与"专业之思"并助推其实践理性与技能,法学教育现代化必须从关注硬指标的显性增长向致力于软实力的内在提升转变:打造高素质的专兼职教师队伍、聚焦迁移性能力的广谱法学教学模式、确立基于人的全面发展与法学学科属性的有机课程体系等是其中的关键支点。[1]

(一)打造高素质的专兼职教师队伍

如果说提高质量是高等教育的生命线,那么高校教师队伍水平就是高等教育质量生命线的控制线。法学学科评价标准有两个维度:一是法学研究主题和方法的学术维度;二是法学满足社会需要的实践维度。无论是学术维度还是实践维度,规模适当、结构优化、崇尚职业的高水平法学师资队伍是法学教育现代化的前提。首先,提升法学教师整体素质。法学教师整体素质既指教师队伍的整体结构,也包括教师的个体素质,是学者、学术梯队及其效应相互影响的教学团队。这需要着眼年龄结构、学历结构、职称结构、团粒结构、学缘结构等要素,教师聘任中海纳百川,教师培养中理论实务兼顾、域内域外法学知识融合,从而造就一支结构因素合理、专业素养优秀、教学风格良好的法学教师队伍。其次,协调法学教师的科研与教学关系。法学学科既是科学研究的平台,也是法学教学的平台。法学研究与法学教学之间高度正相关:法学研究在很大程度上影响法学教学水平,法学教学水平也可以转化为法学研究能力。因此,需改变以前偏重于科研成果的评价机制,做到既要重视对教学水平的评价,也要重视教师科研成果的创新和实际贡献以促进教研相长。2016 年 2 月国务院常务会议中确定的"将科技成果转化情况纳入研发机构和高校绩效考评"等就是对教

[1] 根据教育学理论,法学教育现代化支点体系至少包括法学教育理论、教学模式、课程体系、教师队伍、评价技术以及教育结构、教育环境、教育投入、教育治理、教育组织、教育对外开放等多方面,限于篇幅本文仅讨论其中的三个关键点。

师科研成果的肯定。[1] 最后,强化法学实践交流。法学专业是深度嵌入我国系列制度设计的本科专业,必须按照社会需求塑造学生能力。强化与法律实践部门交流,是协调"个体发展"、"知识体系"和"社会需求"之间矛盾的关键举措之一;而在高等院校内部快速提升教师实践能力条件不具备的情形下,就更需要借助实践部门的外脑。瞄准提高人才培养质量与提高法学科学研究水平的目标,法学院校须基于培养法学人才的定位、模式与法学科研优势、特色、服务面向等差异,通过不同途径切实加强与法律实务部门的多方位合作,精心打造专兼结合的法学专业教学团队,努力将优质社会资源集聚、转化为教学资源。

(二)聚焦迁移性能力的广谱法学教学模式

广谱法学教学模式是综合法学教育目的、课程设计和心理理论及其相互影响,以使教师行为范式化以及法学学生将教师所传授的聚焦知识、理念与职业技能等迁移性能力培养的学习方法运用于自主学习的法学教学策略、教学方法、教学程序与教学风格等的综合。如果说高等教育是知识和人才的重要结合点,那么教学模式就是知识和人才结合点的转化器:法学教学模式具有起承转合的引领作用,决定着法学教育现代化站在什么样的制高点上,其发展水平决定着法学人才综合素质的高低。法学教育现代化中广谱教学模式的关键点有三:其一,广谱法学教学模式是一种教学模式的价值观。鉴于法学教育层次、教学规模、教育受众的差别非常大,任何优效的教学模式无法适用于所有的情形;而且,原有优效的法学教学模式也不能完全解决诸如学生价值观念、思维方式、学习方式变化以及法律制度诸如司法体制、法律职业资格考试变革等所带来的新问题。因此,法学教育广谱教学模式既是对现有优效教学模式的概括,也是对现有优效教学模式不断完善的期许。其二,广谱法学教学模式推崇各类聚焦法学学生迁移性能力的教学模式。无论学生在学校的知识与技能如何优秀,如果没能将法学教师传授的这种掌握知识与技能的方法迁移到日后的新环境

---

[1] 《李克强主持召开国务院常务会议》,载《人民日报》2016年2月18日。

中,那也不是现代化视野中的法学教育。随着社会转型与知识更新的加快,掌握知识与技能的迁移性能力是学生提升适应能力的必需:学会如何学习。聚焦法学学生迁移性能力的教学模式虽然各异,但正是这各异的教学模式促成了百家争鸣,也繁荣了法学教育。因此,无论是教育部部属大学的法学院案例教学模式、诊所教学模式,还是地方性大学法学院校在启发式、参与式、讨论式教学原理上探索的研究性教学与学习模式、全真案例教学模式等[1],只要其关注培养学生解决复杂问题的综合能力、聚焦法学学生质量提升,都应该加以引导与鼓励。其三,广谱法学教学模式强调教师与学生的"一体两面"。教育过程是教师教与学生学的两面的统一,法学教育也就是教师与学生相依相存的活动,教师积极性调动和学生积极性发挥是两个同样重要的方面。[2] 法学教师与学生需在相互关联的合作、互动与协同中推动法学观念交流、法学思维互动与法律人格养成。联合国教科文组织报告《反思教育:向"全球共同利益"的理念转变?》认为要重新定义知识、学习和教育的同时,也提出教师应该是学生学习指导者、帮助者以及和学生共同学习伙伴的综合角色。[3] 总之,法学教学中要变教师带着问题走向学生为教师带着学生走向问题,力求实现师生共同探索、共同发现和共同创造的目标,以使法学学生应对未来不确定的工作机会和挑战时能有确定性的长期解决方案。

(三)确立基于人的全面发展与法学学科属性的有机课程体系

课程体系是高等学校培养人才的载体,同时也是一个具有特定功能、特定结构、开放性的知识、能力和经验的组合系统。[4] 作为课程体系中的一分子,法学课程体系就是高等学校为了达到法学专业培养目标而设计并指导学生学习内容及其构成要素的总和。首先,法学课程体系以满足学生不同需求为基础。法学课程体系作为影响学生知识结构和职业适应力进而影响社会创造力的重要载体,是为法学人才

---

[1] 胡军辉:《论全真案例演示教学法》,载《大学教育科学》2014年第5期。

[2] 胡弼成:《教育主体评议》,载《大学教育科学》2008年第2期。

[3] 顾明远:《教育观念现代化是教育现代化的灵魂》,载《人民日报》2016年1月31日。

[4] 胡弼成:《高等学校课程体系现代化研究》,厦门大学2004年博士学位论文。

设计的超越过去、改造社会的发展蓝图。法学课程体系需强调基于学习者体验和经验的学习内容,因为只有把“人才培养”整合到课程体系中,才能走向人的全面发展的终极目标之途。其次,法学课程体系需兼顾法学学科特性。法学属于人文学科,具有侧重人才培养与科学研究的人文社会科学属性。但与一般的人文学科不同,因其实用性而与现实联系非常紧密,必须注重与社会的对接,以便通过提供直接服务等获得社会声誉。因此,法学课程体系须扎根社会、行业需要,以便随时能够响应来自包括国际社会的需求,并在响应需求链的过程中把握、引导社会与行业发展。最后,统筹建立有机而开放的课程体系。法学学生未来前途和生活的定向,以及控制复杂情况的能力等,都必须倚靠有机联系的课程体系。这需要协调理论课程与实践课程、课堂教学课程与课外教学课程、课程内部的知识传承与知识创新比例、法学专业课的创新创业内容与创新创业专门教育课内容,等等。因为,确定不同课程比例以及课程内部不同知识的比例需要建立在不同类型知识在传播、加工和生产的差异性基础之上。例如,法理学、法制史、行政法、民法都是法学本科的基础课程。但从对外部需求的满足来说,法理学、法制史与行政法、民法是不可同日而语的。这样,法理学、法制史与行政法、民法的知识传授重点、知识创新内涵与社会对接要求等就不可能一样,进而决定了不同课程比例、课程内部不同知识配置比例以及随着社会发展变化适时自我调整、自我更新的机制。

三、高等学校法学教育现代化的趋势

法学教育需要面向未来,而非仅仅关注当下。随着信息技术革命与大数据席卷整个世界,法学高等教育也正经历着信息技术与大数据的洗礼。信息技术、大数据与法学教育的深度融合在促进法学教育现代化的同时,也将深度改变法学教育的内容、结构与模式等。充实法学教育内容、推进法学教育深入改革、培养跨界的法学创新人才等正成为信息技术与大数据时代不得不直面的现实问题。正确把握法学教育的这些现实挑战进而理性地促进法学教育与信息技术、大数据的结合,无论对于法学学科发展、学校学科水平提升,还是法学学生质量提高与法学教师能力培养都具有重要的意义。

(一) 法学教育的内容需紧随信息技术与大数据运用而拓展

信息技术适用与大数据时代的社会将发生巨大甚至是本质的变化,进而影响人类的价值体系、知识体系与生活方式,作为支撑人类社会建设、解决矛盾与纠纷的法律必将因此而发展。首先,信息技术适用将继续丰富法学教育内容。教育法规定,国家推进教育信息化,加快教育信息基础设施建设;县级以上人民政府及其有关部门应当优先安排、扶持、发展教育信息技术。信息技术适用对法学各学科的内容产生了重要影响,如信息技术下宪法与民法中的隐私权、知识产权法中专利保护与限制平衡的再定位、刑法中对于犯罪构成影响而致的罪名增加与罪名内容变迁等。而且,这些内容都将继续随着技术适用的发展而发展,也将随着时间的迁移而不断被吸纳进法学教育。其次,大数据应用将扩展法学教育的内容。大数据应用涉及经济价值、伦理价值与社会价值等领域,将其纳入法律治理时,自然需要平衡彼此之间的关系。例如,经济价值方面会产生数据资产、数据产权、数据定价等问题;利用大数据模仿人类直觉式思维的人工智能会带来人类生存意义、情感冲突、价值选择等系列道德伦理问题;社会价值方面会产生诸如保护公民个人数据权利、保护弱势群体交易机会、企业秘密与数据产权保护、权利公示范围与方法改进等问题。法学教育自然面临这些前沿问题的探讨与平衡,这将进一步扩展法学教育内容。

(二) 法学教育的方式需随着信息技术与大数据普及而调适

结合法学学科自身特点,构建符合学科、学生特点的开放式、智能化教学模式,追求信息技术、大数据与教育的深度融合是法学教育方式需应对的趋势。首先,信息技术将继续催生法学教育方式变革。《教育法》第 66 条规定,利用信息技术促进优质教育资源普及共享,提高教育教学水平。《2016 年教育信息化工作要点》指出,鼓励高校广泛共享在线开放课程;指导高校利用在线开放课程探索翻转课堂、混合式教学等教学方式改革。实践教学方面,继续建设 100 个左右的国家级虚拟仿真实验教学中心,试点开展优质虚拟仿真实验教学项目资源库建设。推进法学教育教学与信息技术融合发展、通过线上线下结合的超实体环境培养学生能力将是法学教育方式必须适应的趋势。其次,法学教育中运用大数据分析方式才能适应大数据运用于日常工作的现实。人民法院信息化建设发展规划专题会议中“尽快建成以大数据分析为核心的人民法院信息化 3.0 版”、“对海量审判数据进行挖掘,分析审判工作发展趋势和内在规律”的提出,标志着大数据适用被正式引入法院的司法决策和审判管理。[1] 现实中,大数据的应用已经为法院掌握审判动态、研究类案具体情势、制定司法解释、发布司法数据、提出司法建议等提供了“立等可取”的便利[2]。“将大数据作为提升政府治理能力的重要手段”、“借助大数据实现政府负面清单、权力清单和责任清单的透明化管理”等诠释着政府中大数据的广泛适用。以司法数据为例,教师借助司法裁判大数据剖析引擎等工具,引导学生分析其背后潜藏的关于法律法规实施、法院审判执行工作等信息,这种教学方法有助于学生从社会生活中发现真正的法律问题并可能快速获取影响未来的信息。随着大数据与教育融合的不断推进,具有智能化、个性化、多元化特征的新型法学教育方式正逐步走进现实。因此,法学教育需朝着信息技术、大数据深度融合、法学教育资源逐步无缝整合共享、逐步展开的无处不在的法学开放按需学习方向作出调适。

(三) 法学教育的对象需随着信息技术与大数据的跨界要求而培养

培养既掌握法律知识与执业技能,又可以利用信息技术和大数据方法发现、分析与解决未预知的真正法律问题的跨界人才趋势需要法学教育认真面对。首先,法学教育需面对信息技术提高法学人才素质的要求。信息技术深度融入了法律职业,引起了法律职业技能的新变化,合格的法学人才必须掌握信息技术条件下的法律运用。《关于全面推进政务公开工作的意见》指出,积极运用信息技术,提升政务公开信息化、集中化水平,构建基于互联网的一体化政务服务体系。法院

---

〔1〕 乔文心:《提升信息化应用水平努力建设智慧法院》,载《人民法院报》2016 年 2 月 26 日。

〔2〕 徐隽:《“智慧法院”带来怎样的变革》,载《人民日报》2016 年 4 月 6 日。

信息化方面,以促进审判体系和审判能力现代化为目标的信息化 2.0 版基本建成,目前正朝着 2017 年底建成具有中国特色的人民法院信息化 3.0 版的目标疾速前进。[1] 因此,信息技术条件下的法律适用将成为法学学生必不可少的职业能力。其次,培养学生利用大数据分析发现并解决真正的法律问题从而适应业界需求的能力成为必需。智能设备、智能系统、智能决策同法律职业者融合到一起时,法律大数据的潜能就可以体现出来。随着执法、司法等领域用数据"说话、决策、管理、创新"的运用,法学学生共同探讨数量巨大的法律条文、案例要旨、法律观点及对裁判文书进行深度加工、聚合和剖析成为必要,学生掌握对财政、金融、税收、政府转移支付等领域的政府数据采集、存储和关联分析并发现新知识、创造新价值、提升新能力也正成为共识。因此,将智能设备、人和数据连接起来,并以智能方式利用这些交换数据将成为时代特征;采集、共享和分析数据,挖掘各类海量执法、司法数据进而提出预测和对策建议等将成为法学学生的必备素质。

〔1〕 宁杰:《加强法院信息化建设规划全面提升信息化水平》,载《人民法院报》2016 年 2 月 24 日。

论法学教育中的伦理教育

胡之芳*

摘　要：伦理教育不仅是法学教育不可或缺的重要组成部分，而且应当置于法学教育的首位；法律伦理教育有利于促进法律人自由人格的养成、促进法律人法治践行能力的提升、促进法律制度的伦理性完善以及社会整体法治氛围的形成。由于我国法学教育的独特发展历程以及社会转型期高等教育市场化带来的影响，我国法学教育中的伦理教育存在明显不足。法律伦理教育应当包括法律制度伦理教育和法律职业伦理教育两个方面。实现有效的法律伦理教育应从确立法律伦理学的核心课程地位、加强法律伦理学学科建设、改革课堂教学方法、强化法律实践教学以及净化校园文化等方面予以着手。

关键词：法律伦理教育；法律制度伦理；法律职业伦理

回顾我国法学教育的发展历程，自从改革开放以来，我国的法学教育从恢复重建走向全面发展，应该说取得了众所瞩目的成绩。然而，伴随着办学规模和人才培养数量的扩大，我国法学教育中的一些问题也逐渐突出，尤其体现在注重法律知识和技艺的传授而忽略对学生人生观价值观的教育。在司法考试和就业率等指挥棒的驱使下，法学教育呈现功利短视的面貌，法学教育表面繁荣的背后是法律伦理教

* 胡之芳，女，湖南桃源人，1973 年出生，法学博士，湖南科技大学法管学院教授。

育的匮乏。这种教育模式的危害已经初步显现,近年来相继发生的最高人民法院副院长黄松有腐败案、商务部条约法律司郭京毅腐败案、上海法官集体嫖娼案以及未成年人个人信息和当事人隐私严重泄露的"李某某强奸案",无不折射出司法实践中法律从业人员伦理思维能力和伦理行为能力的孱弱。毫无疑问,加强对法学教育伦理维度的关注已经成为提升法律人才培养质量不可忽视和回避的问题。

一、伦理教育在法学教育中的地位及其功能

(一)伦理教育在法学教育中的地位

《说文解字》云:"教,上所施下所效也","育,养子使作善也"。可见,对伦理道德的追求是教育的应有之义。教育本身就是一项内涵伦理意蕴的社会活动,可以说伦理本身是教育的属性之一,只有通过伦理性的教育,教育才能对外部社会产生积极的道德影响力,如果缺失了这一属性,那么教育也就不成其为教育了。教育是求善的活动,是自觉实践道德的领域。从根本而言,教育正是通过对人的精神的影响而使其获得在社会生活中的存在意义。[1]

对于法学教育而言尤其如此。法学教育的主要目标是为法治国家的建设培养高素养的法律人,一个高素养的法律人,无疑应当具有扎实的法律知识、良好的理性思辨能力以及熟练的解决法律实务问题的技术,但这并非法律人之综合素养的全部。诚如学者所言:"单方面的法律知识传授无论如何丰富、如何成功,都不能说是成功的法学教育。法学院在法律知识的传授之外还应关注受教育者思想能力与伦理能力的培养,因为前者关系一国法律制度的成长,后者则关系一国法律制度的健康。"[2]无法想象,一个缺乏健康伦理意识和伦理能力的法律人群体,如何能创制出具有良善品行的法律体系?亚里士多德主张法治只能是良法之治。"当一条规则和一套规则的实效因道德上

---

〔1〕 蔡辰梅、刘刚、赵长城:《论高等教育发展的伦理之维》,载《高等教育研究》2010年第11期。

〔2〕 齐延平:《论现代法学教育中的法律伦理教育》,载《法律科学》2002年第5期。

的抵制而受到威胁时,它的有效性就可能变成一个毫无意义的外壳。”[1]博登海默的论述同样表明,法律的伦理性决定着法律存在的正当性,也在一定程度上影响着法律的有效性,法律伦理的缺失最终必然导致法治沦为空谈。此外,从法学学科的特点而言,其以法律的制定和实施为研究对象,一定意义而言,法学是一门入世的学问,也正因为如此,相较于其他阳春白雪的学科,法学更容易陷入世俗或庸俗,如果缺乏独立的理想信念和伦理价值观念的持守,法律人更容易沦为所谓精致的利己主义者。综上,无论从法治的要求而言,还是从法学教育的目标而言,抑或从法学学科的特点而言,法学教育中的伦理教育都不是一个可以轻视的问题,恰恰相反,它不仅是法学教育不可或缺的重要组成部分,而且应当置于法学教育的首位。

(二) 法学教育中伦理教育的功能

1. 促进法律人自由人格的养成

蔡元培先生指出:“教育乃养成人格之事业也。”[2]由此可见教育之于人格的意义。所谓人格就是个体心理特质和行为特征的总和。而自由人格则是人之为人理想人格的体现,它意味着独立自主并有所执着、敢于担当的人格品行。对于法律人而言,自由人格尤其宝贵。司(执)法的公正与否与司法者、执法者的独立自由与否密切相关,而这一方面有赖于制度的保障,另一方面也与司(执)法人员人格之自由独立互为表里。法律人的自由人格体现为淡泊名利、不畏权贵,不为来自社会生活中各种诱惑所动,不屈服于任何外在压力,不为权动,不为利惑,诚信做人,平等待人。法律伦理教育重要功能之一就是使得教育始终与个体精神的自由发展保持和谐一致,捍卫和弘扬人性中的崇高和圣洁,促进法律人自由人格的养成,使之成为法律至上信仰的内在根基和保障,这也是从源头上遏制和化解司法腐败的重要方式。

2. 促进法律人法治践行能力的提升

法学教育如果只注重法律知识和技巧的讲授,这种教育所培养的

---

〔1〕 博登海默:《法理学——法律哲学与法律方法》,邓正来译,中国政法大学出版社1999年版,第40页。

〔2〕 高平叔:《蔡元培全集》,中华书局1984年版,第407页。

只可能是法律工匠,他们的工作也许一时能起到定纷止争的作用,但无益于法律终极目标的实现。法律伦理教育通过对人的伦理观念的熏陶以及对伦理思维能力和伦理行为能力的训练,使未来的法律人无论在立法还是执法的过程中都能进行正确的伦理判断和选择,能够从伦理的角度对法律进行审视和解释,从而更好地解决法律关系中各种利益主体之间的冲突,在法律适用过程中更好地实现法律效果和社会效果的统一。

3. 促进法律制度的伦理性完善

在单纯的法律技术和知识教育之外,法律伦理观念的教育有助于帮助学生深刻体会每一个具体的法条背后支撑它的伦理价值的理念,通过法律伦理的教育引导学生全面反思和批判现行的法律制度,把握法制发展的伦理方向,从而促进法律制度的伦理性完善。

4. 促进社会整体法治氛围的形成

法律的价值不仅仅在于它提供一种社会行为规范,更重要的是它蕴含着人们对公平正义的追求和向往。但法律规范中纸面上的、静态的公平正义如何转化为生活中的、动态的公平、正义在很大程度上取决于法律人的职业行为。法律人往往被视为正义的化身,法律人的信仰缺失、伦理溃败对整个社会肌体的危害更甚。反过来,法律人秉持公正、刚正不阿的职业行为对于广大民众而言,则是关于法治理念和精神的最直接最有效的感悟,法律人的伦理观念和伦理行为客观上能起到引领社会德性、匡扶社会正义、促进社会整体法治氛围形成的作用。

二、我国法学教育中伦理教育的缺陷及原因分析

2011 年 11 月,教育部、中央政法委员会《关于实施卓越法律人才教育培养计划的若干意见》指出:“近年来,我国高等法学教育快速发展,体系不断完善,培养了一大批优秀法律人才,为我国经济社会发展特别是社会主义民主法制建设做出了不可替代的重要贡献。但我国高等法学教育还不能完全适应社会主义法治国家建设的需要,社会主义法治理念教育还不够深入,培养模式相对单一,学生实践能力不强,

应用型、复合型法律职业人才培养不足。”这一表述可视为对我国法学教育现状的一个整体评价。其中提到我国高等法学教育“社会主义法治理念教育还不够深入”,事实上,这何尝不是法律伦理教育不足的另一种表达?

1998年,教育部确定了法学专业14门核心课程,但其中没有关于法律伦理学的专门课程,法学硕士和博士阶段的教育也没有这一类课程。直至1999年修订的《法律硕士专业学位培养方案》才第一次将“法律职业伦理”作为一门课程单独设置。传统法学教育普遍开设了公共政治课,但其主要功能是政治方向的导引,显然不能代替养成具有深切人文关怀的法律人人格和公平正义的法律伦理课程之功能。因此,1999年以前,我国高等法学教育中都没有法律伦理教育的理论和实践探索,只在律师资格考试中加入了“律师职业道德和执业纪律”方面的内容。进入21世纪以后情况开始发生变化,有越来越多的高校开始开设《法律职业伦理》课程,然而尽管教育部在2007年把原来的14门核心课程扩充至16门法学核心课程,其中却还是没有法律伦理学课程,时至今日依旧如此。有些学校开设了《法律职业伦理》课程,但总体而言不仅课时很少,而且地位低下,多数是选修课、考查课,内容上也没有涵盖法律伦理的全部内容,与此同时,法律伦理教育还存在师资力量匮乏、教材研究薄弱和教学方法落后等问题。因此整个法科教育忽视伦理教育的大局并没有改变。

如果把法律知识技能教育和法律伦理教育视为法学教育的两条腿,那么我国的法学教育明显地呈现出瘸腿跛行的状况。而这种状况的出现事实上是我国社会政治经济发展过程中各种历史现实因素综合影响作用的结果。

(一)我国法学教育独特发展历程的影响

新中国成立以后,伴随着我国社会政治经济状况的发展变化,法学教育也时起时落,大致经历了初创时期(1949—1956)、停顿时期(1957—1976)、恢复时期(1977—1991)、改革发展时期(1992—至今)

四个阶段。[1] 初创时期，百废待举，在彻底废除旧政府的发动法律后，我国法学教育基本以苏联为参考对象，强调社会主义法律是无产阶级专政的工具。法律始终都居于现实的政治之下而成为其附庸，与其相适应，我国的法学教育可以说自此定下了政治化和非职业化的基调。十年动乱时期，法学教育基本处于瘫痪停顿状态。及至十一届三中全会的召开和改革开放政策的确立，法学教育也迎来了自身发展的春天并被赋予了新的社会期待。由于十年"文革"后法律人才的断层，这一时期的法学教育以培养专业性的法律人才为要务，法律的专门知识的传授成为法学教育的重点。1992 年邓小平"南巡讲话"后，市场经济迅猛发展的同时，对法律人才的需求也更加广泛。党的十五大提出"依法治国"方略后，法学更是成为显学，法学教育呈急剧扩张趋势，为社会转型提供了大量专业法律人才。但法学教育似乎没有得到预期的肯定性评价，实务部门认为科班出身的法律人才实践能力低下，于是法学教育界开始摸索各种实践教学方式以加强对学生实践能力的培养。时至今日，法律实践教学的改革依旧是法学教育创新的重头戏。目前法律职业教育的性质定位在我国法学教育界占据主导地位，法学教育在整体上特别地关注了"法学"学科的教育教学，而对于法律伦理学这一貌似边缘的教育教学并未予以足够重视。然而，一个不争的事实是，伴随着市场经济条件下价值观的多元化、平面化以及社会利益关系的日趋复杂，法律人面临的利益诱惑和伦理冲突也日趋增多，各类司法腐败与不公现象屡见不鲜。如何解决法学教育面临的问题？正是在反思中，法律伦理教育问题逐渐呈现在法学教育者面前。

我国法学教育的历程无疑是我国建国政治经济状况发展变化的折射。不同历史阶段，由于肩负的功能性需求不同，法学教育的内容和方式也有变化。总体而言，我国法学教育经历了从非专业化(政治训导式)到专业化再到全面化的过程，而法律伦理教育正是全面性法律教育的不可或缺的组成部分。应该说，这一发展过程是符合事物发展完善的一般规律的，也正是从这一意义而言，我国当前法学伦理教育的不足是历史的必然，而如何强化法律伦理教育同样是历史的必然。

---

〔1〕 朱立恒：《新中国成立以来法学教育工作的历史与沿革》，载《中共党史研究》2008 年第 3 期。

(二)社会转型期高等教育市场化带来的影响

传统大学一直被视为高雅脱俗的"象牙塔",以知识维度作为衡量大学发展最基本最核心的维度。然而随着市场经济的快速发展,市场经济的因素不可避免地"侵入"高等教育,高等教育市场化正是在这一背景下出现。市场机制的力量成为影响高等教育的一个活跃因素,经费筹集的多元化、办学主体多样化以及科研成果的社会化等市场导向加速了各高校之间的竞争,大大促进了教育资源的优化和有效利用。但另一方面,高校不再是一块"净土",如何在高等教育市场竞争中不被淘汰甚至遥遥领先成为摆在高校面前的现实问题,对于有的高校而言甚至事关生存。对法学教育而言,一方面市场的需要和经济的驱动客观上必然影响法学教育的效果,具体体现在大规模扩招和师生比例失调,法学教育的营利冲动减缓了对学生予以法律职业伦理塑造的内在驱动;另一方面,在激烈的市场竞争机制下,高校评价机制日趋量化,达到或超越各种指标成为看得见的追求目标。司法考试通过率、就业率以及科研成果级别数量成为高校发展的指挥棒。学校层面往往把硬件建设放在首位,而忽视软件建设,对如何构建平等和谐的校园文化和公平正义的伦理观念则关注较少。教师晋升职称和提高待遇的指挥棒就是科研成果、获奖等,教学成为良心活,其成效难以量化,评职称时也往往被忽略。教师更多地关注自己的科研项目和论文,功利主义倾向严重,与学生的互动交流自然减少。就法律伦理教育而言,尽管在有的学校开设了这门课程,但课程教学法往往仅限于讲授法律职业的道德规范,而道德素质显然不是可以在课程上学会的,而是必须经过耳濡目染的教育,道德伦理体现才能够将是非观念和正义理念融入法科学生的个人人生观和价值观。[1]然而弥漫在整个高等教育市场化氛围中的功利短视现象与此几乎背道而驰,法律伦理教育的效果不如人意也就不足为奇了。

---

〔1〕 邱雪梅:《高校法学教育中的法律伦理教育浅析》,载《中国科技信息》2010年第16期。

三、法学教育伦理之维的应然内容

法学教育的伦理之维也即法律伦理教育,其内容取决于对法律伦理内涵的正确把握。我国法律伦理的研究历史并不长,法律伦理学作为一门学科提出最早始于何勤华教授的《法律伦理学体系总论》[1]一文,近二十多年以来,学者们纷纷著书立说,极大地推动了法律伦理学的研究。但总体而言,对法律伦理的研究尚处于起步阶段,尤其是法学教育界缺乏对法律伦理的系统深入研究。

从课程开设情况来看,法学教育界多把法律伦理等同于法律职业伦理,近些年来各高校的法律伦理课程也基本上讲授的是法律职业伦理问题。法律职业伦理乃法律执业者从事法律活动时所应当遵循的行为规范和道德准则。[2]它往往在特定的法律规范中加以确认,譬如《中华人民共和国法官职业道德基本准则》、《中华人民共和国检察官职业道德基本准则》、《律师职业道德与执业纪律规范》等关于法律职业道德的系列规范,在内容上主要从忠于职守、廉洁自律、文明执法等方面进行了规定。作为伦理规范,主要体现为倡导性规范,因而主要依靠法律职业者的内心信念、传统习俗、社会舆论和职业纪律等保证其实现。毫无疑问,法律职业伦理素质是法律人才应具备的重要内涵,职业伦理教育的目的不仅仅是讲授职业道德准则的具体内容,更重要的是促成法律职业共同体成员形成“身份荣誉意识”,通过此种内在体悟的分享和砥砺,使法律执业者深刻认识到法律职业中所蕴含的公正而崇高的道德价值,从而最终形成一种高度的责任感和荣誉感。[3]

法律职业伦理无疑是法律伦理的重要组成部分,然而二者之间能否划等号?答案是否定的。除了法律职业伦理,法律伦理还应该包括法律制度本身的伦理。只是人们较长时间以来一直比较注重法律职业伦理而忽视了法律制度伦理的存在。“制度具有价值性与技术性双

---

〔1〕 参见何勤华:《法律伦理学体系总论》,载《道德与文明》1993 年第 5 期。

〔2〕 张文显:《法律职业共同体研究》,法律出版社 2004 年版,第 139 页。

〔3〕 孙鹏、胡建:《法学教育对法律职业伦理塑造的失真与回归》,载《山西师大学报》(社会科学版)2015 年第 1 期。

重性质或两个层面。所谓制度的价值性特质或层面,指的是制度作为一种社会成员权利—义务关系的安排本身就是一种价值关系,表达了特定的价值理念,具有伦理性。”[1]而法律制度伦理则是指贯穿于法律制度体系中的价值准则,反映了法律追求实现社会秩序、正义的价值目标。它不仅表征着法律自身的正当性,而且也体现了法律运行程序的道德性。从存在形式看,法律伦理或者以思想精神的形态深藏于法律制度之中,从根本上决定着法律的善恶和制度的正邪。[2]以部门法刑事诉讼法为例,它涉及犯罪控制、社会安全等“严肃”话题,冰冷的罪与罚严肃而苛刻,表面看来似乎与人类的道德情感、伦理观念相距甚远。但事实上,刑事诉讼法作为触及公民根本权益的重要部门法必然涉及诸多伦理观念,突破伦理底线的刑事司法机制将失去道德支撑而沦为可怕的暴力机器。相较之下,法律职业伦理强调的是法律工作者在履职过程中的个体德性伦理,关注的是法律工作者的道德义务;而法律制度伦理关注的则是具体法律关系中个体与法律专门机关之间以及法律专门机关相互之间的关系,强调如何通过制度安排保障法律关系中各主体伦理性权利的实现,简言之,也即关注如何实现法律制度的“善”的问题。法律制度伦理的功能在于为制度的运行、创新和变迁以及受制度影响的个体伦理的建构提供正当性基础和方向性指引。缺乏对法律制度伦理的学习必然导致法律人伦理反思能力和伦理认知能力的不足,最终影响法治践行能力的提升,阻滞法制进步和完善。在法学教育过程中倡导制度伦理思考的重要性也正在于此。

概而言之,法律伦理教育既包括法律职业伦理教育也包括法律制度伦理教育。法律伦理首先体现在法律制度中彰显着法律的精神和品格,其次体现在法律工作者的个体德性伦理中。二者有着内在的统一和不可分割性,前者是后者的基础,决定着后者的内容及其发展方向,后者服从于前者,是前者在法律运行过程中的具体化和延伸。[3]

---

〔1〕 高兆明:《制度伦理研究——一种宪政正义的理解》,商务印书馆2011年版,第28页。

〔2〕 参见万勇华:《我国法律伦理教育的现状及其对策分析》,载《长春工业大学学报》2012年第4期。

〔3〕 喻玫、王小萍:《法学教育中的法律伦理教育问题研究》,载《河北法学》2006年第12期。

四、加强法学教育中伦理教育的有效途径

“教育是帮助被教育的人,给他能发展自己的能力,完成他的人格,于人类文化上能尽一分子的责任;而不是把被教育者的人造成一种特殊器具,给抱有他种目的人去应用的。”[1]蔡元培先生1922年在《教育独立议》中的这段论述对于今天的法学教育状况而言尤具警醒意义。如果仅仅是进行法律知识和技巧的传授,仅仅以司考通过率和就业率为教育质量衡量指标,那么法学教育培养出来的充其量不过是大批量的“法律工匠”、“司法民工”,法律失去灵魂,法治最终将沦为空谈。毫不夸张地说,法律伦理教育关系到我国法学教育的成败,关系到法治建设的精神走向。然而,法律伦理本身是抽象的,内在的、非量化的,这些特点也在很大程度上导致了法律伦理教育的难度,如何实现有效的法律伦理教育无疑是法学教育面临的重大挑战。笔者认为,至少可以尝试从以下方面着手加强法学教育中的伦理教育。

(一)修订法学核心课程体系,确立法律伦理学的重要地位

基于法律伦理教育在法学教育中的重要性,应当大力推行以法律伦理为核心的法学教育观。在这个问题上,教育主管部门应当首先有所作为,具体而言就是修订既有的法学核心课程体系,增加法律伦理学课程,使其进入核心和必修课程之列,课程目标是培养学生的伦理认知能力和伦理行为能力。唯有如此,法律伦理教育才可能真正得到应有的重视,否则终究只是一句口号,无法落到实处。

(二)加强法律伦理学科建设

加强法律伦理学科建设,明确法律伦理教学内容,以学科建设促进法律伦理教育水平的提升。法律伦理教育的成效与法律伦理学科本身的发展状况密切相关。没有相对成熟的法律伦理学课程体系,没有高质量的与时俱进的法律伦理学教材,没有专业的法律伦理学教师

---

〔1〕 高平叔:《蔡元培全集》,中华书局1984年版,第177页。

队伍,没有深入的法律伦理教学研究活动,没有有效的法律伦理教育考核方式,法律伦理教育的效果可想而知。因此应当加大人力物力的投入,配备专门的法律伦理老师,设置法律伦理教研室,加强对法律伦理的研究,改变以法律职业伦理教育取代法律伦理教育的局面,通过专题形式强化法律制度伦理的教育,从而全面提升学生的法律伦理意识和法律伦理能力。

(三)改进课堂教学方法,采用与法律伦理属性相契合的教学方式

如前所属,法律伦理具有抽象、难以量化评价的特点,因此仅仅采取对伦理原则和伦理规范的理论灌输的方式,是难以真正提高学生伦理意识和伦理能力的。法律伦理课程尤其需要进行教学方式的完善和更新。

首先,必须结合各个部门法律的内容探讨伦理原则的具体应用。以刑事诉讼法为例,相对不起诉制度的设置以及严禁刑讯逼供、侦查实验不得有伤风化、怀孕的妇女不适用死刑等规定,都一定程度上体现了刑事诉讼法对宽容、人道等伦理价值的肯定。只有结合不同法律领域具体法律制度进行论理性审视,法律的制度伦理教育才能由抽象走向具体,并进而培养学生发现和解决伦理冲突问题的能力。

其次,采取引导性、讨论式的课堂教学方式,使学生能够通过主动积极的思考深刻理解法律伦理,从而逐渐内化于心,铸造正确健康的法律伦理意识。法律伦理课程的学习目标不是使学生掌握一套有关制度伦理和职业伦理的话语体系,而是希望学生在未来的法律职业生涯中面对伦理冲突或诱惑具备良好的伦理认知和行为能力。这种能力归根到底是一种实践能力,因此在法律伦理教育过程中应当采取参与式、互动式的教学模式。尤其应当结合一些现实的案例比如彭宇案、李某某强奸案、上海法官集体嫖娼案等案件中折射出的法律制度伦理和职业伦理问题进行讨论,在引导学生主动思考的过程中让学生增强对法律伦理的感性认识,同时也提升对法律伦理的理性认识。

最后,法律伦理教育应当采取小班授课的方式。由于法律伦理本身的抽象性、内在性特点,对法科学生法律伦理意识和伦理行为能力的了解和评价需要借助密切的互动交流才能实现。因此一个教学班

的人数应当控制在适当范围内，这样才有利于老师控制课堂节奏和氛围，也便于学生之间的讨论互动。而现实教学安排中，一个课堂100人以上的情况也并不鲜见，如果说大班上课对于法律专业课程影响尚且可以忽略的话，对于法律伦理课程的讲授却是十万分不可取的，课堂人数太多必然导致法律伦理教育流于形式，课堂教学很大程度上会成为走过场。

（四）强化法律实践教学，在法律实践中实现法律伦理的养成教育

法律伦理教育不是空洞的说教，法律伦理教育服务于法治实践，并且最终要接受法治实践的检验。因此实践教学时法律伦理教育不可或缺的一环。具体来讲，包括模拟法庭、法庭旁听、法律援助、法律诊所、毕业实习等方式，在这些实践教学活动中，学生通过具体的角色参与和体验，直面各种法律利益的冲突，感受不同身份的法律职业人的使命感和责任感，对其法律伦理观念的强化和法律伦理行为能力的锻炼都将产生极大的促进作用。

（五）净化校园文化，营造合乎法治理念的校园环境

法律伦理教育目标的实现需要内蕴伦理意味的制度环境予以支持。无法想象在一个充斥着官本位文化、功利主义文化，对金钱和权力顶礼膜拜的校园氛围里，能够培养出持守公平正义、诚信清廉之道的法律职业人。校园文化和校园环境对于法科学生而言一定意义上就是法律伦理教育的现实注脚，具有潜移默化而且根深蒂固的影响作用。因此，作为承担社会发展重大使命的高校必须致力于营造一个合乎法律伦理的校园环境，在注重硬件建设的同时也加强学校软件建设，摒弃官本位文化，倡导民主平等，在功利性评价机制面前保持对大学自身存在意义和价值的反思和坚守，从重大学校决策到具体的教学科研管理以及学生的日常管理都充分尊重教师和学生的知情权和参与权，制定科学合理的各项考评规则并落到实处，当法治的点点滴滴就在学生身边以看得见的方式成为其校园生活的一部分，法科学生的法律伦理观念的成长也就具备了最现实的土壤和最坚实的根基，对于法律的信心和信仰也就会自发地形成。

运用协调发展理念推进法学教育改革

黄素梅[*]

摘　要:协调发展理念是有效解决当下法学教育发展问题的重要方法。法学教育的协调发展主要体现在法学教育与社会经济文化发展的协调、法学教育与其他教育的协调、法学教育本身的协调等方面。目前我国法学教育在这些方面都存在着不同程度的问题和矛盾,应该利用协调发展这个新理念,加大对法学教育,尤其是中西部地区法学教育的投入和支持力度。结合实际进行各学校法学教育的改革,加强国际法学、环境法学、知识产权法学等学科的教育,使得法学教育能更好地服务于社会经济文化的发展。

关键词:协调发展理念　法学教育　问题与改革

"创新、协调、绿色、开放、共享"五大新的发展理念在党的十八届五中全会上被隆重提出,这是关系到我国发展全局的一场深刻变革,具有十分深远的影响。新的发展理念准确把握了发展的规律,将引领我国全面的发展。教育是全面发展中的一部分,法学教育改革是教育发展的一部分,全面的发展当然包含法学教育的改革与发展。因此五

* 黄素梅,湖南科技大学法学与公共管理学院副教授。

大发展理念对法学教育改革有着重要而深刻的启示意义。[1] 本文主要谈谈其中协调发展理念对法学教育改革的影响和意义。

习近平同志指出:“下好‘十三五’时期发展的全国一盘棋,协调发展是制胜要诀。”协调发展是我们党在认识把握协调发展规律、总结汲取中外发展经验教训的基础上,聚焦全面建成小康社会目标,着眼于解决当前经济社会发展中存在的不平衡、不协调问题提出的重要发展理念,是持续健康发展的内在要求。[2] 在我国法学教育中,也存在着区域、专业、学校之间的发展不平衡、不协调,这不利于积极推动法治国家、法治社会建设。应该抓住新发展理念的大背景,将协调发展理念运用到法学教育改革之中,促进法学教育朝着更加科学、合理的方向发展。

一、协调发展理念的含义

协调发展理念作为贯彻党的十八届五中全会的精神和灵魂,深刻把握了人类社会发展特点与规律,突出反映了当前世界总体发展趋势和方向,对于我们理顺发展关系、拓展发展空间、提升发展效能具有重大的现实意义和深远的历史意义。所谓协调发展,就是妥善处理发展中的重要关系,着力形成平衡发展结构。协调发展理念的提出,是对我国突出存在的发展不平衡问题的正面回应,通过协调各种关系和比例来解决各种发展的不平衡。协调发展是破解当前发展短板问题的根本方法。协调发展不仅是一种新的发展理念,也是推动科学发展的有效方法,更是有效解决当下发展短板问题的治本之策。协调发展是实现全面建成小康社会的有力保障。全面建成小康社会是社会全面协调发展规律性的集中体现。协调发展的提出,不仅是基于我国在推进社会主义现代化的过程中存在的现实发展不平衡问题,更是全面建

---

〔1〕 刘卫平:《五大发展理念下的教育之道》,http://www.taizhou.com.cn/zhuye/2016-06/30/content_3034587.htm。访问日期2016年7月15日。

〔2〕 刘玉瑛、甘守义:《协调发展是“十三五”制胜要诀》,2016年05月25日,http://dangjian.people.com.cn/n1/2016/0525/c117092-28379290.html。访问日期2016年7月15日。

成小康社会,实现经济永续发展的必然选择。〔1〕

“五大发展理念”把协调发展放在我国发展全局的重要位置,坚持统筹兼顾、综合平衡,正确处理发展中的重大关系,补齐短板、缩小差距,努力推动形成各区域各领域欣欣向荣、全面发展的景象。协调发展理念是对马克思主义关于协调发展理论的创造性运用,是我们党对经济社会发展规律认识的深化和升华,为理顺发展关系、拓展发展空间、提升发展效能提供了根本遵循。协调发展理念,是认识把握协调发展规律提出来的,是总结中外经济社会发展经验教训提出来的,是正视我国发展存在的不平衡问题提出来的,目的在于促进我国经济社会行稳致远。协调发展增强发展整体性,是全面建成小康社会的决胜之举。办成一件事,需要协调;推进一项事业,需要协调;成就一番伟业,更需要协调。〔2〕 实现经济社会的平衡良性发展,必须积极遵循协调发展理念,不断提高认识发展规律和协调发展规律的能力,提高按协调发展规律办事、促进各项事业协调发展的水平,才能为进一步深化改革和全面实现小康社会提供更为宽松的环境,发挥好管全局、管根本、管方向、管长远的根本作用。

二、协调发展理念在法学教育中的体现

学校教育是我国发展中的重要一环,作为高等教育的法学教育更是目前我国发展不可忽略的重要一环。法学作为一门应用型学科,其终极目的是为法治社会、法治国家服务的,法学教育改革好了,我们的法治目标的实现也就更加接近了。协调发展理念在法学教育中,主要通过以下几方面体现出来。

(一) 法学教育与社会经济文化发展的协调

教育的目的是为了更好地服务于社会各个领域,促进经济、文化

〔1〕 刘玉瑛、甘守义:《协调发展是“十三五”制胜要诀》,2016 年 05 月 25 日,http://dangjian.people.com.cn/n1/2016/0525/c117092-28379290.html。访问日期 2016 年 7 月 15 日。

〔2〕 任理轩:《深入学习贯彻习近平同志系列重要讲话精神,坚持协调发展——“五大发展理念”解读之二》,载《人民日报》2015 年 12 月 21 日 07 版。

的发展,随着社会发展,教育也应作出相应的调整。今年教育部《关于全面深化课程改革落实立德树人根本任务的意见》的文件中,学生发展核心素养首次被提出。这一提法有现实的针对性,突出强调了个人修养、社会关爱、家国情怀,更加注重自主发展、合作参与、创新实践。未来多学科、跨学科甚至是超学科的学科思想会被越来越多地运用到基础教育的课堂。法学教育作为高等教育中的重要部门,当然也应与社会经济文化发展相协调。我国经济飞速发展,科学技术突飞猛进,出现了许多新的领域,比如互联网+、自媒体、物联网等,这些方面的立法尚为空白,法律实践也不多,急需法学人才进行探讨、研究,急需法学教育加以重视;在经济飞速发展的同时,也带来了环境过度开发利用,气候变化等严重的环境问题,虽然我国环境法律制度已经建立,但尚不完善,尤其是国内环境立法与国际环境条约的衔接有较大差距。此外,还有其他新兴或者传统领域,如知识产权领域、财政税收领域、文化领域等,法律制度不够完善,方方面面都急需要法律进行调整和规范。而作为法学教育,也面临着与这些领域的衔接、协调的重任。

(二)法学教育与其他学科教育的协调

法学教育属于高等教育,是在初等、中等教育基础上的进一步深造,必须要与初等、中等教育相协调。目前我国的初中等教育中,所涉及的法学教育应该以规则意识、养成教育等为主,但是这方面并非尽如人意,初等中等教育往往重视知识的灌输,而忽视了好的行为习惯、规则意识的培养。刚升入高校的大学生很多处于一种混沌懵懂状态,对法学专业的认识严重不够,因此,如何高效、妥当地将法学专业教育与初中等教育衔接起来,也是亟待解决的重要问题。此外,法学教育作为高等教育之一种,还应该与其他高等教育如政治、哲学、文学等社会科学的教育相协调。同时,法学教育也是一种实用性、复合性的教育,不能与其他自然科学完全脱节,如知识产权的保护、公共设施、基础设施等建筑工程的法律问题等,如果有理工科知识,就能更好地从法律角度进行服务。那么,如何使得法学教育与其他学科教育结合起来,培养跨学科、多学科的复合型人才,也是协调发展理念的重要体现。

(三) 法学教育本身发展中的协调

法学教育本身也是一个综合工程,在以产品、目标为导向的教育改革中,法学教育所培养出来的学生应该是一个具有法律精神、法律理想、法律意识的法律人,而并非一个只是具备了法律专业知识的人,到达此目的,在法学教育本身的发展中也需要讲究以下几个方面的协调:一是法理精神教育与法学知识教育相协调。作为法学教育,不能仅仅教给学生法学知识或者说教给学生如何去学习法学知识,更重要的是,要将法理精神如平等、正义、公平等法治理念贯穿在教学当中,使学生受到潜移默化的影响,让这些法治精神植根于学生的心中,这样当学生走向社会,走向工作岗位时,才不会为了金钱而迷失方向,才不会为了权势而丧失良知。这样培养出来的法学人才,才能真正地做到有法必依,违法必究,维护法律制度,做一个真正的法律人,有了真正的法律人,才能促进社会的协调与和谐。二是理论知识教育与应用技能培养相协调。目前各大高校普遍注重法学理论知识的教育,这当然是无可厚非的,但若过分强调理论知识教育而忽视应用技能的培养,则将使得学生的能力发展受到很大的限制。三是本科、硕士、博士三个阶段教育应相协调。我国法学教育在学历层次上,分为本硕博三类,硕士中又有法学硕士和法律硕士之别,法律硕士中又有法本法硕与非法本法硕之别,那么,这些不同类别的硕士在培养中如何与本科教育更好地衔接,如何与法学博士教育更好地协调,也是法学教育中协调发展的要求。

三、目前我国法学教育发展中存在的不协调

改革开放以来,我国法学教育得到了长足的发展,培养了许多法学人才,为法治中国建设提供了强有力的人才储备,但是仍然存在着一些问题,有悖于协调发展理念,本文只能择其一二述之。

(一) 法学教育与社会经济文化发展的不协调

科技和经济的快速发展对我国法学教育提出了新的要求,但目前

的法学教育尚未及时跟上这个步伐,导致许多新的领域法学人才尚不够精进,法律制度无法及时出台、修改和完善。一是互联网+、电子商务、微商发展十分迅速,其中的法律问题也非常新颖和复杂,但这些在法学教育中未能及时得到反馈,课堂教学中涉及这方面的理论知识和案例分析都极其罕见,更没有设立针对这方面的法律专业,致使现实中缺乏应对这些领域的法律人才。二是环境问题也是我国乃至全球亟待解决的难题,无论是碳排放还是碳交易,无论是国内立法还是国际立法,无论是环境所致的国内损害还是跨境损害,都离不开法律的调整与规范,也急需将这些问题引入到法学教育当中。目前虽有环境法学专业的开设,但这方面的教学尚不能满足现实的需要。三是文化领域的法制问题。我国是一个有悠久历史和文化传承的国家,但目前我国文化领域中,立法非常罕见,文化执法过程中也往往遇到困境,物质文化遗产与非物质文化遗产的保护远未得到应有的重视。在法学教育中,这方面相关课程的开设更是凤毛麟角,与我国文化发展极不协调。四是国际法制领域的法学教育远远不能满足现实需求。我国经济实力不断上升,在国际社会中的地位也日益提高,但是在国际法治话语权的争夺上,却仍然是建树甚微。我国面临着诸多领土争端,面临着诸多投资贸易争端,急需国际法律人才来维护国家、企业和公民的合法权益,但我国国际法学的教育与国内法部门的教育相比,投入的人力物力相差甚远,致使国际争议产生时,我们往往只能被动应战,这从中菲南海仲裁一案即可见一斑。

(二)法学教育与其他教育的不协调

教育应该尽可能公平。作为法学教育的高等教育,理应与其他高等教育处于平等的地位,但在现实中,无论是以理工科为主的大学,还是综合性的大学,法学学科都是处于非常尴尬的境地,无论是经费支持还是政策支持,在力度上远远不如理工科,也远远不如同属社会科学范畴的经济学等其他学科。踏入大学门槛的新生,本来在初等中等教育时期,并未像其他学科一样就对法学有所接触,学生在大一所学的法理学、宪法学等学科都是如坠云雾之中,丈二和尚摸不着头脑。据调研,许多学生是到大二时才开始对法学专业有一点点感性的认识。更有学生说,大学四年,自己不知道是如何应付过来的。这大概也是美国等国家在本科阶段并不开设法学专业的原因之一。正因如此,大学理应提高对法学学科的支持力度,为学生搭建更多有利于认识法学学科的各种校内外学习、见习和实习平台,帮助学生和法学教育走上发展的坦途。

(三)法学教育本身发展过程中的不协调

法学教育本身发展当中,也存在着诸多的不协调,这主要体现在以下方面。

1. 各地区的法学教育发展不协调

我国各地区法学教育发展很不协调,目前呈现出地区阶梯性的差异。北京、沿海省份、东部地区的法学教育发展迅速,师资力量较为雄厚,法学各领域的知名专家、实力雄厚的教学团队几乎都集中在这些地区;学生生源较为优秀,这些地区不仅能集中本地区的优势生源,还能吸引其他地区的优质学生,学校硬件设施更加完善与科学,教育环境也更加公平透明开放,无论是本科教学还是研究生教育,都得到了较大的发展。而中西部地区的法学教育则相对滞后于社会经济的发展,普遍而言,师资力量较为薄弱,学生生源相对较差,无论是学校硬件设施还是教育环境,与经济发展地区存在较大的差距。

2. 法学各二级学科教育发展不协调

法学教育是一个系统工程,无论是国内法相关法学专业还是国际法学专业都应齐头并进,才能推动法学教育走向成功。就目前而言,我国对国际法学的重视程度不如国内法各部门法学,虽然民商法学、宪法学、行政法学、诉讼法学等仍有待于长足发展,但相对国际法学而言,还是得到了更多的重视,也取得了更大的成就。在国际社会当中,国际法是维护国家利益的强有力工具,若我国国际法学教育不能得到足够重视,难以得到更广阔的发展,这不但影响整个法学教育进程,更影响我国国家利益的维护。

3. 不同学历层次的教育发展不协调

法学教育目前分为本科、硕士、博士三个层次的教育。据统计,当前全国有法学本科教育的学校超过 600 所,有硕士教育(含专业硕士)

的高等院校超过 100 所，有博士教育的约 40 所。从这个数量上看，法学本科教育规模较大，本、硕、博三个层次之间的发展不协调。如上所述，我国法学硕士学历培养中既有科学学位的法学硕士，又有专业学位的法律硕士，法律硕士又有法本法硕与非法本法硕之别。但在培养中，许多高等院校并没有对法学硕士与法律硕士的培养做实质的区分，对法本法硕与非法本法硕的培养也往往雷同，最终导致两者的培养模式与培养目标不一致，培养质量堪忧。而博士学历中目前只有科学学位的法学博士一种，但很多法律硕士后来也继续攻读法学博士，这些不同类别的硕士在培养中与本科教育、与法学博士教育不够协调。

4. 各学校间法学教育发展不协调

我国高校层次可分为教育部直属高校、省属重点高校、省属一般高校，这三者之间的法学专业教育，往往表现为教育部直属高校强于省属重点高校，省属重点高校又强于省属一般高校，即使同一层次的高校之间，也有差异。尤其是地方一般高校之间的法学教育差异更大，导致获得同样学历、同样学位的法学人才在能力、学识上相差较大。如今开展“双一流”大学建设，估计法学教育在“一流”与非“一流”高校之间的差距将会日趋增大。那么，各国定位不同的高校，如何针对自身的特点，对法学教育进行改革，以适应社会发展的需要？恐怕是我们不得不思考的。

5. 法学教育与我国社会经济发展不协调

近年来，我国经济得到快速发展，国际社会的形势也处于不断的裂变中，无论是国内还是国际环境，对法学人才的要求日益提高，需求日趋增多，但我国法学教育一直以来以象牙塔式的理论教育为主，实践教学没有得到应有的重视，导致法学人才难以尽快地适应社会的要求。比如公检法等执法、司法部门中，常常爆出非法执法、非法司法等违法事件，反映了法学人才的法治理念、法治意识的薄弱，极其不利于推进法治中国建设。此外，涉外人才缺口严重，当我国面临国际问题的时候，难以尽快妥善地应对。比如我国与周边国家关于南海等领土争端，急需国际法方面的高层次人才，但目前这方面的人才却难以满足需要。

四、利用协调发展理念改革法学教育

法学教育改革一直是法学界探讨的话题,如何进行法学教育改革,以便实现法学服务于社会、服务于人们、服务于经济的目的,也是困扰着我们的课题。协调发展作为一种新的发展理念,为法学教育改革指出了方向和道路,对法学教育改革乃至整个教育界具有极大的意义。

(一) 加大对法学学科和法学师资的投入力度

法学既是一门需要雄厚理论知识的学科,也是一门实用性非常强的学科,具有自身的学科特性。在推动我国法治建设的进程中,法学教育和法学人才的培养将起着举足轻重的作用,但如上所述,法学教育和目前的社会经济发展总体上不协调,远远滞后于后者。这一方面与我们传统的德治文化和非诉文化有着千丝万缕的联系,另一方也与我国对法学教育的支持力度有关。因此,国家应加大对法学学科的建设和支持,加强法学师资的培养,增加法学学科的经费支持力度,推动法学教育与企业、公检法等部门的交流与融合。

(二) 加大中西部地区尤其是西部地区的法学教育

随着"一带一路"的建设,中西部地区的经济将得到极大的发展,与周边国家的法律事务也将日益增多,致使本来就不能满足现实需求的中西部地区的法学人才缺口增大。因此,应该加大对中西部地区发现教育的投入,开设符合本地区实际的相关专业课程。

(三) 加大国际法学专业的培养力度

我国要引领国际法治的建设,要提升国际法治实力,要维护国家利益,除了经济实力的提升外,更重要的是能主导国际法制的建立,掌握国际法的话语权。"一带一路"为我国资本走出国门开辟了新航道,投资到海外的资本能否在国外、能否在国际上真正获利,有赖于对国外法律的掌握、了解,有赖于对国际法体系的认知和理解,更有赖于一个良好的国际法治环境。无论是从国内资本的走出去看,还是从与周边国家的各种纷争看,无论是从中国在国际上的地位看,还是从中国在国内的改革看,都需要高端的国际法律人才。因此,必须加大国际法学专业的培养力度,推动国际法学教育的发展。

(四)根据实际情况,加大各高校法学教育的改革力度

法学教育是一个综合工程,不同的学校应将法学教育进行一个合适自己的定位,并根据定位对法学教育进行适度的改革。例如地方一般高校和教育部直属高校对研究生的培养,因其学校定位的不同,理应有所区别。地方一般高校应该面向本区域,培养适合于服务本地区的应用型人才,而教育部直属高校相对师资力量较强,可以更多培养偏重科研的研究型法学人才及面向全国的、国际的法律人才。[1]

总而言之,我国法学教育的改革关系到法治国家建设,也关系到法治社会的实现,更关系到每个公民的切身利益。那么,如何改革,才能使得法学教育这条小船不是说翻就翻,而是可以乘风破浪?协调发展这个理念恰似一阵东风,为我们在法学教育改革中指明了方向,法学教育界应该借此契机,注重理论联系实际,抓住“双一流”高校建设的机遇,作出相应的改革,培养更多满足社会需要的法学人才。

---

〔1〕 参见黄素梅:《地方高校法学硕士研究生教育改革刍议》,载《浙江工业大学学报(社科版)》2016 年第 3 期;黄素梅:《论复合型、应用型法律人才培养中的实践训练多元化》,载《湖南人文科技学院学报》2016 年第 2 期。

地方院校法学教育发展困境之思考

章小兵*

摘　要：高等院校法学教育具有重要的社会意义和价值，但是当前地方院校法学教育在发展过程中也存在许多困难；法学专业就业难对地方院校法学教育产生极大冲击，地方院校自身校情和专业定位对其法学教育也有不利影响，地方院校法学教育自身未能与时俱进也是造成其发展困难的原因之一。地方院校法学院系必须在充分认识法学教育整体发展规律的前提下，反思自身在法学教育中的作用，找准自身的定位，积极对自身的建设模式和专业培养模式进行调整，坚持向职业教育发展，坚持紧跟经济社会发展实践，坚持立足地方并争取更高层次的资源支持，坚持自身素质能力的建设提升，此基础上才能实现地方院校法学教育的脱困和发展。

关键词：地方院校　法学教育　定位　职业教育　与时俱进

法学教育是传统大学人文学科教育的重要内容之一，法学教育起着融汇传承法律文化、教授法律规范、培养法学人才、促进社会发展的重要作用，在大学教育的历史与现实中占有重要的地位。在历史上被公认为是世界最早大学之一的意大利博洛尼亚大学，法学课程为创校之初即有的四门课程之一，现当代大学无不将法学作为重要和基本的

---

* 章小兵，法学博士，湖南科技大学法学与公共管理学院讲师。

课程之一。改革开放近四十年来,我国的法学教育得到了长足发展,取得的成就有目共睹,为社会主义法治建设做出了巨大的贡献。[1]但是在法学专业和法学教育整体蓬勃发展的同时,其内部发展进度并不均匀,尤其是为数众多的地方院校的法学教育的发展还存在着许多问题,面临着巨大的困难,需要学界深入思考并提供对策。

一、地方院校法学教育发展之困境

地方院校属于一个约定俗成的概念,教育法和高等教育法都没有规定什么是地方院校。在国家部委、地方政府政策和社会一般观念中,通常根据高等院校的行政隶属关系将其划分为部属院校和地方院校,前者指国家部委所属高校,也称部属院校,而后者通常是由地方各省、自治区、直辖市政府教育部门主管,一般面向局部区域经济社会发展和文化教育事业的高等学校。全国 2500 余所高等院校中 90%以上属于地方院校。[2] 而我国的法学院系数量大约在 600 所左右。[3] 因此可见,法学教育除由部属院校法学院系承担的外,其余多数为地方院校法学院系。而地方院校数量较多,校情也较为复杂。有的地方院校法学专业办学历史悠久、实力强劲,在改革开放以来法学专业教育突飞猛进的大潮中游刃有余。而有相当多的地方院校,其法学学科则办学时间较短,实力较弱,在法学教育的发展过程中面临许多困难。

地方院校法学教育存在的问题有很多,择其要者可以归纳如下。

1. 法学专业就业危机对地方院校法学教育产生冲击

改革开放多年来,伴随着法学教育的突飞猛进,法学专业建设取得了极大进展,为社会主义法治建设提供了大量优秀人才。这其中地方院校法学教育为此也做出了巨大贡献。在高校扩招的背景下,许多地方院校相继建立法律院系,或者在人文学院、政管学院、经管学院开设法学专业,招生规模也逐渐扩大。法学院系在教师资力量和在学人

---

〔1〕 刘子曦:《法治中国历程—组织生态学视角下的法学教育(1949—2012)》,载《社会学研究》2015 年第 1 期。

〔2〕 同上。

〔3〕 高有祥:《地方院校应有的独特气质与使命》,载《光明日报》2015 年 12 月 22 日。

数、毕业生数量等方面都有了持续不断的增长,法学教育迅速走向大众化。但是随着法学教育的飞跃式发展,许多发展中的问题也迅速积累起来,最直接的问题是法学专业毕业生数量过多,使得法学专业迅速走向供大于求,从而出现法学专业就业难的现象。由中立的第三方教育咨询评估机构麦可思研究院发布的中国大学生就业报告,已经连续多年把法学专业列为就业预警专业。[1] 这其中,由于部属院校和部分重点地方院校属于精英教育或对口教育,学生就业所受冲击不大。从而,法学专业所遭遇的就业寒流的冲击力绝大部分落在了部分实力较弱的地方院校身上,造成了地方院校法学教育的极大危机。

法学专业就业危机对地方院校法学教育的冲击是全过程和全方位的。法学专业就业难直接影响了高考考生对专业和院校的选择,导致选择法学专业的学生数量锐减,而部属院校和部分重点地方院校一般不会受到这种冲击,从而,许多地方院校法学专业就直接面临着招生数量减少的窘境。而教育行政部门对高等院校招生名额的控制主要是通过就业率进行衡量分配的,专业毕业生就业率过低会直接导致教育行政部门采取行政手段较少或取消高等院校该专业招生,从而使得地方院校法学教育受到入门和出门两头夹击。地方院校法学教育过程也受到法学专业就业难的冲击。在日常教育教学过程中,许多学生通过媒体已经了解到法学专业的就业难度,这就严重影响了学生心态,导致许多学生选择转专业,不能转专业就选择逃课,或者在课堂上不学习法律专业知识而自行选择学习其认为有利于毕业就业的课程。[2] 种种此类活动严重影响了法学专业的正常教育教学活动,许多学生以法学专业就业难为理由对自己不遵守正常教育教学活动进行辩护,教师和学工人员也无法对这些活动进行有效制约。

2. 地方院校校情和专业定位对法学教育造成不利影响

我国高等院校数量众多,由于不同院校的行政属关系、设立渊源、历史积淀、资源来源不同,不同院校之间资源禀赋差异较大。部属院

---

〔1〕 参见《2014届中国大学生就业率92.1% 法学专业连年“就业难”》,http://www.chinanews.com/gn/2015/06-10/7334249.html。

〔2〕 陈丽玉、杨婷婷、刘丹:《对当代大学生群体中“低头族”的分析及对策研究》,载《西部素质教育》2015年第16期。

校往往由于历史悠久、实力雄厚,能够为法学专业提供强大的支撑,其法学专业发展速度也比较快,进而能够争取到较多的发展资源,实现专业发展和资源的正向反馈和正向循环,从而可以实现持续性的精英化法学教育。许多地方院校由于实力较强或者专业对口,也可以在促进学生就业和争取发展资源方面获得优势地位,并实现精英化的法学教育。但是对于另外许多地方院校来说,其并不具备此类法学教育发展资源。这些高校的法学专业往往师资力量较弱,发展历史较短,缺乏丰富的校内外资源,而其所在的高等院校也往往受制于校情,以及法学专业整体供大于求的外在形势,其教育教学资源有限,很难不顾学校整体定位和其他专业发展需要而单方面发展法学学科,因而其法学专业的发展就受到极大的限制。此外,我国高等教育的发展与行政区划的联系较为紧密,作为地方院校,其行政隶属关系决定了其定位和辐射范围主要是各个局部的省、地、市,对行政区划外地域和资源的辐射能力有限。[1] 因而地方院校的资源来源就必然受制于当地的经济社会发展水平和发展程度,很难对地域外资源进行引流以促进自身发展,因而地方院校法学教育发展不免受到较大限制。

不同院校的资源禀赋不同也就决定了作为共同的法学专业,不同院校对相同专业的培养定位必须有所差异。地方院校不太可能在资源角度上追随重点院校在同等程度上展开“军备竞赛”,不太可能在规模组织上追求对重点院校的拷贝复制升级,不太可能在教育教学模式上追随重点院校的人才培养模式,也不太可能追求或维持精英化的法学教育培养模式。但是从许多地方院校的法学专业学生培养专业定位来看,其并没有意识到或体现出这种差别。许多地方院校的法学学生培养方案千篇一律,往往照搬重点大学法学院的培养方案和培养目标,都要求培养“能够适应立法机关、司法机关和法律服务机构需求的高级法律人才”。这就体现出部分地方院校没有清晰意识到资源禀赋、校情差异和辐射范围带来的差异,这种忽略校情和专业定位差异的培养模式和做法对法学教育有相当大的不利影响。

---

〔1〕 解德渤、赵光锋:《地方本科院校转型发展:理念、困境与突围》,载《山东高等教育》2015 年第 4 期。

3. 地方院校法学教育自身未能与时俱进

地方院校法学教育自身未能与时俱进也是其面临困境的原因之一。改革开放以来我国经济社会发展日新月异,发展跨度很大,经济社会的巨大变化要求并带来了法律的不断变化并要求法学教育与时俱进。进入21世纪以来,全球金融危机和局部金融危机接踵而至,金融危机演进不断超出预期,国际金融危机对我国的经济发展也带来了较大冲击。为因应经济社会发展的新情况、新问题,党和国家领导人高屋建瓴提出供给改革的发展方向,为新常态下我国经济社会发展指明了新的方向。为落实供给改革的战略要求,高等院校法学教育也必须为此作出改变和探索。[1] 现当代经济社会发展变化的另一个显著特征是,伴随着计算机技术的进步,给科学技术和工业生产带来了极大的进步和变化。互联网、物联网、云技术、大数据等先进科技及其组织形态的进展对传统法律和法学教育提出了一系列的挑战,人工智能已经在围棋等高智商领域取得了突破性的进展,进军法学领域只是时间问题。[2] 法学教育如何应对这种挑战,是一个急需回答但是却缺乏答案的问题。

面对当前变幻迅速的经济社会形势,作为高等院校的法学专业教育必须做出相应的调整。在这方面许多重点院校已经做出了调整,但是有许多地方院校的法学教育囿于种种主客观原因,仍然迟迟未能对经济社会发展形态的变化作出反应和调整。在教学内容上,许多地方院校的法学教育仍然照搬照抄师范类教育模式,固守书本内容不越雷池半步,拘泥传统理论学说,滋滋于细枝末节,只求精梳于毫末、固执于形式,实则失之于荦荦大端,不能真正体现法学教育的本质和要求。许多地方院校的法学教育课程设置和内容已然陈旧,落后于经济社会发展的形式,不能够及时把握法律条文和司法解释已然变化的事实,不能满足经济社会发展对法学人才提出的新要求,而仍然固守于一些陈旧和似是而非的理论教条。在教学形式上,一些地方院校的法学教

〔1〕 参见《法律会成为人工智能的新挑战吗?》,http://www.robot-china.com/news/201604/18/32550.html。

〔2〕 参见《新常态下法律服务创新点在哪里?》,http://www.acla.org.cn/html/industry/20151116/23494.html。

育仍然满足于教师口头或书面渲染，固守于对空洞陈腐理论的传授，沿袭传统的“黑板法学”、“理论法学”、“教条法学”的陈腐观念，对现代化的教育教学工具和模式毫不在意，对现代先进科学技术充耳不闻。如此一来，这些地方院校所培养的法学人才自然落后于时代，学生就业必然出现困难。

二、地方院校法学教育定位之反思

改革开放多年来，我国的法学教育取得了很大的成绩，这个成绩中确实有相当大的一部分属于地方院校法学教育做出的贡献，地方院校法学教育也培养造就了一大批优秀的法学人才并活跃于社会生活各个领域。但是客观地说，许多地方院校法学教育存在的问题也是相当严重的，甚至在一些地方院校，这关系到院校自身内部的专业设置调整和法学专业的存废问题。因此，对于地方院校法学教育来说，要实现法学教育的价值、培养造就专业人才，并在此基础上维持自身存在的意义和价值，就必须在充分认识到法学教育整体发展规律的前提下，充分反思自身在法学教育中的作用，找准自身的定位，在此基础上才能实现地方院校法学教育的脱困和发展。

法学教育的发展完善，其目的首先在于满足社会发展的需求。社会发展形态决定了法学教育的形态。我国自清季变法以来在法律传统上追随大陆法系，而大陆法系的突出法律特征即是法律体系主要由成文法组成，国家公器性质的公检法等机关在法律体系中发挥着突出重要的作用，这就决定了我国高等院校法学教育的首要目的是为公检法等国家机关培养人才。在改革开放初期以及其后的相当长一段时间内，公检法司国家机关对法学人才的需求缺口非常大，这也造就了我国高等院校法学教育的高速发展和逐渐成为“显学”。而伴随着我国社会主义法治建设的逐步完善成熟和立法司法艺术的不断成熟，以及国家机关内部人才培养培训和遴选提拔机制的逐渐健全完善，公检法司国家对于人才的需求逐渐进入平稳期，对法学人才的需求自然有所改变。[1] 而相应的高等院校法学教育却未能相应作出调整,重点院校法学院系基于其精英教育的巨大竞争力仍然可以延续向公检法司输送人才的数量稳定性,而许多地方院校法学教育由于师资、生源等多方面的掣肘,在这种急剧收窄的竞争中逐渐落入下风。

地方院校法学教育的开设运行,自身也存在着很多先天不足、后天失调的现象。许多地方院校的法学教育专业的开设,是在高校扩招的大背景下,为满足高校扩招带来的学生数量激增而开设的,法学教育的历史比较短,师资力量薄弱,招生数量也比较少,培养层次较为单一,自身资源积淀不足,并且许多开设法学专业的高等院校本身也是在高校扩招的背景下发展起来,或者是由专科院校升级而来,高校自身资源有限,未能为法学教育提供雄厚的人、财、物等资源优势。而在我国高等教育的整体布局中,地方院校本身在该体系中也不占据有利地位。地方院校自身的行政隶属等级一般隶属于相应的省、市,资源吸取和辐射范围天然有局限性,因此,除了部分实力较为雄厚的地方院校和资源、专业较为对口的地方院校外,一般的地方院校的发展严重受制于所隶属的省、市的经济社会发展水平,而相应的省、市所能提供给相应的地方院校的资源往往也受很多限制,对法学人才的吸纳能力在稳定的时间段内往往也有一定的限度。

因此,地方院校的法学教育存在着先天不足、后天失调的现象,在法学教育整体饱和的大背景下,地方院校法学教育的发展,资源受限较多,发展掣肘较多,故而不能追求对重点院校法学院系法学专业培养模式的拷贝复制,不能重蹈大众化教育的覆辙,而应当注重寻求差异化发展模式,注重与经济社会发展变化相关联,与时俱进,注重捕捉经济社会发展变化对人才提出的新要求,及时把握应对最新科技发展对法学教育提出的挑战。同时,地方院校的发展,仍然应当把握地方性质的定位,力求与地方发展相结合,在充分消化吸收地方资源的基础上,努力争取更多的国家资源注入,争取实现法学教育的持续性发展。

---

〔1〕 张红、章小兵:《金融全球化新时期法学硕士研究生培养模式转型之思考》,载《湖南警察学院学报》2012年第12期。

三、地方院校法学教育发展之路径

法学教育是社会主义法治建设的重要维度，地方院校法学教育是法学教育的重要组成部分。地方院校法学教育要摆脱困境，走向持续发展之路，就需要做出重大而艰苦的努力，具体可以从以下几个方面来认识。

1. 地方院校法学教育应当向职业教育发展

在法学专业就业难的大背景下，囿于资源、师资、生源等各方面的限制，地方院校法学教育的发展既无法复制拷贝重点院校的精英化培养模式，也不能继续走法学教育大众化的道路。无论是精英化的法学教育培养模式还是大众化的法学培养模式，都是渊源于欧美国家的法学教育模式，其模式自身在发展过程中也存在许多问题。[1] 这些发展模式在套用在我国的情况下，也都表现出很多不适应我国当前的经济社会发展现实的问题。[2] 重点院校精英化的法学教育具备各方面的优势，可以裕如应对此类挑战，但是地方院校在发展过程中则徒然疲于招架。2015 年教育部、国家发展改革委、财政部联合下发《关于引导部分地方普通本科高校向应用型转变的指导意见》，要求地方院校应当转变发展思路，向应用型高校转型。该意见实际上也为地方院校法学教育的转型指明了未来方向，即地方院校法学专业教育应当向职业教育方向发展。对法学教育来说，其职业化即意味着地方法学教育的发展方向是，改变以往纯粹以理论教学为主的培养模式，努力做到以法律实践需求为导向，坚持理论为实践服务，坚持职业化教育理念，以理论教学为铺垫，重点转向坚持为学生学习法律实践和通过司法考试提供服务。

---

〔1〕 参见明克胜：《中国法学教育的潮起潮落》http://www.guancha.cn/Carl-Minzner/2014_09_03_263671.shtml。

〔2〕 参见《美国法学院不吃香了?》http://news.163.com/14/0327/07/9OAVV8SC00014Q4P.html;《韩国法学教育陷“高学历失业者”困境》http://www.chinanews.com/gj/2011/11-15/3460045.shtml;《日本法学院就业率不满七成》,http://www.liuxue86.com/a/20130828/1565900.html。

2. 地方院校法学教育应当紧跟经济社会发展实践

地方院校法学教育应当紧跟经济社会发展实践,培养复合型人才。虽然地方院校法学教育具备一定的实力,但是也必须承认地方院校法学教育在与重点院校的竞争中经常处于下风的现实,必须面对地方院校法学毕业生可能并不从事纯粹法律工作的现实。因此,地方院校的法学教育,不应当固守传统法律教学的"黑板法学"、"概念法学"的窠臼,而应当积极吸收其他学科尤其是相邻接学科的知识,培养学生从事与法律相关或相邻接专业的能力。著名法学家波斯纳也曾经指出:"法学是一个独立的学科,却不是一个自给自足的学科,为了满足社会发展的需要,法学必须不断从其他学科中汲取知识来充实法律学科的发展。"[1]同时,地方院校法学教育还应当及时把握经济社会发展的最新动向,积极应对最近科技进步对法学发展带来的挑战并及时对法学教育作出调整。

3. 地方院校法学教育应当立足服务地方积极争取资源

地方院校法学教育应当立足服务地方,明确地方院校自身在高等教育体系中的定位,明确地方经济社会发展的需求和动力。在此基础上,地方院校法学教育应当积极对自身的建设模式和人才培养模式作出主动调整,认识到地方院校在法学教育上的资源限制性,坚持有所为有所不为,例如对于内陆地区的地方院校,不能以海商法作为发展重点;对培养层次较低实力较弱的地方院校,不能以最高人民法院的视角安排其发展模式和培养模式。地方院校法学教育应当努力寻求地方院校高等教育与地方资源之间的契合点,充分吸收消化地方资源,并以地方发展的需求为人才培养的方向,实现差异化发展。当然,地方院校在立足地方资源的同时,也应当积极争取更高层面的资源,同时在国家或省、市整体层面上,教育行政部分也应当充分认识到地方院校发展中的困难,在资源分配时注重将适当资源注入地方院校,支持和促进地方院校法学教育的发展。

4. 地方院校法学教育自身也应当做出努力

唯物辩证法认为事物发展是内外因相结合的产物,地方院校法学

---

〔1〕 转引自戴敏、祝均、刘咏梅:《试论新形势下复合应用型法学人才的培养》,载《实验室科学》2009年第1期。

教育自身面对困境,也应当做出调整,做出自身的艰苦努力。地方院校法学院系的教师应当积极主动坚持实现持续学习,坚持与时俱进,在教学的过程中注重对新知识、新问题的学习和掌握,及时主动把握本学科最新的前沿知识动态,及时改进自身的知识体系,力求做好教书育人工作。地方院校法学院系的学生也应当明确学习主动性,积极配合学校管理和教育秩序管理,发挥自身的主观能动性,努力学习,积极提升自身的能力和职场竞争力。

法学教育对于社会主法治建设具有特殊重要的意义和价值,地方院校法学教育是法学教育中重要的一环,对推进社会主义法治建设也具有重要的作用。因此,地方院校法学院系应当充分认清法学教育发展规律,认清自身的发展定位,与时俱进,克服困难,积极发展,争取为社会主义法治建设做出更大贡献而努力奋斗。

人文精神与我国知识产权教育

刘　强*

摘　要:人文精神的缺失是知识产权教育面临的重要问题。产生这种现象的原因有中华传统文化未能有效介入制度构建,知识产权制度的技术性掩盖其应当具有的伦理价值,知识产权职业共同体尚未形成等因素。应当重视人文精神培养在知识产权教育中的核心作用,通过人文精神提升思想境界和培育职业道德等方式加强其作用。有必要通过知识产权教育弘扬人性,培养尊重创新精神和人格尊严的思想观念,实现知识产权教育和知识产权职业的共同发展。

关键词:知识产权教育　人文精神　伦理性　职业道德

在知识经济的浪潮中,知识产权人才的重要性已经为各国所重视。2008 年《国家知识产权战略纲要》提出,到 2020 年将我国建设成为知识产权创造、运用、保护和管理能力较强的国家,这一目标的实现有赖于一大批高素质知识产权人才的涌现。[1] 我国 30 余年的知识产权教育已经为社会培养了大量的专业人才,有力地提高了政府和企业层面知识产权制度构建和运用的能力,提升了自主创新能力和市场

* 刘强,男,1978 年生,湖南长沙人,中南大学法学院副教授,法学博士,主要研究方向为知识产权法。

〔1〕 王珍愚、单晓光:《略论中国大学知识产权教育的发展与完善》,载《法学评论》2009 年第 4 期。

竞争力。

然而,人文精神的缺失不仅成为知识产权教育的明显不足,而且已经影响到了知识产权职业群体的健康发展和知识产权制度的有效实施。究其原因主要有学科本身的特点和高等教育的现状两个方面。法学作为社会科学而非人文科学的定位、法律以规范外在行为作为目标和将利益调整作为手段,使得人们缺乏对其人文气质的关注。知识产权作为与技术结合最为紧密的法律制度,同人文精神的关系则显得更为疏远。另外,知识产权教育理念的功利化和技术化倾向使得人本主义精神的培育存在缺失,导致知识产权从业人员的素质不能适应知识产权制度可持续发展的要求。因此有必要重拾以人为本的精神理念,重塑从业人员的知识产权专业品格,从而推动知识产权战略更好地为社会整体利益服务。

一、知识产权教育人文精神缺失的成因

知识产权教育的理念与知识产权制度本身的价值取向是不可分离的。虽然该制度力图将智力成果与法律制度加以有机结合,但是其实施的效果可能会走向反面,如果不在教育过程中予以明确,可能会助长这一趋势。由于技术与制度作为人的创造物均有异化的趋势,不仅脱离创造主体存在而且反过来产生对人的控制。[1] 知识产权制度在两者的双重叠加作用下异化趋势越发明显,因此有必要在知识产权教育中利用人文精神进行消解,以其正面价值。

所谓人文精神,是一种普遍的人类自我关怀,表现为对人的尊严、价值、命运的维护、追求和关切,是以人为本的思想观念在精神领域的集中体现。[2] 自文艺复兴时期以来,人类追求人性解放和精神超越的努力就一直没有停止过,并且通过包括法律在内的制度构建以促进该目标的实现。目前我国知识产权教育普遍缺乏对人文精神的培养,

---

〔1〕〔澳〕彼德·德霍斯:《知识财产法哲学》,周林译,商务印书馆2008年版,第116页。

〔2〕侯奇焜:《人文精神与科学精神并重的和谐教育模式思考——从斯诺“两种文化”的论说谈起》,载《中南大学学报》(社会科学版)2012年第4期。

是包括法律教育在内的大学教育存在的共同问题。[1] 我们面临科学技术至上等理念的冲击,加之知识产权制度本身的复杂性等特殊因素和知识产权职业群体素质问题,使得人文精神培养显得更为重要。

(一)人文精神与制度规则结合的缺失

知识产权制度是舶来品,其在我国得以建立的主要动力来自于西方在国际贸易方面的政治压力。当时的中国未能从思想观念上和社会基础上做好准备,保护智力成果私权的理念也与中华传统文化存在明显的冲突。[2] 在引入知识产权制度以后,又由于加入 WTO 等国际规则的压力,在制度法律规则尚未有效建立的情况下无暇顾及制度建设与传统文化融合的问题,并且保护力度不断强化的立法趋势和舆论导向也破坏了通过传统精神对制度与文化的冲突给予协调的社会氛围。中国传统文化包含儒家的义利观[3]和道家的“自然无为”等理念,本可以担当在价值观上抵御知识产权制度所产生的伦理冲击的作用,但是由于高等教育层面人文精神培养的缺失,使得社会公众和知识产权从业者趋向于功利化,因此不可能在理念上和能力上有效地对传统文化加以利用。

知识产权制度伴随而来的商业文化和利益取向,对于中国传统的人文精神和社会结构产生前所未有的冲击。马克思认为“知识和技能的积累……就同劳动相对立而被吸收到资本当中,从而表现为资本的属性”,“发明就将成为一种职业,而科学在直接生产上的应用本身就成为对科学具有决定性的和推动作用的要素”。[4] 知识产权的重要功能就是将创造性劳动整合进生产力中,使得企业主可以通过知识产权控制创造性劳动。[5] 与此同时,在教育中又未能有效地借鉴和吸收西方近现代人文主义思想的养分,因此难以对抗跨国公司等强势利

---

〔1〕 刘惊铎、赵世超:《凸显人文精神:新世纪高等教育发展的哲学思考》,载《国家教育行政学院学报》2003 年第 1 期。

〔2〕 王国柱、李建华:《中国特色社会主义知识产权法学理论研究》,载《当代法学》2013 年第 1 期。

〔3〕 刘刚:《先秦儒家义利观与企业社会责任建设标准》,载《中国人民大学学报》2008 年第 2 期。

〔4〕 马克思、恩格斯:《马克思恩格斯全集》(第 46 卷·下),人民出版社 1980 年版。

〔5〕 〔澳〕彼德·德霍斯:《知识财产法哲学》,周林译,商务印书馆 2008 年版。

益群体的知识产权霸权。知识产权制度表面上的机会均等不能掩盖实质性的不平等。例如,虽然在制度层面民法关于公序良俗和禁止权利滥用等原则适用于知识产权,但是其结合方式尚未得到充分而有效的论证,要体现关怀弱势等人文精神的正当性缺乏理论依据。西方国家商法中的企业社会责任为其权利行使行为涂上了社会防腐剂,但是在我国尚未得到有效落实。随着参与知识产权活动的利益主体逐步多元化(从发明人拓展到投资人、传播者等),出现了利益被制度人为割裂和碎片化的现象。知识产权教育在提高参与者权利意识的同时,也诱发了利用(甚至滥用)制度谋取私利而不顾及社会代价和成本的问题。在社会分工不断细化,知识产权利益群体的权利实现愈来愈依赖于专业服务时,如果不能通过人文精神的培育克服专业人员过度的功利性思想,将导致制度合理调节社会利益的功能难以发挥。

(二)制度的技术性掩盖了伦理性

知识产权制度是经济领域进行社会治理的重要手段。“道”和“术”本是社会治理的两个层面,有形的“术”体现着无形的“道”,而“道”指导者“术”的实施,如果只有“术”而无“道”将会导致治理行为误入歧途,社会冲突不断。[1] 法律制度作为行为规范,背后体现着社会的伦理价值理念,只不过不同的法律与道德基础的结合程度不同而已。目前的知识产权偏重于“术”而未弘扬“道”,使得知识产权制度被滥用的风险显著增加。

相对于一般民法而言,知识产权更加侧重于调整市场竞争关系,因此不可避免地体现了技术性。知识产权的国际统一和协调又进一步抹杀了各国具有民族特色的伦理道德和价值观念,这种情况在TRIPS协定等国际规范具有权威性和正当性之后更为严重。[2] 尽管有少部分规范涉及伦理问题,但是在知识产权制度中不是主流,其作用也仅限于防止知识产权对现有社会伦理规范产生严重冲击的消极作用。虽然伦理问题对于知识产权正当性论证颇为重要,例如黑格尔

---

〔1〕 林存光:《韩非的政治学说述评》,载《政治学研究》2004年第1期。

〔2〕 杨志祥、马德帅、刘强:《知识产权制度的商法性质考辨及其发展趋势》,载《知识产权》2013年第12期。

就将精神产品与人格尊严联系在一起,[1]但是在以功利为导向的知识产权教育中,知识传授和技能培养的重点在如何利用知识产权规则创造利益,因此不可避免地更为强调技术性规范。知识产权的技术性主要体现在两个方面:一是保护对象包含大量的技术内容,保护技术方案的专利制度尤其如此[2],著作权、商标权与信息技术的结合也使其展现出越来越多的技术性;二是由于知识产权制度存在大量操作性规范,而且相当繁复,不仅包括知识产权司法保护的程序制度,还有知识产权申请、运用和管理的法律制度和企业管理规范。两方面因素交织使得知识产权教育者更为注重制度细节的讲授,而忽视了对制度构建和实施过程中人文精神的布道。

知识产权制度通过技术性规范期望实现创作者、竞争者、社会公众等各相关主体利益的精确平衡,但是知识产权固有的客体无形性、效力推定性和价值变动性使得所谓的利益平衡只能存在于想象之中,留给现实层面的状况是各方面的利益分化和争斗。无休止的利益争斗不仅不能实现对于创新的有效激励,而且耗费了大量社会资源(包括商业资源、司法资源和行政管理资源)。知识产权教育仅靠对制度规则和技能全面而细致的传授,不从人文关怀的精神层面对于正确的价值观念加以弘扬,让人们了解到自身权利及其行使方式正当性,将使得知识产权制度不仅不能成为社会的稳定器和平衡点,而且会成为利益争夺的导火索,到最后利益主体也会迷失在利益争斗的漩涡当中不能自拔。考虑到接受知识产权高等教育的受教育者会从事与知识产权有关的专业工作,其作为社会精英的执业行为不仅对于专业领域有影响,而且会辐射到社会整体的氛围,因此教育中人文精神缺失的问题将显得尤为严重。

(三)知识产权职业共同体的缺失

职业共同体拥有着共同的专业知识背景和职业技能,也比较容易在价值观念上形成共鸣。通过统一司法考试的十多年实践,法官、检

---

〔1〕〔德〕黑格尔:《法哲学原理》,范杨、张企泰译,商务印书馆1961年版,第75页。

〔2〕刘强:《技术标准专利许可中的合理非歧视原则》,载《中南大学学报》(社会科学版)2011年第2期。

察官和律师已经形成比较稳定的职业共同体。[1] 法律职业共同体的建立有利于法律教育与培养共同体的形成[2]，使得在法学教育和职业培训阶段通过职业伦理等方面的训练可以对其价值观念进行一定程度的提升，也有利于基于共同的理念进行人文精神和职业伦理的培育。

然而，知识产权职业共同体的形成则步履艰难，并且在高等教育阶段已经出现了专业分化，使得通过规范化教育开展人文精神的培养面临极大的困难。[3] 在职业发展阶段，由于知识产权专业人才可能从事知识产权创造、运用、保护等多方面工作，其具体的职业可能是企业的技术开发人员或经营管理人员，也可能是律师事务所、专利代理机构、资产评估公司或者其他中介机构的服务人员，他们的专业背景不同，工作性质和内容差别较大，虽然职业内容与知识产权有关联但是侧重点明显不同。由于知识产权教育侧重迎合社会实际的需要，因此教学内容受实际业务的影响也非常深刻。[4] 在高等教育阶段，尽管在知识结构方面理想情况应当具备法律、理工科、知识产权和经济管理等多门类，但是其主要攻读的专业学科并不相同。在高校人文素质培养普遍缺乏的情况下，专门针对未来的知识产权从业者进行教育存在机制上的困难。因此，对于形成中的知识产权职业共同体而言，培育人文精神迫切性显得尤为突出。

二、重构人文精神在知识产权教育中的作用

（一）人文精神的核心地位

为了实现人文精神的要求，包括知识产权制度在内的法律规则和

---

〔1〕 霍宪丹、王红：《建立统一的国家司法考试制度与法律教育的改革》，载《法学》2001年第10期。

〔2〕 霍宪丹：《试析法律职业共同体与法律人才培养共同体之间的互动》，载《法制与社会发展》2003年第5期。

〔3〕 刘强：《我国知识产权教育的转型与发展》，载《行政与法》2011年第9期。

〔4〕 郑友德、孙鉴：《关于知识产权复合型人才培养计划的基本构想》，载《电子知识产权》2007年第1期。

社会行为应当以人自身作为的出发点和归宿,人的价值的实现是衡量一切事物(包括法律)的标准,反对将人工具化,或者成为实现其他目标的手段。[1] 将人文精神作为教育的内容是培养受教育者完善人格,提高其思想境界的必要手段。日本特许厅发布的报告就认为:通过知识产权教育应当将受教育者培养成"具有人文精神"并且能促进和平与创新的人[2];并且认为环境教育中对于人类关怀的理念可以用于知识产权[3]。目前,国内外普遍存在的现象是在知识产权教育中重视制度和规则的介绍,不论是对成文法还是判例法的传授,其改进的着力点无非是解决理论与实务脱节,知识和技能分化的问题。[4] 因此,各国在知识产权教育中普遍缺乏将培育人文精神贯穿于知识传授过程。虽然高等学校可以通过专门的人文素质教育来解决信仰理念缺失问题,但是如果不能与现实社会需求相结合,将会出现脱节和偏差问题。事实上,知识产权教育和人文精神可以有机地融合,并且发挥相互促进的作用。

一方面,良好的知识产权教育应当以人文精神的培育作为核心内容。尽管知识产权教育为了适应社会对专业知识和技能的需要不可避免地要传授具体规则和方法,但是真正的人文精神并不反对与以理性为代表的科学精神进行结合。要让受教育者了解到,国家和社会建立知识产权制度的目的是实现人们在智力成果创造方面的全面解放,释放人们在文学艺术创作和发明创造方面的潜能,使得人们能够在更广阔的领域内实现思想和行为的自由,从而提高人们(包括整个社会)的幸福感。既不能因为缺乏制度保护和缺乏经济回报而让潜在的创作者感到难以维持持续开发的动力,更不能够因为制度的建立对人们的正当行为设置了新的枷锁。知识产权制度的目标是为了人的全面发展,而不是让人屈服于制度和技术的压力,这一点不仅要体现在制度的原则中,而且要反映在具体的规则和实践中。

---

〔1〕 李龙、廖奕:《人本法学教育观论要——高境界法律人才培养目标模式》,载《中国法学》2005 年第 2 期。

〔2〕 Intellectual Property Education as a Means to Nurturing Creativity, Japan Patent Office Asia-Pacific Industrial Property Center, 2008, page 14.

〔3〕 Ibid., page 29.

〔4〕 马秀山:《我国知识产权教育的思考及对策研究》,载《知识产权》2007 年第 2 期。

另一方面，人文精神能够在知识产权教育中获得新的支持和动力。单纯的说教并非培育人文精神的最佳途径。"强调法律要重视人本，虽然非常正确，却只能停留在价值倡导的层面"[1]，既无助于制度的构建，也使得教育迷失了方向。大学培养人文精神的普遍困惑是难以将传统而抽象的理论学说与不断变动发展的社会实践有机结合，从而提高教育的效果。知识产权恰能成为人文精神教育的鲜活素材。虽然知识产权制度来源于技术和经济秩序中，但是其中不少法律规范非常显著地体现了道德属性[2]；而且即使是技术性规则，其有效的运转也必须建立在道德（包括职业道德和社会公德）层面得到人文精神有力支撑的基础之上，否则即使制度构建的目的良好，也难以得到公众期望的有益效果，反而有可能走向无法预计的反面。在教育过程中，涉及知识产权反面效果时，不应当仅限于具有助长垄断行为降低经济效率等经济领域，而且要突出知识产权制度有可能让人成为追逐利益的机器或者动物的潜在风险。这种蜕变会使人性发生扭曲，而无法维系健康向上的精神状态，因此有必要克服其在精神方面的负面影响。这将为人文教育提供有力的反面素材。

（二）人文精神与思想境界的提升

人文精神可以克服基于对创作行为模式假定而引发的道德水平下降问题，从而避免人的思想境界由于制度的诱导而出现滑坡。知识产权制度的基本假设是智力成果的创作者和传播者都是经济人，通过市场交易和经济回报可以激励其继续从事发明创造等活动。这意味着推定参与者进行创作的目的不外是追求经济利益，并且以此作为继续研发的前提条件。虽然知识产权制度并不排斥诸如政府奖励等其他激励模式，但是随着法律规则在市场主体中认知程度的上升，并且逐步占据主导地位，对创作者行为预期和行为模式也产生了潜移默化的影响。知识产权制度对保护主体的原始假设是创作者，但是其现实

---

〔1〕 李琛：《"法与人文"的方法论意义——以著作权法为模型》，载《中国社会科学》2007年第3期。

〔2〕 胡波：《专利法的伦理基础——以生物技术专利问题为例证》，载《法制与社会发展》2008年第2期。

的制度模式更加倾向于开发智力成果的投资者。[1] 因此,对于创作者来说,经济人假设即使是正确的,也仅属于较低层次,甚至有亵渎其创作动机的嫌疑。事实上,创新乃是人的本质需求,意义重大的发明创造和作品创作也并非靠经济激励就可以实现。因此,如果知识产权专业人员对于制度的认识仍然停留在经济激励本身,也会使得制度参与者的思想境界和道德水平出现下降,将属于精神享受层面的智力创造活动退化为追逐经济利益等较低层次的追求。

另外,有必要通过人文精神培养提升对制度运行机制认识水平,避免因利益驱使而对制度的滥用行为。知识产权制度业已建立庞杂的理论体系和法律规范,受教育者对于制度本身的学习和运用就要耗费大量的时间和精力,更遑论对其本质属性的深入探究。通过人文精神的培养,可以让受教育者意识到:包括知识产权在内的制度不是万能的。制度和技术一样虽然是人类精神活动客体化的产物,但是有可能异化成为控制人类精神的工具。荀子指出:“君子役物,小人役于物”(《荀子·修身》),意思是品格高尚的人对物加以利用,而品格低下的人被物所驱使,受到物的控制。在现代社会,控制人的不仅是有形物,还有无形的制度,他们均是人造客体异化的产物。而制度异化在知识产权领域也体现得尤为明显。虽然表面上看制度和技术对于所有主体都是平等和中立的,但现实情况是不同群体和个人在技术和制度面前的实际地位存在显著差异,并且还有扩大趋势,可能成为权利人利用制度控制他人发展机会的现实诱因。例如,在药品专利面前专利权人、竞争对手和社会公众的法律地位和许可谈判地位是差异很大。此外,知识产权制度所设计的利益反馈和回报机制要产生作用需要支付较高的社会成本。如果知识产权专业人员不能引导当事人正确使用制度,而是为了自身利益不择手段地利用规则,将使得制度缺陷和错位成为恶意行为的帮凶,隐含的制度成本也将被无限放大,从而使得相应的社会资源被无谓地消耗。

---

〔1〕〔澳〕彼得·达沃豪斯、约翰·布雷斯韦特:《信息封建主义》,刘雪涛译,知识产权出版社 2005 年版,第 4 页。

(三) 人文精神与职业道德

尽管在现实层面,知识产权职业共同体尚未有效地建立,但是毕竟在逐步形成和发展过程中,因此仍有必要讨论培育其职业道德的问题,尤其是对于居于核心地位的知识产权中介服务机构从业人员来说更是如此。曾任德国联邦最高法院法官,并从事专利代理工作多年的汉斯·高德认为:“知识产权专业人士必须具备高度的职业道德”,其关注的重点就是知识产权中介服务人员应当在保守客户秘密等多个环节职业责任问题。[1] 由于知识产权制度结构的复杂性和效果的不可预见性,使得知识产权专业人才需要在制度合理构建和运转方面承担更多的责任。因此可以毫不夸张地说,该群体职业道德的培养将很大程度决定制度实施的成败。

人文精神的教育能够帮助职业道德观念的构建,但是又不限于此,而是能够在更高层面树立道德标准。对于知识产权职业行为而言,最大程度维护和实现当事人的利益是其首要目标。但是,如果不能以人文精神和以人为本理念作为基石,刻意强调职业行为的非道德化[2],无限制地满足当事人的经济利益并不能给他带来精神上的自由,反而可能使其真实的人性遭到扭曲。由于经济利益诱惑的存在,有可能让创作者陷于对利益的追逐和争夺,既泯灭了为社会承担责任和做出贡献的良知,也使其目标严重地偏离创作智力成果的初衷。更何况,如果执业者以当事人利益的名义掩盖对自身利益的追求,会扭曲制度的功能,造成职业群体公信力的沦丧。在处理与其当事人的关系时,职业者利用对制度和技术更为了解的信息优势不合理地打压对方,也将使其丧失合理的发展机会,不利于其获得全面发展,阻碍了人性的解放。[3] 因此,有必要通过人文精神的教育让知识产权从业者认识到,知识产权制度不仅是为了商业目的,因此不能帮助当事人无限地扩张利益。

---

〔1〕 高木善幸、拉瑞·奥尔曼主编:《知识产权教学原则与方法》,郭寿康、万勇等译,知识产权出版社 2011 年版,第 200 页。

〔2〕 李学尧:《非道德性:现代法律职业伦理的困境》,载《中国法学》2010 年第 1 期。

〔3〕 〔澳〕彼得·达沃豪斯、约翰·布雷斯韦特:《信息封建主义》,刘雪涛译,知识产权出版社 2005 年版,第 200 页。

三、知识产权教育中人文精神培养的路径

(一)张扬人性自由

知识产权制度所带来的利益争斗可能造成对人性的压抑。传统的知识产权教育在学科设置上主要依托法学,在教育内容上侧重知识产权保护。基于知识产权来源于法律制度的本源,如此进行教育方式的设置本无可厚非,但是会产生两个方面的问题。过于突出知识产权司法诉讼的对抗性,导致利益相关者之间的关系趋于紧张。而知识产权保护本身需要耗费大量的司法和社会成本,破坏不同创作者之间的合作氛围与和谐关系。此外,对于侵权风险的畏惧可能使得创作者本应拥有的创新激情受到抑制,个性也受到压抑,或者不得不耗费大量成本通过专利检索等手段避免侵权。这并非知识产权制度所期望实现的,但现实中却难以避免。

我们应当让受教育者感受到,知识产权制度应当成为合作共赢的平台和个性解放的舞台,而不能过度滋长对利益的争斗和对社会关系的撕裂,并鼓励他们在今后的专业工作中予以实践。为了实现此目标,可以采取两个方面的措施:一是全面介绍知识产权工作的四个方面:创造、运用、保护和管理,让受教育者对知识产权的认识不仅限于法律保护。这四个方面的内容既是《国家知识产权战略纲要》的核心内容,也是克服对知识产权的片面认识所必需的。相对于保护而言,知识产权在创造、运用和管理过程中更为强调合作共赢。二是强调知识产权制度的信息公开功能,这是除法律保护以外的另一重要面向。通过信息公开,彰显了知识产权制度鼓励共享和开放的态度与理念。可以通过介绍国内外专利信息检索的网络资源,让受教育者了解到世界各国工业产权局均免费提供专利文献和数据,从而建立了技术研发的资源数据库。另外,可以通过 3D 打印产品设计开放共享社区以及相关的知识产权开放源代码软件(包括硬件)运动,传播“共享、共创、

共赢”的开源文化[1],让受教育者感受到围绕着知识产权不仅有利益的争夺,也有利益的共享。这不仅是利益分配问题,而且有利于创作者建设共同的精神家园,进一步激发创作热情。

(二)尊重人的创新精神

探索未知世界和创造新知识是人类的天性,也是实现人的全面发展的必然要求。在当今社会,创新能力直接决定了国家、企业和个人的竞争力。尊重和保护人的创造精神也应当是知识产权教育的重要理念。[2] 通过知识产权教育,有必要让受教育者感受到其创新活动得到了国家的承认保护,使得创新能力能够得到有效的激发。虽然参与市场竞争和投资研发活动的主体是企业,但是完成发明创造的只能是自然人。受雇于用人单位的技术研发人员,即使其受到劳动合同的约束和对企业忠诚义务的要求,但是其进行发明创造的热情不应受到压抑和排斥。例如,《专利法》第7条对于个人非职务发明有明确的规定,“对发明人或者设计人的非职务发明创造专利申请,任何单位或者个人不得压制”,有助于形成崇尚创新的社会风尚[3],体现了对人的创造精神和作为发明创造主体的尊重。在教育过程中应当对知识产权人身权进行详细讲授,包括技术发明人和作品作者标明自己身份的署名权,因为人格权的勃兴是法律人文关怀理念的重要体现[4];同时也是体现对其主体性的尊重,防止智力成果被不当占有。让受教育者了解此类规定有助于克服企业抹杀发明人贡献和不标明其身份的不正当行为。

当然,知识产权制度所鼓励的创新应当是对人的本性的弘扬,而不是功利性的智力活动。可以从两个方面来加以解读:一是克服单纯为了获得知识产权而进行的所谓创新。知识产权制度对于获得保护的智力成果设立的创新程度的门槛,诸如作品的独创性和发明的创造性等。这一方面可以排除创新程度很低的成果获得保护,但是也诱使

---

[1] 郑友德:《3D打印开源硬件许可问题探讨》,载《华中科技大学学报》(社会科学版)2014年第5期。

[2] 刘西平、曹津:《知识产权教育与知识产权文化》,载《知识产权》2007年第1期。

[3] 尹新天:《中国专利法详解》,知识产权出版社2011年版,第90页。

[4] 王利明:《民法的人文关怀》,载《中国社会科学》2011年第4期。

当事人合理利用审查和判别的规则来获得法律上对其创新程度的认可。知识产权教育过程中应当明确,不应当对审查制度的有限性进行不合理的利用,否则会导致创作者耗费过多精力研究法律所设定的标准,而不是在创作本身,从价值目标的角度来说会带来一定程度的精神扭曲。二是避免单纯为了实现经济利益而进行发明创造,创新的本质目标应当是为人类知识库做出贡献。不应当将本不具备授权条件的技术申请获取专利,并用来扰乱竞争对手的商业策略,从而获取不正当的商业利益。另外,也不应当开发出严重污染环境或者损害人体健康的技术并获得专利〔1〕,这涉及处理人与自然、人与他人关系的问题。知识产权是工业文明发展到高级阶段的体现,而技术发展固然提高了人类征服和利用自然的能力,但是也会带来环境问题等负面影响。更为严重的是,这也会使得人在精神上充满征服自然或者他人的欲望,在自身利益的驱使下不断掠去自然资源和他人利益,使得人性成为物质利益的奴隶。在破坏了自然界和市场秩序的同时,也使得人与自然、人与他人、人与内心和谐相处基石不断被解构,最终使得人的精神无所依归。因此,在知识产权教育中有必要明确授权的社会意义标准,使得受教育者明白有必要在创新活动中自觉地自我限制,避免以创新的名义填补欲壑。

(三)尊重人格尊严

智力成果如果能够获得知识产权保护,不仅有可能取得预期的经济受益,而且更为重要的是意味着国家在法律和道德层面对其的认可。因此,将涉及人格尊严的智力成果纳入知识产权保护的范围,不论其是否带来实际利益的重新分配,其本身就可能带来对社会伦理的严重挑战。在包括人类基因序列在内的生物材料能否获得专利保护的问题上,欧洲社会激烈讨论的核心焦点就是是否会带来对人格尊严(包括个人和人类整体)的破坏。尽管《欧盟生物技术法律保护法令》和美国专利司法判例肯定了基因序列的可授予专利性,而且美国等国家的专利审查部门力图将道德因素排除在专利授权审查的范围以外,

〔1〕 刘强:《有害技术专利问题研究》,载《武陵学刊》2013 年第 1 期。

或者坚持对基因序列未延及生命本身的意见，但是不能平息宗教团体和动物保护组织的反对。[1] 这从一个侧面反映专利权不可避免地触及人类尊严问题，专利权应当是人类利用自然界的媒介，而不是将公共资源自由化并且产生对他人生命支配权利的制度诱因。

在讲授专利授权标准时，知识产权教育者有必要结合《专利法》第5条对于违反社会公德的发明创造(如克隆人技术)和违法获取、利用遗传资源(如未经被采集对象知情并同意)完成的发明创造不授予专利的规定，让受教育者了解专利审授权中涉及的伦理问题。在从事技术开发时，就应了解并严守专利授权不能破坏人类尊严的立场。如果片面认为专利制度仅处理技术问题而不会产生伦理问题，那么会导致错误认识。人类尊严问题涉及专利制度的终极目标，不能因为短期的产业发展和经济利益，而产生从根本上动摇人类伦理价值和践踏尊严的行为存在。以此，有助于避免受教育者基于自身而非社会的普遍伦理标准从事技术开发，否则可能出现利用知识产权不断冲击人类伦理底线的情况，与制度应当有的人文关怀的价值背道而驰。

结语

后现代主义对现代社会进行批判时认为，后者不是解放人而是压抑人的社会[2]。知识产权制度是工业社会发展到高级阶段的产物，并有可能反过来使得人成为社会和制度的附属品。个人在知识产权制度中的位置某种程度决定其社会地位甚至人的属性。人们甚至无法逃避这项制度，并返回到没有该制度的时代。因此，所能做的就是在现有的制度框架下探索如何弘扬人的本性，使人能够回归到本真的自我。知识产权教育中人文精神的培育能够使受教育者的心灵不受外在规则的束缚和羁绊，在充分利用规则的情况下实现更高层次的人性解放。

---

〔1〕 彭立静:《论人体基因专利对道德底线的挑战》，载《武汉理工大学学报》(社会科学版)2009年第2期。

〔2〕 信春鹰:《后现代法学:为法治探索未来》，载《中国社会科学》2000年第5期。

湖南省党校系统领导干部法治教育培训的成绩、问题及发展研究

刘　丹[*]　胡　海[**]　彭　澎[***]

摘　要：领导干部是法治建设的"关键少数"，抓住了党员领导干部就是抓住了全面推进依法治国的重心。因此，加强领导干部法治教育在全面推进依法治国的时代显得尤为重要。在全面推进依法治国的伟大征程中，法治教育应当成为各级领导干部教育培训的重要内容，新时期加强领导干部法治教育具有鲜明的特性内涵。加强领导干部法治教育既需要对原有的干部教育内容进行调整和组合，更需要在法治理念的主导下进行领导干部法治教育的探索和创新。加强领导干部法治教育是将来很长一段时期各级领导干部教育培训的核心和重点。

关键词：领导干部　法治教育　现状分析　对策研究

推动国家法治的进程需要实事求是、脚踏实地的苦干精神，各级领导干部是全面推进依法治国的主力军，他们法治意识强不强、依法履职能力高不高直接影响到国家法治建设的进程。国家全面推进依

[*] 刘丹，中共湖南省委党校副校长、教授。
[**] 胡海，中共湖南省委党校法学教研部主任、教授。
[***] 彭澎，中共湖南省委党校法学教研部副主任、副教授、法学博士。

法治国的现实需要以及各级领导干部在国家政治进步和社会发展中所处的地位，决定了领导干部培训教育工作需要落实中央战略部署、紧贴实际地开展新时期领导干部法治教育工作，构建完善的领导干部法治教育体系与设计科学合理的法治教育课程，为国家法治建设培养合格的领导者和实践者。全面推进依法治国是新时期国家发展的重要特征，是全面深化改革的重要抓手和基本保障，也是领导干部教育培训必须关注的核心问题。以加强领导干部党性修养、提高领导干部履职能力为核心的领导干部教育培训是新时期干部教育的鲜明特征，而市场化改革带来经济的巨大发展，促使经济社会发生重大转型，探索和创新新时期党校领导干部教育培训体系和内容已经成为当前经济社会发展的内在需要，随着国家全面推进依法治国步伐的加快，加强领导干部法治教育已经成为国家法治建设和政治现代化发展、政治文明进步的必然选择与客观趋势。为准确把握“四个全面”战略布局的新要求，深入贯彻党的十八届三中、四中、五中全会精神，全面推进依法治省和法治湖南建设，牢牢抓住领导干部这个“关键少数”，不断提升领导干部法治思维和依法办事能力，引导干部争做尊法学法守法用法的模范，加强改进领导干部法治教育培训工作，充分发挥党校干部教育培训主阵地和主渠道作用，由中共湖南省委党校牵头，组织全省各级党校法学教育工作者认真开展调查研究，举行了多场领导干部法治教育培训改革座谈会。通过这些富有成效的座谈和实地调研，我们更好地了解了湖南领导干部法治教育培训的需求和要求，及时掌握了领导干部法治教育培训中的现状和问题。

一、湖南省党校系统领导干部法治教育培训取得的成绩

（一）课程设置内容丰富

近年来，湖南省市县各级党校深入贯彻党的十八届三中、四中、五中全会精神和省委《关于贯彻落实〈中共中央关于全面推进依法治国若干重大问题的决定〉的实施方案》，准确把握全面推进依法治国的重大意义，明确了各级党校干部法治教育培训的重点内容。全省各级党

校主要设置了以下干部法治教育课程。

1. 形势与政策课

重点学习十八届三中、四中、五中全会精神辅导、推进依法治国应当把握的基本问题、培育法治思维、自学尊法学法守法用法、坚持走中国特色社会主义法治道路、完善中国特色社会主义法律体系、维护宪法权威加强宪法实施、深入推进依法行政加快建设法治政府、保证公正司法增强司法公信力、增强全民法治观念推进法治社会建设、加强和改进党对全面推进依法治国的领导、全面推进依法治国加强法治工作队伍建设等内容。

2. 实用性的法治研讨课

重点研讨提高领导干部运用法治思维与法治方式的能力、提升领导干部的法治素养、行政决策的法律风险与防范、行政执法的法律风险与防范、行政决策案例分析、行政执法案例分析、更新刑事司法理念、加强人权司法保障、职务犯罪的心理成因及预防对策、构建和谐社会完善纠纷解决机制、优化法治环境建设和谐社会、推进地方法治建设、提升应诉能力促进依法行政、以法治湖南建设为核心的地方性法规的学习宣传、法治新时代下社会改革与治理、H 市权力清单制度的调查与思考等内容。

3. 针对性的法条导读课

一是以宪法为核心,加强领导干部的宪法理念和宪法意识教育。宪法是我国的根本大法,是一切法律法规合法性来源的基础。领导干部的一切行为都应当奠定在宪法的基础之上,既要熟悉宪法,也要遵守宪法,更要能够运用宪法,重点掌握宪法、立法法、选举法、组织法等法律法规,使干部全面深刻理解宪法精神,推动社会主义法治理念深入人心。二是行政法律知识的教育。包括行政程序法典化与法治政府建设——对《湖南省行政程序规定》的解读、《行政监察法》的解读、《国家赔偿法》的解读。三是民事法律知识的教育。民事法律的核心和基础是契约自由和权利至上,通过加大民事法律知识教育,使领导干部了解民事权利在法律体系中的地位,加强对公民权利的保护理念。四是知识产权保护制度的学习教育。知识产权本质上是一种制度安排,知识产权制度的实质是既保护发明人和创新投资者的利益,又促进技术合理、有效扩散。使领导干部了解保护知识产权就是保护自主创新,知识产权战略实施是中国梦的重要篇章。

4. 知识性的基础理论课

重点学习中国传统法文化与法治现代化、中西法律文化的差异与融合、法治视野下实行社会公平之路、人权司法保障的问题及对策、依法治国首先要依法行政等内容。

(二)部分党校法治教育课时量比较充足

从课时比例来看,省委党校各类主体班干部法治教育课时量一般占该班总课时的10%—17%之间;省直机关党校和地市级党校各类主体班干部法治教育课时量一般占该班总课时的10%—17%之间,最低在各个主体班中所占的比例为8%,一个地市级党校在各个主体班中占比达到23%,最高在各个主体班中所占比例达到33.33%。县级党校各类主体班干部法治教育课时量占该班总课时的比例不平衡,其中8所县级党校没有法学课,占66.67%,有法学课程的县级党校干部法治教育课都未达到20%,只有桂东县委党校一家达到了25%。

(三)教学方法各有特色

对于领导干部的法治教育培训,各级党校主要采取案例式教学等教学方法来开展教学活动,力求使得每堂课都能体现出一定的理论性和实践性,具体教学方式方法主要包括:

1. 案例式教学

案例教学法是一种以案例为基础的教学法,案例本质上是提出一种教育的两难情境,没有特定的解决之道,而教师于教学中扮演着设计者和激励者的角色,鼓励学生积极参与讨论,不像传统的教学方法,教师扮演着传授知识者的角色。

2. 专题讲授式教学

即老师讲授给学生的教学方法。作为一种传统的教学方法,讲授式教学法仍然是各级党校普遍采用的主要的教学方法。专题讲授式教学主要适用于党性教育、湖南经济社会发展、政府管理与依法行政、能力建设与领导干部素质提升等理论和实践的讲授。

3. 研讨式教学(含结构化研讨)

研讨式教学是以解决问题为中心的教学方式,通过由教师创设问题情境,然后师生共同查找资料,研究、讨论、实践、探索,提出解决问题的办法的方式,使学员掌握知识和技能。它包括阅读自讲式、讨论式、启发式、专题式、课题制式、案例和讲授式等多种具体教学方式。结构化研讨是围绕某个大家共同关注的主题,在培训催化师引导下,按照一定的程序和规则,灵活采取团队学习、团队决策工具,帮助学员分步骤、多角度开展研讨的一种形式,是多种研讨方法和工具的综合运用。

4. "研讨式+案例式"教学

即将研讨式教学法和案例式教学法结合在一起进行教学的方法。这种教学方法是探索党校教学由课堂讲授式为主向研讨式、案例式、体验式教学为主转变,初步形成以案例教学为核心载体、以专题讲授为理论载体、以系列调研为实践载体、以交流研讨为互动载体的"四位一体"的研讨式案例教学新模式,该教学方式的突出特征包括主题的实践性、案例的生动性、方式的集成性、资源的整合性和模式的开放性,把案例调研的视角向理论高度、实践广度和思考深度拓展,使干部通过深入调研和案例研讨开阔了视野、拓展了思路、提升了能力。

5. 项目教学

这是少数市州党校采用的一种教学方法。所谓项目教学是指充分调动学员的主观能动性,就一个热点专题到有关的政府部门、企事业单位进行实地调研,然后在调研的基础上形成调研报告。项目教学打破了单向知识灌输式的常规模式,它是以学员为中心、调研单位为教材、教师为引导的新型教学模式。项目教学的开展和实施取得了较好的效果,学员思考问题、研究问题以及处理问题的能力得到了提升。

6. 实践教学

实践教学是巩固理论知识和加深对理论认识的有效途径,是培养具有创新意识的高素质工程技术人员的重要环节,是理论联系实际、培养学员掌握科学方法和提高动手能力的重要平台。有利于学生素养的提高和正确价值观的形成。目前全省各级党校通过现场教学、旁听法院审判、参观监狱、纠纷解决实践等多种方式来推进领导干部的法治教育，做到了法治教育既有灵活性又有实效性。

7. 情景模拟式教学

情景模拟教学法是指根据教学内容和教学目标，通过设计特定的场景、人物、事件，让学员扮演情景角色，使学员在高度仿真情景中获取知识和提高能力的教学方法。情景模拟教学法运用于干部法治教育培训中，具体方式包括模拟法庭等，该方法有利于培养学员的观察、分析和综合思维能力，提高学员灵活运用法言法语的语言表达能力、在一定环境下的思维能力、组织能力、操作能力、团队合作能力及应变能力。干部法治教育培训中，运用情景模拟教学法对于提高学员的综合能力，增强培训效果具有重要作用。

（四）师资力量基本保证

从省委党校来看，目前全校拥有法学专职教师 9 人，兼职教师 4 人，共计 13 人；其中拥有法律职业从业资格证的教师有 6 人，从事法律服务的教师有 4 人；13 名法学专兼职教师均为法学科班出身。

从省直党校及地市党校来看，12 所参与座谈会的省直党校和地市党校中，一般的法学专兼职教师人数为 3—6 人，法学教师人数占该校教师总数为 8%—27%之间。年龄结构集中在 60 后至 80 后；学历学位结构为本科生、硕士研究生和博士研究生毕业不等，法学专兼职教师中基本上都是法学科班出身；职称结构为教授、副教授、讲师、教员均有分布；常德市委党校法学教师中，有专职教师 5 人，兼职教师四人，专职教师中有 3 名教师拥有法律职业从业资格证，有 4 位教师从事法律服务。

从县级党校来看，12 所参与座谈会的县级党校中，一般的专职教师师资人数在 8—13 人左右；另外有 12 所县级党校的 1—3 名校委是兼职教师，有 4 所县级党校聘请各单位的一把手作为兼职教师，有 2 所县级党校聘请当地较为知名的律师事务所主任作为兼职教师。有 8 所县级党校没有专门的法学科班出身的老师，有 1 所党校有 3 名法学科班出身的老师。3 所党校有 1 名科班出身的法学老师。

二、湖南省党校系统领导干部法治教育培训的问题分析

(一)省委党校干部法治教育培训存在的问题

1. 因人设课现象多少存在,系统性规范性略显不足

虽然党的十八届四中全会确定的全面推进依法治国理论的七个内容在省委党校干部法治教育专题等课程中大部分都涉及了,但还不够全面,如:“增强全民法治观念,推进法治社会建设”、“加强法治工作队伍建设”、“加强和改进党对全面推进依法治国的领导”等内容没有开设此类专题课,或采取其他教学方式体现这一教学内容。

2. 主体班法治课程设置有限,干部法治教育课时偏少

从课时安排来看,省委党校各类主体班干部法治教育课时量一般占该班总课时的10%—17%之间,这与党的十八届四中全会《中共中央关于全面推进依法治国若干重大问题的决定》的要求是不完全相称的,与中央党校、国家行政学院作出的示范是不完全适应的。

3. 深化教学改革不够,法治教育课教学方式创新较少

对于领导干部的法治教育培训,省委党校仍以传统的教学方法为主来开展教学活动,主要包括案例式、专题讲授式、实践式等教学方法,有时也运用结构化研讨等教学方法,但此方法运用不多。教学方法不够灵活,教学互动不够充分,教学特色不够鲜明,教学效果不够理想。由于教学方法的新颖性创造性针对性实用性不够强,因而不利于整体教学水平的提高。

(二)省直党校及市级党校干部法治教育培训存在的问题

1. 思想上不够重视

在思想观念上,没有认识到法治本身不仅是规则之治,而且必须是良法之治。如果没有对普遍规则的掌握,法治只能成为无源之水、无本之木、无根之花,不利于领导干部法治思维能力的养成。

2. 内容上不够科学

专题课的设置难以体现全面推进依法治国的要求。全面推进依

法治国是一个从立法、执法、司法、守法、人才队伍建设、党的领导的系统工程，因此党校法治教育专题应当内容更丰富更全面。但省直党校及市级党校法治课程开发自发性有余统筹安排不足，课程安排随意性有余规范性不足，教学研究理论研究有余实践研究不足；法治课程中一些重要内容没有涉及，如宪法意识教育、社会法治教育、廉政法治教育、法治湖南教育等课程没有开设或很少开设。

3. 方式上不够灵活

省直党校及市级党校法学教育的教学方式传统式过多创新性不足，教学方式单一、陈旧，教师教学理论与实践脱节，难以适应目前干部法治教育的需要。案例教学方式流于形式，学员不太懂，不敢讲，不愿讲。总之，教学方式方法缺乏生命力。

4. 讲授上不够专业

即在教学规范化程度上，教学专题设计和教师选择上缺乏职业和专业视角，省直党校及市级党校法学教育在课堂中法言法语运用不够，不利于领导干部法治理念的形成。

5. 理论上不够厚重

教师授课理论阐述深度有限，且理论联系实际不够。法治教育不是纯理论教育，因而从事法学教育的老师应当是理论与实践结合的精英。在省直党校及市级党校教学实践中，有些法学老师从课堂到课堂，课堂教学难免留下本本主义的痕迹，学员心理认同度不高。

6. 师资上不够合理

一是省直党校及市级党校法学教师普遍缺乏，人员少，任务重；二是师资队伍年龄结构偏高，学历结构偏低，知识结构偏窄；三是师资培训较少，师资职业培训缺乏计划性和连续性，知识更新速度慢；四是现在从事法学教育的党校教师普遍有被边缘化的感觉。

7. 管理上不够规范

在教学管理的时间上，课中管理较多，课后管理较少，时间利用不经济；在教学管理的环节上，单边要求多，互动要求少，教学相长效果不理想；在教学管理的激励上，负面激励与正面激励手段均有不足。

（三）县级党校干部法治教育培训存在的问题

一是师资不够，很多县级党校没有专门的法学老师。二是氛围不好,很多县级党校所在的县都不重视法治教育。三是教材缺乏,没有指导性的法学教育教材。四是方法单一,教学方法缺少创造性新颖性。五是时间不够,有法学课程的县级党校法治教育课均未达到20%,只有桂东县委党校一家达到了25%。六是资源短缺,省级党校对县级党校缺乏有效指导,师资班办得较少。七是待遇较低,县级党校老师待遇差,法学老师一旦有条件就会调离。八是学科建设存在不足,表现在法学教育缺乏长期规划等方面。

三、加强湖南省党校系统领导干部法治教育工作的发展建议

(一)对省委党校、省直党校及市级党校干部法治教育的建议

(1)合理设置法学课程。根据党校特点和不同班次的不同需求开设相应的法学课程。将提高领导干部法治意识作为党校法学教育与实践的战略重点。重点开设法治理论教育、宪法意识教育、政府法治教育、司法理念教育、社会法治教育、廉政法治教育等课程,省委党校应继续开设法治湖南教育等课程。

(2)适当增加法学课时。根据省委党校、省直党校及市级党校的特点,所开设的干部法治教育课程应不低于同一班级总课时的20%,这样方能适应全面推进依法治国方略新形势发展的需要。

(3)创新教学方式方法。要注重教学方式方法的灵活运用,该使用讲授式就使用讲授式,该使用案例式就使用案例式,该使用其他教学方式就使用其他教学方式,不可强求一律,不可因形式影响内容,从而达到形式为内容服务的目的。

(4)强化师资力量配备。为了实现专题课程对中央会议精神的全方位的"广度"解读和"深度"解读,应该加强师资力量的配备,包括通过引进新人等方式强化法学教师队伍建设。同时,引导和培养法学教师能形成自己的研究方向和研究领域。要加大对法学师资力量的培训力度,对师资的培训要注重计划性连贯性。在提高法学教师法学理论水平的基础上,还应该为增加其法治经验提供相应的实践活动,鼓励有司法资格的老师从事兼职法律服务工作,争取让更多的法学教

师到公检法司等实际工作部门进行挂职锻炼。要提高法学教师的地位,奉法者强则国强,教法学的教师越受重视国家越有希望,法学教师的工作积极性也越高。

(5) 增强学员教育管理。教员对学员在党校的法治学习情况进行打分,以此作为提拔任用干部的重要参考指标。法治方式和法律规则的掌握需要一定的外在压力,严格的考试有利于提高领导干部法治思维和依法办事的能力,因此应增强对领导干部在党校法律学习的考试考核。

(6) 加强法学教材建设。法学是党校课程体系的重要构成部分,必须加强法学学科建设,省委党校应组织在法学研究领域取得一定成绩的专家学者及一线法律工作者共同编写出既有理论高度,又有实践指导价值的教材,准确定位党校法学教育培训目标,丰富教学内容,切实提高党校法学教育质量。

(7) 实现党校资源共享。各兄弟党校之间应加强联系互通有无,构建省级交流平台,定期交流干部法治教育信息,研究干部法治教育问题,逐步实行党校系统内部法学教学科研资源共享。

(二) 对县级党校干部法治教育的建议

(1) 强化法学师资队伍建设。走引进新人与培养老人相结合的路子,同时注重给法学教师提供从事法学实践活动的机会。(2) 加强资源共享平台建设。县级党校要积极参与省级资源共享交流平台建设,逐渐缩小与省级党校和市级党校办学的差距。(3) 提高法治教育教学效果。通过组织培养、个人努力等途径进一步提高法学教师教学水平,提升干部法治教育教学效果。(4) 促进法学教学方法创新。可尝试运用以前没有用过的不同的教学方法,包括适当增加异地教学内容等方式。(5) 注重法治教育科学研究。科学定位教学与科研的相互关系,围绕教学开展科研工作,把它作为提高党校办学质量的重要内容。

结语

领导干部是“关键少数”,抓住了领导干部就是抓住了全面推进依法治国的重心,因此,加强领导干部法治教育在全面推进依法治国的时代显得尤为重要。加强党校领导干部法治教育是新时期党校领导干部教育培训的方向,是全面推进依法治国、维持经济社会稳定秩序和促进经济社会发展的政治需要与必然选择。加强领导干部法治教育工作是以法治为主体构筑起新的教育培训体制,法治教育是当前领导干部教育的基本内容,加强领导干部法治教育工作要充分引导并激活领导干部群体对法治的自觉、自省和自信。全面推进依法治国进程中加强领导干部法治教育,尊重和发挥党校现有的体制优势,充分挖掘既有的教育经验和培训资源,充分激发优势资源中的法治基因。加强党校领导干部法治教育,推进国家治理体系和治理能力现代化发展,必须立足于党校教育培训的现有体制和既有制度,将领导干部法治教育与政治民主、法治建设统一和协调起来,通过完善领导干部法治教育结构,健全领导干部法治教育模式,以实现党校领导干部法治教育与全面推进依法治国、国家现代化建设以及国家民主政治进步的同步。加强党校领导干部法治教育代表着一种使命,成为一种必然,可以拓展政治民主发展的空间,指引着法治文明和政治现代化的发展方向,是中国式法治建设中特别重要的一环。

我国高校非法学专业学生法制教育困境及原因探析

李　灿*

加强高校非法学专业学生的法制教育，一方面是适应国际新形势发展，建设社会主义市场经济，推进依法治国、和谐社会建设和推动我国法制教育进程的需要；同时也是为了培养高校高素质、综合化人才，提升高校大学生法律综合素质和最大限度地减少大学生犯罪的迫切需要。也正是因为有了这样一个大的环境背景，国家加大了对高校大学生法制教育的重视力度，高校大学生法制教育取得了阶段性成就，高校大学生法律素养得到了进一步的提升，但是高校法制教育仍然存在不少问题和挑战。

一、当前高校非法学专业学生法制教育存在的问题

目前高校大学生的法制教育就其发展而言是符合社会发展的潮流的，高校能够充分认识到对大学生的法治教育具有十分重要的现实意义。所以不少高校都在不断地加大对法制教育相关理论的研究探讨，并开展了一系列的法制教育实践活动，而且收获不菲。一些法制教育理论文章被相继推出，研究所涉及的范围和内容更加广泛和丰

* 李灿，中共湖南省委党校法学教研部副教授。

富,也更加接地气,更符合当下高校大学生的实际需要,对高校大学生的法制教育起到了很好的指导作用。此外,各高校在注重法制理论研究的同时,也开始重视理论联系实践,加大了对法制教育实践活动的推广力度,以法制教育相关理论为基础,开展了内容丰富多彩的实践教学活动,从实地调查、问卷回访到法制辩论会、座谈会等,各式各样,这些都使得高效的法制教育更加具有操作性,突出了实用性。然而,我们也要看到,因受到各方因素的影响制约,当下的高校大学生法制教育并不如人意,在法制教育教学方式方法、内容及其途径创新上都存在不少问题,尤其是法律意识的培育没有在高校法制教育过程中很好地落实到位,已经成为高校大学生法制教育的一个重大缺陷。

1. 教师队伍水平参差不齐

以《思想道德修养与法律基础》为主的法制教育课程教学工作是我国高校大学生接受法制教育的主要平台,教师则作为法制教育教学工作的主体,"教书育人"的身份参与整个法制教育的全过程。由于不少高校对于一些基础性课程和专业相关的法制教育课程的重视力度不够,其研究的投入与其他课程相比,存在很大的差距,更有甚者,高校教师直接用基础课程来替代了法制教育,对法制教育工作基本上无视,因此使得整个法制教育的师资队伍水平较为低下,教师实力不足。同时,由于高校大学生的法制教育教学工作具有较强的专业性,对教师的要求也比较高,不仅要熟悉基础性的法律法规知识,还要具有较为系统全面的法制知识、高素质的法律素养和良好的法制教育工作实践能力,这对不少高校教师来说确实是一个很大的挑战。在法制教育过程中,一般都是由一些兼职的教师或者部门人员来授课,他们都缺乏较为深厚的法制教育理论知识和扎实的法制实践经验,更有些教师自身都没有养成很好的法制意识,法制教育的方式方法过于单一死板,缺乏灵活性和创新,使得整体教学效果十分低效,大学生所获得的知识和实践能力都极为有限。所以,教师队伍不完善,法制教育师资力量不强,严重地阻碍了高校大学生法制教育的顺利推进。

2. 教学内容安排不合理

首先,教材无法全面反映当前最新的法律知识。目前高校选用的法制教育课本却大多都是以往的旧课本,没有将当下最新的法制教育教学研究成果吸纳进去，内容也很不全面，由于缺乏与时俱进，使得我国现有的法制教育严重滞后于社会法制形势的发展变化。而教师教授大学生法律知识的出发点仅仅是让他们知道法律基础知识，停留在极为肤浅的层面，没有深入法制教学，没有让高校大学生成为较为专业的法律知识分子，因此必须革新法制教育课程。要在原有的基础上，更加重视与现实相结合，更加重视培养学生的法律意识和实践能力，这样也才能最大限度地激发大学生的学习热情，才能让大学生学以致用，更好地参与到法制教育过程中去，从而增强他们的法律素养。另外，在现在的教材中，对于法制教育的内容比较少，教学效果不理想。

目前，我国高校还缺乏一部关于大学生法制教育综合性较强的系统性的专门教材，法制教育的内容在教材的所有内容里面所占的比例太低，仅仅在我国的思想与法律基础教育课纲里面有一点，并且内容十分有限。现在新出版的课纲教材虽然增加了不少法律法规的基础内容，但是有关于法治教育的篇幅却被压缩了，只剩下两三章的篇幅，这个在整个教材的篇幅里占比不到 1/3。另外，现在的课程为了体现学术上所谓的全面，把几乎所有的部门法律法规都纳入了进来，使得法律内容太过于宽泛，在内容的书写上就显得十分的浅显，不深入。现在我国从宪法到几大实体法律法规，都是对法律知识的提炼浓缩，大多是一些概念性、原则性等的法律条文，缺乏详尽的讲解述说，更没有对法律本身的价值取向和精神做一个有效的引导，教师上课仅仅是照本宣科，把一些形式上的知识教授给学术，而有关实用性的知识却很少，而且教学的时间比较短，缺少足够的时间去吸收领会，从而造成高校大学生法制教育意识难以形成，法制教学效果不理想。加上我国对法律案例的应用不够重视，在课堂教学上很少用到案例来指导学生，让学生去分析和探讨案例，以至于大学生虽然学过一些法制教育基础知识，但是仅仅是在脑海里有这个事，却对这些法制教育知识的来龙去脉和怎么去实际应用都是基本上一无所知。

一些高校老师为了应付学校领导的检查，以一种不负责任的方式做样子，既不能对法律基础知识进行深入详细的讲解，也没有考虑到大学生自身的实际情况，有针对性地去提升大学生法制教育意识，帮助他们树立起科学正确的法制理念,有助于他们更好地去领会法制内涵和法治精神。法制教育是一种理论性比较强的课程教学,难免会让大学生感觉到纯理论知识的压力和乏味,也正是因为法制教育的严肃性和理论性,给大学生的积极性造成了一定的阻碍,由于比较伤脑筋,很多学生就只把法制教育课程作为一个选修课。而我们高校的不少教师没有能够抓住大学生这个心理特点,不知道教育教学方法的灵活性和趣味性,不能够去创新法制教育方式方法,在法制教育教学过程中往往难以提起学生的兴趣,激发出他们对法律知识的向往,促使他们去寻根究底。这样一来,不但大学生永远只会处于知法这个层面,没有进入到敬法用法的地方,而且也会让整个高校大学生法制教育进程受到影响,其效果将大打折扣。

3. 教学方式比较单一

法律基础课内容繁多,包括法学基础理论、宪法,还包括大部分部门法知识,如民法、刑法、婚姻法劳动法、物权法等等,像这么多的法律法规,要想真正的理解透,那所要花费的时间可想而知。在我们高校,一般的课程的课时并不是很多,所要所教授的内容也仅仅是在几个法律法规门类里,而学生的兴趣激发是需要一个时间段的,要有持续的刺激,当我们大学生刚刚对某一部法律法规产生兴趣爱好时,课时却结束了,学生的兴趣点也就被扑灭。教学课时的不充足,是难以达到预期的教育效果的,大学生法制教育素质也就不可能得到一个有效的提升。大学生的法律素质势必难以提升。这就造成应该讲透的知识点没有讲透,学生对于一些基本知识往往一知半解,而这个情况的危害性可能比不知道的更大,因为似懂非懂,容易产生误区。

我国是一个有着悠久德治传统的国家,直到现在,我们很多高校的教学都过于重视对道德教化的培育和引导,注重德育的重要性,对一些政治和经济方面的知识看得比较重,其中可能也会牵涉到部分法律基础知识的讲解,但是往往只是蜻蜓点水,缺乏对法治文化的内涵渊源及其与其他相关学科的关联性的讲解。在法制教育的过程中,教师花费了不少时间在对法律条文及其概念的讲解上,重视对大学生概念性知识的教育,轻视了大学生对法律的认知和实践能力的培养。而在大学里,对教师的考核也是注重形式上的完成教学目标,把该教的法律知识讲完即完成任务,大学生也只是需要死记硬背知识,完成学期的法律知识内容的考试就行。这种传统老套的教育教学模式,老师简单轻松,学生也仅仅是把知识背下来,应付考试就行,完全没有一个互动。学生被动地去吸纳法律知识,教师也没有给出足够的时间让大学生去思考去实践,去相互地讨论法律知识,教学氛围不强烈。教学方式方法过于单一,仅仅把课堂教学作为唯一的知识传授点。这种纯理论知识的讲解,只会造成学生对理论知识的笃信,只会纸上谈兵,学生的整体法律素养和能力却得不到很好的提高。学生缺乏了能动性,被动地去学习,甚至是无可奈何地去接受法律知识,学生没有任何的热情,没有那种对法律实际案例争执的劲头,那么大学生的那种主动性和批判精神就很难被培养出来。我们应该要鼓励大学生多学会自律和自觉,主动性去参与法制教育的讨论和调研,去分析问题的真伪,去感悟体验法制教育的重要意义和对推进我国法制国家建设的重要作用。这样,才能让学生提升法制素养,成为一个真正的法制素养健全的社会人。

另外,对于法制教育知识的讲解,我们高校的教师还没有足够用工功,没有把法制教育知识连成一条线,使其系统化、条理化,由于当前法制教材体系的繁乱,以至大学生学过后,大脑里对于这些法制教育知识也是比较混乱的,完成缺乏条理性,可能是学完就忘。这样的话,教学的目的就完成没有达到,学生良好的法治意识就无从谈起。当前,高校法制课程的设置太单一,缺乏多样化,没有丰富扩充法制教育内容,仅仅只是通过开设一门《思想与法律基础》课程来给学术传授法律知识,其他方面的法律课程少之又少,迎合不了新时期大学生的个性化需求。

二、当前高校非法学专业学生法制教育问题之原因分析

随着市场经济的日益成熟和法治建设的进程,大学生公民法制意识得到了很大的提高,然而值得们注意的是当前我国存在的某些传统思想文化及其法律法规与现有运行的一些法律有着一定的关联性,甚

至可能有矛盾之处,导致我国有些大学生法制素养的形成会有冲突阻碍,不利于高校大学生法制素养的健全和提升。也正是这些因素,构成了当前我国在高校大学生法制教育方面存在不少问题,高校大学生法制素养较为低下的重要原因。

1. 国家法律体系强调系统性、抽象性

就长期以来,在国家层面和学术研究中,高校大学生法制教育是纳入在校大学生德育或思想政治教育思想体系中的,也作为我国提升大学生法制教育思想,推动大学生法制理念形成的课题来对待。我们国家相继出台了不少关于进一步促进高校大学生法制教育法制的政策文件,在这些文件中,都有明确的指定,就是把我国大学生的法制教育作为一个从属于德育体系内的一个小组成部分,而不是独立的门类,也就带有了很重的原则性或者系统性色彩,没有把法制教育作为一个独立的学科来对待,这就极大地阻碍了法制教育的发展进程。在当下,依法治国被定为了治国方略,法治建设进程取得积极成就,再把法制教育作为德育的从属部分,作为一个不具有独立性的学科门类来看待,已经不符合时代的发展要求。只要把法制教育作为了德育体系的一个子部分,就会矮化了法制教育的重要性及其地位,导致社会对法制教育法制的不重视。另外,由于法制教育缺乏独立的身份定位,会压制社会学界对它的研究和探讨,也会阻碍社会人士去践行法制教育,因为名不正则言不顺,会让他们感到莫名的为难,尤其对于高校里面的大学生,他们会因为这个而很难去认同或者接受法制教育理论,更不用说去自觉地践行,严重阻碍我国法制教育的快速推进和发展。

2. 教学过程中很少用到案例教学

高校大学生法制教育是既有理论性,又有实践性的综合性教育。在当前高校法制教育中,教育形式被局限在传统的课堂教学这种单一的模式上,很多高校仅仅把大学课堂作为唯一的教育教学方式,教学方式方法缺乏多样性,而且很呆板,没有灵活性。另外由于我国法律发展比较晚,很多方面还不完善,尤其是判例法缺失,高校大学生教育教学效果很不理想。高校教学没有或者很少用到案例来给学生现场模仿,仅仅是原原本本的按照教材来教授,导致师生之间互动性不足,缺少双向的交流。另外,我国是一个注重理论教学,却比较忽视实践教育的国家，由于对实践活动在教育教学中的重要性长期得不到高校的重视，以至于高校大学生的实践活动环节很少，动手体验的机会不多，就算有些高校有实践课程，也仅仅是走过场，应付式的完成。而且我国还缺乏实践性比较强的法律机构如虚拟法院、律师咨询机构、大学生法律协会等，让大学生缺少锻炼自己的平台。根据我的了解，以长沙高校为例，像湖南大学、中南大学、湖南师范大学等几所有名点的高校都建立了法律咨询机构或者学生法律社团，但是还是处于刚刚开始阶段，很多地方还不完善，有待进一步发展。另外，在高校校园里，对法制教育的推广宣传力度不大，定期的实践活动不够多，而且缺乏灵活性、多样性，内容还有待进一步丰富。

现在高校做得比较多的法制教育实践活动就是 3.15 权益保护日、普法宣传日等。而像校园宣传报纸杂志、广播、宣传栏等都没有对法制教育进行个专门的报道或者转载，也没有独立的专栏来宣传法制教育工作。虽然有些高校的网站里有部分法制宣传链接，但是都没有及时的更新，而且内容太少，加上高校宣传过于重视政治性，原则性比较强，能够公开的内容很少，这样更难吸引大学生进去了解阅读。所有的这些都极大地限制了高校大学生对法制教育的关注度和兴趣，也就难以达到教育高校大学生的目的。法制教育是既有理论性，又有实践性的综合性教育。在当前高校法制教育中，教育形式被局限在传统的课堂教学这种单一的模式上，很多高校仅仅把大学课堂作为唯一的教育教学方式，教学方式方法缺乏多样性，而且很呆板，没有灵活性。另外由于我国法律发展比较晚，很多方面还不完善，尤其是判例法缺失，高校大学生教育教学效果很不理想。高校教学没有或者很少用到案例来给学生现场模仿，仅仅是原原本本地按照教材来教授，导致师生之间互动性不足，缺少双向的交流。

3. 对法制教育的重要地位认识不足

对大学生法制教育的认识有一定的局限性，主要体现在以下两个方面：

第一，对大学生法制教育的认识多局限于法律基础课，不少高校只重标，不重本，仅仅把法制教育课程当作一门单一的课程来教，而没有把从提升高校大学生的整体法制素养的角度来认识法制教育的重要性。当前我国高校法制教育课程一般都只是教授一些条文性理论性的东西,满足于让大学生知道什么,而没有让大学生明白“为什么”或者“怎么来的”,后两者更加有助于提升大学生的法律认知能力和实践能力,归根结底还是传统死板的教学模式作祟。而这种教育教学模式只是给学生留下了法律条文的记忆,却并没有内化为意识观念,更难以付诸行动。

第二,就是高校对法律素质教育和对法的信仰教育重视度不够。国家作出了相关规定,要求高校必须开设法律基础教育课程,让广大高校大学生对法律有了初步的了解和认识,也为国家掌握法制教育体系的基本结构做了基础工作。在法制教育的最开始阶段,高校主要是以“授法”为主要目的,让大学生能够知道法律的存在和普及下基础法律知识。随着社会发展形势的改变,国家法制发展的推进,社会逐渐认识到法制的健全和法制意识观念的提高也应该是一个人全面素质的重要衡量标准,依法治国战略的提出与建设法治国家的需要,拥有一大批具备高素质法律人才队伍就显得尤为必要。这也对高校大学生的法制教育工作和大学生法律素养提出了更严格的要求,法制教育已经不仅仅是单一的传授法律条文知识,让学生知道是什么,更重要的是还要大学生形成一种法制观念意识,并产生对法律的尊重和信仰,在知法的基础上,更应该是敬法和用法。在现在的高校大学生法制教育的过程里,往往只重视对法律内容的讲解,却很少有对大学生法律素质的培育和对法律信仰的教育,把法制教育作为一个从属门类来对待,没有上升到从独立性、全面性等角度来看,这样很难培育出高素质的法律人才,也比较难产生法律综合素质较高的大学生。

加强和创新党校工作与新时期领导干部法治教育事业的发展

彭　澎*

摘　要：党校是中国共产党在长期的革命和建设过程中的伟大创造，体现了党执政的体制特色和制度优势。领导干部是法治建设的"关键少数"，抓住了党员领导干部就抓住了全面推进依法治国的重心，推动领导干部法治教育事业在新时期的发展在全面推进依法治国的时代显得尤为重要。党校是培养领导干部的主阵地，领导干部的法治教育事业是各级党校教育培训工作的重要内容，是新时期加强和创新党校工作的重点领域。新时期社会转型使党的执政出现了新的情况和变化，也给党校工作提出了新要求，带来了新挑战，党校的领导干部法治教育事业面临着变革和调整的重任。加强和创新党校工作是新时期领导干部法治教育事业发展的根本途径，适应新变化创新党校工作的理念制度是推进新时期领导干部法治教育事业发展的重要出路。

关键词：党校工作　领导干部　法治教育

在纪念中国共产党建党九十五周年的日子里，每一个人都会回想

* 彭澎，男，中共湖南省委党校法学教研部副主任，副教授，法学博士。

起中国共产党诞生的九十五年给中国和整个中华民族带来的翻天覆地的变化,特别是在党领导人民进行改革开放的岁月里,中国的发展取得了举世瞩目的成绩。在新的历史时期,中国共产党对中国和中华民族的领导成就与历史贡献不仅表现在世人皆知的经济持续高速发展的奇迹上,而且包括覆盖社会各个领域全方位的发展神话,这其中就包含党领导的依法治国事业取得的进展。法治是整个社会政治稳定的基础。中国共产党顺应历史发展的世界潮流,应和人民大众日益发展的政治需求,坚持依法治国的政治框架和治理模式,不断探求以依法治国为主要内容的中国现代化的法治建设路径。中国共产党是社会主义事业的领导核心,决定当代中国国家和社会的前途与命运。在中国,法治每前进一步都要克服种种困难,每前进一步都无不展示着中国共产党对法治模式艰难探索的风雨历程,都充分宣示了中国共产党播撒法治理念、实行依法治国的坚强决心。

对于执政党来说,政治建设任务主要有三个:“一是巩固政权基础;二是完善政权体系;三是优化政治生活。”[1]党的领导贯穿于依法治国的全过程和全始终。在中国依法治国的发展道路上,时时刻刻闪耀着党的领导的智慧光芒,方方面面传颂着党的领导的光辉理念。不管是在法治制度的初创时期,还是在法治建设遇到困境的深化时期,抑或是在全面推进依法治国的新时期,党的领导始终是中国依法治国的坚强堡垒,始终是法治事业进步的中流砥柱,始终是实现全面法治的政治根基。实现权利的平等、构筑稳定理性的法治秩序是新时期国家法治建设的时代要求,而推动国家法治的进程需要实事求是、脚踏实地的苦干精神,各级领导干部是全面推进依法治国的主力军,他们法治意识强不强、依法履职能力高不高直接影响到国家法治建设的进程,领导干部是全面推进依法治国的“关键少数”。

党校是中国共产党在长期的革命和建设过程中的伟大创造,体现了党执政的体制特色和制度优势。习近平同志在 2015 年 12 月 11 日至 12 日召开的全国党校工作会议上强调:“实现全面建成小康社会奋斗目标、实现中华民族伟大复兴的中国梦,关键在于培养造就一支具

---

〔1〕 王邦佐:《居委会与社区治理:城市社区居民委员会组织研究》,上海人民出版社 2003 年版,第 52 页。

有铁一般信仰、铁一般信念、铁一般纪律、铁一般担当的干部队伍。党校承担着为领导干部补钙壮骨、立根固本的重要任务,必须坚持党校姓党这个党校工作根本原则,更加重视干部教育培训工作,切实做好新形势下党校工作。”国家全面推进依法治国的现实需要以及各级领导干部在国家政治进步和社会发展中所处的地位决定了从事党的领导干部培训教育工作的各级党校需要落实中央战略部署、紧贴实际的开展新时期领导干部法治教育工作,构建完善的领导干部法治教育体系与设计科学合理的法治教育课程,为国家法治建设培养合格的领导者和实践者。全面推进依法治国是新时期国家发展的重要特征,是全面深化改革的重要抓手和基本保障,也是党校领导干部教育培训必须关注的核心问题。以加强领导干部党性修养、提高领导干部履职能力为核心的党校领导干部教育培训是党校干部教育的鲜明特征,而市场化改革带来经济的巨大发展,促使经济社会发生重大转型,探索和创新新时期党校领导干部教育培训体系和内容已经成为当前经济社会发展的内在需要,随着国家全面推进依法治国步伐的加快,加强党校领导干部法治教育已经成为国家法治建设和政治现代化发展、政治文明进步的必然选择与客观趋势。加强党校领导干部法治教育既需要对原有的干部教育内容进行调整和组合,更需要在法治理念的主导下进行党校领导干部法治教育的探索和创新。加强党校领导干部法治教育是将来很长一段时期各级领导干部教育培训的核心和重点,不仅体现着党对法治事业领导的地位和作用,也是中国法学教育十分重要的一环。

一、适应新局面、探索新发展:新时期全面推进依法治国的伟大战略对党校领导干部法治教育事业提出新要求

1. 加强和创新党校工作,增强领导干部法治教育事业的组织保障功能

当前处于全面推进依法治国的时代,治国理政的各项工作已经发生了深刻变化,党对各项工作的领导思路、机制和方法不能停留在以

前的老路子上,也要与时俱进、顺势而变。过去有一段时间,领导干部法治建设的积极性没有得到充分调动,法治建设过程中出现很多问题,依法治国的进程受到一定阻碍,这其中就有党校在加强领导干部法治教育培训方面存在的原因。因此,在当前转型时期,利益多元化、思想复杂化、社会多元化,就要更加注重发挥党对各项工作的领导核心作用,充分发挥党校在全面推进依法治国伟大战略实施中的重要作用,有效发挥党员领导干部在法治建设中的核心作用。

习近平同志在2015年12月11日至12日召开的全国党校工作会议上强调:“党校事业是党的事业的重要组成部分,党校是我们党教育培训党员领导干部的主渠道。从中央到地方建立党校体系,专门教育培训干部,是我们党的一大政治优势。长期以来,我们党运用党校这个阵地,培养了大批领导骨干,为革命、建设、改革不断从胜利走向胜利提供了有力组织保障。”因此,加强各级党校的组织建设,把党的领导机制、协调机制、党内工作机制和法治建设有机融合在一起,坚持党员领导干部的领导核心作用,以严格的教育培训来保证领导干部在法治建设中能够积极发挥作用。发挥党员领导干部在法治建设中的先锋模范作用,结合新时期党校工作的特点和要求,构建新时期党校充满活力的领导干部法治教育培训的新机制和新模式。加强领导干部法治教育工作是以法治为主体构筑起新的教育培训体制,法治教育是当前领导干部教育的基本内容,加强领导干部法治教育工作要充分引导并激活领导干部群体对法治的自觉、自省和自信。全面推进依法治国进程中加强领导干部法治教育,尊重和发挥党校现有的体制优势,充分挖掘既有的教育经验和培训资源,充分激发优势资源中的法治基因。经济的市场化发展趋势改变了社会传统的经济结构、文化结构和社会结构,推动了社会转型的现代变迁,经济的发展和社会的转型也逐步带来了领导干部教育理念的深刻变革以及党校干部教育工作的全面转换。

提高领导干部法治教育水平核心在于适应现代化发展的现实情境和顺应社会转型的时代潮流,构筑彰显现代法治特色和符合现代干部教育培训要求的党校教育体制,建构党校规范化、制度化和现代化的法治教育培训格局。在全面推进依法治国的伟大进程中,加强领导干部法治教育工作，以促推国家治理体系和治理能力现代化发展为使命，以此为中心进行有益的探索和尝试，拓展党校领导干部法治教育的实践空间、制度空间和体制空间，不仅能有效解决市场化进程中构建领导干部法治教育现代化模式的现实可能性，而且可以有力探求市场化进程中创新领导干部法治教育现代化结构的实际可行性，完善党校领导干部法治教育，为全面推进依法治国提供思想基础、智力保证和领导资源。

2. 加强和创新党校工作，增强领导干部法治教育事业的价值导向功能

中国特色社会主义法治建设是党的领导与依法治国有机结合的过程，这一过程不仅是党通过组织化的领导方式对个体社会成员权利的保障和实现，而且也是党通过法治的模式对社会成员实现领导。当前以法治为核心的社会主义制度要在经济市场化、城乡一体化、经济全球化、利益多元化这样的多重社会转型背景下推进。这种法治体制首要面对的是经济转型对社会个体、社会组织以及整个社会带来的冲击以及影响，要维护社会的团结与和谐，并为个人的平等发展提供制度化条件。保障权利是法治体制建设遵循的核心价值，而消除现有的阻碍权利公平实现的体制机制，建立有利于权利发展的制度环境，实现治国理政的法治化和规范化应该成为转型期党的领导体制建设的重点。在经济社会转型期，加强和创新党校工作，增强领导干部法治教育事业的价值导向功能，就是要加强党校的法治教育培训增强党员领导干部的法治素养和法治能力来规范和引导经济社会转型期出现的新问题、新困境和新发展，彰显党的领导思想和领导理念在应对经济社会转型新变化中的核心基础地位，从而从根本上提高依法治国和依法执政的能力和水平，保障经济社会转型期依法治国各项事业的健康、有序、科学发展。

回顾我国法治建设的历程，从党的十五大开始，法治正式确立为“党领导人民治理国家的基本方略”，到党的十八大报告明确“法治是治国理政的基本方式”、“全面推进依法治国”、“更加注重发挥法治在国家治理和社会管理中的重要作用”。这其中包含着我们对法治的理解和认识越来越深刻，对依法治国的地位和作用越来越重视，表明了以习近平同志为总书记的新一届党中央对国家法治的高度认同和对国家法治建设的高度认识,彰显了党中央在全面深化改革的同时大力推进法治建设的坚强决心。全面推进依法治国成为近段时间以来我国法治建设的主题语和关键词,它具有深厚的政治内涵,就是要将法治建成我们社会主义国家的一种基本治国方式;它具有鲜明的法治价值,就是要将法治建成我们社会主义国家政治文明的基本标志。领导干部是"关键少数",抓住了领导干部就是抓住了全面推进依法治国的重心,因此,加强领导干部法治教育在全面推进依法治国的时代显得尤为重要。加强领导干部法治教育就是要加强党员领导干部对全面推进依法治国的认识,让领导干部从政治维度来理解依法治国、从法治视角来思考依法治国,通过法治教育培训,让领导干部对法治蕴含着的价值和制度形成统一的共识,从而将法治的精神和理念内化于心、外化于行,在自己的日常工作者得以展现。

3. 加强和创新党校工作,增强领导干部法治教育事业的行为规范功能

政治的发展总是在合作和冲突的矛盾过程中前进的。"执政党除了要在政治体系内部建立政治平衡和政治文化的凝聚机制之外,还要在社会上建立分解社会冲突、吸附社会动荡的机制和能力,以实现政治的稳定。"[1]党的领导在国家和社会的体现就是在社会的规范、利益的整合和政局的稳定上,这是党的执政任务和领导重心。以依法治国为核心的治国理政模式是"政治格局"和"社会框架"的有机统一,依法治国不仅承担国家政治建设功能,也履行着社会建设的职能。而经济社会转型的冲击导致"政治"和"社会"两个层面的脱离,在"政治"层面,党的领导充分发挥了政权建设的功能;在"社会"层面,党的领导则还没有完全充分发挥社会规范功能。特别是过去一段时间,党的领导习惯于通过自上而下的方式进行决策、命令、贯彻、执行,其结果是造成了党的领导方式的单一化和领导作风的高高在上、脱离基层、远离群众。邓小平同志早在20世纪80年代就批评这种单纯走正式的组织领导渠道的现象,较难贯彻群众路线,还明确指出"我们要坚持党的

[1] 邓伟志:《变革社会中的政治稳定》,上海人民出版社1997年版,第103—105页。

领导,不能放弃这一条,但是要善于领导。”[1]江泽民同志也指出过:“时代在前进,事业在发展,如果我们不善于创新,都是老办法、老手段,那肯定是不能胜任的。”[2]因此,依赖传统的领导渠道和领导习惯,造成党直接介入社会的体制性缺陷,使社会的公共权力结构与功能性政治空间受到压抑。

经济社会的转型和社会结构的深刻变化,要求党变革过去的传统领导方式,适应新时期的要求,加强和改善党的领导,就是要加强和创新党校工作,增强领导干部法治教育事业的行为规范功能。习近平同志在 2015 年 12 月 11 日至 12 日召开的全国党校工作会议上强调:“党校是我们党对领导干部进行马克思主义理论教育的主阵地,必须引导和促使学员努力学习和掌握辩证唯物主义和历史唯物主义基本原理和方法论,特别是要把马克思主义中国化最新成果作为理论教育中心内容,提高战略思维能力、辩证思维能力、综合决策能力、驾驭全局能力。要加强对当代中国马克思主义的学习研究,引导学员学而信、学而用、学而行,坚定道路自信、理论自信、制度自信,更好用科学理论武装头脑、指导实践、推动工作。”党校通过教育和培养合格的法治型领导干部来主导和规范社会秩序,体现了党对国家和社会的领导,这正是全面依法治国的时代各级党校应当承担的重要责任。“政党是联系公共权力与社会的桥梁,政党的性质与功能决定了它必须把公众的偏好变成自己的政策。政策是执政党执政的关键环节,执政党是通过政策来掌握公共权力和引领社会发展的。”[3]

行为规范是党面临纷繁芜杂的政治情境与社会问题时,决定自己怎样作为和如何实现自身价值目标的重要政治过程、认识过程、机制过程及其对社会秩序的规范功效。加强和创新党校工作,增强领导干部法治教育事业的行为规范功能,通过对社会的行为规范途径,使广大党员领导干部自觉地制定和推行保护和发展最广大人民最根本利益的制度与政策,阐释党对依法治国的政治主张,扩大和规范政治参

---

〔1〕《邓小平文选》(第 3 卷),人民出版社 1993 年版,第 179 页。

〔2〕江泽民:《论党的建设》,中央文献出版社 2001 年版,第 7—8 页、第 486 页。

〔3〕徐峰:《政治参与发展条件下中国共产党的政策制定》,知识产权出版社 2008 年版,第 1 页。

与,提高民众的政治意识和治理水平,既能够实现党执政领导的政治目标,又能保障社会的法治秩序。在新时期,党校拥有强大的政治规范化的组织资源,党拥有中央、省、市、县四级党校组织,这些正式的组织机构拥有丰富的教育经验和培训资源,能够充分使领导干部法治教育事业的行为规范功能演进为体制机制优势,可以促使社会的法律规范和政策规范渗入社会共同体之中,满足社会的法治需求,培育健康有序的领导中坚力量,从秩序上为社会政治空间的规范塑造坚实的基础,实现党对社会法治的科学领导。

加强党校领导干部法治教育,创新党校领导干部法治教育的发展模式,提高领导干部依法履职能力,全面推进依法治国的发展,这是新时期科学谋划与有效解决发展问题的一种新的认识论和方法论,使得解决经济社会发展中遇到的许多问题能够突破传统思路的束缚,可以为领导干部提供一种顺应现代化发展的更加广泛和更加开阔的理论思维。加强党校领导干部法治教育,全面推进依法治国的发展,必须立足于党校教育培训的现有体制和既有制度,将领导干部法治教育与政治民主、法治建设统一和协调起来,通过完善领导干部法治教育结构,健全领导干部法治教育模式,以实现党校领导干部法治教育与全面推进依法治国、国家现代化建设以及国家民主政治进步的同步。在坚持宏观制度体制不做变动的基础之上,通过具体层面的微观机制建设,推进党校领导干部法治教育发展和领导干部法治教育水平提高,这是为国家政治现代化、管理现代化创造条件和积累经验,也是现代化进程中探索依法治国、推进国家民主政治制度和治理制度改革发展的关键举措。

邓小平同志曾指出:“过去发生的各种错误,固然与某些领导人的思想、作风有关,但是组织制度、工作制度方面的问题更重要。这些方面的制度好可以使坏人无法任意横行,制度不好可以使好人无法充分做好事,甚至会走向反面。”“不是说个人没有责任,而是说领导制度、组织制度问题更带有根本性、全局性、稳定性和长期性。这种制度问题,关系到党和国家是否改变颜色,必须引起全党的高度重视。”因此,为了保障党能正确执政、高效执政,防止错误行为的出现,以保证国家的长治久安,就必须改革和完善现行党内的各项制度,真正依法治党、依规治党，用法律和制度的权威去制约权力膨胀、滥用。而要真正依法从严治党管党，首先就必须加强党校领导干部法治教育。中国共产党是掌握国家政治、经济、文化、军事核心权力的唯一执政党，党的领导干部是公共权力的掌握者。加强党校领导干部法治教育就是落实中央依法治党管党的具体举措，目的就是要求每一个党员领导干部必须加强自身的法治修养和党性锻炼，用对法治的尊崇和敬仰来确保自己执政行为的依法进行，从而实现党员领导干部行为的民主化、法治化，抓住了党员领导干部这个“关键少数”，从而就可以保障党在宪法和法律的范围内活动，这是全面推进依法治国的不可忽视的重要内容。

二、面临新形势、树立新理念：新时期全面推进依法治国的伟大战略对党校领导干部法治教育事业提出新挑战

1. 国家经济进步呼唤更加公正的法治环境

国家市场经济的发展和依法治国格局的构建需要公平正义的法治环境。“维持一个现存秩序的成本要涉及对现存体制的合理性的理解，当社会成员都相信这个制度是公平的时候，规则等制度的执行费用就会大量减少。”[1]市场经济的发展由于整个国家对市场运行的片面理解，一直注重强调效率优先，对公平正义重视不够。而现代政治学研究表明，政治结构的发展具有追逐经济心理的倾向性，“每一种政治制度的结构都有其‘相适应’的心理，不同的心理迎合于不同的政治制度，一旦某种政治制度的结构无端地偏护某种特定的心理认知，这种政治制度便无公正可言。因此，政治结构必须有一个衡量其公正的标准。”[2]依法治国的治国理政模式是党领导人民在扩大民主、实现民主管理而构建起的基本法治结构，它应当适应市场化而产生的“效

---

〔1〕〔美〕C. 诺思：《经济史中的结构与变迁》，陈郁、罗华平等译，上海三联书店、上海人民出版社 2002 年版，第 59 页。

〔2〕〔美〕威廉·帕·克莱默：《理念与公正》，周征环、王湔劭、方向勤译，上海东方出版社 1997 年版，第 5 页。

率”要求,同时作为党领导的在国家进行的法治实践,更应该建立起“公平正义”的法治环境,应当通过党员领导干部的法治实践来引导市场化带来的经济发展朝向公平正义的秩序构建方向迈进。

公平正义是一个亘古不变的历史话语,由最开始的作为理想和价值观的伦理追求演进到成为制度和体系的合理设计,从最开始的抽象化舞台设计进化到对公民权利的有效保障和国家基本制度的理性设计。公平正义是社会发展崇尚的理想境界和人们共同追求的奋斗目标,它代表着一种高尚道德和理想社会。“公正是理想社会的最高准则。没有正义就不是人;没有正义就没有国家;无正义就无国民。”实现社会公平正义是中国共产党人的一贯主张,是各校党校领导干部法治教育培训事业的重大任务。胡锦涛同志讲到:“公平正义,就是社会各方面的利益关系得到妥善协调,人民内部矛盾和其他社会矛盾得到正确处理,社会公平和正义得到切实维护和实现。”[1]经济社会的转型带来多元社会结构下的社会利益多元格局,即利益主体的多元化、利益来源的多样化、利益差距的扩大化以及利益矛盾和冲突的复杂化。在这样的社会转型期,加强和创新党校工作,提高党员领导干部的公平正义观念和法治能力,才能真正构建公平正义的法治环境,能够有效地协调多元利益关系,激发社会活力,维护社会稳定。认清维护公平正义对于协调多元利益关系的重要性,加强和创新党校工作,提高党员领导干部的公平正义观念和法治能力,是新时期党校领导干部法治教育培训事业发展的坚定立场和领导指南,只有这样,才能够使多元利益关系真正协调,使各群体之间能够形成互惠互利、和谐稳定的关系,使经济发展和依法治国之间实行良性互动,为构建和谐社会提供坚实的干部力量。

在经济社会转型期,加强党校领导干部法治教育,就是要在领导干部法治教育过程中制度性地强化对民众的民主、自治、平等等权利的保护,形成一个彰显公平正义的法治框架。对于法治制度建设来说,没有比公平正义更能激发民众追求意志的了。

2. 经济社会转型需求法治健全的执政框架

依法治国模式的建构,即以法治为核心的执政体系的建立以及社

---

〔1〕《构建社会主义和谐社会学习读本》,中共党史出版社2005年版,第11页。

会治理空间不断拓展和明确化，应以国家法律的规范和授权为前提。因为法治本就是在缺乏民主法制传统的社会推行，急需国家提供健全的法律体系为其运作的规范化提供保证，这不但能够保证法治的合法性，而且也是维护国家法律统一和制度权威的需要。特别是因为当前经济社会转型是一场以市场化为基础的社会的现代化过程，是"一场质的意义上的社会整体嬗变，是包括器物层面，行为规范层面，思想文化层面各个社会领域的全方位变革。"[1]它是"建立在传统的社会格局的打破，旧的文化意识形态的消失以及新的社会格局与理念的形成之基础上。"[2]因此"强调传统力量与新的力量，具有同等的重要性是必要的。"[3]这是决定现代化进程最终命运和经济社会转型成功与否的关键因素。

经济社会转型过程事实上是调控、协调各种利益冲突，进行价值判断和理性抉择的现代化过程，在此过程中，法治的健全和完备，具有不可取代的重要作用。法治型的党员领导干部群体是转型期社会一股崭新的权威力量，它能调整和规范政治国家与社会之间的关系、把国家意志有效地贯彻到社会、使国家能够对社会实行有效的规范和规制。新时期加强和创新党校工作能够为法治建设提供坚强的干部力量和工作权威。我国的法治实践，是中国共产党领导民众对各种社会资源进行发现、重组及良性互动的过程，其本质上是对社群各种制度运用国家意识去引导、控制和规范，以维持公共秩序，增进社会公共利益的过程。"任何法律制度的根本目标都不应当是为了建立一种权威化的思想，而是为了解实际问题，调整社会关系，使人们比较协调，达到一种制度上的正义。"[4]党历来高度重视领导干部的法治素养和法治能力。

领导干部的法治素养和法治能力对社会法治起着主导和推动作用，党来提高领导干部的法治素养和法治能力就主要是注重通过各级党校的体制化优势来实现的，社会法治的真正社会基础在于法治力量

---

〔1〕 田成有：《传统文化与法治现代化》，贵州人民出版社 1999 年版，第 202—203 页。

〔2〕 王铭铭：《社会人类学与中国研究》，上海三联书店 1997 年版，第 281、29—45 页。

〔3〕 许章润：《说法、话法、立法》，载《读书》1997 年第 11 期。

〔4〕 苏力：《法治及其本土资源》，中国政法大学出版社 1996 年版，第 28 页。

的真正构筑。法治的建构必须立足于社会二元格局的现实,既要重点建构起政权的法治化权威,又要建构起领导干部的工作型权威,更要建构起党员领导干部与全面推进依法治国伟大战略之间的良性互动局面。在经济社会转型期,加强党员领导干部的法治教育是依法治国的重点,是法治最重要的政治基础,也是党领导政治国家在推进法治进程中的首要力量。

加强党校领导干部法治教育就是要强化和提高领导干部群体的法治素养和法治能力。领导干部依法履职,是以法治为核心的治理体系的政治需要以及社会治理空间不断拓展和明确化,始终应以国家法律的规范为前提。全面推进依法治国,急需健全的法律体系为领导干部的依法履职提供规范化的保证,这是维护国家法律统一和制度权威的需要。领导干部在法治建设中起着领导和推动作用,领导干部依法履职就是要注重通过法治的制度化优势来保障民众的民主与权利,法治建设的根本目的在于领导干部依法履职的真正和广泛实现。“一个社会制度的成功,主要取决于它是否能够将人们在经济事物等方面的追求未被耗尽的过量精力引入合乎社会需要的渠道。”[1]法治的建构必须立足于社会现实,既要重点建构起法治在民众中的权威,又要建构起领导干部依法履职的法治化秩序,以此形成二大领域秩序规则之间的良性互动局面。在经济社会转型期,领导干部依法履职是法治的重点,是法治最重要的政治基础,也是国家在推进法治进程中实现社会有序管理的首要任务。在领导干部的工作视野里,法治不仅是一种制度,具有可操作性,在法治的框架和维度下,民众的自由、平等、权利才能真正实现。法治也是一种文化和观念,属于意识形态的范畴,具有凝聚人心的作用;同时法治更应是一种境界和追求,成为领导干部日常工作的核心价值和精神灵魂,深藏于领导干部的思想深处,深深植根于全体领导干部的思想内涵。

3. 社会利益多元要求彰显人本的法治文化

以人为本一直是中国共产党领导的执政立场、政治原则和价值主张,“尊重人民主体地位,发挥人民首创精神,保障人民各项权益,走共

---

〔1〕〔美〕埃德加·博登海默:《法理学——法律哲学和方法》,邓正来译,上海人民出版社 1992 年版,第 199 页。

同富裕道路"[1]是党领导社会主义各项事业建设的根本出发点和基本思路,是改革开放经济建设取得巨大成功的历史和逻辑起点,也是包括法治在内的社会主义政治文明建设的实践原点和理论支撑。新的转型历史时期,对人本理念、人本文化、人本思维、人本制度提出了新的更高要求。经济社会转型是市场化经济运行条件下社会结构的变迁,是政治、经济、文化和社会体制及其运行机制的变革组合与选择更新。经济社会转型使社会生活发生巨大变化,其中最为明显的表现是社会利益的重新配置以及由此引致的社会分层化、利益多元化、生活方式多样化。基于经济转型和社会背景的变迁,政治参与作为维护和实现自身利益的重要方式呈现出新的态势和特点。在利益多元和分化的条件下,保障有序的政治参与,以实现真正的自治治理,是保证市场化改革深入进行、政治局面稳定、社会生活常态及经济社会可持续发展的前提基础,特别是尊重和实现人的全面发展,保障民众的发展利益和基本权利,成为我国依法治国实践中面临的一个重大问题。利益的分化与组合、权利的博弈与重组,需求更加成熟理性的政治参与模式,要求更加稳健凝重的人本法治文化。适应新挑战,当前党员领导干部更应该要坚持科学发展的理念,坚持以人为本的政治发展取向,倡导和构建一种人本的法治精神、人文的法治体系,真正成为保障民众权利的守护神。

加强党校领导干部法治教育就是要提高领导干部群体的以人为本的法治观念和法治情怀。"形成某种政治制度离不开一定的政治文化在其中的作用,维持政治稳定、促进政治发展,同样需要建立相应的政治文化,并使之符合政治体系一体化的要求。"[2]市场化的发展带来利益的分化与组合、权利的博弈与重组,需求更加成熟理性的政治参与模式,要求在领导干部工作中形成更加稳健凝重的以人为本的法治文化。"现有制度安排总会有些不能满足人们已经内化了的价值观所预期的报酬,当人们得不到满意的报酬时会产生失落感,会千方百

---

〔1〕 胡锦涛:《高举中国特色社会主义伟大旗帜为夺取全面建设小康社会新胜利而奋斗》,人民出版社2007年版。

〔2〕 赵渭荣:《转型期中国政治社会化研究》,复旦大学出版社2001年版,第16—17页。

计去寻找新的制度安排来代替现行的制度安排。”[1]加强党校领导干部法治教育就是要求党员领导干部更加重视人本理念、人本文化、人本思维、人本制度。市场经济改革与法治体制的融合应当尽可能寻求两者之间的共同要素逐步展开,以避免被动整合产生的机理排斥而造成的社会震荡,因此,寻求两种不同规则之间的共同价值所指成为加强领导干部法治教育建设的核心重点。这就需要在领导干部法治教育培训中,整合法治文化发展的理性思维、价值观念和伦理道德,将以人为本的法治精髓纳入党校领导干部法治教育的现有体系,坚持以人为本的政治发展取向,倡导和构建一种人本的领导干部法治精神、人文的领导干部法治理念,为领导干部正确履职提供一个可以普遍接受的法治规范。人本文化理念指导下的加强领导干部法治教育就是“要充分发挥人民群众的主观能动性和伟大创造精神,保证人民群众依法管理好自己的事情,实现自己的愿望和利益。继续推进政治体制改革,发展社会主义民主政治,保证人民充分行使民主选举、民主抉择、民主管理、民主监督的权利”[2]。加强党校领导干部法治教育应当要在领导干部教育培训中培育人本的法治情怀,实现法治从工具理性向价值理性的根本变革,成为各级领导干部的行为规则。

结语

中国共产党成立1995年以来,领导人民不断在实践中探索中国特色社会主义法治建设的道路,取得了很多宝贵的实践经验和理论成果,给国家带来了经济上的发展与法治上的进步,使国家和社会在新世纪呈现出生机勃勃、欣欣向荣的发展新貌。实践证明,中国共产党的领导是社会主义法治制度建立的政治根基,是中国特色社会主义法治建设顺利开展的政治保障。党对法治建设的领导不仅巩固了政权建设,也实现了中国社会的有序稳定,党领导下的依法治国为中国特色的社会主义法治建设开辟了新天地。在新的历史时期,党应该适应

---

〔1〕 沙莲香等:《中国社会文化心理》,中国社会出版社1998年版,第310—311页。

〔2〕 中共中央文献研究室:《十五大以来重要文献选编》,人民出版社2002年版,第19—26页。

新形势的要求,继续发挥其政治引领的主导作用,充分发挥党校的执政特色和制度优势,通过大力发挥各级党校的组织保障、价值导向和行为规范功能,来强化党在依法治国中的领导核心地位,为依法治国培养和输送更加合格的法治型领导干部。

习近平同志在2015年12月11日至12日召开的全国党校工作会议上强调:“党校事业是党的事业的重要组成部分,党校是我们党教育培训党员领导干部的主渠道。党校姓党,就是要坚持一切教学活动、一切科研活动、一切办学活动都坚持党性原则、遵循党的政治路线,坚持以党的旗帜为旗帜、以党的意志为意志、以党的使命为使命,严守党的政治纪律和政治规矩,坚持在党爱党、在党言党、在党忧党、在党为党,归根到底一句话,就是要在思想上政治上行动上自觉同党中央保持高度一致。”党校要适应新形势,主导新变革,立足中国社会,执政为民,拓宽领导干部法治教育事业的发展空间,赢得党在新时期经济、政治和社会发展上的更大进步。加强党校领导干部法治教育是新时期党校领导干部教育培训的方向,是全面推进依法治国、维持经济社会稳定秩序和促进经济社会发展的政治需要与必然选择。毕竟法治更具有稳定性、中性、程序性,有学者曾指出治理“更注重方式,一个可预期、可长治久安、而相对缺少意识形态上的关怀和争论”[1]。抛开意识形态方面的激情澎湃,回归现实生活中的保守单调,为中国构筑持续发展的环境是当前经济社会转型时代赋予我们各级领导干部的重要任务。

加强党校领导干部法治教育代表着一种使命,成为一种必然,可以拓展政治民主发展的空间,指引着法治文明和政治现代化的发展方向,是中国式法治建设中特别重要的一环。

---

〔1〕 智贤:《Governance:现代“治道”新概念》,载刘军宁主编《公共论丛:市场逻辑与国家观念》,北京三联书店1995年版,第55—56页。

新时期高等学校大学生法律基础教育的发展完善研究

杨启敬*

摘　要:进入新世纪以来,在全球化、市场化、信息化的大背景下,我国社会主义现代建设进程不断加快,法制建设水平有了显著提高,特别是随着素质教育的推进,高校法制教育改革发展成果丰硕。但在肯定成绩的同时,也应该看到当前高校法制教育然存在一些问题。全面推进依法治国背景下,我国正处在“十三五”规划开局关键时期,有效解决这些矛盾,对高校法制教育以科学定位,进一步提高大学生法律素养,不仅关系到我国教育现代化的发展和高素质人才队伍的建设,也是我国建设法治国家,构建和谐社会的迫切需要。

关键词:高等学校　法律教育　发展完善

法律是当今社会人们行为的准则,也是人们用来自身保护的武器。高校为了使大学生了解宪法和法律的基本精神和内容,增强他们的法制观念和社会责任感,开设了类似《思想道德修养及法律基础》的法律基础课程,并作为公共必修课面向各专业大学生开设。但由于种种原因,当前高校的法律教育效果堪忧,特别是近些年大学生犯罪越

* 杨启敬,中共湖南省委党校法学教研部副教授。

来越多,如 2002 年清华大学刘海洋北京动物园“伤熊案”、2003 年浙江大学周一超杀死公务员案、2004 年云南大学马加爵杀死室友案、2008 年中国政法大学学生付成励在课堂上砍死教授案、2010 年西安音乐学院学生药家鑫故意杀人案、2013 年复旦大学林森浩投毒至死同学黄洋案……如何让之更为有效?发展完善新时期高等学校大学生法律基础教育是当务之急。

一、高校法律教育基本理论

(一) 概念及沿袭

法律教育,是中国各高校为区分法学专业学生所接受的法学教育与法学专业以外学生所接受的法律教育而提出的专有名词,它是指代面对非法学专业学生开展的以法律知识为中心的教育活动,其目的在于使教育对象对一般法律有初步了解,具备初等法律知识,建立初步法律意识,是一种通识教育。目前,国内大学生接受的法律教育主要是通过《思想道德修养及法律基础》这门课程的教学来进行。1985 年 8 月,中共中央发出《关于改革学校思想品德和政治理论课程教学的通知》,正式确定了高校马克思主义理论课和思想品德课的“两课”概念。1987 年 10 月,国家教委发出《关于高等学校政治教育课程建设意见》,将“法律基础课”确定为必修课程,学时为 30 学时。1998 年 6 月,中宣部、教育部出台《关于普通高等学校“两课”课程设置的规定及其实施工作的意见》,将“法律基础课”列为高等学校各层次教学的公共必修课,并要求本科法律基础课学时为 34 学时。2005 年 3 月 9 日,中宣部、教育部出台《关于进一步加强和改进高等学校思想政治理论课的意见》,正式将“思想道德修养”和“法律基础”合并为“思想道德修养与法律基础”课,课程目标为主要进行社会主义道德教育和法制教育,帮助学生增强社会主义法制观念,提高思想道德素质,解决成长成才过程中遇到的实际问题。2012 年 11 月,教育部出台《全面推进依法治校实施纲要》,明确提出要加强和改善学生法制教育,全面提高学生的法律素质。[1]

(二) 特征

为区别法学教育,面向全体非法学专业学生开展的法律教育主要有以下几个特征:大学生法律教育作为教育形式的一种,既具有与其他教育方式的共同特征,又具有以下独特的特点,将其与其他教育方式区别开来。

1. 大学生法律教育的对象具有特殊性

大学生法律教育针对的都是一定意义上的青年学生,大学生大多数年满十八周岁,且具有较高的文化水平,正是很好的公民意识养成的研究对象。

2. 大学生法律教育的内容具有拓展性

大学生法律教育是对一个即将步入社会的青年的法律意识逐渐养成的过程。随着国家和社会生活的复杂化和多样化,大学生法律教育的教育内容也必将更加丰富和广泛。

3. 大学生法律教育的途径具有多元性

大学生法律教育贯穿于学校教育的所有活动或过程之中,可以是学科教育,也可以是组织一些专项特别的活动:包括实践类、体验式的,途径的多元性和多样化,是教育发展的必然要求,也是对法律教育增强实效性的有效补充和创新尝试。

(三) 基本要求

关于高校大学生法制教育的基本要求,专家学者们的主要观点有以下几种:(1) 向大学生普及法律知识的常识性教育。(2) 就是守法教育。(3) 帮助大学生逐步形成健全的法律意识。(4) 帮助高校学生了解马克思主义法学的基本观点、宪法和其他法律的内容,增强大学生的法制观念、意识,提高大学生的法律素质。(5) 提升大学生的法律意识和法律素质,对大学生进行法律精神、信仰的培养,帮助大学生树立对法律及其深层次精神的信仰。(6) 在法制思想的指导下,对大

---

〔1〕 李刚:《高校法律教育发展历程》,载《法制日报》2013 年 4 月 11 日。

学生进行法律知识的传授，法律实践能力的培养和法制精神的培育。很明显，在提倡大学生素质教育的今天，(1)—(3)这种观点已经落伍；(4)—(6)的观点已经有了进一步的完善。

综上所述，笔者认为，高校大学生法制教育的目标，已经不单单是对高校大学生进行的普法、守法和法律意识的教育，更应该是对大学生进行的法制素质、理念、精神乃至信仰的教育。总结起来，高校大学生法制教育的目标应为：旨在培养具有适应现代法治社会要求的法律观念意识和法律信仰，具有较高法律素质的现代化高级人才。只有这样，才能够从根本上提高大学生的综合素质，更好地促进大学生成长成才，维护高校和社会的稳定，保障社会和谐。

二、加强高校法律教育的价值分析

作为对国高校法制教育定位的补充研究，对高校法制教育的价值分析，有助于更加充分地认识我国高校法制教育的重要性和特殊地位。笔者认为国高校法制教育的当代价值主要表现为以下几个方面：

1. 建设社会主义法治国家的需要

1997 年，党的十五大报告明确提出“依法治国，建设社会主义法治国家”的宏伟目标；1999 年据此修宪；2011 年 10 月，国务院新闻办公室公布的《中国特色社会主义法律体系》[1]白皮书更是明确宣布：“到 2010 年底，一个……以宪法为统帅，以宪法相关法、民法商法等多个法律部门的法律为主干，由法律、行政法规、地方性法规等多个层次法律规范构成的中国特色社会主义法律体系已经形成。”十八大之后，特别是 2014 年，全面推进依法治国的提出，建设法治国家更加提上议程。由此可以看出国家立法层面上法律体系的形成距法治国家目标的实现还有相当长的一段路要走，不仅已经形成的法律体系需要经历长时期的发展和完善，包括立法、执法、司法、守法的立体化法治文化的养成更非一日之功，所有这些问题的解决都依赖于具有良好法律素质的公民的积极参与。大学生作为接受高等教育的公民群体自然承载着

---

〔1〕《中国特色社会主义法律体系》，人民出版社 2013 年版。

国法治之路的希望,他们的法治观念如何、法律素质怎样,将直接关系到法治国家的建设进程。因此,我们必须重视大学生的法治法律教育,增强步入社会后的法律意识,从大学开始提升法律素养,树牢法治观念,这既是大学生素质教育的根本要求,也是当前我们法治建设的需要。

2. 建设健康的社会主义市场经济环境的要求

1992 年 12 月 9 日,江泽民同志在首次法制建设讲座时指出:“我们正在建立社会主义市场经济体制,必须学会运用法律来规范和引导市场经济的运行,充分发挥市场机制对经济发展的积极作用,把市场运行纳入规范和法制的轨道,保证社会主义市场经济体制健康发展。”1996 年 2 月 8 日,江泽民在第三次法制建设讲座时强调:“加强社会主义法制建设,坚持依法治国的一个重要任务是要不断提高广大干部群众的法律意识和法制观念。”社会主义市场经济是法治经济,主要体现在以下几方面:首先,市场经济的主体即市场经济的参加者,它的市场经济主体资格需要法律予以规范。其次,市场交易主体从事的市场交易行为也需要法律来加以规范和约束。再次,市场的秩序需要法律来调整和规范,必须有相应的法律来抵制假冒伪劣、行业垄断、地方保护主义等不正当竞争行为,才能维护正常的市场交易环境,保证市场经济和谐持续健康有序发展。由此可见,市场经济运行的各个环节都与法律密不可分,而大学生作为现在或未来的重要市场交易主体,其法律素养和法律意识水平的高低直接关系到国市场经济的走向和命运。所以,加强高校的法制教育是市场经济发展的时代需要。

3. 建设团结稳定的社会环境的要求

社会主义法治建设与社会主义精神文明建设有着密切关系。首先,前者是后者的重要组成部分。社会主义精神文明建设的目标就是要提高国家公民的思想道德、文化教育和法律意识水平。其次,社会主义法治建设又为精神文明建设提供重要保障。党在十四届六中全会关于精神文明建设的决议中指出:“社会主义道德风尚的形成、巩固和发展,要靠教育,也要靠法制。”所以说,开创社会主义精神文明建设的新局面,需要法制健全的有力支持,需要进一步加强法治教育,把思想道德教育和法制教育有机地结合起来。道德的约束主要靠自律,是上线标准;而法律则更多的是他律,相对而言是下线标准。社会主义精神文明建设的内容包含法制建设,又必须依靠法制建设。所以加强高校法制教育是推进社会主义精神文明建设的必要措施之一。胡锦涛同志在2005年的省部级主要领导干部提高构建社会主义和谐社会能力的专题研讨班上的讲话中指出:“我们所要建设的社会主义和谐社会,应是民主法治、公平正义、诚信友爱、充满活力、安定有序、人与自然和谐相处的社会。”而这些修饰词中居首的“民主法治、公平正义、诚信”等,都与法治建设息息相关,由此看来,国家法治建设在社会主义和谐社会建设中发挥着不可替代的作用。因此,在和谐社会构建过程中,加强高校法制教育迫在眉睫。

三、新时期高等学校大学生法律基础教育发展完善路径

高校对大学生开展法律教育、培养公民意识,教师直接参与、执行教育工作和教学任务,处在向大学生传道授业的前线,所以,教师的教学素质对于提高大学生的法治教养与全社会的法治意识都有着极为重要的作用。要不断健全完善学校法制教育体系,着力提升高校教育教学水平,强化教师教研能力,构建高校精干的师资团队。要切实根据高校大学生法律认识需要,教授一些有一定法律专业知识的教育理论。而当前我国具有专业化的法制教育团队仍然比较欠缺,师资队伍发展还无法满足现实条件下高校大学生对法制教育的需要,教师的个体素质也有待进一步提高,以确保法制教学效果。学校应该根据自身教学实际需要,积极吸纳一批有深厚法律教育理论基础和教学实践经验丰富的专业人才,充实到现有法制教育团队中来,构建更加完备的教研团队,以强化法制教育教学力量,保障法制教育质量。此外,定期的加强教师培训和优化教师考评机制,也是有效提高整体教师法制教育水平的重高校对大学生开展法律教育、培养公民意识,教师直接参与、执行教育工作和教学任务,处在向大学生传道授业的前线,所以,教师的教学素质对于提高大学生的法治教养与全社会的法治意识都有着极为重要的作用。要不断健全完善学校法制教育体系,着力提升

高校教育教学水平,强化教师教研能力,构建高校精干的师资团队。要切实根据高校大学生法律认识需要,教授一些有一定法律专业知识的教育理论。而当前我国具有专业化的法制教育团队仍然比较欠缺,师资队伍发展还无法满足现实条件下高校大学生对法制教育的需要,教师的个体素质也有待进一步提高,以确保法制教学效果。学校应该根据自身教学实际需要,积极吸纳一批有深厚法律教育理论基础和教学实践经验丰富的专业人才,充实到现有法制教育团队中来,构建更加完备的教研团队,以强化法制教育教学力量,保障法制教育质量。此外,定期地加强教师培训和优化教师考评机制,也是有效提高整体教师法制教育水平的重要途径。

1. 将高校非法学专业的法律教育定位为通识教育

发挥课堂教育对非法学专业大学生法律素质培养的主导作用,还要积极开设法律通识课或公选课。各高校可以根据自己学校情况和教师队伍状况以及专业需要,适当开设一两门法律通识教学课程作为高校大学生的必修课程。当然也可以鼓励老师去开设些与法制教育相关的法律课程,以供高校大学生不同的学习需要,要鼓励大学生多选择些法律方面的课程,尽可能多的掌握法律知识,提升法律素养和见识。对于一些高校大学生有较高法律专业知识需求的,可以让他们去听专业的法律课程。另外,各高校也可以引入外脑,根据自身条件,聘请学校外部一些较为知名法律专家或者公检法等执法部门人员来学校演讲或者讲座,也可以开专题会,着重介绍下法律热点难点问题或者普及法律常规知识,对于这种形式的活动,学校可以进行学分奖励,吸引大学生的积极性,扩宽他们的法律知识面。自从国家出台相关法制教育意见以来,1995 年出台的《加强学校法制教育的意见》是迄今为止高校开展法制教育最明确和最为详尽的官方指导性政策文件。但它已有 17 年的历史,年代过于久远,需要及时更新。

在这 17 年里,国的法制建设发生了重大变更,有了质的飞跃,高校大学生法制教育也随之有了很大的变化,面临新的机遇与挑战,取得了一定的成绩的同时也出现了许多新的问题,需要加以重视与完善。所以国必须尽快出台新的官方指导性政策文件,用以在新时期更好的指导高校大学生法制教育的开展。同时,尽快出台新的关于"高校大学生法制教育"的官方指导性政策文件，要从国当前法制教育的大背景和高校大学生法制教育的现状出发，结合近17年以来的经验与不足并借鉴国外的成功模式和丰硕成果，在国宪法和法律法规的范畴之内制定并出台新的相关文件，全面提升国高校大学生法制教育的工作水平，提高大学生的法律意识和素质，帮助其树立法律观念和信仰并最终促其成长成才。在此基础之上，各级各类高校都要予以重视，深入贯彻落实新的关于"高校大学生法制教育"的官方指导性政策文件的精神与具体安排，结合自身的发展特征和学生的成长特点，制定科学的教育规划，采取有效的教育措施，切实加强大学生的法制教育。同时要确立法制教育的独立地位，国家还未确立高校大学生法制教育的独立地位，其仍具有从属性，仅为高校德育和思想政治教育的重要内容。但是高校大学生法制教育应有其独立性，其独立地位主要由以下三个方面决定：首先，法律与道德在性质和内涵等方面有着显著的区别，是对立的；同样法律规范与道德规范也是相对独立的。其次，法制教育侧重规范人的外在行为，道德教育则更多的是调整人的内在世界。要想提升大学生的综合素质，就必须从"外在与内在、行为与思想"同时进行，即采用法制教育与道德教育相结合的方式，两者之间是紧密联系又相互独立的，不存在从属性的问题。再次，法制教育的专业性决定了其应该具有独立性。高校大学生法制教育的专业性较强，教育者不仅要熟悉高校教育的一般规律和大学生的成长规律，还需有较系统的法律知识储备、较高的法律素养和实践能力；被教育者既要掌握基本的法律知识，又要具备一定的法律意识和实践能力。综上所述，将德育与法制教育并重，需要国家真正地重视起来，高校大学生道德教育与法制教育都需要建构一个属于本身的完整并且地位独立的体系，才能更好地发挥各自的功能。

2. 建设高素质的法律教育教师队伍

高校大学生法制教育课程的教研工作是国家高校大学生法制教育的主道。教师作为高校大学生法制教育的主体之一，是以"传授者"的面貌来参与整个校园法制教育全过程的。教师作为重要法制教育参与者，其队伍素质很大程度上决定了高效大学生法制教育现实效果。因此，要切实加强高校教师队伍建设，提升教师队伍整个素质和教学水平。首先,要对思想政治和法律基础知识的教研加大重视程度,设立专门的机构部门从事高校大学生法制教育基础研究工作,要强化重视高校教师的教学成果,适时提高教师福利待遇,提高教师工作的主动性和积极性。其次,要逐步建立起一支素质涵养高,工作能力精干的师资队伍,切实增强教师法制教育能力,确保法制教育教学取得应有的成果。各位教师要对高校教育相关规律有较深刻的把握,对高校大学生的成长路线能够了如指掌,要有较为系统的法制知识,良好的法律涵养和法制教育实践活动能力。对教师队伍要强化管理,加强日常考核,定期进行教学培训,以提高教师个人的专业性和整体能力。再者,要创新教学人才引入模式,坚持全职与兼职相结合,在教师队伍里面,安排一定的比例招聘具有较深法律知识和法制教育实践经验的人员参与到校园教学中来,这样可以弥补高校教师队伍的一些不足,引入新鲜血液,拓宽教学面,让大学生学到更多更好的法制教育知识。高校应该拥有自己的法制教育探讨分析研究人员,组建成一支法制研究能力强的队伍。要加快形成高校法制教育领导班子,以便推动校园法制教育工作的开展。

3. 深化教学改革,优化教育教学环节

在高校的课程设置方面,除了“思想道德基础与法律修养”这门公共必修课之外,笔者建议各高校根据自己的专业设置等实际情形,可以合理增加一些与学校各专业相应的法律课程知识,并且提高在学生成绩考核中的比重,吸引学生的重视与关注。另外,要适当增加除必修课之外的选修课门类,提供满足高校大学生各种层次需求的课程门类。在相关部门对高校大学生法制教育认知情况的调查中发现,在现有的法律法规中,大学生比较熟悉的还是几大基本法,比如刑法、宪法或者民法等,因此我们就应该投其所好,在课程的设置中更加突出这些法律学科门类。在教材设置方面,现在的课程对法律的基础知识设置还不尽合理,应该加强这方面的合理化设置,提高基础法律知识的比重,把法制知识面相对收窄,做到更精细化,同时增加内容的趣味性,突出法律知识的重点所在,强化法律的操作性。个人觉得应当把所有法律基础知识归纳起来,自成一体,形成独立的学科门类,这样也就更加突出了基础法律的重要性,也有助于法律课程的设置,教师的选择也会更加专业和精干。

4. 开展实践教学，丰富教学方式

法制教育不是固化的、死板的，更不是纯理论性的，高校大学生法制教育具有较强的实践性，它既需要第一课堂的教学，更需要社会实践这个课外活动，要积极开展活动各样、内容丰富、学生喜爱的法制教育教学活动，切实提升大学生的法律涵养和运用法律的能力，创造出良好的校园法制教育环境。关于高校在校学生的法制教育，教学的方法形式都应该革新，不要拘泥于传统模式，更不要把课程教学作为学生获知法律知识，提升法律实践能力的唯一途径，要不断地丰富和实践。当然，学校仍然还是高校大学生学习法律知识的主要场所，课程还是主要学习载体，要完善课程的设置，科学合理安排课程内容，要更加注重对法律观念意识的培育，引导学生产生对法制的向往。切实运用各种灵活的教学方式方法手段来向大学生授教，并把典型案例或者有争议的案例引入教堂，让大学生积极参与辩论，活跃学生思维。师生交流沟通是教育的重要环节，学校要设置师生交流的平台，通过建立模拟法庭、监狱实地参观等实践活动，扩宽学生的眼界和阅历。另外，要积极建立和完善高校大学生走出校园后的就业法制教育机制，合理设置就业法律教育课程，提升高校大学生就业法律知识。学校要设置法制实践课程，每个学期安排必要的时间课时，以供学生能够有足够的时间参加法制实践活动，例如参与法庭观摩、法律机构咨询等等，都可以增加法制教育的实践性，提高高校大学生运用法律的能力和水平。

5. 建立科学的教学评价机制

大学教育教学评价机制是否合理科学直接关系到大学法制教育的发展进程和质量，因此各高校应该结合本校实际情况，建立健全科学合理的教育教学评价机制，确保大学法制教育取得成效。坚持教学理论与实践结合考评，在法制教育的内容选择上，要切实根据各个高校的实际，对不同专业进行合理的课程设置。对于一些一般性的法律知识如宪法、刑法等要加强普及力度，除此之外，还要开设与学校行业相适应的，适合在校大学生群体的法规课程，比如公安专业开设公安法等、航空学院开展航空法等等，也可以根据不同年级开设不同类别的法制教育课程,让法制教育贯彻这个大学学习阶段,使学生能够深深感知到法律离自身的日常生活很贴近,并由此产生强烈的需求。法制教育教学要与时俱进,不断创新教学方式方法,根据实际需要,适时引入当下社会时事热点法律问题,以现实案例来引导学生的学习兴趣。此外,要坚持理论联系实践的原则,积极开展有针对性的实践活动,可以组织形式各样的校园大型法制教育活动,利用学校相关平台积极宣传法律知识,并适时组织答辩会或者竞赛,让广大学生在实践活动中感受到法律熏陶。同时,也可以与当地公检法等部门建立合作关系,保持双向的沟通联系,让公检法工作人员进校园讲解法律知识和案例,也让学生走出校园圈子,到监狱法庭等感受实实在在的法律氛围。

结语

加强高校大学生法制教育,一方面是我国适应国际新形势发展,建设社会主义市场经济,推进依法治国、和谐社会建设和推动我国法制教育进程的需要;同时也是为了培养高校高素质、综合化人才,提升高校大学生法律综合素质和最大限度地减少大学生犯罪的迫切需要。也正是因为有了这样一个大的环境背景,国家加大了对高校大学生法制教育的重视力度,高校大学生法制教育取得了阶段性成就,高校大学生法律素养得到了进一步的提升。但是高校法制教育仍然存在不少问题和挑战。因此,如何切实提升高校大学生法制教育水平,进一步加强相关理论的研究探讨就显得非常必要,本文也正是基于这一点,并联合实际情况进行了初步的研究。文章以大学生法制教育理论和实践作为切入点,阐明提升高校大学生法制教育的重要现实意义和本论文研究的意义所在,并有效结合国内外研究现状,通过相关研究方法,进行进一步阐述。本人着重对高校大学生法制教育内涵以及相关概念进行全面综合界定,对大学生法制教育的追求目标、教学性质、相关内容等进行了较为系统的讲解,并且从国家、学校及其学生三个方面进行深入的挖掘探讨,努力寻找出具有针对性、操作性强的建议,以有助于进一步加强高校大学生法制教育水准,切实提升高校大学生法律涵养,让高校大学生成为助推依法治国建设,共建法治社会的重要力量。

论地方高校法学教育与地方法治建设的良性对接

包红光[*]

摘　要:地方高校法学教育与地方法治建设互动合作是地方法治建设的重要保障,也是地方高校法学教育改革发展的内在要求,可以从调整地方高校法学研究定位、运用地方法治资源创新法学人才培养模式、加大高校法律服务地方的力度等几个方面实现二者的良性对接。

关键词:地方高校　法学教育　地方法治建设　良性对接

服务社会是高等教育的职能之一,地方高校人才密集、知识密集,可以为地方政治、经济和文化的发展提供强有力的智力支持。整合地方高校法律教育资源,服务地方法治建设,是地方高校义不容辞的社会责任。另一方面,当前我国地方高校法学教育面临着严重的发展瓶颈,人才培养模式单一,学生质量不高,就业率连连下降,科研成果缺乏针对性,通过地方法治建设引领地方高校法学教育改革发展,是地方高校法学教育的必然出路。如何实现二者的良性对接与合作共赢,正是本文要讨论的问题。

---

* 包红光(1981—),男,湖北荆州人,湖南科技学院人文与社会科学学院副院长,副教授,研究方向为知识产权法学、劳动法学。

一、地方高校法学教育与地方法治建设互动合作的现实意义

(一)是地方法治建设的重要保障

党的十八届四中全会提出了全面推进依法治国的治国方略,这是坚持和发展中国特色社会主义的本质要求和重要保障,也是实现国家治理体系和治理能力现代化的必然要求。如何推进依法治国,是一个庞大的系统工程,有很多工作要做,首当其冲的是培育公民尤其是政府工作人员的法治观念和对法律的信仰。公民的法律信仰是法治的精神内核,是法治得以实现的社会思想基础。然而,当前我国公民的法治观念还十分淡漠,信权不信法,遇到事情不是按规定的程序办,而首先想到的是走关系;发生纠纷,不愿意通过法律途径解决,而选择非法律途径表达诉求,损害了法律的权威,也不利于社会的和谐稳定。与普通民众相比,政府工作人员的法治观念对于我国的法治建设具有更为重要的意义,但是受几千年封建传统和"官本位"思想的影响,当前我国一些地方政府及其工作人员的法治观念非常淡薄,很多决策的出台缺乏法律依据,具体的行政执法也不遵守法定的程序,超越职权、滥用职权、恣意行政屡屡发生,严重阻碍了地方社会法治建设,影响了地方社会的良性有序发展。要解决以上问题,一个很重要的方面在于法制教育和法治启蒙,构建地方高校法律教育资源与地方政府的合作互惠机制,是解决问题的关键所在。

法治建设的另一个重要的环节就是法律人才的全面参与。正因为如此,有学者指出,法律人才是建设法治国家的第一资源。[1]作为培养法律人才的法治教育是一个国家法治建设的基础工程,是法治政府建设的重要抓手。地方高校法学院系培养适应地方的合格法律人才,并致力于服务地方社会,是地方法治建设的重要保障。二者的良性对接,有利于更多的法律人才参与到地方社会法治建设当中,全面

〔1〕 霍宪丹:《法律人才是建设法治国家的第一资源——从法律职业到法学教育》,载《中国法学教育研究》2006 年第 4 期。

提升地方政府的法治化水平。

(二)是地方高校法学教育改革发展的内在要求

如上所言,当前我国地方高校法学教育面临着严重的发展瓶颈,归根结底在于地方高校法学教育对地方的关注不够,对实践的关注不够,没有形成自己的特色和优势。理论必须与实践紧密结合才能体现其强大的生命力,法学教育不能仅仅是象牙塔里的说教和从理论到理论的逻辑推演,而应当立足社会,立足地方,培养适应社会需要的法律专业人才。强调地方高校法学教育与地方法治建设的良性互动与对接,不仅有助于地方高校法学教育明确发展定位,拓展办学空间,增强办学能力和办学特色,还能进一步提高地方高校法学教育教学质量,提升学生的实践能力。另一方面,地方法治文明建设也能够为地方高校法学教育的发展提供良好的社会环境。地方法治文明的不断发展,既催生了社会对法律人才的需求,又为法律教育事业提供了良好的外部环境。只有在一个法治文明相对发达的地方,才有良好的法律氛围,法律人才才能得到应有的尊重,从而找到合适的平台服务地方法治建设。[1] 从这个意义上看,地方高校法学教育与地方法治建设的良性对接能够实现双方的合作共赢、互利互惠。

二、地方高校法学教育与地方法治建设良性对接的实现路径

(一)调整地方高校法学科研定位,着力研究地方法律问题

科学研究是高等教育的重要职能,也是高校教师的重要工作之一。当前我国高校科学研究同质化现象非常严重,往往是什么选题热门就一窝蜂地涌上去,而完全不考虑自己学校的类型、层次和背景,难以形成自己的优势和特色。笔者认为,地方高校学术资源有限,研究人员的学术水平相对较低,因此,地方高校法学研究没有必要过多地

---

〔1〕 曾鹏、汪燕:《整合高校法律教育资源,促进地方法治文明建设——以宜昌建设现代化特大城市为背景》,载《三峡论坛》2012 年第 3 期。

涉足宏观的、高端的法学理论领域,而应该立足地方,脚踏实地,依托地方法治资源,以一个法律人的眼光来审视地方社会发展过程中面临的各种法律问题,并在实证调研、学理分析的基础上提出合理可行的对策和方案。比如,可以就地方城市发展过程中面临的拆迁补偿、拖欠工资、环境污染、群体性事件的预防与解决、弱势群体利益表达机制的构建、地方非物质文化遗产的保护与传承等问题进行法理分析和法学研究,为地方政府建言献策。在此过程中,地方高校法学教育也能够形成自身的特色和优势,不断提升自身的影响力,为自身赢得更多的发展空间。

(二)充分运用地方法治资源,创新法律人才培养模式

当前,我国高校法律人才培养模式定位不准,教育理念落后,培养内容和培养手段单一,学生实践能力低下,已经严重滞后于社会发展对法学人才的需求,面临着巨大的生存危机。正是有鉴于此,教育部2015年工作要点明确提出要召开全国高等法学教育工作会议,全面部署高等法学教育综合改革,创新法治人才培养方式。[1] 笔者认为,地方高校创新法律人才培养模式应该立足地方,将培养目标定位在培养服务地方、服务基层的法律人才,在教育理念上应该更加注重实践环节,强调培养学生的法律实务能力,在教学内容上,要改变全国一盘棋的大一统局面,除主干核心课程之外,要根据当地法律工作的实际需要,有针对性地开设有关课程,在培养方式上,要注意尊重学生的主体地位,让学生在实践中学生知识,锻炼能力。创新法律人才培养模式,其核心就是培养学生的法律职业能力,但是目前地方高校法学院系的老师往往是从学校毕业就直接走上高校教师岗位,实务经验匮乏,个别从事兼职律师的老师也没有将实务工作与教学联系起来。另外,法学院系的法律实践的平台也相当有限,很难全部满足学生实践的需要,这些都极大地制约了法律职业教育。

笔者认为,创新法学人才培养模式,首先应该实行高校和法律实务部门人员互聘,打破法学教育与法律实践之间的藩篱,畅通理论与

---

〔1〕 参见教育部2015年工作要点第19条。

实务的交流渠道,有效缓解教学与实践脱节的问题。具体来说,一方面,高校可以考虑聘请政府部门的相关领导、资深法官、检察官、律师担任兼职教师,定期为学生授课或讲座,以拓宽学生视野,增强学生的法律实务能力。在此过程中,党政领导、法官、检察官和律师的法律素养和法治观念也可以得到进一步提升。另一方面,高校可以委派法学专业教师到政府部门、司法机关挂职锻炼,进律师事务所担任兼职律师,提高教师的法律实务能力,并能在此过程中发现地方法治建设存在的问题,并有针对性地开展科学研究。其次,高校法学院系要加强和当地政府的沟通合作,由地方政府协助高校做好学生的法律实践、实习工作,积极创造条件和机会帮助学生完成实习实训活动。

(三)不断加大高校法律服务力度,丰富法律服务形式,服务地方法治建设

为地方政府和社会提供法律服务,是地方高校法学教育资源服务地方法治建设的重要途径,通过提供法律服务进行法律实践,也能有效提升法学院系师生的法律职业能力,提高法学院系在当地的影响力,实现地方高校法学教育的良性发展。

1. 为地方国家机关规范性文件的制定和重大事项的决策提供法律咨询

地方高校法学院系有着丰富优质的法学资源,地方政府在制定规范性文件时听取法学专家的意见,或者是直接委托法学专家起草相关文件,能够确保地方规范性文件的合法性、合理性和实效性。在进行重大决策之前,召集各领域的专家(包括法学专家)进行讨论、咨询、论证,听取专家的意见和建议,能够增强决策的科学性和民主性,保证决策的正当性和合法性。

2. 为地方国家机关工作人员提供法律培训,增强公务人员的法律知识和法治观念

当前我国很多公务人员尤其是地方政府公务人员还有着很强的"官本位"思想,法治意识淡漠、法律知识积累不够,很容易出现违法行为。在加强对公务人员的监督、约束其公权力之外,还应该对他们进行定期的法律培训,地方高校法学院系无疑是最佳的人选。

3. 为地方弱势群体提供法律援助,努力化解社会矛盾

法律援助制度在保护弱势群体利益,维护公平公正,促进社会和谐方面发挥了重要作用,但与此同时,法律援助制度还存在诸多不足,比如经费远远不够,人员严重短缺,覆盖面太过狭窄,法律援助质量不高,制约了法律援助制度功能的发挥。地方高校法学院系有着丰富的优质法学资源,地方高校法学院系师生参与法律援助有着先天的优势,加强司法行政部门与地方高校法学院系的交流与合作,不仅能够缓和法律援助人员短缺的问题,提高法律援助的服务质量,对于促进地方高校法学教育教学改革也有着重要的意义。

4. 地方高校法学专业师生共同参加法制宣传,提高民众的法律常识和法治观念

当前,我国地方政府在普法宣传方面做了很多工作,但由于地方政府财力物力投入有限,以及民众对政府的抵触情绪,法制宣传的效果不太理想,制约了我国法治建设的进程。笔者认为,在进一步加大普法宣传力度的同时,地方司法行政部门要密切联系普法志愿者,尤其要注重发挥当地高校法学院系师生在普法宣传方面的作用,可以以3.15消费者权益保护日、国家宪法日、暑期大学生三下乡实践活动为契机,鼓励师生送法下乡,送法到社区,并为法学师生进行法律咨询、法制宣传搭建平台,提供相应的便利,必要的时候提供一定的经费补贴。

三、地方高校法学教育与地方法治建设互动合作过程中需要注意的几个问题

(一)地方政府及其工作人员应主动转变观念,放低姿态

在地方政府与地方高校法学院系合作的过程中,很大程度上地方政府及其工作人员处于一个被监督者、被教育者的位置,这对于长期以来有着天然的优越感、往往以管理者、支配者身份示人的地方政府及其工作人员来说,是一个很难接受的转变,也极容易成为地方政府和地方高校法学院系互动合作的障碍。但是,这一转变恰好是我国法治建设的基本要求,是政府及其工作人员必须要经历的“阵痛”。因

此，在此过程中，除了要求地方政府党政领导具备应有的政治智慧之外，还要不断提高政府及其工作人员的认识，转变其观念，为地方高校法学教育资源与地方法治建设的良性对接提供一个良好的氛围。

（二）地方高校应及时改革教学管理制度和教师评价体系

地方高校法学教育与地方法治建设互动合作，创新人才培养模式，可能会和高校现有的教学管理制度冲突。如何协调二者之间的矛盾？笔者认为，我国高校尤其是地方高校的教学管理模式还是过于僵化，不利于教学改革的开展和人才培养模式的变革，地方高校应适当放松管制，将管理的重心从注重过程管理逐步过渡到强调结果考核上来，为改革的实施营造更为宽松的环境。

另外，利用地方法治资源创新人才培养模式、实施教育教学改革，会占用老师更多的时间和精力，加大老师的工作量。而高校现有的教师评价体系还是以传统人才培养模式为参照系的，尤其是高校的职称评审仍然将老师的科研成果作为重要的甚至是唯一的评价标准。这些都不利于老师在改革方面投入更多的精力。因此，笔者认为，一方面，应该及时改革地方高校的教师评价体系，学校以及院系可以在年度预算中设置一笔专项经费，对参与互动合作和实施教学改革的老师给予经费上的支持和奖励；另一方面，可以尝试改变现行单一的职称评价体系，在职称评审过程中重点考虑教师的教学成绩尤其是教学改革方面的贡献与成效。这在部分地方高校已经开始了尝试，比如有些高校规定可以申报研究型职称和教学型职称，有些高校已经将教学业绩纳入到职称评价体系当中，与科研同等对待，有些高校（如笔者所在的学校）对于教学成绩特别出色的，可以适当减少科研成果方面的要求。[1]

---

〔1〕 包红光：《法律诊所在劳动法教学改革中的运用》，载《法制博览》2015年第7期。

论司法考试改革背景下法学本科教育的发展

程　琳*

摘　要：司法考试制度的建立对于法学本科教育产生了积极影响，但同时也带来了一定的冲击，为法学本科教育打了功利性、职业化的烙印，在司法考试新一轮改革及统一法律职业资格考试的背景下，我们需要重新回归法学本科教育的本质，改革教学模式，充实教学内容，达到两者的良好互动。

关键词：司法考试　法学教育　互动

一、司法考试对于法学教育的积极意义

司法考试虽然是一种职业资格考试，但对于法学本科毕业生而言，能够在就业市场证明学生的能力，增加就业资本。《司法部关于2008年国家司法考试有关事项的公告》规定：普通高等学校2009年应届本科毕业生可以报名参加国家司法考试。之后，司法考试一直延续这一规定允许应届本科毕业生参加司法考试，这更促使学生将通过司

---

* 程琳，湖南理工学院政治与法学学院讲师。

法考试作为大学本科教育期间所追求的目标之一。因此,司法考试与法学教育有着必然的联系,而其中司法考试对法学教育的良好促进是不可否认的。

(一)明确学生学习目标

在专业选择之初,学生大多对法学专业的学习充满着憧憬与期待,而在学习过程中却被枯燥的理论学习和法条理解所吓阻,从而失去学习积极性,甚至处于迷茫状态的学生不在少数。虽然每门科目的学习都有其教学目标,但都是从教师授业角度出发的,学生更注重的是实用性。司法考试则将所有法学科目的知识汇集,形成了自己的考试体系,学生有了明确的学习内容,而资格证考试所带来的能力认可和就业资本这一优势更是能提高学生参加考试的积极性,从而也提高了学习的主动性,明确学习目标。

(二)强化知识运用能力

传统的法学教育侧重于法学基本理论的讲授,对于理论的运用,特别是法条的理解和运用都是忽视的。而法学课程的考核方式也基本上以理论分析和记忆为主。司法考试在取代律师资格考试后,考试侧重于运用能力的考查,这就要求学生不仅需要有一定的基本理论功底以有助于理解法条,也要求学生将所学知识与实际案例相结合,学生对法律知识运用能力的重视有所增加。

(三)形成学习交流氛围

虽然在大学教学改革中,一直强调学生参与的重要性,但学生配合的主动性和积极性并不高。在传统教学中的案例讨论、小组讨论及专题讨论之类需要团队合作及协作的教学中,也并未形成有效交流的氛围,仍过多地依赖于教师的讲授及少数同学的主导,这主要归结于学生认为该任务与己无关或对其不感兴趣所导致。而司考中的疑难题、知识点或复习经验则直接与学生的复习所获和考试结果相关,能够促使其主动寻找交流对象。

(四) 促使学生积极运用各类资源

虽然我国的教育体制不断地进行改革和创新,但传统教育方法始终贯穿于学生的中小学教育,进而延续至大学教育,学生在长期接受教育过程中,对知识的接受已经形成定向选择,即在课堂汲取知识,辅以课前预习及课后复习。而科学技术发展所带的丰富教育资源,除了科目需要或老师强调及引导,学生往往都不能主动运用这些资源。而国家司法考试在发展过程中,已经形成了一套完整的复习备考体系,并且通过网站、论坛、博客等各种途径形成资源共享,而这些资源能够为司法考试的备考提供很大的帮助,这些都促使学生主动地去运用各种资源,以取得较好的复习效果。

二、司法考试对于法学教育的消极影响

司法考试在发展过程中无形中改变了法学教育的教学内容及目标,司法考试的改革变化也不断促成了法学教育中课程体系、教学内容的变化,这种变化有一定的积极性。“但如今,躁动不安和急功近利的社会背景和时代特质将法学教育和司法考试置于矛盾之中。”[1]因此对两者的关系产生了错误的认识,对法学本科教育也造成了巨大的冲击,形成了法学教育“新的特点”。

(一) 法学教育的功利性

教育应该与社会需求相适应,而法学作为实践性较强的学科,则更需如此。司法考试制度的实施已成为许多院校检验教学质量及学生能力的标准,课程体系及课程设置也一味地迎合着司考的需求,应届本科生司法考试通过率也成为教学评价体系中的一个因素。而从学生角度来看,司法考试作为法学本科的终极目标,对课程渗入主观选择,其标准则是以司考分值比例进行衡量。司考中分值占据比例较大的民法、刑法、行政法成为学生学习重点强调的科目,而分值较少的

〔1〕 张蹇:《从彭宇案、许云鹤案等案看法学教育与司法考试应良性互动》,载《兰州学刊》2012年第4期。

科目则容易被忽视。“司法考试的考查内容会通过这种间接方式微妙地影响到法学教育的实施。”[1]法学本科教育为现代法治国家输送公正执法、公正审判的人才，却在教育之初赋予了其功利性的特点，这一冲击自然是法学教育所不能承受的。

（二）法学教育的简单化

法学应当是一门内容丰富且蕴含理论的学科，包容甚广，众多的法律课程、法哲学法学理论及法学方法，而包含众多课程的法学学科自身在基本原则、法学理念的指导下构成体系化。由于以司法考试为导向设置法学教育课程及教学内容，法学本科教育多了一项功能，即司法考试培训。“司法考试是纯粹职业技能测试性质的，它会使学生越来越侧重于法条的死记背诵，形成对规则的崇拜和对理论探研的轻视。”[2]法学教育因此而转变为应试教育。法学教育应试化的直接表现便是将隐藏于法条后的法律观念、法律精神简化甚至忽略，强调迎合司考的法条理解和简单案例的解题思路，法学教育的体系化精髓被抽空，法学本科教育自然也演变为简单化的教学。

（三）法学本科教育职业化

从我国的国情来看，法学教育被赋予提高国民整体法律素质的重任，理想化精英教育和职业教育并不是法学本科教育所能实现的目标，一方面本科教育属于基础法学教育；另一方面法学教育并不是只为公检法及律师行业输送人才，目标多元化。大学法学专业人才培养目标一直随着社会的发展及对人才的需求而发生变化，从复合型人才、卓越型法律人才及创新型法律人才的变化可以看出，法学更注重实用型人才的培养。从实际培养过程来看，既要面对法学研究生输送人才的培养，又要面对司法考试的质检，同时还担负着为其他执法部门输送执法人员、提高执法素质的重任，更要为社会培养具有法治意

---

〔1〕 张蹇：《从彭宇案、许云鹤案等案看法学教育与司法考试应良性互动》，载《兰州学刊》2012年第4期。

〔2〕 潘剑锋、陈杭平：《再论法学教育与司法考试之关系》，载《法律适用》2008年第1期。

识的合格人才。因此司考从实用主义来讲,对学生的益处非常明显,但如果过分强调实用主义,将司法考试作为法学教育的指挥棒,则对法学教育产生极大的冲击,也会造成资源的浪费。

三、司法考试改革背景下法学教育的发展

司法考试改革已经提上议程,2015 年 12 月 21 日《关于完善国家统一法律职业资格制度的意见》正式将国家统一司法考试调整为统一法律职业资格考试制度,并提出了诸多改革措施。其中有三项改革内容尤其重要:一是考试内容的改革,即加大法律职业伦理的考查力度。"特别需改变目前忽视职业伦理教育的缺陷,增加和完善伦理课程、法哲学及法学方法论课程"〔1〕;二是考查方式发生变化,以案例题为主。这就将传统的对客观题的侧重,向客观题和主观题均衡发展进行转变,在考试方式上加重了主观题的题量,即强化对基本理论和法条的实际运用,这就要求在课堂教学中不仅仅强化对法条本身的理解,更强调在理论指导下,对法条的综合运用。三是报考条件的变化,限制了非法学类学生的报考。从另一角度来讲,也体现了法律职业资格考试对法律素质的强化,通过多年司法考试的摸索,中国的法律职业已不仅仅满足于法条的简单记忆及模式化的考试,而更加重视长时间专业化法学教育所积累的法律素养。这些虽然在考试中无法进行实质性考查,却能影响中国执法和司法制度的发展。为了能达到这一目标,法学本科课堂教学中不能单纯地去应合司法考试,而应当从整体上把握课堂教学内容,奠定学生的法律基本理念,塑造其基本法律素养。因此,随着司法考试的改革,我们也需要重新反省法学本科教学。

(一) 回归法学教育本质

现代法治国家对法律职业者的要求,不仅仅需要具备完备的法律知识及处理法律问题的能力,更需要具备法律职业素养。司法考试虽然能检验考生法律知识的掌握,也能通过加大案例分析题的比例考查

---

〔1〕 潘剑锋、陈杭平:《再论法学教育与司法考试之关系》,载《法律适用》2008 年第 1 期。

其处理问题的能力,但隐藏在其中的法律素养是无法通过一场考试而检验出来的,法学教育更不能摒弃这个根本原则。“只有法律知识,断不能算作法律人才,一定要于法律学问之外,再备有高尚的法律道德。”[1]因此法学本科教育既要从法律学问,也需要从法治理念、宪法精神、正当法律程序观念等法律素养来全面培养法学人才。一是扎实法律基础知识。为了保障法学本科教育的基本质量,法学本科专业仍然需要按照法学教育指导委员会的要求开设法学学科的16门核心课程,这不仅仅是提升法学学问的基础,也是参加法律职业考试的必备知识;二是增加法律职业伦理道德的学习。法律职业伦理道德知识虽然能够记忆强化,也能够在法律职业资格考试中以客观题中考查考生对该方面知识的记忆,但法律职业伦理道德却是考试无法检验出来的。而职业伦理道德是法学学生的基本素养,也是法学学习的核心。因此应当在法学本科课程中增加该类课程,并辅以专题讲座,强化相关主题。

(二)创新学生参与的教学模式

虽然法学教育不能围绕司考进行,但为了增加学生的就业资本,法学院校显然也不能完全忽视司考的指导,但在校司考指导不能转化为职业培训。因此,在校司考指导应当是一种引导。如何既不影响法学教育中法律素养的培养、基本法律课程的完成,又能给学生以引导,这个兼顾两者的问题是能够加以解决的。在现代教育观念中,强调学生在教育中的主体地位,需要发挥学习主动性,而在解决司考在校指导问题上,则更需强调,一方面尊重了学生的选择权。并不是所有学生的追求均为司考或获得一张合格证书,学生对自己就业有着充分的选择权,因此,是否参与司法复习或者获得指导,由学生自主决定。而从另一个角度来说,通过自我评价后选择司考作为目标的学生,考试目标明确,对其进行引导效果更为明显。另一方面强调复习的计划性。司考内容虽然存在着大量的法条记忆,但仅就法条来说,其所涉及的范围也是相当广泛,还需明确法条之间的关系、法条与司法解释

---

[1] 贺然:《关于司法考试与法学教育问题的法理学思考》,载《兰州学刊》2008年第7期。

之间甚至法条后面的隐藏之意,可见考查内容及范围是考生无法随意应付的,需要考生有一套完整的复习计划。

因此,我们可以发挥参与式教学模式的作用,将已有成熟想法的学生作为参与教学模式的实施对象。而从教学模式的发展上看,参与式教学模式也存在着多种选择。而司考的引导不能占用正常的教学时间,因此可以将司考引导在课后作为一个专题进行,然后辅以问题式教学模式。问题式学习教学模式,是一种以实用主义教学思想发展而构建的教学模式,这种模式需要较为成熟的学生,体现在有目标性、自主性及计划性。运用这种教学模式,学校可以将司法考试复习交于学生自主进行,通过小组合作提出专题中的问题,自主交流,从而探求解题方式及考试经验。

(三)重视师资队伍的建设

不管教学模式如何改变,师资的建设仍然是不可忽视的问题。最近所涌现的公共教学资源,为学生提供了丰富的教学内容,具有灵活性,也充分尊重了学生的选择权和自主权。但两相对比,若在使用公共教学资源的过程中缺乏师资的引导,学生的学习也会变得毫无拘束、散漫,最终这些资源并未实际转化为知识,但不可否认的是新型教学模式不断创新地提出,而本科教学的教师却都是在传统教学模式下成长起来的,对于知识的汲取及输出都已形成了固有的模式。如何转化教师自身的观念是非常关键的一步,如何引导学生以课堂教学的基础,通过合作学习方式对待司法考试,对教师来说也是一个严峻的课题。对于司法考试的备考,社会教学资源中已存在诸多的司考培训专家,而对于教师而言,则需要引导学生如何将已有的教学内容,通过自身的理解,根据司考要求而重新构建自己的知识体系。

总之,司法考试不应当成为法学本科教育的指挥棒,它应有其自身的培养目标,其所追求的是培养综合性法律人才,而不是单纯的应试生。法学本科教育可以适当地对司法考试的备考予以引导,但不能受其左右,丧失其本质,只有明确二者关系,正确认识司考在法学本科教育中的作用,才能将法学本科教育拉回教育的正轨且得到良好的发展。

司法考试改革与我国本科法学教育的对策研究

张维新*

摘　要：本科法学教育在我国法律教育制度中占有极其重要的地位，而司法考试也是我国一项十分重要的法律职业资格考试制度。本科法学教育是培养法律人才的途径，司法考试是选拔法律人才的方式。对我国本科法学教育与司法考试的关系进行分析和探讨，不仅在理论上颇有意义，在实践中也具有一定的价值。本文对我国本科法学教育与司法考试的关系做了多方面、多层次的剖析，构筑二者的良性互补、互动关系，并提供切实可行的改革方案与完善措施。

关键词：司法考试本科法学教育　良性互动关系

本科法学教育在我国法律教育制度中占有极其重要的地位，而司法考试也是我国一项十分重要的法律职业资格考试制度。“司法考试对法学教育的影响可能产生正负两方面的效应。就其负效应而言，可能导致司法考试与法学教育的脱离，并进而形成学生忽略高校的法学教育而重视考前辅导的倾向。就其正效应而言，如能使司法考试与法学教育形成良性的互动关系，既可促进法学教育改革，又可完善司法

* 张维新(1969—)，男，湖南常德人，汉族，华东政法大学博士，湖南文理学院法学院副教授，主要研究方向是法律史、诉讼法。

考试制度。”[1]我国就必须处理好司法考试与法学教育的关系,趋利避害,最大化地发挥司法考试对法学教育的正效应。能否科学、合理地建立起统一司法考试与法学教育的良性互动关系,将直接关系到我国统一司法考试制度的成败,关系到我国法学教育的改革方向。

一、司法考试改革冲击下我国本科法学教育的现实缺失

(一)我国法律职业的执业资格规制与法学教育的方向性缺失

面对新的社会环境,法学教育和司法考试都面临着跟不上法律实践的窘境,如何把法学教育、司法考试、法律实践结合起来成为当务之急。党的十八届四中全会《决定》明确提出:“推进法治队伍正规化、专业化、职业化,完善法律职业准入制度,建立从符合条件的律师、法学专家中招录立法工作者、法官、检察官制度,健全从政法专业毕业生中招录人才的规范便捷机制,完善职业保障体系。”近日,中共中央办公厅、国务院办公厅印发了《关于完善国家统一法律职业资格制度的意见》。该《意见》提出将现行司法考试制度调整为国家统一法律职业资格考试制度,在司法考试制度确定的法官、检察官、律师和公证员四类法律职业人员基础上,将部分涉及对公民、法人权利义务的保护和克减、具有准司法性质的法律从业人员纳入法律职业资格考试的范围。

自从2001年全国实行统一的司法考试以来,我国法学教育在不断发展的同时,也面临着严重的挑战。司法考试报考门槛过低弱化了法科生的竞争优势,司法考试对许多地方性高校法学院起着“指挥棒”作用,据不完全统计,全国有法学院系630多所,低水平地重复建设,造成了法学教育资源的极大浪费。司法考试制度的现有弊端及其导致法学本科教育的被动效应,总体上暴露了我国法律职业的执业资格规制与法学教育的缺失。

---

〔1〕 曾宪义:《构筑法学教育与司法考试的新型互动关系》,载《中国律师》2002年第4期。

(二) 司法考试也在一定程度上对本科法学教育产生负面影响和冲击

首先,本科法学教育与司法考试相脱节直接衍生的后果就是产生了“双学校现象”[1],即社会上出现的那些为了应付司法考试而开办的“司考补习班”大行其道,使不少参加司法考试的本科法学院校的学生奔走于学校与补习班之间,甚至过于重视应试技巧的学习,而忽视了法学基础理论知识的学习。

其次,司法考试的通过率虽说是逐年上升,但是总体而言通过率还是很低的,其增大了从事特定法律职业的难度,长此以往,将会动摇本科法学教育在高等教育体系中的地位,在一定程度上会导致本科法学教育由“热”转“冷”,不利于本科法学教育的良性发展。

最后,司法考试可能会成为本科法学教育的指挥棒,严重影响本科法学教育的教育方式,即司法考试考什么,本科法学教育就教什么,学生就跟着学什么,最终导致本科法学教育重蹈应试教育的覆辙,使本科法学教育难以培养出真正的法律人才。

(三) 我国本科法学教育未有效地促进优秀司法人才选拔

从我国本科法学教育的现状可知,我国传统的本科法学教育重理论轻实务,司法考试虽然包含有本科法学的内容,但却侧重对现行法律规定和司法实务的考查。按我国《国家司法考试实施办法》的规定,司法考试的应试者中以本科法学毕业生为主,非法律专业毕业的也可报考。从历年考试的情况来看,本科法学学历的应试者通过率并不高,却出现了不少非法律专业的应试者仅仅依靠考前几个月对法律条文的突击强化记忆即可通过的现象。我国当今本科法学教育,一方面法学本科院校急剧增多,另一方面法学本科院校培养的大部分“应用型人才”不能学以致用。换句话说,在我国本科法学教育与司法考试关系上,司法考试制度的准入条件名实不符,没有与我国本科法学教育形成良好的对接,我国本科法学教育并没有真正地促进司法考试优

---

〔1〕 曾宪义:《构筑法学教育与司法考试的新型互动关系》,载《中国律师》2002年第4期。

秀法律人才的选拔,二者的关系出现了明显的现实缺失感。由于本科法学教育与司法考试相脱节,导致了接受过本科法学教育的应试者通过司法考试的比例低,造成了仅靠短期突击强化记忆侥幸通过司法考试的人员,将来从事司法职业时,法学基础理论知识不扎实,最终难以胜任神圣的法律职业,最终使得欲通过司法考试选拔出适合从事特定法律职业的优秀法律人才的效果大打折扣。

二、我国本科法学教育与司法考试的不同价值定位的原因分析

1. 二者本身的性质不同

本科法学教育的优势和侧重点是基础理论、人文修养以及学术精神。统一司法考试,作为一种应试型的考试制度,与本科法学教育存在着一定的距离。司法考试作为职业技能考试,必然更多地以现行法律规定、实务中的问题为重点。大学作为一个民族不断创新的基地,法学教育应该培养出更多的通过司法考试的学生,但是法学教育并不能依赖于司法考试本身。

2. 二者产生的效果不同

本科法学教育作为我国培养法律人才的重要途径,其教育程度的好坏直接影响到司法考试应试者的水平,也会影响到未来法律职业人才的水平及素质。而司法考试作为我国现今选拔特定法律职业人才的方式,从一定程度上说,其可以促进司法考试的应试者提高自身的专业水平及素质,但考试本身却不能影响未来法律职业人才自身的素质。

3. 二者的目的不同

本科法学教育的目的是培养法律人才,包括法学研究型人才和法律应用型人才。而司法考试的目的是选拔适合担任法官、检察官和律师的应用型人才。从目的来看,本科法学教育是一种通识教育,而司法考试是针对特定的法律职业而言,它并非通识教育,而是一种职业培训与考察。

三、我国本科法学教育与司法考试改革的良性互动关系的理想设计

(一)本科法学教育是司法考试与法律职业的基础与前提

尽管世界各国法治国家因为法律体系和法律职业结构不同,对于法律职业人员的精英标准和选拔法治精英的模式也不完全一样,但无论何种法治模式和法律职业结构,现代法治对法律职业人员的要求大体上可以包括人文素质、法律专业知识、法律实务技能三个大方面;并且,在任何一个法律类型国家中,现代法学教育在培养和造就法律职业精英素质方面都发挥着主导性作用。《国家司法考试实施办法》第13条明确规定:报名参加国家司法考试的人员,必须"符合《法官法》、《检察官法》和《律师法》规定的学历、专业条件",即报考者必须具有本科学历。该规定客观上将本科法学教育与司法考试联系起来。正如曾宪义教授所说:"没有高等教育的司法考试就是无源之水、无本之木。"因此,具有高等法学教育背景是司法考试的前提条件。

(二)司法考试是法学教育和法律职业之间的桥梁与衔接

"司法考试是一个中间环节,它是在法学教育和法律职业之间架起的一座桥梁,其制度价值在于,将符合现代法治要求的法治精英选拔到法律职业队伍中。"[1]大学的法学教育以讲授法律原理、培养法律精神为主,大学法学教育承担培养法律职业的人文素质、法律专业知识的任务,同时,对于司法考试合格者辅之以一定的实务研修来完善法律职业人员的整体素质。《国家司法考试实施办法》第2条第2款的规定:"初任法官、初任检察官和取得律师资格必须通过国家司法考试",该规定使得司法考试实际上成为了联系本科法学教育与法律职业的桥梁。

---

〔1〕 曾宪义:《构筑法学教育与司法考试的新型互动关系》,载《中国律师》2002年第4期。

(三)本科法学教育与司法考试以核心课程体系为中心相辅相成,良性互动

我国本科法学教育由法学教育指导委员会在教育部和司法部的指导下确定了其所教学的十四门核心课程,这十四门核心课程是我国大学培养法律专业人才的基本课程,其所涵盖的内容与司法考试的内容基本上是一致的。核心课程体系的确定对法学教育的发展起到了促进作用,对提高法学院学生的素质起到了引导作用。司法考试应该、也必须以大学法学教育为主,特别是十四门核心课程为主要考试范围。但是,司法考试不是大学的毕业考试,也不能够等同于大学的毕业考试。因此,司法考试应该在十四门核心课程的范围基础上,侧重对理论的分析运用能力的检测,注重考察学生的基本分析能力、综合运用所学知识分析解决问题的能力。司法考试有助于法学教育培养目标的确立,有助于法律教育结构模式的选择,有助于完善法学教育的管理模式。

司法考试对于本科法学教育而言,既是机遇又是挑战,司法考试为本科法学教育提供了新的发展契机;而本科法学教育对于司法考试而言,既是前提又是基础,没有法学本科学历,不能参加司法考试;没有发达的法学教育,司法考试就缺乏充足的优秀的应试者。[1] 因此,本科法学教育的发展必然会促进司法考试的兴旺,促进司法考试制度的不断完善;同时,司法考试制度的发展也会促进本科法学教育制度的改革,促使本科法学教育进一步完善。总之,一方面要求司法考试不能忽略中国法学教育的实际,必须衔接好与现实法学教育的关系;另一方面,也要求法学教育应尊重司法考试的本质与规律,以司法考试为契机,加快法学教育的改革步伐,实现司法考试与法学教育的良性互动。

---

〔1〕 何士青:《司法考试与法学教育》,载《湖北大学学报》(哲学社会科学版)2004年第1期。

四、司法考试改革与我国本科法学教育关系的互补重构

（一）本科法学教育前提下我国司法考试制度的改革与完善

国家统一法律职业资格考试的确立，为我国法律职业的精英化奠定了坚实的基础，同时也推动着本科法学教育的发展，“司法考试制度的完善与否，直接关系到是否能最大限度地选拔出优秀的法律人才，关系到法律职业共同体素质的优劣”。[1] 鉴于我国目前本科法学教育的现状，我国的统一司法考试制度应在兼顾其发展的前提下进行改革与完善，主要从以下几个方面入手：

1. *改革司法考试的内容*

从我国当前的本科法学教育来看，本科法学教育对学生进行的是通识教育，学生接触法律实践的机会很少，但自司法考试制度出台后，不少本科法学院校的教育方式有所改变，逐步增加了学生进行法律实践的课程，因此，司法考试应当尊重我国本科法学教育改革的成果，与其进行良好的衔接。故司法考试内容，应确保在本科法学教育十四门核心课程的基础上不变，加强对应试者法律思维能力、分析问题能力和法律应用技能的考核。

2. *改革司法考试的方式*

而在司法考试的方式上，我国司法考试可采取笔试和面试（口试）相结合的方式进行，且在笔试合格后才可以参加面试。笔试基本保持在十四门核心课程的范围内，与之前司法考试的书面考核方式一致。而面试是设在笔试之后，针对的是笔试合格的应试者。由于笔试主要是考查应试者对法律专业知识和法学理论基础的掌握程度以及法学应用能力，则面试应该侧重考查应试者的语言表达能力、应变能力和法律职业伦理意识。出于面试的主观性比较强，面试应以淘汰为主要目的，即淘汰不适宜从事法律职业的人员。

---

〔1〕 何士青：《司法考试与法学教育》，载《湖北大学学报》（哲学社会科学版）2004年第1期。

3. 调整司法考试的对象

一个人的法律思维和品性,要在长期而浓厚的法律学习氛围中才能逐渐养成的,非一朝一夕即可养成,而且这种法律思维和品性通常是在行动中体现出来,单单凭借一次性的书面考试是无法了解的。建议司法考试的对象应做出调整,即将《国家司法考试实施办法》第13条所规定的专业和学历条件加以修改,修改为“高等院校法学本科毕业以上学历,包括本科、硕士和博士”,能最大限度地保证通过司法考试选拔出来的法律人才的专业化和精英化,同时又尊重了本科法学院校的教育职能,更利于本科法学教育的稳步发展。

4. 调整司法考试的主管部门

关于司法考试的主管部门,《国家司法考试实施办法》中有相应的规定。该《办法》第4条规定:“司法部会同最高人民法院、最高人民检察院组成国家司法考试协调委员会,就国家司法考试的重大事项进行协商”,第5条规定:“国家司法考试由司法部负责实施”,从规定中可知,我国司法考试的主管部门主要为司法部。而该规定没有将我国的教育部纳入其中,其忽视了教育部门在司法考试中的作用,实为不妥。因为司法考试从很大程度上说,是检验、挑选法学教育产品的方式,教育部不应被排斥在司法考试之外。“司法部门作为用人单位,熟悉本行业对人才素质的要求,但如果缺乏监督和制约,自己制定标准,自己选人,自己用人,难免不出现部门保护和不公正现象。”[1]因此,建议将教育部加入其中,与司法部一同作为司法考试的主管部门,更好地实现司法考试公正选拔法律人才的目的。

(二)司法考试改革背景下我国本科法学教育的改革

司法考试改革,一方面为法律职业共同体的塑造创造了有利的条件,另一方面也为我国本科法学教育改革作出了某种昭示。所以,我国本科法学教育应当以此为契机,结合我国实际情况,努力进行自身的改革和重塑,确立一个相对科学和稳定的教育模式,以进一步适应

---

〔1〕 何士青:《司法考试与法学教育》,载《湖北大学学报》(哲学社会科学版)2004年第1期。

时代的要求。[1]

1. 更新教育理念，因材施教

在观念上，应当明确法学教育是由通识教育和职业教育两个不同阶段组成的，通识教育和职业教育分别由法律院校和法律实践部门负责。对于那些不打算从事法律职业的法科学生而言，其在接受通识教育之后便可自谋出路；而对于那些打算从事法律职业的法科学生而言，其必须通过司法考试接受相应的职业培训，并再次接受考核后，才有资格从事法律职业。这样的理念既尊重了我国法学教育的现状，又为法学教育改革指明了一个稳妥的出路。

2. 调整教学内容和方法，侧重思维与能力的培养

我国的法学教育应当更多地关注如何切实培养和提高学生分析、解决问题的能力。这种实践能力只能在做事情的过程中通过思维磨砺和亲身实践逐渐养成。法律院校应当多方创造条件以实现这一目的：一方面要增加涉及具体情境的科目作为法学教育的内容（如将参加一定次数的模拟审判以及提供一定数量的法律援助服务作为必修内容，并由专门的教师指导）；另一方面还要大力提倡一种启发诱导式的教学方法，反对教师以“唯一正确”的答案束缚学生的思维。

3. 优化学制，合理配置教育资源

首先，相关部门应当尽快制定法学教育行业的准入标准，并对各个法学教育机构进行严格的审查和评估，淘汰那些根本就没有能力办好法学教育的机构；其次，应当压缩法学教育“战线”，撤除中专和大专层次的学制，而以本科通识教育和实践部门职业教育为主，辅之以研究生层次以上的学术教育；最后，还应当禁止那些面向社会搞“文凭买卖”的在职教育，逐步废除那些学历与学位相分离的法学教育。

4. 完善法学实践教学体系

法学实践教学环节既是巩固学生对于法律专业基础知识的平台，也是训练学生法律专业应用能力、强化法律职业伦理修养的直接手段。在加大法学实践教学课时的基础上，可以将实践教学的基本模式采取阶梯式的整体安排，将案例实验教学的学时分散到各部门法教学

[1] 谭世贵、黄永锋：《论法学教育与司法考试》，载《学术界》2003年第1期。

环节,定为必修课;模拟法庭实验教学应主要针对高年级学生,定为必修课;法律诊所实验教学应针对高年级学生,以选修课形式开设。这种安排主要考虑到实践能力的培养需要具有阶段性,需要与学生掌握的法学知识程度相适应,最大限度地发挥各种实践教学方法的优势,提升法律实践能力,特别是法律思维能力。

综上所述,司法考试与本科法学教育是相辅相成彼此促进的,司法考试与本科法学教育二者之间具有相同的目的,即筛选优秀的专业人才从事法律工作,推动中国的法治事业前进。但是,司法考试对考生的法律知识只做一次性检验,只需要短期培训便可以立杆见效,是一种功利性、"法匠"工具思维。本科法学教育则不同,更加注重培养学生的逻辑性、"法学家"理性思维。良好的法律职业共同体需要好的法律教育背景作为基础,而司法考试是具有法学本科毕业生进入法律职业共同体的不二之门。

然而,司法考试存在着无法回避的问题,很多内容要靠死记硬背,对法律的本质、法律规律性的东西、法律的信仰和信念并没有很好地梳理。这种情况下,没有法学专业背景的人也可以通过司法考试,无法保证他们的法律素养。要完善法律职业准入制度,应推进司法考试改革,首要步骤即应规定只有经过正规法律本科学习的人才有资格参加司法考试。只有实现从以法律知识传授和考查为中心向以法律思维培养和测试为中心的转变,注意发挥法律思维的包容性优势,推进法学教育和司法考试从形式到内容的全面改革,才能真正实现二者关系的良性互动,共同为我国的法律职业和法学教育做出各自应有的贡献,共同促进我国法学教育和法律体制的稳健发展。

把法律作为修辞

——农民大学生法学(农村法律事务方向)专业教学目标探微

贺凤来[*]

摘　要:继“一村一名大学生计划”之后的法学(农村法律事务方向)专业,国家开放大学首先在湖南试点,2015就招收法学(农村法律事务方向)专业学生752名,2016年预计招生1000名,在这样一个背景下,探讨农民大学生法学(农村法律事务方向)专业教学目标问题,以满足农民大学生学习期待,以实现农民大学生培养计划的目标,是一个有历史深远意义的问题。我们提出的观点是高标准的——把法律作为修辞应该成为农民大学生法学(农村法律事务方向)专业教学目标,并在论证其原因和意义的基础上,提出行之有效的建设性的意见和建议。

关键词:法律修辞教学目标远程教育农民大学生

在湖南省从2015年春季起启动“农民大学生培养计划”学历教育以来,法学(农村法律事务方向)专业一跃而起成为一门深受农民大学生欢迎的热门专业,2015就招收法学(农村法律事务方向)专业学生

---

* 贺凤来,益阳广播电视大学教师。

752名,2016年预计招生1000名。在这样一个背景下,我们探讨农民大学生法学(农村法律事务方向)专业教学目标问题,提出的观点就是:把法律作为修辞应该成为农民大学生法学(农村法律事务方向)专业追求的教学目标。

一、农民大学生法学(农村法律事务方向)专业教学目标——把法律作为修辞的观点的提出

因为学习对象特殊,全部是农民,所以在课程设计及教学方面,我们都一直坚持以学员为中心,坚持因材施教原则,教学也考虑农民的实际,尤其是他们的可接受程度,在教材编写和平台学习资源建设方面,尽可能简明。按理,这个思路是正确的。但具体到法学(农村法律事务方向)专业,考虑到这是一门应用性非常强的学科,再加上法律思维、法学修养等的形成也不是一朝一夕之功,故我们提出了不同的观点和看法。

法律与修辞的紧密结合、法律修辞之类提法是近些年法律语言学研究中高频词汇。[1] 以农民大学生法学专业责任教师和法学(农村法律事务方向)专业(专科)教学团队成员的双重身份,我们一开始就积极参与到农民大学生网上教学资源建设、学习支持服务提供以及面授教学当中,经过一年半时间的学习观察、探讨分析、调查研究以及深入思考,我们认为,为确保"农民大学生培养计划"教学质量,把法律作为修辞,是农民大学生法学(农村法律事务方向)专业最基本的也是最高的教学目标。具体来讲,把法律作为修辞要求法律人在进行法律思维的时候,把法律概念当成思维的关键词,把法律规范当成思维的根据,并运用法律逻辑和修辞的方式证成、表述法律命题。[2] 这个定位,既是(湖南)农村经济社会发展需要,也是农民自身学习需求,还是建设一支"留得住、用得上、有文化"的社会主义新农村建设带头人队

---

〔1〕〔美〕詹姆斯·博伊德·怀特:《作为法律之修辞:文化和社群生活之艺术》,程朝阳译,载《法律方法》第11卷。

〔2〕陈金钊:《把法律作为修辞—法治时代的思维特征》,载《求是学刊》2012年第5期。

伍的必然要求,更是法治时代的思维特征。因此,这个教学目标,我们必须坚持不动摇。

二、农民大学生法学(农村法律事务方向)专业教学现状及其利弊分析

1. 继续彰显远程开放教育特色,为开放教育的教学改革积累实践经验

2004 年,全国启动了“一村一名大学生计划”后;2015 年,湖南试点启动“农民大学生培养计划”;2016 年后逐步扩大培养规模,实现每个建制村培养多名农民大学生。充分彰显远程开放教育特色的,是我们搭建的“农民大学生培养计划”教学平台(http://nmdxs.hnrtu.edu.cn/),为此,我们组建了专业与课程网络教学团队,专门负责课程教学资源建设和线上学习支持服务,并通过加强对教学团队在慕课教学设计、微课制作、教学策略、学习支持服务和网络教学管理等方面的培训,以保证农民大学生网上教学资源建设质量和应用的有效性。除此之外,考虑到成人学生缺乏自我管理能力,除了常规的课程考核评价,我们还采取必要的行政手段能帮助学员克服学习困难,促进学习行为的发生,为每名学员购买 PAD 终端设备,弥补部分学员学习条件的不足。

现代远程开放教育最大的特点,就是学习者可以不受时间和空间的限制,充分发挥多种媒体的作用,进行自主化和个性化的学习。从理论上说是比较理想的,但由于农民对多媒体技术接触不多,使用不熟练,甚至部分农民连如何进平台都还要重新学习,再加上农民平时都比较忙,对多媒体技术因为不熟练还有蛮大的抵触情绪,除了组织集中学习外,其他时间自主学习不是那么容易实现。所以时时可学、处处可学的平台真正发挥的作用恐怕不大。

2. 借力当地各级组织部门,加强农民大学生对的学习督促

一是设立各级农民大学生奖学金制度,建议地方政府实行优秀学员在入党、推荐、创业、评优等方面优先考虑;二是定期统计、公布学员课程学习情况,对不坚持学习、达不到规定要求的学员,经多次教育无

效后予以退学,并报告当地组织、教育部门,形成合力,共同帮助学生学有所获。借力组织部门,学校的力量加上行政的力量,双管齐下,不可谓不重视。但还是因为是远程终端,就算是学习任务完成了,是不是本人完成的,学习效果到底怎么样,还是不得而知。

3. 坚持集中面授教学,导学劝学,答疑解惑

远程开放教育并不排斥面授教学,据我们调查了解,农民大学生法学(农村法律事务发展方向)专业面授课程都有开设,并且基本上每门课程都坚持开设,比如第一学期的法理学、中国法制史,第二学期的婚姻家庭法学、刑事诉讼法学,第三学期的劳动与社会保障法等等,自己教学团队的师资不够的话,我们都能做到聘请外校老师来上课。面授教学一般是一门课 2 天的时间,以专题讲座的形式进行。对像行政管理之类的课程还好,对法学课程,因其专业性强,要形成一些理念,要把一些东西植根在学员心里,恐怕是少了些。还有,怎样合理避开农忙时节也是一个问题,面授课集中安排农民有怨言,分散安排农民也有怨言。现在,从农民那里传来的少开面授课的呼声越来越高。从拿文凭的角度,好像关系不大;但从真正学到有用的知识的角度,却是关系重大。

4. 以实践教学为推手,强化教育的引领、唤醒功能

法学是一门应用性社会科学,实践教学是法学人才培养的基本途径和有机组成部分,也是法律专门人才培养的最有效手段。坚持实践教学不动摇,想方设法搭建实践平台,建立法学实践基地,坚持让农民大学生去看、去观摩、去听、去模拟、去思考,用实践教学去检验理论教学,使学员得到法律操作和思维能力的真实训练。见习、实习、模拟法庭、现场观摩、法律咨询、普法宣传、法律援助、毕业实习等等,我们在不断地摸索。实践教学农民参与的积极性高,这是一个很好的现象。

三、新农村建设过程中农民对法学知识的实际需求和未来发展目标展望。

法学(农村法律事务方向)专业热的背后,是在新农村建设过程中,城镇化步伐加快,土地流转增多,养老意识增强,拆迁矛盾尖锐,消

费者维权意识加强,还有微商、网商、电商的出现和兴起等。农民在这个快速变化的时代,面临这些关系到自身切身利益问题,学习意识、学习愿望不断增强。农民大学生培养计划就是适应时代要求,由中组部、教育部等部门推出的一项富民工程,旨在为农村经济社会发展和基层服务型党组织建设培养一批留得住、用得上、懂技术、会经营的农村基层党员干部和新型农村实用人才。这些知识的获得应该是扎扎实实的,而不是一知半解、打折扣的。当城镇化进程推进到一定程度,农民身份即将转换成市民身份时,对法学知识的需求肯定会比现在更多,一个人人(农农)学法、人人(农农)守法的时代即将到来。法学(农村法律事务方向)专业即将去掉括号,农村法律事务方向的痕迹肯定还有,但会越来越不鲜明。据了解,2011 年中国进城务工人员已超过 2.4 亿[1],农民要面对的法律问题早已超出了农村的地域范围。所以,无论是立足现在,还是展望明天,对法学专业农民大学生学习要求都不能低标准、低要求,在某种意义上,这种低标准、低要求是对农民的一种歧视,是不对的。

四、把农民大学生法学(农村法律事务方向)专业教学目标定位在把法律作为修辞的现实意义及其实现路径探讨。

法学专业培养目标就是培养比较完整的法学专业知识和理论体系、法学专业思维、法律职业伦理和法律应用能力的专门人才。就像法律职业资格考试不会因人而异——比如不会因为是非法律专业人员而降低录取分数一样,农民大学生作为农村的法律人,以人民调解员或者其他相关身份参与法律专业活动,我们也不会因为是农民的身份就降低法学专业水准,也不会因为是农民的身份减轻或免除因为法学专业知识不足不够产生错误而应承担的责任和处罚。其法学专业培养目标是一样的,和其他法律人一样,把法律作为修辞是法律人职业生涯的基本技能,是法律人在司法场景以及在涉及法律问题的场合

---

〔1〕 石毓智:《课堂上禁用手机拍摄》,载《读者》2016 年 8 月。

解决问题的基本思路。在某种意义上看来,还因为农民大学生文化层次本身就不高,基础知识薄弱,再加上"中国传统农业文明异常发达和成熟,传统、习俗、习惯、经验、常识、天然情感等自在的文化因素十分强大,这是一个熟人的社会,自然主义和经验主义的文化模式在一定意义上以超稳定的结构占据主导地位"[1]。深化法治启蒙,确立法治的核心文化价值观,在农村的难度会更大,遇到的阻力会更多,我们唯有改变思维模式,以法律作为修辞,迎接中国法治的春风吹遍这片希望的田野。这个过程中,起关键作用的这支中坚力量就是我们培养的农民大学生。所以在某种意义上,农民大学生法学(农村法律事务方向)专业教知识的面授教学不是被削弱,而是要加强,这是目前条件下农民学习法学专业知识看得见、摸得着的最好的方式。因为农事、打工、创业等原因,让农民大学生集中学习确实难度较大,但不能以此为理由减少面授课的课时。选择就意味着放弃,既然选择了继续学习、提升学历这一条路,在这两年半的时间里,就一定要为这样的选择付出一些什么,牺牲一些什么,这是必然的。在某种程度上,作为一所学校,减少课时这种妥协和退让意味着自身的底气不足,办学思路不明,就像打折的商品一样,倒是贬低了自身的价值。尤其是法学专业,作为一门应用性非常强的学科,就拿一些专业术语来说吧,其含义和日常生活普遍以为的字面含义相差甚远,老师不讲授不强调,学员不清楚;学员有疑问,不当面请教老师,自已要去搞清楚也很麻烦。尽管远程开放教育有学员时时能学、处处可学的优点,但确实有橘生淮南与橘生淮北的问题存在,国内和国外在学员远程终端学习的真正落实方面,应该有差别,这是其一。其二,一支粉笔一块黑板这种传统的授课方式,对某些学科仍然是必需的。连斯坦福大学很多学科的教学完全不用电脑,仍然坚持传统的教授方式,就是老师在黑板上用粉笔写板书,学生记笔记。[2] 法学因其专业性,也离不开面授课这种教学方式(地市级电大下面的县级电大,基本上也只有这样的条件),就算是远程开放教育的学生,也要坚持平行使用这种授课方式。这样做,也是保证承认成人高等教育教学质量的必需环节。其三,全日制法学专业

---

〔1〕 杨昌宇:《当代中国法治进程中的文化阻滞力》,载《北方法学》2011年第5期。

〔2〕 http://politics.people.com.cn/GB/70731/16033683.html.

本科(研究)生,通过司法资格考试后,还有培训和实习等环节,这其实又是一个学习的过程,而我们的农民大学生,这个环节是没有的,在某种意义上就是由师傅带领指引的环节省略掉了,从这个环节的重要性来看远程开放教育的面授课程,更加是不能减少面授课时的。

当然,除了老师一言堂的讲座形式的面授教学外,还要深化教学改革,采取更生动、更能激发起学员持久学习兴趣的方式,唤醒农民大学生的学习意识,激发农民大学生的学习热情,以面授教学带动其他学习方式的有序进行,将法学的学习进行到底!除了面授课要加强效果、增加时间外,针对农民大学生的特点,不断创新非学术支持服务方式,在外围形成合力,使之凝聚成一种源源不断的学习需求,也值得摸索。

法学教育方法

面向法学硕士研究生的研讨式教学研究

——以知识产权法课程为例*

喻　玲**

法学研究生教育注重培养学生的学习能力、科研能力和创新能力。[1] 课程教学区别于本科教学的知识传授，以能力提升为目标。在教学的诸要素中教学方法是实现教学目标的重要手段。研讨式教学(Seminar)源自16世纪拉丁文"Seminarium"，原意指"苗圃"(拉丁文semen指种子)或"发祥地"，引申为培养智识之处[2]，最早是德国大学培养精英的一种方式，与大课讲授、练习课同为德国法学教育的基本教学组织形式，现已成为西方发达国家高等教育中的一种主要教学模式。其功能和特征主要在于培养学生的阅读能力、研究问题的能力以及合作研究的能力，实现学术交流的最佳效果，真正达到"学有所获、教学相长、日学日进"的教育目的。该教学法产生于德国，传之美国，并经美国对我国的法学教育产生影响，主要定位于科研型人才的培养，其产生和演变对传统讲授教学方式产生了重大的冲击，并在理论和实践的层面显示出其合理性与可行性，在很多国家已经成为法学

---

* 本文系作者承担的湖南大学2016年教学改革课题阶段性研究成果。

** 喻玲，湖南大学法学院副教授。

〔1〕 马立群：《法学研究生课程教学方式反思与拓展》，载《教科导刊旬刊》2012年第23期。

〔2〕 Meyers Grosses Konversations-Lexikon. 6. Aufl. Bd. 18, Bibliographisches Institut, Leipig und Wien 1909, S. 327.

教育的三大教学方式之一,能弥补“讲授式”教学方法中学生参与性的不足,培养学生主动探索和研究的精神、独立思考和解决问题的能力。

一、教学理念

2010《国家中长期教育改革和发展规划纲要(2010—2020 年)》指出,我国的高等教育应当“促进科研与教学互动、与创新人才培养相结合”。教育的最终目标不是传授已有的东西,而是要把学生的创造力诱导出来,创新教育致力于培养学生的创新意识与创新能力。〔1〕

法学硕士研究生不同于本科生,法学硕士研究生已经完成了系统的法学学科基础知识的学习,掌握了较为扎实的基础知识。法学硕士研究生也不同于法律硕士,法学硕士教育制度设置的初衷是为法律教育和科研机构培养学术型人才,它所预期的毕业生是学术法律人,而非实务法律人,强调学术性。〔2〕研讨式教学(Seminar)是西方大学最常用的一种研究型教学模式,是学生为研究某一问题而与教师和其他同学共同讨论的一种交互式教学路径。其核心是充分挖掘课程参与者(学生和教师)的学习潜能,最大限度地进行多角度、多层次的认识互动,从而深化对某一主题的认识。〔3〕

1. 以学生能力培养为目标

研讨式教学可以加深学生对理论知识的理解,有助于启发学生独立思考,相互交流意见,培养学生独立分析问题、解决问题的能力和训练口头表达能力。〔4〕 在课堂讨论之前,教师根据教学目标确定讨论的题目并提出要求,指导学生搜集有关资料,将所学知识与技能进行整合,认真准备发言提纲。讨论进行时,充分启发学生的独立思考,鼓励学生各抒己见,引导他们逐步深入到问题的实质,并就分歧的意见

---

〔1〕 苏虹:《研究性课堂教学及其心理效应》,载《北京教育学院学报》2001 年第 3 期。

〔2〕 戴莹:《法学硕士和法律硕士培养方式之比较》,载《华东政法大学学报》2005 年第 3 期。

〔3〕 A. Renkl, Lernen durch Lehren. Zentrale Wirkmechanismen bei Kooperativen Lernen. Wiesbaden: Deutscher Universitaets-Verlag 1997.

〔4〕 Anderas Gold, Elmar Souvignier, Referate im Seminar: warum man die beibehalten und verbessern sollte, Das Hochschulwesen 2001 (49), 73.

进行辩论，树立批判意识，培养学术交流能力和创造性地解决问题的能力。[1]

2. 学生为主体的教学过程

研讨式教学中教师是教学过程的主导，学生是教学过程的主体。教师需要合理设计教学，引导学生充分发挥主体作用，围绕选择的主题主动搜索、选择性地收集资料、有选择地采取和借鉴加工，广泛阅读不同甚至尖锐对立的法律学说，从中找出诸学说之间的联系与分歧的关键所在，调动学生内在学习创造性和探索性，主动构建新知识，锻炼其比较分析的能力，提升创新能力。[2]

3. 互动学习、合作研究的教育理念

研讨式教学是以教师和学生为共同的教学主体，师生之间、学生之间的互动性，能充分挖掘学生的学习潜能，使得课堂互动不再停留在教材，而是在学术上循序渐进的互动，学生通过对研讨主题的集中深入的学习和研究，从中学习问题研究的方法，通过与教师和同学的讨论激发学术灵感，相互激励，形成强烈的求知欲，培养学生的质疑精神和合作研究能力。[3]

二、教学内容的确定

教学内容的关键是确定研讨选题，以知识产权法课程为例，研讨式课程主题的确定需要针对知识产权课程模块教学需求，设计研讨主题结构与层次。(1) 根据教学大纲合理安排教学重点，合理分布知识产权法总论、著作权法、专利法、商标法和与知识产权保护相关的不正当竞争保护的选题；(2) 设计具有分析和启发精神的思考性问题，促使学生深入理解基本理论，更加有效地提高自己发现问题、思考问题

---

〔1〕 W. Webler, Einfach bessere Seminar-Chancen fuer eine lernintensive und faszinierende Veranstaltungsform Kareative Varianten der Vorbereitung, der Betreuung und des Einsatzes von Referaten und Texten in Seminaren-sowie ihre Alternativen, Das Hochschulwesen 2014 (4+5)116.

〔2〕 A. Renkl. Methoden zur Aktiverung von Studierenden. Das Hochschulwesen 1997(45). 109.

〔3〕 张跃忠：《论 Seminar 教学范式的现代价值》，载《高等理科教育》2007 年第 1 期。

的能力,引起学生关注,促使其形成问题意识,产生好奇心[1];(3) 设计体现学科前沿的具有研究性的新问题,既可以是国际知识产权保护的新发展(例如区域条约对我国知识产权制度的影响)、新科技带来的新问题(例如云计算、3D 打印对知识产权制度的挑战),也可以是对已有问题的新视角和新研究方法(例如知识产权侵权损害赔偿的计量分析),教师可以将自己科研中思考的问题分解为小问题让学生参与其中,激发学生的兴趣,跟进前沿研究;(4) 设计与社会热点问题或者学生生活贴近的知识产权法问题,例如校园自媒体著作权问题、网络游戏的知识产权保护、电视综艺节目的保护等。

相比法学其他专业课程,知识产权法课程的研讨式教学有其自身特点:

1. 国际化程度高

相较于其他法学课程,知识产权法更具有国际保护标准一体化的趋势,需要学生有国际化的视野,熟知国际条约,关注区域性条约,甚至需要对知识产权强国的立法和司法实践也有了解,对学生的外语水平有一定的要求。

2. 体系的相对独立性

相较于民法、刑法等传统部门法学,知识产权法具有现代性,很多的具体制度不被民法典包容,传统物权规则也不能直接适用于知识产权法,学生在研讨中需要在一定程度上对已有的民法知识做"减法"。

3. 多学科背景的交叉融合性

因为知识产权法保护客体涉及文学艺术创作、文化产业、科技创新、工商业标记、政府政策、人格权益等等,与之相对应的是多元视野和多学科基础,包括自然科学、经济学、管理学、政策学等,因此在研讨式教学中会体现多学科背景的交叉融合性。

4. 与科技发展关系紧密

知识产权法不仅保护科技创新,科技进步也会对知识产权法产生直接影响,包括保护客体、保护范围等等,对于技术的准确理解与专业解读是开展研讨的必要条件,一方面需要教师和学生对技术知识的学

---

〔1〕 刘伟:《研讨式教学模式建构》,载《高等教育研究》2008 年第 10 期。

习,另一方面因为专业的局限性,很多研讨活动也需要邀请跨专业的学者参加。

三、教学进程

研讨式教学进程可以概括为六个阶段:定题、完成大纲与初稿、主题报告、讨论、提交论文和总结评定。[1] 学生在老师拟定的具有讨论意义或争论意义的论题中选取一个,在课外进行充分准备。在选择了自己的论文题目之后,有一段时间查阅资料,撰写论文初稿,先提交大纲,在讨论会上作一个简短的学术报告。全体参加者都可对此进行评议或补充,最后由教师作出评定总结。学生根据讨论的情况,完善论文草稿定稿后最终提交。其中学生参与的主要是前五个阶段,在这五个阶段里,需要教师通过微妙精细的程式设计,挖掘学生能力,培养法律精神。

1. 选题与文献整理

一般在研究生开学之前确定题目提供给学生自由选择题目,根据先选先得的原则,确定每位学生的选题。为了给学生一定选择空间,一般根据选课人数按照 1∶1.25 的比例公布主题,例如 2016 年湖南大学法学院春季学期有 23 位法学硕士研究生选择《知识产权法专题》课程,可供学生选择的有 28 个主题,在所有学生都选定题目后,公布最后名单,由教师根据知识模块确定每位学生主题报告的时间顺序。

2. 大纲与论文初稿

学生选定主题后需要独立自主查找相关文献,认真阅读筛选,经过自己的思考,形成自己的论文雏形,并拟定大纲,阐明自己的基本观点及推理论证。从资料到观点,正如从事实到规则一样,需要学生的概括能力。概括的含义不仅仅在于字词的简明,还在于有深刻的理解和敏锐的捕捉能力。只有在此基础上,才能形成恰当的概括。总结出观点以后,其下须列明论证的过程。推理也好,例证也好,整个大纲的

---

〔1〕 Bernd O. Weitz, Der Besuch von Lehrveranstaltungen, in E. Dichtl, M. Lingenfelder, Effizient Studieren: Wirtschaftwissenschaft, Edition MLP 1999, p. 225.

架构须呈现出严谨、完整的体系,以此训练学生体系化的思维方式。[1] 每位学生在主题报告之前需要将确定的大纲提供给老师和其他同学,以保证报告之后讨论的参与性与效果。

3. 主题报告

和一般学术会议的报告时间和报告要求一致,每位学生有 15 分钟时间进行主题报告,报告阶段主要锻炼学生的表达能力,如何在有限的时间内清楚、准确、重点突出地阐述自己的观点。

4. 讨论

在主题报告之后,由发言人主持专题讨论,时间为 20 分钟,主要由课堂参与的学生针对主题报告评论、质疑、补充,鼓励观点的碰撞,在此过程中,老师只作讨论秩序的引导,在讨论结束后由教师对发言人的发言点评,针对其他同学的评论、质疑等进行补充和评价。[2] 讨论主要锻炼学生的交流、开放思维的能力和辩驳的能力。通过讨论,学生将多方位全面地看待问题,会根据观点的复杂程度以及与别人观点的相关程度不断调整讲述新观点的速度,会对自己已经形成的结论进行调整和完善。

5. 提交论文

学生根据主题报告和讨论的意见和建议,对已有的论文初稿进行调整,在此基础上形成针对该主题的学术论文,按照专业论文发表的格式要求完成定稿,提交给老师。

6. 课程评估

传统的课程考核偏重于测验学生对知识点的掌握,很难检测学生对知识的综合运用和创新能力。研讨式教学需要完善课程评估体系,建立多元化评估体系,重视动态评价、学习过程考核。课程的考核分为四个部分:平时考核(10%)、主题报告(40%)、讨论参与(10%)和论文(40%)四个部分,督促学生主动参与到研讨式教学的各个环节,而不是传统的期末突击,每个部分分别考察学生的各项能力,全面真实地评估学生的潜能、学习成效,促进学生的全面发展。

---

〔1〕 向燕:《德国的 Seminar》,载《研究生法学》2003 年第 2 期。

〔2〕 Gabi Reinmann, Forschung zum universitaeren Lehren und Lernen: Hochschuldidaktische Gegenstandsbestimmung. Das Hochschulwesen 2015 (5+6), 178.

四、教学评价与保障体系的构建

研讨式教学的灵活性，对于教师的基本功提出了相较于一般课堂教学更高的要求，要求教师和学生能达成默契，要求教师能准确把握所授课程的重点和难点，及时将相关学科专业的新知识以及从事科学研究的新成果融入教学。[1] 就知识产权法课程而言，教师除了掌握课程教学计划内的知识和传统知识产权基础知识之外，更需要不断地学习和提高，及时了解学科最新动态，国际标准的新发展，新技术发展对知识产权法带来的冲击和影响，才能在研讨式课堂上起到更好的引导作用。

同时，学生也需要在准备阶段自觉阅读大量专业文献，掌握知识产权法基础理论，根据选题有侧重地对具体问题拓展阅读领域，例如基因生物技术、网络技术等，主动配合教师进行课堂上的角色定位和课程教学的实施，努力做到课前准备充分，形成有深度有内涵的报告，课堂中积极参与不同主题的讨论，课后根据讨论完善论文。在研讨的过程中，学生能找到自己的兴趣所在，便于设计职业规划。

学校层面应该从教学制度和教师奖惩机制上对教学质量进行规范和调控，使学校和教师明确多方主题的责任和义务，在教学过程中认真完成管理目标和教学任务，保证高效可行的教学方式得到持续健康发展。学校应该考虑多种形式的鼓励支持，例如为课程完成论文优秀者提供奖励，鼓励其向国内外高水平学术会议投稿，提供参会经费支持和奖励，形成政策导向，向科研水平优秀者倾斜。

五、结论

研讨式教学是开展研究性学习的有效途径，是融知识传授、能力

---

〔1〕 Anderas Gold, Elmar Souvignier, Referate im Seminar: warum man die beibehalten und verbessern sollte, Das Hochschulwesen 2001 (49), 72.

培养和素质提高为一体的创新教学模式,从已有的经验来看,这种教学方法能训练学生的法律思维能力,提升学生的科研能力和创新能力,提高学生综合素质,教学效果积极,有利于促进我国高等院校法学研究生教学水平的提高,培养优秀专业人才。

论艺术在法学教育中的创造性应用

——基于“法律与艺术”课程教学实践的分析*

蒋海松**

摘　要：为打破传统法学教育的刻板僵化，笔者创设了“法律与艺术”课程。课程秉承全新“法美学”思维，首次将机械严肃的法律与灵动优雅的艺术结合起来，从“法律与艺术”“法律之艺术”“法律即艺术”三重境界层层深入，探秘音乐、文学、诗歌、神话、电影、美学、建筑、幽默、戏曲、童话等广泛的艺术形式中蕴含的法律智慧，展现法律灵动、形象、鲜活、优雅的全新魅力，并探索法律自身具有的审美要素，分析法律语言、结构、规则及实践运作中所具有的艺术美感，证明法律就是人类自身最重要的“艺术品”之一。课程寓教于乐，引导学生在欣赏、体验、创作、表演艺术作品的同时学习法律知识，在全国范围里赢得广泛好评，被诸多媒体誉为“最炫法律风”。课程开创了技术与人文融合的范式，创新教学方式，丰富教学手法，倡导科学与艺术融合，发挥交叉学科优势，为法律教育改革提供了一定的思路与活力。

*　本文系 2015 年度国家社科基金青年项目（编号 15CFX011）、2012 年度教育部人文社科研究青年基金项目（编号：12YJC820043）、2011 年度湖南省社科基金项目（编号 11YBA050）研究成果之一，并受湖南大学教改项目“论艺术在法理学教学中的创造性应用”支持。

**　蒋海松，湖南大学法学院助理教授，法学博士，“法律与艺术”课程创设人。

一、法美学思维:法律与艺术相融的可能性

“法者,天下之公器”。法学教育关乎治国理政,攸关天下兴衰,具有极为重要的意义。但遗憾的是,传统法学教育中法律显得过分专业化与枯燥化,让人望而却步,更遑论让学生在身心愉悦中学习法律。法律系学生也被视为最死板严肃的群体之一。

一个值得玩味的现象是,在那些最有才华的文学家、艺术家眼中,他们对法律往往有着严重的批判,他们多认为法律欠缺了想象与灵性。很多才华横溢之士也曾经投身法学院,但是他们最终受不了那种残酷的折磨,叛逃了法学院,成为了艺术家、文学家、哲学家、革命家等,在他们当中有一长串光辉的名字,比如说马克思、歌德、席勒、卡夫卡,雅斯贝尔斯、茨威格,甚至还包括画家。德国大文豪歌德说:“我真不想为法学那广博的高深来勉强自己,我只能说,你们不要对他感到厌恶就行了。”德国的作家乌兰德甚至在他的诗歌中写道:“当我致力于法律的学习当中,每每感到内心的窒息。”黑贝尔甚至说过:“每当我学到法律的凄惨的时候,它让我感到呕吐。”所以曾经担任过德国司法部长的伟大的法学家拉德布鲁赫曾经感触深重地写道:“世界上可能没有任何学科像法律一样。居然被她的年轻的学子写下了如此多的咒语。”简直是千夫所指。

这种现象非常值得我们反思。法学教育为何总呈现出严肃刻板的一面?法律为何如此不招人待见?基于这样的反思,我创设了《法律与艺术》课程,试图颠覆大家对于法律的常见认知和想象,呈现法律别样的魅力与优雅。法律是最严肃的,但艺术是最灵动的。借用艺术的视角,可以打破我们对法律刚猛、规则化的理解,让法律展现她丰富、灵动、优雅、灵活的一面。我在课堂上试图从各个人文学科,择取她最灵动、最灵活的那一部分来激活我们对法律的认知和想象。法律在我的心中“很美很艺术”,“很雅很诗意”,套用一句常说的话“世界不缺少美,只是缺少发现美的眼光”,对于法律,亦复如是。

笔者勉力探索而设立这门课,但“法律与艺术”融合的思想早有渊源。

德国著名法学家并曾担任过德国司法部长的拉德布鲁赫有着极强的艺术情结。他注意到法的世界和艺术世界之间的隔膜给现代人类的心性所造成的深刻影响。他指出,“……由于文化领域的分类,法律和艺术还是被彼此划分开了,甚至相互间还处于敌视对立的状态。因此文学艺术和法律互相之间并没有什么好感。法律是文化形式中最僵化的一个,艺术是经常变化着的时代精神最善于变化的表达方式”。因此,他在《法哲学》中主张通过文学创作和艺术作品来认识法律的本质,甚至要建立一门法美学。他的《法哲学》第十四章即名为“法律的美学”,他旗帜鲜明地提出“法律可以利用艺术,艺术也可以利用法律”。[1] 维科在《新科学》中提出了早期法律也属于诗性智慧中的一种,玛莎·努斯鲍姆著有《诗性正义:文学想象与公共生活》,波斯纳著有《法律与文学》、韩国崔钟库教授写作有法律与艺术、法与诗系列文章。

国内在此领域大大落后于国外。中国民间期间的著名法学家吴经熊是其中难得的开拓者。他在《正义之探讨》中提出:“若要做一个法学艺术家,则更要有科学的头脑(真)、道德的修养(善)以及欣赏美的品质(美)。大家若能具备真善美三种条件而从事法学工作,则正义必可伸张。”[2]

笔者的“法律与艺术”课程则秉承 “法美学”思维而来,借助艺术化的形式拓宽法律视野,采用最灵动、形象、鲜活的方式展现法律,让学生在欣赏艺术之余学习相关法律知识,寓教于乐,学得轻松,学得惬意,以取得更好的教学效果。

但这一创新的难度是显而易见的。拉德布鲁赫首创了法美学这一提法,但他也承认,“当然,这种美学迄今只有一些启示性的想和零碎的观念”。而在中国学界系统地研究法美学或者法律艺术问题几乎也是尚付阙如。著名法学家吕世伦出版了《法的真善美:法美学初探》,但他也承认“只是近几年,学界有二三人对法与美的关系有所关心”,而在这二三人的研究者也只是一种零碎的研究,更没有转化为具体的教学。全国某些学校开设有《法律与文学》《电影中的法律》等选

---

〔1〕〔德〕拉德布鲁赫:《法哲学》,王朴译,法律出版社2005年版。

〔2〕吴经熊:《法律哲学研究》,清华大学出版社2005版,第25页。

修课,主要局限于从文学或者电影这一个角度来解读法律,但尚无一门汇通多种艺术来解读法律的课程。笔者则力求系统性从事"法律与艺术"教育方式的实践。这一实践已经取得了一些初步成果,如有学生如是总结:"在这门课里,法律不是沉重的法典,不是干巴巴硬邦邦的文字,法律是一门歌剧,精彩绝伦,跌宕起伏,散发充满活力的生命力。"

二、法律如何艺术化:法律与艺术课程实施方案

先有必要对我所谓艺术进行一个界定。从正式定义来说,所谓艺术,乃是"人类以情感和想象为特性的把握世界的一种特殊方式。即通过审美创造活动再现现实和表现情感理想,在想象中实现审美主体和审美客体的相互对象化。"[1]但在广义上,艺术泛指"采用生动具体的形象和独特的创造性的表现形式 ",我的课程采用的是广义,视一切灵动、优雅、生动的方式均为艺术,包括音乐、文学、影视、绘画、戏曲、建筑、幽默、服饰,等等。

(一)精心设计课程,体系开放互动

课程总体可以分为"法律与艺术""法律之艺术""法律即艺术"三个层次,其中第一层次是主体。在第一层次"法律与艺术"中,我一般选择若干艺术专题来分析其中包含的法律问题与法律观念,谈的是法律与艺术的交叉。(后文详论)第二层次"法律之艺术"主要阐释法律形式之艺术(语言之艺术,仪式之艺术,结构之艺术等),法律实践之艺术(审判之艺术,辩论之艺术,审讯之艺术等),法律精神的艺术性、法律人之艺术等问题。第三层次为"法律即艺术",指出法律既是行为实践的艺术,法律实践的技艺与尺度就是一种艺术。法律亦是理想人生的艺术,展现了真善美的统一,法律在人类的人文精神中具有崇高地位,历来有思想家主张法律才是城邦最伟大的艺术品。

第一层次"法律与艺术"是主体,在课程具体内容上,笔者设计了

---

〔1〕《辞海》1999年版缩印本。

如下主题：

第一讲　导论：法律与艺术的三重境界
第二讲　法律之艺术
第三讲　文学艺术与法律
第四讲　音乐艺术与法律
第五讲　象征艺术与法律
第六讲　诗歌艺术与法律
第七讲　建筑艺术与法律
第八讲　戏曲艺术与法律
第九讲　幽默艺术与法律
第十讲　童话艺术与法律
第十一讲　影视艺术与法律
第十二讲　服饰艺术与法律
第十三讲　神话艺术与法律
第十四讲　绘画艺术与法律
……

当然，这一菜单式列举不是封闭的。可以视情况继续增加一些小众的主题，如“雕塑艺术与法律”“行为艺术与法律”等。在讲述中也有详略之分，文学艺术一般是重点。并且会分出若干具体的专题，比如《法说西游记》《莎士比亚戏剧法理解读》《金庸武侠小说法理趣谈》《法解甄嬛传》《法说四大名著》。一般的开课是注重广度的泛览，挑十种左右的艺术体裁，每一种都示范从中解读法律智慧。有时也会推出精读式课程，2016 年课程集中在《法说西游记》，四十节课全部解读《西游记》，被一些媒体誉为最深入的西游记法律解读，这部最著名的古典神魔小说成为我口中的古代法律宝库。

开放性还体现为尊重学生的个性化选择。有时笔者并不预设主讲内容，而根据调查由学生自主推荐。如 2015 年《影视艺术与法律》这一讲，我并不指定影视作品，而由学生投票决定。学生投票率最高的影视剧是当时正热播的《甄嬛传》，我专门为此设计了《甄嬛传法律文化与人性反思》课程。具体分为“一、法律文化反思；二、性别政治反思；三、人性之恶反思”三大板块。《法律文化反思》部分则分为：

“1. 皇权至上;2. 后宫酷刑;3. 女诫与后宫规范;4. 滴血认亲等司法技术;5. 文字狱与言论自由”等内容。在《人性之恶反思》部分,我分析道,该剧成功呈现了制度和人性之恶,引发关于“人性恶”的集体反省,很多迷恋后宫戏女孩看了,表示不想穿越了,具有一定警醒意义。但该剧的缺点在于其对此只有呈现,并无丝毫的超越与提升,其流行对应当下无序的竞争与人性恶性的爆发,显示国民心理堪忧。这次课程选择了当时最热门的影视剧,尊重了学生自主性,许多学生包括外校学生闻讯而来,场面火爆。而笔者讲述中犀利批判也引发他们的深入思考,课程取得很好的反响。

(二) 创新教学方式,丰富教学手法。

在教学方式上,教师先引导学生欣赏、体验与法律有关的文学、电影、音乐、戏剧、美术、建筑、服饰等艺术作品,激发学生的兴趣,之后讲授其中涉及的法律问题,并引导学生进行研讨、体验和表演。

教学中极为注重场景化和体验话,尽可能灵动化地展现法律魅力,比如《音乐艺术与法律》一讲中,办成了一台音乐会,各种乐器交响,各种音乐人才联袂献艺(后文详叙)。我再讲解其中所蕴含的法律智慧,探索法律与音乐的关联。有几次则因为举办晚会难度较大,也在讲解中插入欣赏不同的音乐作品,让音乐之声回绕课堂。《中国文化报》2012-07-25 专门推出报道“蒋海松博士主讲的读书会,形式不拘一格,比如他主讲的法律与音乐,甚至可以把古筝、古琴、萨克斯、男生独唱、孩子合唱等搬上讲台”。《诗歌艺术与法律》一讲中,则由学生进行经典法律诗歌朗诵,再讲解其法律观念。《绘画艺术与法律》则先欣赏绘画作品,或现场创作,再讲解其法律问题。幽默艺术则是我与学生先表演与法律相关的相声小品,再讲解其蕴含的法律观念。

而且每一讲都广邀各领域艺术专门人士(如诗人、歌手、画家、书法家)参与讲课和摄制,如此广泛在一门课中调动和引入各种艺术类别确实颇为罕见。目前曾经参与我课程互动的嘉宾有著名独立音乐人、《湘西素描》专辑发行者唐唯,主打《法律与音乐》,湖南省道教协会副会长、云麓宫道长马勇奇,与本人联合主讲了《道教艺术与法律》《西游记中的道教文化与法律文化》《金庸武侠中的儒释道法》课程,引起轰动,湖南卫视等媒体因此连续对课程进行跟踪报道。著名建筑学家、湖大建筑学院党委书记柳肃教授及青年博导肖灿教授则应邀合作《建筑艺术与法律》。

丰富的授课形式让学生兴趣昂扬,大开眼界,有学生评论:“每一次上课都是一种艺术创作,精致而有气质,艺术的美感和法律的理性水乳交融,给人无限的期待,回味无穷。”“在蒋老师灵活的授课方式中,原来法律也如孙悟空七十二变一般形式多样并且无处不在啊!”外国语学院孙静同学特作诗一首以记《卜算子 法律与艺术课程》“影视送法来,音乐迎法到。已是文学百种法,犹有戏剧俏。俏也来宣法,只把法来报。待到学成回眸时,法在丛中笑。”

在《法律与艺术》课程首次推出时,湖大校园网如是报道“以法律为向导带领听众聆听音乐之声,攀登美术高峰,探索文学宝库,扫描影视世界,穿越神话殿堂,欣赏幽默笑话,在人类各种艺术成就中寻觅法律的芳踪,用最灵动、形象、鲜活的方式展现了法律之美,为大家打开一片全新的视角”。

(三) 个性化作业,展示学生才情

课程不设考试,打破单一的分数考评机制,以个性化作业代替考试,激发学生创作热情。引导学生力争完成如下作业:

(1) 创作(如法律诗歌、法律小说、法律幽默、法律漫画创作等)。

(2) 撰写论文,自由研讨。选择与法律相关的音乐、文学、电影、美术等任一作品进行深入评析,也可就法律与艺术、法美学等宏观问题进行探讨

(3) 表演。可挑选有关法律的艺术作品进行表演,比如戏剧《威尼斯商人》片段表演、台词朗诵、诗歌朗诵、话剧表演,或《洞穴奇案》等模拟审判。

(4) 所有学生要求在课程中期任选法律与艺术相关的一个主题制作精美幻灯片,并择优呈现展播。

学生的创作激情空前高涨,几年累积下来的近千份作业,视野极为开阔,研究颇为深入,可以初步建立“法律与艺术”数据库。其中还有不少学生创作了法律诗歌、法律小说、法律歌曲、法律幽默、法律漫

画等,创作并表演了法律舞台剧。

三、万紫千红总是春:课程具体示范

因"法律与艺术"课程内容涉及面广,为更清楚介绍教学过程,兹具体列举几次课程:

(一)《法律与音乐》

"法律与音乐"晚会掀起"最炫法律风"

——"法律与艺术"闭幕晚会纪实

(撰稿:苏丹　王奥　柴子凡,载中国法学创新网、湖南大学法学院官网等)

法律与音乐,一个是严肃理性的典范,另一个是缥缈灵动的代表,在常人看来这是两个迥然不同的天地。但是如果有人真将"法律与音乐"结合在一起,究竟会发生什么样的"化学反应"?是法益竞合,得出二者不能共存的最终判决呢?还是琴瑟相和,奏出和谐交响的天籁之音?2012年7月11日晚,湖南大学法学院青年才俊、深受学生欢迎的蒋海松老师倾情打造的《法律与音乐》学术会暨音乐会针对这个新颖主题进行了别样演绎,首次用现场音乐会形象地表达了法律之思,引起各界广泛瞩目。

晚会在北纬国际传媒美女编辑嫣然弹奏的古筝曲《渔舟唱晚》开场,筝声悠扬,行云流水,将全场带入宁静空灵的境界。蒋老师则顺势引申道"渔舟唱晚,鱼米满仓,经过一个月的学习,我们陶醉神话天堂,探索文学宝库,鸟瞰建筑殿宇,表演幽默段子,扫描电影世界,在各种艺术类别中寻觅法律之美,同时也探索法律自身的艺术要素,今天渔舟唱晚,在音乐之声中《法律与艺术》课程顺利闭幕,愿我们鱼米满仓,满载而归。"选课同学代表张贝及搭档则演唱了改编自《最炫民族风》的《最炫法律风》表达了学生的学习体会。"别样的法律从天上来,流向那万紫千红艺术海,华丽丽的诗意是我们的期待,一路边玩边学才是最自在,我们要学就要学得最痛快。"俏皮的歌词,激情的演绎激起全场阵阵欢笑。

第一乐章《法律的摇篮曲:法律起源、成长、归向的音乐解读》甫一开场,来自湖南大学幼儿园的小朋友们在周老师的带领下表演了节目《好妈妈》,稚嫩的童音,天真的表演让全场哈哈大笑,达到第一个高潮。蒋老师则顺势引申说,“如孩子们的节目所喻,法律起源于音乐。”他继而进行了详细的学术考证。“律”经历了“律吕之律”“律历之律”“律统之律”三阶段,都关联于音乐。如《说文》所载,“律者,均布也”。法律最初的词义就来源于定音的工具。再如“律统之律”中,“师出以律”“吹律听声”,音乐在古代战争中具有统率士兵的法令含义,这也可能是法律起源之一。来自化学化工学院的付晓艺同学表演了手风琴《近卫军进行曲》,借以感受战争中音律、军律、法律之间的律动。

而在西方,古希腊“法律”一词 nomos 同时有“曲调”、“歌曲”之意,法律之意也从音乐中生发。在法律进化史上,法律最早并非付诸文字,而是通过音乐的口耳相传,卢梭曾说:“第一部法律是歌曲。”蒋老师还列举了诸多音乐性的立法作品,如诗人梭伦的立法,印度唱诵体的《摩奴法典》、小孩可唱诵的罗马《十二表法》,他并将各个法律部门形象地比喻为各种相应的音乐作品。而法律发展的目标也是达到音乐的和谐。如康有为所云:“小康之世尚礼,大同之世尚乐”,社会发展的线索之一就是从法律调控到音乐引导。设计学院的唐健武博士应邀弹奏古琴《关山月》,“明月出天山,苍茫云海间……由来征战地,不见有人还。”蒋老师借这思乡、反战的古琴曲说明,“刑起于兵”,但最终人类渴望和平,向往和谐。

第二乐章为《奇妙的二重奏:中西音乐与法律传统比较》。蒋老师引述黑格尔的理论指出,法律、音乐都是受特定民族精神的影响,而韦伯指出,理性化、形式化的法律与音乐都只见于西方。蒋老师播放并分析了巴赫、柴可夫斯基、贝多芬等诸多西方音乐作品及中国民乐,重在展示了西方音乐中曲式、和声、复调等形式,提出与西方相比,中国音乐与法律传统在形式上不重科学性、逻辑性、哲理性,更多体现出一种自然性,难以产生独立的职业群体。文化理念上,法律和音乐都缺乏独立性,只是政治、伦理的附庸,都欠缺宗教意识与超验精神的滋养,相对而言欠缺“为艺术而艺术、为法律而法律”的纯粹精神及自由精神。如同音乐传统一样,沈家本也说过中国法律是经验多于科学。

工商学院学生胡畔用古筝弹奏《青花瓷》,借以说明传统音乐之于今天的影响,蒋老师还专门解释了其中一句歌词“天青色等烟雨”,烟雨天才能烧出的“天青过雨”方是青花瓷极品,精工细做出艺术精品,正可对堪柯克大法官的名言“法律是一门需要长期的学习和实践方能掌握的艺术”。本章结尾由嫣然弹奏《梁祝》,这首传统题材与西方形式相容的作品则被蒋老师用以形象说明中西合璧的必要性。

第三乐章《乐教与法治:内与外的交响曲》提出,重视外在规范的法制与重视内在精神培育的乐教是人类社会两种主要治理模式,如中国《礼记》所谓“乐由中出,礼自外作。”儒、墨、道、法等诸子百家几乎都曾讨论音乐与政治的关系,特别是作为中国文化核心的孔子,蒋老师用音乐《韶乐》《孔子大乐章》等呈现古代乐教的特点,并由校合唱队的辜朗俣现场清唱《黄河大合唱》的一段《黄河颂》,展示在一定情况下,道德、政治、音乐的融合有其历史作用,但总体上乐教理论会让艺术成为道德的附庸,时至今日需要反思,设计学院唐健武博士弹奏古琴《酒狂》,这反映的竹林七贤的不羁生活是对儒家乐教的抗议。而在西方,柏拉图将音乐称之为对灵魂教育,重视用音乐培育法律的精神。在西方法哲学经典《理想国》《法律篇》中,音乐是立法者教育方式中最为重要者,甚至超过法律自身。

第四乐章《德国民法典与贝多芬交响曲》,则用个案呈现西方音乐与法律相关性。蒋老师引导大家先欣赏了贝多芬第九交响曲,引用华南师大王涛老师成果指出,德国民法典与贝多芬交响乐具有诸多内在契合,诸如它们都具有大型严谨的结构,《第九交响曲》共四乐章,2598小节,《德国民法典》共五编、2385 条,彰显了庄严感和崇高感,富于哲理性与抽象性,洋溢着理性美,展现了德国富于哲理和思辨的特点。它们都追求庞大、艰深、复杂的法典体系,不管是贝多芬的古典风格还是民法典的晦涩外貌,都自觉超越流俗,显示了学院式古典作品的精神独立追求,表达了德意志民族富于思辨、激昂向上的独特民族性。

第五乐章《音乐法律人申克尔:自由与秩序的奏鸣曲》为个案分析。蒋老师从诸多法学院毕业的音乐家中选取了奥地利音乐学家申克尔。这位 20 世纪最重要的音乐理论家是法律博士,他的墓志铭上自豪地写道他找到了音乐的法则,在音乐史上他以注重音乐结构化、规范化而著称,这是其法律专业功底的展现。申克尔师从德国著名公法学家耶利内克,并将耶利内克关注的核心问题——社会秩序与个体自由之间的张力与和解引入到音乐理论中,提出单个音符有其独立意志,总欲彰显自己。蒋老师邀请付晓艺同学表演手风琴《西班牙斗牛士》借以表现音符的狂放和张扬。但普遍的曲调必须注重普遍性,要统一立法,既要个体音符遵守那些统一的音乐法则,也要注重"中介空间"的概念给予个体音符适度的自由空间,同时让艺术家用其个性表演填充这些空间,这一概念可对堪法律上的市民社会。而申克尔的音乐分析理论与同时期同地点的法学家、纯粹法学大师凯尔森的规范层级理论曾在高度契合。最后,蒋老师引导大家欣赏古典音乐,感受音乐中自由与秩序的张力及和谐。

第六乐章《法律与音乐、科学与艺术的协奏曲》,蒋老师提出,法律强调理性、理智、逻辑、程序、概念,而音乐强调感性、体验、想象力、感受力、灵性,两者确乎存在对立,古代的"法歌合一"已经"道术为天下裂",这种分离有其合理性,但过分强调其对立则导致人性隔膜与灵性丧失。嫣然演奏古琴《梁祝》的前段,梁祝"有情人不能成眷属"的折磨被蒋老师用以象征科学与艺术分离所带来的痛苦,他呼吁重视拉德布鲁赫等人的法美学,提倡"法律可以利用艺术,艺术也可以利用法律"。注重普遍性的法律也应适度倾听注重个体自由意志、个体情感的音乐诉求,校管弦队队长王童立表演了萨克斯《我心永恒》,蒋老师提出法律不外乎人情,法律也必须回应这些音乐中所体现出的情感诉求与追求幸福的权利。最后在《梁祝》下半段的音乐声,蒋老师总结到,希望像"梁祝化蝶"一样,法律与音乐,科学与艺术经过聚散离合之后能够涅槃成蝶,双飞共舞。

课程的结尾,蒋老师总结到,"如孔子所云'兴于诗,立于礼,成于乐',诗篇使人启发,法制使人确立,音乐使人完善。学习知识以求真,学习法律道德以求善,但还要艺术涵养以求美,真善美统一才是真正的人生。这是开设《法律与艺术》课程的真正宗旨。好美之心,人皆有之,希望大家都能成为追求艺术之美的'美人'。"蒋老师的浪漫才情和精妙讲解赢得全场热烈喝彩。

在整个课程中,优美的旋律一直回荡在法学院的上空,无论是同学自编的《最炫法律风》还是风韵十足的古琴表演,无论是舒缓柔婉的古筝弹奏还是热情奔放的手风琴乐曲,都引人沉浸在音乐的神秘世界。

(二)《法说西游记》

《西游记》是我国古代最著名的神魔小说,是家喻户晓、人所共知的四大名著之一。《法说西游记》本是《文学艺术与法律》中的一讲,因为学生极爱这部神魔小说,所以我每年花费的时间相对多一些。今年甚至成为我精讲的尝试,四十节课全部聚焦西游记。

在我的眼中,一部西游记,不但是神话故事,更是法律宝典。是虚幻传说,更是现实的政治批判。我力图揭秘西游记的法律世界,呈现神话传说的人性洞察。在我看来,每一个西游人物都有自己独特的法律故事与法律观念,比如孙悟空是告状高手,猪八戒是法律达人,唐僧是滥权领导,玉帝是明代昏君影射,二郎神是政治牺牲品,女妖是人性解放先驱……

神话有其渊源,文学来自现实。从法律政治角度而言,西游记更堪称古代法律宝典、政治全书。鲁迅先生曾在《中国小说史略》中说《西游记》"使神魔皆有人情,精魅亦通世故"。《西游记》研究专家蔡铁鹰先生指出"《西游记》就像一部中国古代政治、社会学的大百科全书,不经意之间,吴承恩已经轻声慢语地为我们讲解了中国古代社会的结构、框架和构成因子——与塞万提斯用堂吉诃德大战风车来介绍但是西班牙的骑士制度一样"[1]。

笔者所谓法政说西游,主要有如下三个层次,有三重作用:

1. 每个主要角色都有自己独特的法律观念,且符合其总体性格

比如孙悟空敢于闹天宫,他也就敢于用法律起诉天庭要员李天王,法律是其斗争的重要武器。猪八戒总贪小便宜,从正面来说他处处懂得用法律维权的道理,而从负面来说,他总是喜欢曲解法律使其符合自己的利益最大化。八戒作为世俗理性的化身,倒是所有人物中最鲜明的较为接近法律人思维。唐僧过分地强调道德和宗教感化,轻

---

〔1〕 蔡铁鹰:《〈西游记〉的诞生》,中华书局2007年版,第311页。

视法律。“只知念经拜佛，不通王法条律”，这也是其迂腐无能的反映。解读每一个人的法律观，也有助于更好理解这些人物形象。[1]

2. 神话反映真实历史，饱含政治批判

西游记还折射了作者吴承恩所处的明代历史的真实图景，玉帝的昏庸治理和西天路上各种无道国王故事有意影射或者无意折射了明代昏庸朝政的诸多情形。如对祭赛国的描述“文也不良，武也不良，国君也不是有道。”这不仅是对明代昏君辈出的现实的讽喻，也是对封建专制王朝总体的批判。明代皇帝崇道贬佛、沉迷炼丹、贪欢爱美、荒废朝政等种种无道行径都在西游记中有明显批判。

3. 角色折射普遍的国民性，小说反映传统文化心理

《西游记》作为中国最家喻户晓的小说，其文学形象很大程度上代表了国人最普遍的某些人性观念和文化心理，这些人物的卓越之处体现了民族精神，而他们的某些精神缺陷也是中国文化最普遍最内核的某些缺陷的折射。孙悟空、猪八戒、唐僧等典型人物形象堪称普遍国民性的载体。孙悟空向往自由却又导致自由的异化，猪八戒呈现人性的真实却又只停留在食色欲望，唐僧有圣僧情怀却又走向道德专制主义，女妖初步体现了萌芽的女性主体意识，却最终在男权世界中红颜薄命……这背后，神与魔的交集，理与欲的张力，罪与法的交错，善与恶的对立，男与女的纠缠等，蕴含人性的诸多普遍问题，也可看出中国文化对这些问题的思考。

甚至，中国古代学者不乏将小说视为史传者。如明代冯梦龙认为：“通俗演义一种，遂足以佐经书史传之穷。”[2]又说“以《明言》、《通言》、《恒言》为六经国史之辅”。清代张竹坡称“《金瓶梅》是一部《史记》”。[3]《西游记》亦是一部大史记。

著名历史学家萨孟武先生在其名著《〈西游记〉与中国古代政治》中有言：

---

〔1〕 类似的成果参见：林鸿雁、贺晓霞：《〈西游记〉与明律》，载《文史哲》1999年第2期；欧阳爱辉：《〈西游记〉反映的明代诉讼制度》，载《边缘法学论坛》2009年第2期。廖奕：《法律多元与情欲综合治理——以〈西游记〉为例》，载《哲学与文化月刊》2014年第9期。

〔2〕 冯梦龙：《警世通言叙》，上海古籍出版社1992年版。

〔3〕 王汝梅等校点：《金瓶梅》，“批评第一奇书《金瓶梅》读法”，齐鲁书社1987年版。

> “《西游记》一书谈仙说佛,语及恶魔毒怪。然其所描写的仙佛魔怪,也是受了中国社会现象的影响。换言之,社会现象映入人类的脑髓之中,有幻想作用,反射出来,便成为仙佛魔怪。所以仙佛怎么样,魔怪怎么样,常随各国社会情况而不同,而吾人由于小说所描写的仙佛魔怪,亦可以知道各国的社会情况。”[1]

诚如斯言。社会怎么样,《西游记》便怎么样。人性怎么样,《西游记》便怎么样。反过来也部分成立,《西游记》怎么样,也可看出我们的制度与人性的一些端倪,甚至本相。

法政论西游,有助于更生动地认识古代政治法律文化及社会心理,更形象了解古代社会治理与制度运作,更深入进行人性解读与国民性反思,更深刻探求对当下制度构架及人性思考的镜鉴。

基于以上的思考,笔者将《法说西游记》拆解成如下若干专题:

> “1. 悟空告状;2. 太白调解;3. 大闹天宫;4. 自由斗士;5. 泼猴暴横;6. 天蓬明律;7. 八戒戏法;8. 圣僧迂腐;9. 唐僧滥权;10. 玉帝昏庸;11. 天主之德 12. 二郎性傲;13. 显圣赋闲;14. 女妖痴情;15. 红颜悲歌;16. 律法之尊;17. 法制黑幕;18. 朝政讽喻;19. 文化反思;20. 作者情怀”。

每一讲都融故事性与思想性为一体,自推出后获得极大欢迎。湖南教育电视台专门邀请笔者进行《法说西游记》专题讲座,在此基础上我已初步完成专著《西游记的法政观念与文化心理》,并且有多家出版社主动邀约出版,预计近年会出版。

(三)《法律与建筑艺术》

(摘自湖大法学院官网报道)

2012年7月2日晚7点,湖南大学法学院青年教师蒋海松博士所开的全校公选课《法律与艺术》系列课第五讲《建筑艺术与法律》在中楼106阶梯教室如期举行。著名建筑学家、湖南大学建筑学院党委书记柳肃教授作为特邀嘉宾莅临课堂并做指导评论。

---

[1] 萨孟武:《〈西游记〉与中国古代政治》,北京出版集团公司、北京出版社2013年版,第1页。

蒋老师先概括式介绍了建筑作为一门综合艺术所涉及的领域，并且以梁思成、林徽因夫妇和古希腊神话故事为引，展现了建筑艺术所蕴含的独特魅力，进而引出法律建筑的独特价值。

蒋老师将法律建筑的特色概括为四个主要方面，并且存在相应的四组张力。

第一，权威性、威严性与亲和力、轻松感的张力。他以美国联邦最高法院、波兰最高法院及中国诸多法律建筑等为例形象生动介绍了法律建筑的公共性及威严性，探讨了如何从地理位置、总体造型、光影布局、建筑材料等角度展现法院的神圣性，也以海牙国际刑事法庭总部代表“希望与爱”的新设计等探讨了建筑的亲和力。提出希望能保持法律建筑庄严性与轻松感的谐和。

第二，法律建筑的职能特定性与便民性的张力，以法国波尔多法院、印度高院为例讲解法院建筑首重审判职能的有效行使。在此基础上补充了法庭建筑专门化之历史变迁的背景知识，探讨了古代建筑与专制政治与法制的内在关联，解析了近代建筑与民主法治发展的对应关系，并援引舒国滢教授的观点，探讨了从广场司法走向剧场司法的大致线索。

第三，法律建筑功能区域分布的合程序性与灵活性的张力。以印度最高法院和英国最高法院及中国法院的构造为例，解释法院建筑的功能分布应对应审判程序的展开，但也应充分考虑便捷性与灵活性。

第四，法院建筑的象征性与实用性的张力。详加介绍了美国最高院的装饰、加拿大最高法院的“女人也是人”雕塑、印度孟买高等法院回廊上猴子法官、律师狐狸等自由活泼的雕塑、巴西国会大厦的两只大碗造型、印度昌迪加尔高等法院成为“粗野主义”建筑风格象征等例子，形象生动地为同学们展现了建筑之美与法律之美结合的可能。最后蒋老师探讨了中国法律建筑的得失，反思了近年来国内法院建筑过度欧美化及奢华化的趋势。蒋老师激情的讲述及他精心收藏的几百幅中外法院图片的华美呈现引起观众的广泛兴趣。

接下来，选课学员、湖大建筑学院学生阚天宇分享了自己的课程作业《监狱建筑与法律》，从本专业出发，生动地讲述了监狱建筑与法律的关系，让人耳目一新。

柳肃教授作为特邀嘉宾发表评论。他肯定了蒋老师将建筑与法律结合起来的路径,也提出三点补充,分别从建筑与人文、建筑与民主、建筑与法治角度阐发了自己的专业观点。最后柳肃教授讲解了湖南大学法学院建筑风格的由来,为大家解决了一个长久以来的困惑,柳肃老师幽默的语言也不时引得全场欢笑。

蒋老师最后以海子名诗“我有一所房子,面朝大海春暖花开”作结,希望大家都能在建筑中找到精神安顿的家园,更能在法律建筑中发现优雅的建筑意趣。讲座在温馨欢笑中画上圆满句号。

四、最炫法律风:课程反响与社会效果

“法律与艺术”的课程创新为法律教育改革进行了新的探索。本课程首次将法律与艺术有机融合,借助艺术化的形式拓宽法律视野,挖掘法律中的审美要素,思路新颖,形式生动,不但扩展了传统法学研究的广度与深度,也在授课手法上广泛引入艺术表演和艺术欣赏,寓教于乐,愉悦而学,激发教学活力,增强教学的感染力和学习的认同感,是个性化教学和体验式教学的充分体现,可望成为教学改革的尝试与亮点。

课程受到学生热烈欢迎,在校内更是风靡一时,2012 年选课人数曾高达 300 人,为全校选课人数最多的课程之一。2016 年更因为旁听人员太多,原定教室不够用,不得已向学校申请更换更大的教室,成为一段佳话。

旁听此课成为长沙教育界一景,中南大学,湖南师大、湘潭大学、湖南农业大学等很多外校学生慕名旁听。甚至还有不少白发苍苍的退休工人、七十多岁的大叔大妈结伴蹭课。长沙政法频道推出《白发书香》专题节目,讲述这些大爷大妈参与课程的故事。许多政府公务员、公检法公职人员、律师上班族等为赶到学校旁听晚上的课都放弃晚餐,甚至还有人跨城前来听课,《中国文化报》报道,“童发根从浏阳乡下自己开的小型包装厂开着那辆破旧不堪的货运皮卡车,路上颠簸几个小时,就是为了来听这场读书会”。

许多学生的课程留言从不同侧面谈及课程的启发与冲击,兹摘录部分同学感言如下:

用美陶冶法律人的思维

2009级法学4班　夏靓蕊

这堂课，算得上是一门精彩绝伦、趣味横生的课程。是一门区别于枯燥的学业，让心灵得到放松的一门美的享受的课程。蒋老师是一个极富艺术细胞的人，他能将许多枯燥无味的知识讲得灵动活跃，将“冰冷无情”的“钢铁法律”讲成趣味横生的柔情艺术，将书本里格式化的法律知识融入建筑、神话、音乐等让人赏心悦目的艺术殿堂。

天马行空，精彩纷呈

湖南大学财政专业学生　易　杰

《法律与艺术》的课堂由法学院才华横溢的年轻教师小蒋老师主讲，课堂自然精彩纷呈，高朋满座，既有世外高人，也有法律界精英、艺术界大师。课堂形式多样，有讲有评，有问有答，更有演。老师思想如天马行空，纵横捭阖，时而理性思考，时而针砭时弊，时而探根究源，时而艺术表演，带领我们进入一个既陌生又熟悉的艺术领域中去感受法律的魅力，理性思维与感性思维相互交融，好不痛快。

开启了一扇窗

法学院学生　朱博慧

法律与艺术这一堂课，主要不在于我在课堂上学到了什么，而在于为我开启了一扇窗，透过这扇窗看法律，是与平时不相同的视角。此时此刻，我不仅仅是一个法律人，我并非仅仅以法律为职业或者以法律为研究对象，我站着整个人类的视觉高度来看法律，审视法律之美，犹如翻出了五指山的孙悟空，我需要的，正是这样跳出来，才得以看清整个世界！

每一次上课都是一种艺术创作

法学院学生　张瑞祥

文学、神话、建筑……这一切都和法律擦出了璀璨无比的火花。在人们眼中，法律是理性的、严肃的、程序的，艺术是感性的、自由的、奔放的，两者几乎不可能融为一体，但是，在法律与艺术的课堂上，我们的的确确感受到了两者互相融合的乐趣。

每一次上课都是一种艺术的创作,精致而有气质,艺术的美感和法律的理性水乳交融,给人无限的期待,回味无穷。最后一堂课,主题是法律和音乐,不同乐器的演奏,婉转美妙的旋律,使法律顿时真有了艺术的美感。

原来法律也可以这么美,

法学院学生 裴 彤

对于一个法学专业的本科生来讲,我最大的收获是,原来法律也可以这么的美,它在我的脑海中,已经不再是枯燥的法条,难解的法理,复杂的案件,变成了一种欣赏,欣赏法律的美,从诗歌中,从文学中,从电影里,体会到原来法律不再是那么高高在上,而与我们的生活那么近,其实法律就在我们身边。只要我们善于发现,善于思考,善于体会,我们能从身边的点滴中体会到法律带给我们的人生哲学。

教会一种全新的思维方式

机械与运载工程学院 唐逸

《法律与艺术》这门课程教会我们的不仅仅是法律与艺术之间的奇妙联系,而更重要的是教会我们一种全新的思维方式,用发现的眼睛去寻找事物之间的关联。只有这样,我们才会更好地发现世界万物的美,更好地在知识的海洋里遨游。

除了传递知识,课程更倡导开启思维,融合科学与艺术,提升人文精神。帕斯卡尔曾言,真正的智慧是几何学精神与敏感性精神的结合。而现代社会往往是刻板的几何学精神宰制了灵动的敏感性精神,特别是对于理工科学生而言,往往缺乏人文艺术思维的熏陶。而本课程注重法律与艺术的融合,理性与感性的交汇,想象与科学的兼美,特别能激发学生的想象力,感受力,展现交叉学科的魅力,有助于思维的整全与圆融。

除了课堂的启发与感染,课程还带动了学生深入的学术研究,法学院学生方舒婧在听课后对法律与艺术产生浓厚兴趣,遂在主讲人的指导下确定毕业论文选题为《论吴经熊司法艺术》,论文被评为优秀论文。法学院学生桑杰才让则确立了《高罗佩〈狄公案〉法律文化观探析》论文选题,成为"文学艺术与法律"课程的结晶,在本人指导下完成并获评优秀论文。

课程也促进了本人的学术研究和创作，在课程基础上本人已初步完成两部专著《法律与艺术之间》《西游记法政观念与文化心理》，并将推出《江湖法影——金庸武侠小说法政之思》《神话与法律》《电影中的法律与人性》《封神演义法政解读》等随笔集。诸多出版社纷纷主动约稿，将于近年陆续出版。也有诸多报纸杂志约稿或开设“法律与艺术”专栏。2015 年 12 月 4 日，首个国家宪法日，由本人参与创作的第一部以法律信仰为主题的微电影《信仰》推出，在网上被刷屏，感动了无数人，并成为诸多公司和律所开业或培训前所播放的微电影。2016 年笔者又获邀创作了第一首以法律信仰为主题的歌曲《以法之名》，目前歌曲正由专业歌手在排练，将由中国法律信仰志愿者联盟在 2016 年国家宪法日首发。笔者也创作了《青春法学人歌铭》《普法三字经》等诸多法律诗歌，并且被不少大学作为朗诵节目在晚会上进行表演。

在课程的锻炼下，本人的教学能力也获得一定提升，课程的影响力日益扩大，获得了教育部门与民间的共同认可。《法律与艺术》课程于 2013 年 3 月入选湖南大学首批三门校级精品视频公开课并参报全国精品视频公开课。2015 年上半年入选湖南大学全校通识教育立项建设重点课程，法学院首次获此立项。2015 年 12 月经过专家评审，《通过艺术看法律》入选湖南大学本年度三门中国大学慕课 MOOCs 之一，也是法学院首次入选。课程目前正在拍摄之中，建成后将在教育部课程资源共享平台“中国大学 MOOC-爱课程网”上线，其他高校也可进行选修，并将在网易公开课推出，供社会大众学习。2016 年被确定为湖南大学法学院首届本科教学“名师名课”。

这引起了法学界及教育界的一定关注与兴趣。课程已由全球最大的中文学术视频库“超星名师讲坛”及上海蔚秀报告厅录制并推广。《中国文化报》特派记者来湖南采访并于 2012-07-25 刊发长篇报道《岳麓山下读书潮》盛赞课程。中国法学创新网以学界要闻的方式刊发了长篇报道《“法律与音乐”晚会掀起“最炫法律风”》并引起了广泛讨论，红网、潇湘在线等都进行持续报道。湖南卫视多次报道了课程，尤其是在 2013-6-3 日的《湖南新闻联播》播出后引起极大反响，特别是对于三教九流的嘉宾参与课程互动引发了热议。湖南经视、金鹰纪实频道、湖南都市频道、湖南公共频道都进行了报道。

近年来,湖南省检察院、省律师协会、长沙市司法局、市律协、岳麓区法院、长沙市检察院、芙蓉区法院、永州市公安局等公检法单位,山东大学、山东政法学院、西南政法大学、湖南科技大学、湖南工业大学、湖南商学院法学院、湖南商学院北津学院、湖南医科大学、长沙医学院等二十多所高校,唯楚律师事务所、芙蓉律师事务所、盈科律师事务所、金州律师事务所等二十多所律所等各种单位近百次邀请笔者开办"法律与艺术"专题学术讲座。国家检察官学院湖南分院连续几年将"法律与艺术"课程定为全省初任检察官培训内容之一。主讲人也受邀为湖南大学培训中心,湖南大学法学院公务员培训中心、湘潭大学法学院公务员培训中心授课导师,为全国近百家政府机构进行"法律与艺术"专题培训,甚至还有外省单位前来培训时多次主动点将要求增开"法律与艺术"课程。由于课程的影响,主讲人也成为湖南卫视、湖南经视、长沙政法频道等诸多电视台法律评论节目的热门嘉宾。

此外,受课程的影响,笔者近年来也经常获邀参加诸多法律机构的文化建设和建筑空间设计。如曾受邀参与福建省公安厅大厅壁画及沙画设计,为广东某法院创作《廉政铭》并刻在其大厅的装饰鼎上,为某市法治讲堂设计徽标,为长沙某法院设计整体文化布局,为某律师事务所设计创艺装饰,为某政法院校创作辞赋并刻石。受最高检正义网所邀请,多次到一些检察院为其文化设施建设进行交流指导。一方面,我积累的法律与艺术素材和我自己的思想有了用武之地,另一方面,这也不断为我的课程积累新素材,体现了课程与社会的良好互动。这些成绩不仅鼓舞了我个人,更体现了全社会对于法学创新教育的肯定。

以上呈现了这一进路的魅力与启发。但也应理性看待法律与艺术之间的联系,不可盲目夸大,这一进路目前也有诸多缺陷,如资料有限,这种美学迄今只有一些启示性的零碎的观念,不要夸大两者联系,应适当分立,法律艺术的享受不能代替严格的法律学习。

探索没有止境。"法律与艺术"更是一个全新的领域,本人只是兴趣所在,勉为其难做了一些探索,期待有更多的同道参与,一起推动法学教育的创新与改革。

融法律信仰培育于专业课的讲授及学生实践活动中*

张紫薇　张　正　林义朗

摘　要：法学专业课的讲授及学生的实践活动对本科法科学生而言是培育法律信仰，传授法律知识，提炼法律技能的主要途径。如何将三者有机结合，是法学本科教育改革尤显重要的课题。

关键词：法科学生　法律信仰　专业课程　实践活动

自党的十八大以来，“依法治国”受到全党、社会各界和广大民众的高度重视。依法治国，不仅要有良法的制定，更需要有人们对法律的崇尚、信赖和遵守。如果法律不被信仰，它将形同虚设。十八届四中全会的《中共中央关于全面推进依法治国若干重大问题的决定》(以下简称《决定》)旗帜鲜明地回答了我国法治建设的重大理论和实践问题，明确提出“法律的权威源于人民内心的拥护和真诚的信仰”，强调“全面推进依法治国，必须大力提高法治工作队伍思想政治素质，提高工作能力、职业道德水准”，要“着力建设一支忠于党、忠于国家、忠于

* 本文为湖南大学2015年国家级大学生创新性实验计划项目《大学本科法科学生法律信仰培育方案》的研究成果之一，项目组成员为张正、张紫薇、林义朗、曹天喆、康杰，指导教师为刘定华教授和付蓉芬副教授。蒋海松、肖洪泳、高中、肖艳辉、郭哲老师为本文的撰写提供了有价值的资料和建议。

人民、忠于法律的社会主义法治工作队伍”。这既指明了法律职业队伍的建设方向,也指明了法治人才应有素养的根本要求。作为承担培养法律职业人才教学任务的法律院系,应积极执行党中央的《决定》,切实组织好法律专业课的教学和学生的实践活动,担当起培养具有坚定的法律信仰、坚实的法律基础、强力的职业技能的法律人的历史责任。

一、科学地设计专业课程体系,是培养合格法律人的前提

《决定》强调,要“加强法学基础理论研究,形成完善的中国特色社会主义法学理论体系、学科体系、课程体系”。法学课程体系、法律体系、法学学科体系关系密切。法学课程体系是建立在法学学科体系和法律体系的基础上的。法学学科体系是指由全部法学分支学科构成的有机整体,它由理论法学、法律史学、部门法学、应用法学、边缘法学和技术法学等七个分支学科组成。[1]

法学学科体系以法律体系为基础。法律体系是指一国以宪法为基础,由不同部门法,不同效力等级的法律、法规构成的有机整体。

法学课程体系则是根据培养目标所需的知识结构而设置的由必修课(含核心课)、选修课组成的课程名类体系。

法学课程体系是法学学科体系和法律体系的重要载体和集中反映。法学课程设计得科学合理,就能培养出一批批社会的法律精英和法学家,他们又为法学学科的发展和法律体系的完善做出贡献。

培养社会所需的法律人才,“三大体系建设必须互相贯通,有机联系”。[2]

为了保证法学本科学生的专业素质,教育部规定了高校法学本科应当开设 14 门必修核心课程,即法理学、宪法学、行政法与行政诉讼法、刑法学、民法学、经济法学、民事诉讼法、刑事诉讼法、商法学、知识

---

〔1〕 李步云:《法理学》,经济科学出版社 2000 年版,第 4 页。

〔2〕 袁贵仁:《创新法治人才培养机制》,载《中共中央关于全面推进依法治国若干重大问题的决定》辅导读本,人民出版社 2014 年版,第 254 页。

产权法、国际法学、国际私法、国际经济法、中国法制史。除了上述课程外,各高校还会根据培养目标和专业特色开设其他必修课和选修课。教育部这一法学课程体系的架构无疑对法学本科学生的教育质量有一个基本的保障。

二、融法律信仰培育于专业课的学习中

法律信仰不能自然形成,也不能很快形成,它有一个形成的过程。首先,必须熟悉法律,深刻理解法律,如果不懂法律的真谛,不懂法律的功能,不了解法律的精神,就不可能有对法律的信仰;其次,通过实践,有对法律运行过程的体验和深切感受,才可能产生对法律的崇拜、敬畏,才会有对法律的信仰。大学本科四年的法律学习和实践,既是学习业务知识和技能的过程,同时也是培养法律信仰的过程。法律信仰不可能单独开设一门课程,只能融入法律专业课的教学中。与法律信仰培育关系较为密切的课程是理论法学课程和法史学课程。因为此类课程有着其他课程不可替代的特殊作用,正如著名法学家哈特所言,它们交给学生的不是“知识”,而是“思想”。当然作为研究法律之首的宪法学,这一课程与法律信仰的培育也非常重要。

(一) 法理学

法理学是阐述法学一般原理的科学,其理论贯穿于整个法律体系。它将古今中外各种类型与形式的法律及其相关的各种法现象进行高度抽象,概括出一般概念、共同原理、基本范畴、主要功能、外部联系和普遍价值取向、内在结构、外在规律,由此形成最高层次的法学理论形态。法理学是法学课程体系中的基础理论课,它是学好其他专业课的基础。法理学主要讲授法学的基本概念、法的运行、社会中的法三大部分。[1] 第一部分主要介绍法学的一些基本概念,偏向理论,但未涉及太多关于法的精神、法的价值层面的内容。第二部分从立法、司法、执法、法律监督等多个方面阐释了法学理论在实务中的运用问

---

〔1〕 参见舒国滢主编:《法理学导论》,北京大学出版社2012年版。

题。例如执法的合法性和合理性原则,司法的平等原则、法治原则、司法权独立行使原则等,引导同学们在日后的法律相关工作中树立正确的职业观念,这是树立法律信仰的第一步。

而在“社会中的法”这一部分,其内容涉及法的产生与演进、法与其他社会现象(法与经济、法与政治、法与文化等)、法与其他社会规范(法与道德、法与宗教、法与习惯等)以及法制与法治。这一部分大量地涉及法的价值、法的理念,能很大程度上帮助法学本科生理解法的精神,了解法的价值,认识到法律的独特性与重要性。特别是关于法治的介绍能让学生了解法治国家的建设需要形式要素、价值要素、制度要素和观念要素,其中观念要素即需要“社会公众形成一种法律具有至上性、权威性的法律情感”[1]这种类似于宗教信仰的情怀是需要通过法律实践逐步在公众心中生长起来的。我国的法治建设任重道远,更加需要先从法律人做起,从本科第一堂课开始,让同学们发自内心地对法律给予肯定和崇尚。

(二)宪法学

宪法是国家的根本大法,是治国安邦的总章程,具有最高的法律效力,在中国特色社会主义法律体系中居于核心地位。其规定涉及政治、经济、文化和社会生活各个方面,体现民主和人权,拥有秩序、自由、平等、公平、正义等价值,这使宪法本身就值得被信仰。而宪法至上又是法治的最高体现,表明了宪法在国家和社会管理中至高无上的地位和作用。因此宪法是法科学生必修的课程,学习宪法的内容,领会其民主、平等的精神内涵,从而敬畏宪法、崇尚宪法、树立宪法信仰,是培育法律信仰的基础。

宪法学主要讲授基本理论、基本制度、基本权利、基本架构。[2]相比具体的制度,宪法精神和宪法理念才是更有助于本科生在大一入学时尽快了解法律精神价值、法律轮廓的更好的教学内容。诸多案例将宪法学中的宪政理论、对人权和公民基本权利的保护、限制公权力的思想等内容串联起来,让同学们掌握法学最基础的理念,而宪法精

---

〔1〕 参见舒国滢主编:《法理学导论》,北京大学出版社2012年版。

〔2〕 参见焦洪昌主编《宪法学》,北京大学出版社2013年版。

神也随之在同学们心中打下深深的烙印。例如贾桂花诉《秋菊打官司》摄制组侵犯肖像权案、齐玉苓案、河南种子案等，公共利益与个人权利、言论自由、宪法司法化、中央与地方的关系、人大与法院的关系等等这些问题都被自然地引出。这些真实的案例让宪法走下神坛，让同学们认识到宪法就在我们日常生活中，宪法所提倡的理念关系到我们每个人的权益。这有助于加强同学们对宪法的认同感，进而加深对宪法的信仰。

（三）中国法制史

作为法史类中唯一一门属于法学本科 14 门必修核心课之一的课程，中国法制史的地位举足轻重，却在日常教学中未得到相应的重视。中国法制史研究中国历史上的法律制度、法律文化和法律思想的发展过程。通过学习这门课程，学生可以深入了解中国法律制度和思想的演变过程，从而领悟到我国现行法律制度的文明和进步，深切感受到我国“依法治国，建设社会主义法治国家”来之不易，应倍加珍惜。

中国早期的法律，一般指的是夏、商、西周及春秋时期的法制，这个阶段法律的基本形态以习惯法为主，是不公开、不成文的。这个时期法律规定的权力掌握在少数上层贵族的手中，法律极不平等、不合理。秦代的法律开始体现出成文法的精神，但过于重刑，缺少对人权的保护，汉后期开始重视儒家思想，将其与法相联系，为之后的法制建设奠定了思想基础，在封建社会鼎盛时期的隋唐，法律制度相对健全，刑罚的轻重也较为适宜，但到了封建社会的后期，日益出现集权化、严密化和严酷化。

在思想上，古代的法律大多体现了等级观念，注重德治、人治，对不同等级的人都不同的对待，这就在一定程度上弱化了法律的强制力和威严。整体来看，中国古代的法律制度因维护统治而起，也是为了加强和维护统治而变革和发展，且并没有出现像西方教会法一样，将宗教信仰上升为法律的实例，这也是至今还有很多人认同法律工具主义，感性思维，以德替法，缺乏对法律的崇尚和信仰的原因之一。但是从我国古代法律制度的自然性，特别是天人合一等理念中，可以看出我国古代对法律制度及崇尚信仰自然之间关系的认识。当然，学习中国法制史,不仅仅是为了了解中国法律思想的渊源,看到影响人们对法律信仰的历史因素,也是要从历史中学习优秀的法律精神和观念。在看似简单、枯燥的法律条文背后,隐藏着中国传统法律文化的精髓,体现着当时占据主导地位的哲学思想和伦理道德观念。比如中国所特有的“天道”观念在不同的历史时期有着不同的体现,夏、商的“天讨”“天罚”,西周时期的“以德配天”,汉儒所推崇的“天人感应”、“天人合一”,以及宋明理学中的“理”、“气”、“心”等。从这些观念中,我们能够体会到中国古代对于法律自然价值的追求,对今天的法制仍有一定的借鉴意义。

(四) 西方法律思想史

西方法律思想史是一门介绍西方法律在发展过程中,法学家们思想观念的变化和不同思想碰撞的课程。西方法律思想史具有历史性、传统性、文化性,现代很多法律制度都受西方法律思想的影响。法科学生在学习的过程中能够了解到不同时期不同派别的法学家们不同的法律观念,辩证的思考法律的价值,了解西方法律的思想,也能够加深对于已学法律知识的理解,提高对于法律文化的分辨能力。不管是自然法学派,还是实证主义法学派、社会法学派等,都追求对法的实质的揭示,从不同的角度解释法的正义、秩序、自由、权利等价值。

古希腊思想家们勇于提出问题,探知“正义”,虽然其主张的“至善”的绝对正义观,在实践中难以解决现实中的人与人的冲突,但是他们所做的尝试很有价值。再如亚里士多德通过比较法律的特性与人的本性,得出了“法律是最优良的统治者”的结论,进而得出“法治”的定义——已成立的法律获得普遍的服从;而大家所服从的法律又应该本身是制定良好的法律。这个定义简明地阐释了“法治”的内涵和要求,至今仍然有重要的价值。另外,对于法的地位,法学家们大都认为法是至高无上的,任何人都应该服从法律,比如柏拉图在《法律篇》中就阐述了“统治者只是法律的仆人”的观点。这种法律至上,“上帝之下法官之上只有法律”的观念,集中体现了法的崇高地位,为人们所尊崇和信仰,这也是我们需要借鉴和学习的。

西欧中世纪时期的托马斯·阿奎那,进一步指出法治的必要性和法治对政治的稳定作用，同时其支持人民抵抗暴政、参与政治，关于神权、民主、自由的思考对今天的法学思想有着深厚的影响。近代卢梭的天赋人权思想与社会契约论为民主自由平等的发展奠基，孟德斯鸠的三权分立理论已成为现在多数资本主义国家的政体框架。现代则以朗富勒、罗尔斯、德沃金的思想为代表，其中罗尔斯认为平等的自由是立宪的首要原则，而个人的平等自由必须受到法治的保护。

从以上例子中可以看出，不了解西方法律思想史，就无法更好地理解西方法理学法哲学与西方法律制度。无数西方法学先辈对民主、自由、平等、法治的崇尚与追求可以让我们深刻地认识到法律的价值，进而树立对法律的信仰。除此之外，西方法律思想史的本科教学往往通过介绍重要法学家的思想来反映其相应时代的法律思想，这些法学家的事迹和对法学进步的执着追求，可以进一步为同学们树立学习的榜样，使同学们致力于推进法学的发展进步。

（五）外国法制史

相比西方法律思想史着重介绍思想理论，外国法制史的课程则注重于其他国家法律制度的变迁，且不再局限于“西方”，而是包括人类历史中具有代表性的国家或民族法律制度，对我们进行比较法研究有很大的意义。我国目前的外国法制史教育以各个时期、各个地区的典型法律制度为教学内容，主要分为古代法、西欧中世纪法、宗教法、英美法、大陆法和混合法等模块。

其中，东方古代法以古埃及法、楔形文字法为代表，西方古代法以古希腊法和古罗马法为代表，从这些法律在当时深厚的群众基础和良好的社会效果来看，可以得知当时的法律在人们心中是有较高的认可度和适用度的，例如古希腊法，提高了公民的政治参与度，让公民感受到了法律的实际作用，因而愿意行使自己的法律权利，维护法律的尊严与落实。

西欧中世纪法则从宏观上概述了中世纪西欧世俗法与宗教法二原并存的法律格局。结合后面的伊斯兰教法、古代印度法，我们可以看到，这些地区或民族的法律源于宗教，法律与宗教具有密切的关系。特别是教会法，“它的发展和普遍适用，在西方民族的法精神、法思想、法价值、法思维方式乃至法教育体制、政府组织等方面都打上了它深深的印记。”“教会法与西方的‘法律至上’即合法性原则的传统有着密切关联”。[1] 从教会法的这些特点及其影响来看,是宗教与法律的结合让西方很多受基督教影响的地区或民族有了“法律至上”的观念、有了服从法律的信念,这为树立法律信仰奠定了良好的基础。当法律以宗教的形式渗透到公民的日常生活的方方面面,法律很难不在人们心中取得至高无上的地位。

而从英美法、大陆法和混合法的产生与发展中,我们可以看到,西方很多国家的法律发展与社会观念的发展紧密相连。例如 1791 年的法国宪法,建立在革命成功的基础上,且以《人权宣言》为序言。之前的革命使民主自由、天赋人权深入人心,法律也得到民众的广泛认可,因而愿意遵守法律、实施法律。

以上外国法律制度的产生和发展过程都为今天我们树立法律信仰提供了很多启迪与借鉴,法律不仅仅是制度,还是民族的文化传统、精神的传承,同时也是时代精神的表达。缺乏了法精神传承的我们,应当在当今的法治建设、法学教育中加强法精神、法思想的培育,这样才能提高学生对法律的认可,树立法律精神。同时,历代政治家、法学家、人民不断抗争或反思所带来的法律制度的变革,让我们看到了人们对完善法律制度的恒久追求。这也激励着即将成为法律人的学生们努力推动我国法律制度我国法治建设的进步。

(六) 法律伦理学

法律伦理学是法律职业伦理中的核心内容,属于理论法学的范畴。法律伦理关注的不仅是法律人在法律运用中的权利、义务和规范,还有法律人对于法律的忠诚和热爱。同时法律伦理有其独特的价值,能够维护法律的权威,推进社会的公平,满足法治社会目标的需要。法律伦理的学习,应当以实务案例介绍、优秀法律相关职业工作者经验传授为主,能够让学生感受到法律共同体在法律运行过程中拥有的权利,遵守的规范和承担的责任以及他们内心对于法律的信仰,

---

[1] 参见夏新华主编:《外国法制史》,北京大学出版社 2011 年版。

从而培养自身的使命感和责任感。法律伦理学课程一般安排在高年级，同学们即将大学毕业走向法律职业的工作岗位，这对法律职业道德的培养、法律信仰的树立是十分有必要的。

(七) 法学名著导读

法学名著是很多法科学生打开法学学习大门的钥匙。阅读法学名著对培育法科本科学生的法学学习兴趣、法律思维、法律信仰有着不可替代的作用。虽然法学名著导读的课程对于目前国内大多数高校还比较陌生，但是其对树立法律信仰的帮助不容小觑。同学们可以通过阅读法学名著原汁原味地领略法学大家的法学思想，其触动与影响对于法学本科生而言都是深刻而长远的。

三、融法律信仰培育于学生实践活动中

这里所讲的学生实践活动主要指课程计划外的由学生班级、年级或院系组织的与法律素质培养有关的活动。这种活动大都围绕法律专业知识的巩固运用和技能培养进行，有的也凸显法律信仰培育的内容。

目前，以下实践活动已成为提高学生法律素养的常态：

1. “3.15”消费者权益保护调研宣传活动

每年“3.15”之前，院学生会宣传组对“3.15”消费者权益保护法宣传活动进行认真准备，组织高年级学生搜集整理有关案例，与工商局、消费者协会联系，确定宣传要点，绘制板报，印发宣传资料，内容既有法律条文的诠释，又有典型案例的评析，对消费者可能提出的问题都有针对性准备；活动结束各宣传点都会进行总结，对带有普遍性的突出问题在认真讨论研究后写出书面材料送至主管部门，同时为下一届的“3.15”活动提供借鉴资料。“3.15”活动能培养学生的维权意识和责任意识。

2. 立志演讲比赛

时间为每年的五月份，属纪念五四青年节的一个重要内容。演讲的主题是人生、立志、梦想、信仰。具体的内容为讴歌法制人物、法律

职业者的追求、我为法治而读书等等。此次活动的目的除培养语言表达能力之外,主要是激发学生对法律职业的选择,并为之奋斗的精神。

3. *敏感问题辩论赛*

在专业课的学习中,往往会遇到一些疑难问题,观点不一。课堂上一时难以解决,往往要运用别的形式,如辩论赛。这既可调动学生参与的积极性(因有“赛”的元素),同时针对性强、观点分明、便于比较、有说服力。如宪法能否司法化的问题;高校按地域标准招生是否有违教育平等权的问题等等。这既是现实中的法律问题,也是关于法的价值的理解问题。如果在认识上不统一、实践上不一致就会影响到对法律的信仰问题。观点越辩越明,有利于认识上的统一。

4. *法律援助实践活动*

有法律院系的高等学校,大都设有法律援助中心,在教师指导下,有计划地吸收学生参加法律援助活动。这可以培养学生不计报酬、扶助弱者、感恩社会的高尚品格。同时,学生在承办、协办援助案件中可将自己学到的法律业务知识运用于实践,消化于心灵,服务于社会,这既可提高法学教育的质量,同时又彰显出社会正义的价值。

5. *宪法日活动*

每年的 12 月 4 日是我国“国家宪法日”,宪法日的确立体现了党和国家对依法治国的坚定决心。各种形式的学生活动不仅使法科学子更深刻地体会宪法的意义,还可以通过活动让更多的人了解宪法。例如同学们可以升国旗、朗读宪法序言,弘扬宪法精神;还可以编印普法宣传单,深入居民区进行志愿普法活动,提供法律咨询,学生社团也可以联合检察院、法院设置普法宣传点,让宪法精神深入人心。

四、现状与建议

(一) 部分学生对理论法学兴趣不浓,影响法律信仰培育的效果

理论法学是大学本科法科教育一个重要组成部分,其主要研究法的基本原理、概念、思想和规律的学科类别,最主要的课程是法理学、法律思想史等。由于理论法学是部门法学的基础,所以一般在低年级作为必修课程开设。以湖南大学法学院为例,法理学为在大一年级开

设的必修课程，且和法律逻辑课程同期开设，目的在于为法科学生提供入门的法学知识，训练学生的法律思维方式和能力；法律思想史分为西方法律思想史及中国法律思想史，西方法律思想史也是在低年级开设的必修课程，目的在于了解法律发展脉络，东西方文化差异在法学领域的体现，初步培养学生的法律世界观和法律价值观。但是，对于刚入大学的学生来说，枯燥深奥的理论法学教材无异于“天书”，这也使得他们缺乏学习兴趣，甚至产生挫败感。这样的抵触情绪对于法律信仰的培养是个严重的障碍。

对培养大学本科法科学生的法律信仰而言，设置专门的法律职业伦理课程是必不可少的，它可以让尚未进入实践领域的法科学子从理论上把握法律人的职业道德，为今后步入法律职场奠定基础。法律职业伦理教育属于法学教育的基本目标之一，但是目前很多高校并没有设置这一课程，还是更偏向于传统理论法学与部门法学简单集合的课程模式。而在那些已经设立了法律职业伦理教育课程的高校中，法律职业伦理教育的内容仅被当作理论知识在课堂上传授，不能完全将职业伦理知识内化为情感和职业理性，再加之教育理念偏离、教育目标空泛等问题，导致了法律职业伦理教育效果实质上的虚无化。如此一来，通过法律职业伦理教育来培育法律信仰的道路被阻塞了。甚至有一些教师和学生表示，法律职业伦理教育课程的存在有些“鸡肋”。

（二）建议

1. 合理规划课程顺序

课程顺序的设置在很大程度上影响学生对知识内容的吸收程度。例如很多高校在大一刚入校时即同时开设法理学课程和宪法学课程。法理学本是对整个法律体系的共同性问题的研究，但是学生在尚未接触部门法的情况下，对深度理解法理学的本质有一定难度。同时，一些高校会在低年级就设置所有有利于法律信仰培育的理论课程，而在之后全部讲授部门法的课程，不利于学生法律信仰教育的贯彻实施。在这方面，湖南大学法学院注意到了这个问题，在法学专业本科生的培养计划中，基本在大四之前，每一学期都会有一门必修理论课程，包括法理学、中国法制史、外国法制史、西方法律思想史、法学名著导读等等,在毕业前夕安排了法律职业伦理选修课供有兴趣的同学选择,不仅与部门法的教学相得益彰,还丰富完善了同学们的法学理论体系,有利于法律信仰的培育贯穿本科教学始终。

为了使同学们能更好地理解法理学的精义,弥补法理学作为法学专业第一堂课,学生理解能力较弱的不足,可在高年级开设法理学的专题。

2. 将法治思维和法治方式的培养列入教学内容

法治思维是基于法治的固有特性和对法治的信念来认识事物,判断是非,解决问题的思维方式。法治方式是运用法治思维处理和解决问题的行为方式。法治思维是一种规则思维、程序思维,它以严守规则为基本要求,凡事必须在既定的程序及法定权利内运行。

法律人正是通过法律思维使其在行为方式上有了明显的独特性和职业性,从而在观察社会、解决社会矛盾和处理社会纠纷时,具有了不同于其他社会角色的视角和方法。法律人一旦有了可以区分其他职业的思维工具,自然更加珍惜和重视自己从事或将要从事的职业,法律信仰也才能更好地得以培育。

在大学本科法科日常教学中,因为学生尚在打基础的阶段,所以无论是理论法课程还是部门法课程,法律知识的传授都是必要内容。但与此同时,法治思维和法治方式的培养也是必不可少的教学内容。在课堂教学中,应鼓励学生以专业的视角思考社会热点法律问题,激发学生的问题意识,培育学生的思辨能力、追问能力,将法治思维能力的培养寓于日常教学的点点滴滴。

3. 突破传统课堂"填鸭式"教学方法

由于教学目标和认识观念的误差,目前我国大学本科法科的教学仅仅限制在学校范围内,封闭的教育环境使学生无法了解法律的社会意义与价值。这方面的弊端在法律职业伦理教育方面显得尤为突出,众所周知,法律职业伦理教育对于未入社会的大学本科法科学生在培养法律信仰方面有着至关重要的作用,而传统课堂"填鸭式"的教学方法使他们只知道法律职业伦理的应然性而无法体验其实然性,影响法律职业伦理教育的效果,更不利于法律信仰的培育。我们可以试着利用以下方法对传统课堂教学方法进行革新:

(1) 案例教学与小课堂讨论教学法。由于师资力量的不足,现在高校法科的理论法学的教学采取大班上课。此种方式效果欠佳,应采小课堂理论讲授与案例教学、讨论相结合的教学方法,让学生自己获得事实和法律上的认识和判断,以改“满堂灌”的传统做法。在课堂外,学生在教师指导下,参与法律援助案件等实践活动,通过给社会弱势群体提供法律帮助来寻找职业价值判断,形成职业荣誉感和社会责任感,在实践中培育法律信仰。

(2) 榜样示范法。在任何情况下,榜样的力量总是不可小觑的。在课堂教学中,可以采用组织法律职业领域的道德楷模走进课堂交流经验或者举办先进事迹报告会等形式,让学生从榜样的先进事迹中做出正确的法律职业价值判断,树立法律信仰。以湖南大学法学院为例,在开设的法律职业伦理课程中,就邀请了已经执业的法律工作者介绍他们在实践中遇到的道德挑战以及应对方法,在真实生动的道德榜样的感召下,学生领悟到了法律伦理道德的真谛,坚定了对法律的信仰。

(3) 实地体验法。目前大部分本科法科课堂教学一般都采用封闭的校园教学模式,学生无法切身体会教材上宣扬的、教师传授的法律道德规范,当然也就无法将法律信仰印刻到内心深处。因此教师可以经常组织学生到司法机关观摩,参加法院旁听庭审或者参观监狱系统,让学生在现实的司法情境中体验司法的公平、正义与理性,真正地感受到司法的魅力所在。

(4) 科学安排,正确引导学生实践活动。学院领导应积极关注学生自治组织、学术团体开展的实践活动,尽可能地将法律信仰的培育融入社团学术活动中,对参加活动的优胜者给予鼓励,使这些有意义的活动常态化,一届届地传承下去。

总之,在大学法科本科日常教学和实践活动中,学院与教师均应当将培养学生的法律信仰作为教学的最高目标,而不是单单为了掌握书本知识或者职业技术。因为培养法律人才,归根到底是为了推进我国的法治建设:我们培养出的法律人只有树立了坚定的法律信仰,才能忠诚于法律,自觉维护法律权威,并在需要时挺身而出捍卫法律的尊严。

法学教学方法论下的法学知识、思维与司法技能的构建

李茂久*

司法方法的核心是司法的裁判方法。司法裁判是依照法律的要求认定事实、适应法律作出判决以解决纠纷的活动过程。[1] 这一过程不仅仅要求法学知识的合理化、准确化运用,同时也是法律思维与司法技能的论证过程。所以,司法裁判的过程必然涉及法学知识与司法技能和经验的综合运用。单纯依靠法学知识去解决案件是极度片面的,在纯粹的法学教义学的知识运用会导致案件失去事实前提,无法达到案件事实"求真";这就要求要运用司法技能进行系统的在事实与规范之间进行论证,通过论证的过程实现判决结果的可接受性。同时,在知识与技能的运用中通过司法经验使得案件处理能够达到"真、善、美"的要求,这就要求法学教学的方法必须围绕着法学知识和司法技能和司法经验三个目标进行培养。

一、法学教学的基础目标——法学知识的传授

一般我们将法学的定义为:以处理规范性角度的法规范为主要任

---

* 李茂久,湖南科技学院人文与社会科学学院讲师。

〔1〕 郝建设:《司法方法论若干问题思考——以规范与事实之间的关系为视角》,载《政法论坛》2009年第6期。

务的法学,质言之,其主要想探讨规范中的“知识的意义”,它的关切是法的规范效力、规范的内容以及法院判决中包含的裁判准则。因此,法学必然是一种规范性陈述的语言(关于规范性事务的陈述)可以视为一种特殊的“知识结构”。对于这种特殊的知识结构有其特有的语言表达、组织形态和理论研究。因此,法学知识的涉及两个问题:一是法学言语表达与组织形态问题;二是法学理论研究问题。

(一) 法学知识的客体—法律条文

每个法秩序都包含一些要求受其规整之人,应依其规定而为行为的规则。这个规则主要就是法律条文,法律条文表现为法律规则,大部分的法律条文都同时的国民的行为规范也是法院的裁判规范。此处的法律条文具有两点特征,即有效性与拘束力。法律条文是法律语句的语言形式,具有规范性的意义。法律条文的每一个语句都有语言的组织体,它结合多数的语句。陈述性的语句通常链接客体以及客体具有的性质或客体的行为方式。

法律条文是法学知识的最基础的客体,所有法学部门法研究都是对法律条文的解释性研究。因此,作为法学教学之中必然要紧扣法律条文进行讲解。对法条的熟悉是学习法学中部门法学的第一步。我们要熟悉法条的文字、标点、段落等的使用原则,能够进行初步的文理解释。我们要养成对法律文字的敏感,要勤于、勇于、善于“抠字眼儿”。如《刑法》第 20 条第 1 款规定:“为了使国家、公共利益、本人或者他人的人身、财产和其他权利免受正在进行的不法侵害,而采取的制止不法侵害的行为,对不法侵害人造成损害的,属于正当防卫,不负刑事责任。”单从文字我们就可以知道:(1) 正当防卫行为实施者面对的不仅是一种“侵害”,而且必须是“不法”(即违法)的“侵害”;(2) 正当防卫是一种“对不法侵害人造成损害”的加害行为,如果防卫者的行为并不会给对方造成损害,也就不成立(或者说不必要成立)正当防卫,如大喊将盗窃者吓走的行为就不是正当防卫……如果我们能够最终能够和法条文字每日进行对话,则法律水平自然而然就会有非常大的提高。这需要我们作为法律人时时带着法条,没事的时候多琢磨法条。

(二) 法学知识的抽象——法学理论

法学理论与理论法学是两个不同的概念,法学理论是关于法学(部门法)中的抽象化的理论研究以推动相关法学的建设。理论法学是法学的学科之一。时至今日,法学是一门规范性科学,法规范正如文学、艺术、技术发明一样也是人类的伟大创作〔1〕,法学有自己独特的知识体系范畴,法学也有独特的理论根据,包含社会基础、政治基础、经济基础和价值基础等,这些抽象的理论依据很好地推动法学知识的深化与升华。所以,法学理论是在诸多规范之中各种价值决定借此法律思想得以正当化、一体化的论证,以期能够对法律内在和外在的知识结构进行拓展性阐释,从而能够在法规范之间、法秩序以及法价值在各种学科的知识中寻找到更为广阔的意义脉络。法律理论必然是对法律知识的抽象性阐释,通过法学理论能够更好寻找和探求法学知识的立法原意、社会意义等。所以,法学知识的背后必然都有一定的法学理论知识进行理论支撑。从教学的角度来讲,法学知识与法学理论都是教学的内容之中,两者相互统一,相互促进,缺乏其中之一都会造成"不见树木、只见森林"的窘境与"只知其然,不知其所以然"的困境。

二、法学教学的中心目标——法律思维的培养

法律思维是法律职业者的特定从业思维方式,是法律人在决策过程中按照法律的逻辑,来思考、分析、解决问题的思考模式,或叫思维方式。法律思维对于法律职业的来讲是一种重要的思维方式。

(一) 法律思维的基本特征

1. 法律思维是主体认知客体的一种方法

法律思维的主体是指法律职业者,主要包括法官、检察官、律师等;客体是指法律规范和客观现实。自从有了人类社会,世界就分法

---

〔1〕〔德〕卡尔·拉伦茨:《法学方法论》,陈爱娥译,商务印书馆2005年版,第133页。

律思维为主体和客体两部分。主体和客体相分而结成认识关系，认识的方法就是作为主体的人的思维。法律是人类思维创造的产物，同时又具有独立于人类而存在的客观性，徒法不足以自行，法律理论为法律介入社会生活提供了依据，法律思维则为法律与人类社会生活的互动提供了方法。

2. *法律思维是主体从现象到本质以达至法律真实为最低标准的一个思考过程*

进入法律视野的客观事实经常呈现纷繁杂陈、杂乱无章的现象。这些现象背后隐藏着事物的质的规定性。法律思维作为理性的思考方式，需要对大量的现象进行分析加工，无数客观外界的现象通过人的眼、耳、鼻、舌、身这五个官能反映到自己的头脑中来，开始是感性认识。这种感性材料积累多了，就会产生一个飞跃，变成了理性认识。这种飞跃本身就是思考的结果。但是，由于法律思维的对象一般都是发生过的事实，法律职业者只能根据符合程序要件的当事人的主张和举证，以及依照法定程序收集的信息和证据进行分析判断。只能达到程序要求的法律真实，而不可能完全再现客观真实。因此，法律思维虽然是主体从现象到本质的思考过程，但这种思考以达至法律真实为标准，即所谓的合法性优于客观性。

3. *法律思维以法律职业者的法律知识和经验阅历为前提*

与法律职业者相关联的不仅是法律规范整体，还涉及具体的事实构成。法律思维不可能凭空产生，其必然以对事物的“先见”为前提。所谓“先见”是指个人在评价事物时所必备的平台，其先前的生活阅历、知识等构成法律思维理解倾向的基础因素，不可避免地带有个人的主观色彩。法律职业者运用法律思维，必须具备深厚的法律知识底蕴，否则思考法律问题就会没有依据和方向；同时，法律职业者还必须具备丰富的人生阅历和社会经验，否则就无法认识事实构成。因此，只有具备了法律知识与“先见”这两个前提，法律思维才可能发生。

4. *法律思维以法律规范和客观事实为思考质料*

法律思维的逻辑起点是进入法律视野的自然事实或者说案件，这些自然事实包括时间、地点、人物、行为、动机等等。法律思维通过法律规范要求，区分出自然事实和法律事实，并在此基础上进行建构，区分出法律事实的性质。法律思维的过程就是将法律研究和事实研究结合起来的过程,法律规范和客观事实则是这个思考过程的质料。

5. 法律思维以法治理念为价值指引,以停止纷争为目的

如前所述,法律思维是一种法律方法,其既是实现法治的条件也是法治自身的固有要求。关于法律思维以法治理念为价值指引的问题。多数情况下,法律思维表现为一个判断过程,以得出结论并给出理由为结果,其现实意义就是定纷止争,即案件的审结。定纷是对争执问题是与非的判断,止争是在判断的基础上据法裁断,给出法律结论和理由。在此,法律的目的与法律思维的结果形成了契合。[1]

(二) 法律思维培养的内容

1. 法律思维是根据法律进行的思维

法律思维大致可分为两种方式:“关于法律的思考”和“根据法律的思考”。“关于法律的思考”强调从法律与社会的关系出发,运用各个学科的知识,综合地、全方位地考察法律现象,这种思考只要与法律有关就可称之为“关于法律的思考”。而“根据法律的思考”,强调必须根据现行法律进行思考。就是说,要以现行有效的法为根据,思考问题,思考事物和现象的法律意义。从这个意义上来讲,法律思维是维护法治的。

2. 法律思维是一种转化性思维

司法是社会的“平衡器”,具有解纷止争的功能,这一功能主要是通过法院的诉讼、审判活动来实现的。正是司法或者说诉讼所具有的“平衡器”功能,要求法律思维要具有转化的特性,也就是要进行转化性思维。要求对于无论什么问题,都要运用法律术语进行观察、思考和判断,都要运用法言法语把问题转化为法律问题进行解决。甚至连不容易转化的政治问题、经济问题以及社会问题,都要使之转化为法律上的权利义务关系来处理,使之成为法律问题通过提交法院来解决。

---

〔1〕〔德〕卡尔·恩吉施:《法律思维导论》,郑永流译,法律出版社2004年版,第524页。

3. 法律思维是一种平衡性思维

平衡各种矛盾与利益冲突,将各种利益都纳入法律的框架内,保障社会的安全稳定和秩序。诉讼是没有硝烟的战争,是和平解决纠纷的一种方式。司法通过其特有的程序规则以及法律语言,将社会生活中的各种利益冲突纳入法律规范的调整范围,以个案处理的方式,实现法律保护利益的目的,保障社会的安全稳定和秩序。通过诉讼,将失衡的社会秩序恢复到平衡状态。当然,法律思维注意平衡,这种平衡不是简单的中庸之道,也不是无原则的妥协。

4. 法律思维是一种规则性思维

“法律是使人们服从规则治理的事业。”法律思维是以法律规则为标准对人们行为进行的分析和判断。法律规则及其逻辑当然也就成了法律思维不可缺少的内容。规则性思维要求思维者要注意法律规则的存在,要“事出有因”。体现法律思维规则性的典型是三段论式的法律推理。强调三段论推理主要是为了保证能够合乎情理的推出法律决定的结论,并且对决定理由进行说明和论证,从而使当事者和全社会看到结论是出自理性的,具有说服力。

法律思维是一种程序性思维。程序公正是司法公正的一个重要目标,也是法律思维不可或缺的特性。程序有自身的价值,程序公正是实体公正的前提,要得出大家都一致认可的实体公正有时可能是很困难的,在此情况下,不如退而求其次,追求程序公正。通过公正的程序,即使得出的结论未必公正,也具有一定的可接受性。但如果程序不公,即使得出了比较“公正”的结论,这一结论也会受到人们的质疑。司法讲究程序,是因为程序是对恣意的限制,是理性选择的保证,是国家与公民联系的纽带。程序性思维要求法官只追求程序中的真,而不是客观的真。法律意义上的真实或真相其实只是程序意义上的真实或真相。[1]

---

〔1〕 参见 360 百科. http://baike. so. com/doc/5567859-5783016. html,访问时间:2016 年 7 月 20 日。

三、法学教学中的重心目标——司法技能的培养

司法技能是指司法工作者运用法律专业知识、既定规范、操作规程审理案件的能力,是在审判过程中将静态知识转化为动态结果的方式方法,是由已知事实和规范得出新的结论、化应然为实然的桥梁。司法技能是司法工作的技术操作的现实载体,是司法能力的重要组成部分,同时也是司法从业者自我提高的重要方向。根据工作的属性可以把司法技能分为三大类:第一类是法律定位技能,即查找法律和其他(参考)依据,并完成法律论证过程的技能;第二类是事实认定技能,即认定事实、证明案情的技能;第三类是审理运作技能,即法官在审理活动中确保正确认定事实和适用法律的行为技能。具体而言,可以把司法技能划分为十种(但不限于十种):一是静态法律定位技能;二是法律论证技能;三是事实认定技能;四是案件审理技能;五是审判管理技能;六是提高效率技能;七是定纷止争技能;八是社会沟通技能;九是抵制干扰技能;十是职业道德技能。知晓法律规范和其他据以作出裁判的法律依据(或参考),迅速、准确查找、鉴别、确定与所处理的法律问题相关的法律规范状态,是完成“法律定位”的第一步。要达到解决法律问题的目标,还要有相应的论证。法律论证或裁判说理是各国法院的共同要求。德国要求所有法官的司法裁判必须“建立在理性论证的基础上”。我国也要求加强裁判文书的说理。因此,掌握和运用法律论证技能对于法官来说是至关重要的。司法实践表明,在大部分案件中,在案件事实清楚、法律问题并不复杂的情况下,只需要作简单的法律论证便可以像自动售货机一样得出处理结论。但对于另外一些复杂、疑难案件来说,完整、系统的法律论证技能便可以大显身手了。法律论证是把实在的法律规范运用于具体案件的一个抽象的思想过程,可以用法律方法、法律解释、法律推理、法律证立、法律思维等各种名称来表述。在司法技能中,案件事实认定技能是法官必备的一项基本能力。事实认定技能,也称“事实分析技能”,是法官发现、证成、重构案件事实的能力。在了解了事实的内容构成基础上,案件审理的下一个环节就是事实的发现、证明、筛选和重构。这个过程不仅

适用于单项事实,而且适用于案件的整体事实。也就是说,法官不仅要完成单项事实的认定过程,还要在单项事实之间通过推理和分析,最终形成案件的整体事实认定。庭审是司法机关特有的工作方式,也正是靠这种特有的工作方式,司法获得了其程序上的正当性。庭审质量的高低直接影响到案件的质量,关系到诉讼参与人和广大公众对司法的信心。因此,掌握庭审技能是对法官素质的一项基本要求。以上司法技能是法学培训所必须考虑的技能方向。确立司法技能培训的重心地位即是法学职业教育的基本要求,也是法学教育赖以存在的基础。

法学属于社会科学的一部分,属于经验型学科。而作为经验型学科的法学教育所具有特殊的价值性和技术性的特点决定了法学教育的培养目标是承载社会价值理念,具有一定处事技能的"社会矛盾的解决者",即法学教育的目的主要在于培养具有法学基础知识和从事司法实务的专门型人才。这就要求在整个大学法学本科教育过程中,必须贯彻培训和训练具有法学知识、法律思维与司法技能三位一体的教学模式。

创客教育对高职法学学习动力的激发研究

王　频*

摘　要：高职学生普遍存在学习动力不足的问题，对学习效果有着负面影响。创客教育以快乐教育理论、做中学理论和大成智慧理论为基础，在教育内容、教育形式、教育评价和教育过程上有所改进。创客教育具有创新性、实践性、开放性和共享性，其特点与动力因素相匹配，具有学习动力激发的基础。创客教育的实践与动力机制相吻合，可以激发学习兴趣，提升学习成就感，增加学习自信心，培养积极的学习情绪，从而实现对高职法学学生学习动力激发的功能，帮助学生融会贯通地掌握枯燥的法学知识。

关键词：创客教育　高职法学　学习动力　激发

在创客运动席卷全球的影响之下，创客教育融合信息技术的发展，开拓了创新教育的新园地。[1] 创客教育将创客理念引入教育体制，继承了快乐教育、做中学、大成智慧等教学理论。通过创造东西、动手操作来启迪学生，丰富课堂。创客教育注重理论理解能力和动手

* 王频，湖南现代物流职业技术学院教师。

〔1〕 祝智庭、孙妍妍：《创客教育：信息技术使能的创新教育实践场》，载《中国电化教育》2015年第1期。

操作能力的融合训练，在教育内容、教育形式、教育评价和教育过程上都有所创新，其“创新性、实践性、开放性、共享性”的特点，正好与学习动力理论的四个动力因素相匹配。实践证明，创客教育对于化解高职法学教学的困境，激发高职学生的学习动力有着积极意义。

一、创客教育的特点与动力因素相匹配，具有学习动力激发的基础

学习动力是学习主体对学习行为价值判断基础上的心理驱动总和。虽然不直接介入学习，但能激发学习的积极性，挖掘学习的潜能。根据学者刘燕[1]的调查，大学生在校期间的学习过程受多方面因素影响，其中学习动力所起的作用最大。因此，如何激发学生的学习动力就成为提升学习力的首要问题。

根据学习动力理论中成就动机理论[2]的观点，影响行为强度的条件和因素主要有成就动机，成功的期望和成功的价值。成就动机取决于成就需要和兴趣；成功的价值取决于积极情感；对成功的期望取决于自信心。影响行为强度的条件和因素缺一不可，兴趣、成就感、积极情绪和自信心即是产生学习动力的必备因素。

与基于理论知识的传统高职法学教育相比，创客教育是以能力为导向的教育，强调在掌握知识技能的同时通过实践和创造激活知识和技能。创客教育的特点正好与学习动力的四个构成因素对应：首先，在教育内容层面，创客教育的创新性特点服务于兴趣因素。创客教育主张快乐教育，要求教师在结合教情分析和学情分析的基础上，从学生的兴趣点入手，创意讲解和设计教学内容。通过多元化的教学方法，活跃学习气氛，创建轻松快乐课堂，最大程度地激起学生的学习兴趣。其次，在教育形式层面，创客教育的实践性特点服务于成就感因素。创客教育改变了传统高职法学教育的理论灌输教育形式，注重教学中的创造性实践活动。鼓励学生发挥自己的特长，通过团队合作、

---

〔1〕 刘燕、高艳等：《大学生学习动力影响因素及作用机制研究》，载《思想教育研究》2013 年第 7 期。

〔2〕 李伯黍：《教育心理学》，华东师范大学出版社 2000 年版，第 12 页。

互学互助,自主设计、制作学习任务作品,提升学生的成就感。再次,在教育评价方面,创客教育的开放性特点服务于自信心因素。创客教育尊重学生的个体差异,教育评价强调开放性和过程性。主张从科学、技术、工程、数学、艺术等多方面基于过程和结果对学生的学习作品进行多维考核评价,增强学生的学习自信心。最后,从教育过程来看,创客教育的共享性特点服务于积极情绪因素。借助多种多样的信息化手段,创客教育打破了传统高职法学教育模式下的教育时空限制,教师可以方便地选取贴合学生习性特点的互动共享渠道,通过课前、课中和课后全方位地交流互动,及时关注和积极影响学生的学习状态,帮助学生获得积极的学习情绪。

二、创客教育的实践与动力机制相吻合,具有学习动力激发的功能

(一)创客教育以"快乐教育"理论为基础,在教育内容上注重创意创新性,有助于激发学生的学习兴趣

高职法学教育是培养学生法律职业能力和培育国民法学素质的重要途径。面对教学内容庞杂、知识抽象枯燥的教情,加之文化基础普遍不好、学习动力普遍不足的学情,高职法学教学面临着教师"教不进"和学生"学不好"的难题。以"快乐教育"为基础的创客教育对于解决这一难题有着积极意义。

"快乐教育"理论[1]由英国教育学家赫伯特·斯宾塞提出。他认为世界上最好的教育本质上都是快乐的,教学应当建立在学生的自动性上面,要注重激发学生的学习兴趣,唤起学生的主动性。按照"快乐教育"理论的要求,创客教育在教学内容上的创意创新性特点主要体现在以学生的生活实践和兴趣特点为切入点,在教学过程中进行创意导入、创意讲解和创意设计学习任务三个方面。在高职法学教学中施行创客教育,教师一方面可以借助学生对文娱事件的天然关注度,利用热门的影视作品、明星故事等形象生动的素材创意导入知识点,引

---

〔1〕 姚树欣:《简论快乐教育及其实践模式》,载《当代教育科学》2015年第16期。

起学习兴趣。另一方面,教师在授课过程中可以利用知识的关联性,通过课堂游戏、微课、微电影等形式创意讲解教学内容,启发学生完成新旧知识的互通和理论与实际的联系,帮助学生理解抽象的法学知识。最后,在学习任务的设计上,我们可以借助信息技术和文娱因素,创意设计既有动手趣味和协作要求,又有知识内涵和技术学习要求的项目任务,创意表现法律制度的具体内容。通过“做一做”、“演一演”、“画一画”等多种生动活泼的任务形式,将理论化的法学知识形象化,让学生时刻保有兴趣和热情,帮助学生加深对知识的掌握。

(二)创客教育以“做中学”理论为基础,在教育形式上注重体验实践性,有助于提升学习成就感

成就动机理论认为,成就需要是学习动力的源泉和核心。有鉴于法学知识自身的抽象性,传统教学多采用灌输式教学形式,从概念内涵和制度外延层面进行拆分讲解。对于学习基础、学习习惯普遍不好的高职学生而言,这种枯燥的、不形象生动的教育形式很难对他们产生学习吸引力。同时,传统法学教育多以理论知识的识记作为学习成效衡量标准的做法,亦很难让高职学生产生学习成就感。根据学者张丽[1]的调查,有近47%的高职学生在传统法学学习中没有感到成就感。如何科学、合理地设立学习目标,增强教学中的可操作性,让每位学生都能感受到成功的喜悦,是提升学习成就感的关键。

创客教育以“做中学”理论[2]为基础,坚持“从活动中学”、“从真实体验中学”的教育形式,能将所学知识与生活实践联系起来,帮助学生提升学习成就感。根据美国教育学家杜威的总结,“做中学”主要涵盖艺术活动、手工活动和需要动手操作的科学研究三个方面。在高职法学教学中施行创客教育,可以通过灵活多样的实践形式改变传统高职法学教育成绩本位的弊端,将传统的识记教育形式变通为以法学知识为内涵,以艺术作品、手工作品和技术作品为载体的,可操作、可呈

---

〔1〕 张丽:《高职大学生学习动力问题研究》,载《太原城市职业技术学院学报》2015年第2期。

〔2〕 杨现民、李冀红:《创客教育的价值潜能及争议》,载《现代远程教育研究》2015年第2期。

现的作品教学形式。学生可以根据自己在艺术、文学、表演、技术、科学等方面的所长,分工协作地动手操作和创造出诸如法律扑克、思维导画、戏剧小品、微电影等可见可得的作品。在激发全员参与的前提下,利用学生们在其他活动中的成功,使之与法学知识学习发生联系,实现成就感的迁移,提升学习法律知识的成就感。

(三)创客教育以"大成智慧"理论为基础,在教育评价上注重多维开放性,有助于增强学生的学习自信心

学习自信心是学习动力的支撑和调节器。学习自信心越强,学习动力越足。然而,根据学者何云[1]的调查,高职生因为学习失败的经历和负面的社会评价的影响,自信心普遍缺乏,有 66.7%的高职学生认为自己在学习方面不如别人。究其根源,传统高职法学教育单一的教育评价模式是造成这一现象的深层原因。要从根本上改变学生的学习自信心,问题的关键是要宽角度、多维度地进行开发性教育评价。

创客教育以钱学森的"大成智慧"理论[2]为基础,主张人才的培养应该"理、工、文、艺兼收并蓄",只有"集大成",才能"得智慧"。在高职法学教学中施行创客教育,可以在教育评价环节进行过程和结果双向评价,既关注学生的学习结果,也关注他们在学习过程中的变化和发展。在创意设计学习任务的基础上,通过对项目完成过程中个体分工协作情况、作品内涵、表现形式等多种指标的多维度考核,从文科法学知识的掌握,到艺术技巧、文化素养的运用,再到理工科技术技能的操作等多个方面畅通自我认同渠道。与只注重学习结果而不注重学习过程,只注重显性分数而不注重隐性能力的传统高职法学教育评价模式相比,创客教育更多地关注学生参与的全面性、协作性、愉悦性,从学生的原有能力、兴趣爱好入手, 让学生在完成任务的过程中, 体验学习成功, 从而提高其学习的自信心。

---

〔1〕 何云:《关于高职高专学生学习自信心问题的研究》,载《科教文汇》2014 年第 7 期。

〔2〕 钱学敏:《钱学森科学思想研究》,西安交通大学出版社 2008 年版。

(四) 创客教育借助多种信息手段,在教育过程中注重互动共享性,有助于培养学生的积极学习情绪

学习的情绪情感是学习动力的促进器。积极的情绪情感能激励学习动力。然而,根据学者陈晓燕[1]的调查,大学生中存在较高的学习情绪障碍。心理学认为,人的情绪是环境在个体身上的体现和反映。因此,如何畅通互动渠道,共享知识和积极情绪,营造活跃、和谐的学习氛围对培养积极的学习情绪至关重要。

在传统高职法学教育模式下,教育过程多以教师的单向知识灌输为主,师生之间、生生之间的共享互动渠道并不畅通。教师与学生的交流活动大多仅限于课堂之中,有限的课堂时间使得学生思考、认识、体验的深入度并不高,严肃的课堂环境也不利于充分调动学生的积极学习情绪。在高职法学教学中施行创客教育,教师可以借助多种信息技术和网络渠道,充分利用高职学生"低头族"、"手机族"的特点,通过世界大学城、QQ 学习组、微信公众号等线上形式,打破对教育空间和时间的限制,在教育过程中随时实现师生互动、生生互动。通过方便快捷的共享互动,及时掌握学生的情绪动态,调动积极学习情绪。同时,在活泼、和谐的学习氛围下实现及时的线上线下共享,学生们能够从内容上分享知识,从精神上分享喜悦。在强大的集体荣誉感和集体成就感的感召下,学生们更容易产生积极的学习情绪。

在 2016 年 6 月 7 日最新出台的《教育信息化十三五规划》中,国家明确提出要"积极探索信息技术在创客教育等新的教育模式中的应用"。[2] 作为一种的新型教育模式,创客教育已然得到了国家政策的肯定,其研究与运用方兴未艾。然而,从实践来看,现阶段的创客教育大多被运用于理工学科,创客教育存在着技术化倾向。[3] 事实上,如

---

〔1〕 陈晓燕:《大学生学习情绪障碍成因与干预策略研究》,载《教育与教学研究》2012 年第 3 期。

〔2〕 参见教育部教育管理信息中心:《教育信息化"十三五"规划》,2016 年 6 月 17 日,http://emic. moe. edu. cn/edoas2/emic/messageView. jsp? infoid=1368516870513339&id=14661329250941。

〔3〕 张茂聪、刘信阳、张晨莹、董艳艳:《创客教育:本质、功能及现实反思》,载《现代教育技术》2016 年第 2 期。

上文所述,创客教育的理论基础和自身特点与学习动力因素天然对接,对高职法学学习动力的激发有着积极的作用,在文科教育中亦可适用。创客教育为教育的创新发展提供了一条积极的途径,我们需要对创客教育如何与学科的深度结合做进一步研究。

地方本科院校行政模拟法庭教学方法之保障探析

——基于校地合作办学的视角*

龚向田**

摘　要：地方本科院校行政模拟法庭教学方法的保障研究，还处于初始阶段，亟须进一步完善与发展。从校地合作办学的视角去探索地方本科院校行政模拟法庭教学方法的保障，具有重要的意义。校地合作办学视角下的地方本科院校行政模拟法庭教学方法的保障应当体现在人力、物力以及财力三个方面，其中，人力保障是行政模拟法庭教学方法保障的前提；物力保障是行政模拟法庭教学方法保障的基础；财力保障是行政模拟法庭教学方法保障的后盾。

关键词：地方本科院校　行政模拟法庭教学方法　校地合作办学

校地合作下的行政模拟法庭教学方法，指校方与地方实务部门的

---

* 本文系湖南省教学改革项目"地方教学型本科院校《行政法学》课程实践教学法研究——基于校地合作办学的视角"（湘教通[2013]223号）；怀化学院重点教改项目"地方教学型本科院校《行政法学》课程实践教学法研究——基于校地合作办学的视角[2013]"的阶段性成果。

** 龚向田（1970—），男，湖南隆回人，法学博士，怀化学院法学与公共管理学院副院长，副教授，主要从事行政法学研究。

指导教师根据行政法学课程教学大纲规定的教学目的和要求,在校方授课教师讲授完行政诉讼理论时,选取适当的行政法案例,引导学生分别扮演不同角色,以第一审行政审判为参照,模拟审判所确定的案件,从而使学生既能融会贯通有关行政法知识又能运用行政法知识解决实际问题的一种教学方法。笔者认为,地方本科院校行政模拟法庭教学方法的真正生成与发展离不开校地合作办学,目前,学界关于校地合作下的行政模拟法庭教学方法的探讨侧重于价值层面与运行层面,但对于保障层面的全面且系统的研究尚付阙如,然而,行政模拟法庭教学方法的运行及价值的有效实现,关键在于其保障,因此,基于校地合作办学的视角,从人力、物力以及财力三个方面系统、深入探讨地方本科院校行政模拟法庭教学方法的保障,这无论对校地合作下的行政模拟法庭教学方法研究的创新与完善,抑或对校地合作下的整个模拟法庭教学方法研究的进一步完善与发展皆具有一定的积极意义。

一、人力保障:行政模拟法庭教学方法保障的前提

校地合作下的行政模拟法庭教学方法实施的关键在人,没有人,即使物质条件再优越、经费投入再充足,行政模拟法庭教学方法的存在与运行也只能是空谈,因此,人力保障的问题是一个需要优先考虑的问题。校地合作下的行政模拟法庭教学方法的人力保障涉及参与行政模拟法庭教学的师资保障、学生保障以及专职管理员保障。师资保障是一个相当棘手的问题,因为行政模拟法庭教学要求指导教师不仅应具有深厚的理论功底,而且应熟悉诉讼流程、掌握诉讼技巧以及把控庭审秩序和庭审节奏,即行政模拟法庭教学在师资配置上,应安排“双师”型指导教师。[1] 然而,现实的困境是,大部分地方院校具有双师的行政法学专职师资严重缺乏,其主要原因在于“中国法学院的院长、教授中有过官员、法官、律师、检察官经历的实在为数不多,他们大都是从高中进大学,然后留校任教,这种经历决定了他们不可能深

〔1〕 参见王翔:《模拟法庭教学实践中的问题与完善——以石家庄学院为例》,载《石家庄学院学报》2013年第4期。

入了解实际,不可能具有较为丰富的社会经验。”〔1〕因此,我们必须采取有效的方式弥补“双师”型指导教师的缺失,以使行政模拟法庭教学正常有序运行。

首先,地方院校应对仅具有深厚理论功底而缺乏司法实践经验的行政模拟法庭教学的指导教师进行合理的培养,如由学校推荐行政法教师到基层政府、公、检、法或律所等部门挂职锻炼,从而使行政法教师有机会亲身接触行政法律实务、了解行政法律实践、掌握行政法律运用中的技术性问题等。对此,校方与地方实务部门应在平等协商、互惠互利的基础上制定教师挂职锻炼制度以保障教师挂职锻炼的常态化与规范化,制度的内容至少包括两个方面:一是校方应为教师挂职锻炼创造有利条件,如削减理论教学与科研任务,评优评奖优先考虑等;二是地方实务部门有管理与使用教师的职权及协助教师挂职锻炼的职责等。其次,地方实务部门如政府及其职能部门、公、检、法或律所等部门也可以推荐业务能力强、办案水平高的公务员或律师经校方聘请担任在校大学生行政模拟法庭教学的指导教师或客座教授。地方实务部门与校方可以通过签订有关聘任书,明确双方的权利与义务,从而有效保障行政模拟法庭教学的师资力量。

关于参与行政模拟法庭教学的学生保障以及专职管理员保障,行政模拟法庭教学参与的学生应以正在必修行政诉讼法的学生为主,并尽可能让所有必修学生都参加模拟法庭,同时,还可以邀请低年级的同学作为观众观看模拟法庭审批,从而活跃整个庭审氛围、增强教学效果。〔2〕学生参与行政模拟法庭教学是一种受教育的权利,我们应予以切实保障,同时,学生参与行政模拟法庭教学也是一种受教育的义务,因为学生只有修完行政模拟法庭课程的学分,才能获准毕业。但实践中大部分地方院校行政模拟法庭教学流于形式、收效甚微,学生既不尊重自身的权利(行政模拟法庭教学效果的好坏与自己无关),也不履行自身的义务(不参与行政模拟法庭教学或中途退场等),因此,为了有效保障行政模拟法庭教学的实施,我们应制定严格的行政

〔1〕 郝铁川:《拉近法学家与现实的距离》,载《法制日报》,2004 年 4 月 1 日。

〔2〕 参见张毅辉等:《模拟法庭在法学教学中的实践和应用》,载《扬州大学学报》(高教研究版)2001 年第 2 期。

模拟法庭教学的考核制度。学生不积极参与行政模拟法庭教学活动的主要原因表现在两个方面:一方面是指导教师的原因,如所选案例不恰当、准备不充分及教学态度差等,对此,应建立与指导教师的绩效、评优评奖及职称或职务密切相关的考核制度,从而促使指导教师提升教学质量以增强学生参与行政模拟法庭教学的欲望;另一方面是学生自身的原因,如贪图享受、好逸恶劳及以逃课为荣等,对此,应建立与学生的评优评奖、成绩、学分甚至处罚密切相关的考核制度以促使学生主动、积极、有效地参与行政模拟法庭教学。至于行政模拟法庭教学的专职管理员保障,也是不能忽视的一个问题。由于现代行政模拟法庭的设备先进、较为复杂,具有较强的专业技术性,如物证展示平台的使用、现场音视频信号存储与录制、视频的控制和切换功能的使用等需要专业技术人员才能胜任,因此,校方应当招聘具有较强专业技能的人员(地方法院可提供协助)担任行政模拟法庭教学的专职管理员以保障行政模拟法庭教学的正常运转。

二、物力保障:行政模拟法庭教学方法保障的基础

合理的人力保障为校地合作下的行政模拟法庭教学方法实施提供了前提,但"巧妇难为无米之炊",如果没有坚实的物力保障做基础,校地合作下的行政模拟法庭教学方法的运行图景,只能是"水中月、镜中花"。"模拟法庭的硬件建设是模拟法庭教学重要的物质保障,'模拟法庭硬件建设易于且事实上常被忽视'这对模拟法庭教学效果影响是潜在性和持久性的。"[1]行政模拟法庭实践教学中,教师缺乏高度的热情与责任心、从而指导不力;学生参与实践教学也较为消沉、缺乏活力,究其原因,主要是因为没有一个功能齐全的模拟法庭实验室(如把普通的教室或会议室用于模拟法庭教学)、无法营造一个浓郁的法制氛围与环境,致使法庭的庄严肃穆荡然无存以及理想的教学效果无法呈现。因此,我们应关注与加强物力保障。校地合作下的政模拟法庭教学方法的物力保障主要体现在校方的行政模拟法庭实验室建设

---

〔1〕 马柳颖:《模拟法庭教学中存在的问题及其解决路径》,载《高教论坛》2014 年第 4 期。

与行政模拟法庭档案材料存放室建设两个方面。

关于行政模拟法庭实验室建设，目前，国内许多著名大学实践教学设施较为完备，如清华大学法学院建有不仅可容纳 150 人进行旁听，而且配备有高保真音响设备、数字摄像系统、录像设备、导播设备及多媒体演示的模拟法庭。但大部分地方本科院校的模拟法庭教学设施还比较陈旧、简陋，很难达到理想的实践教学效果。教育部曾在2007 年提出，为了推进高校实验教学内容、方法及实验教学模式等的改革与创新必须重点建设 500 个左右实验教学示范中心，据此，地方高校应有时代使命感、紧迫感，应加快实践教学设施建设的步伐，即使条件再艰苦，也应该首先把完备的行政模拟法庭实验室建立起来。行政模拟法庭实验室建设的途径应走校方与地方法院协商共建之路，一方面，地方法院有现成的法庭，具有天然的优势，法院应为校方建设行政模拟法庭实验室出谋划策，并应为校方的实地考察提供条件；另一方面校方的行政模拟法庭实验室建设好之后，如果法院因案件过多需借用校方的行政模拟法庭实验室进行开庭审判，校方也应积极予以配合。

行政模拟法庭实验室建设的内容应功能齐全、科学合理，符合《人民法院法庭规则》的基本要求，如实验室的面积应为 100 平方米以上，能容纳 100 位以上的学生；实验室的必要设备应包括法庭国徽、法槌、法庭桌椅以及电脑、打印机、摄像机、录放机、影碟机、投影仪、投影幕、实物展台、扩音设备、功放设备等；实验室的服装应包括律师袍、法官服装、检察官服装、法警服装等。至于行政模拟法庭档案材料存放室建设，我们也应予以高度重视，因为通过档案材料存放室保存已完成的行政模拟法庭教学活动的相关材料，有利于行政模拟法庭教学活动的不断完善与发展。校方在进行行政模拟法庭档案材料存放室建设时，可在地方法院的协助下，借鉴法院的案卷档案材料存放室予以建设。行政模拟法庭档案材料存放室既应完整地存放校方已完成的行政模拟法庭教学活动的相关材料，也应存放从地方法院或地方政府所借阅的行政案卷材料。

三、财力保障:行政模拟法庭教学方法保障的后盾

前述合理的人力保障与坚实的物力保障为校地合作下的行政模拟法庭实践教学方法的正常实施提供了前提与基础,但这还不能完全保障行政模拟法庭实践教学方法的持久有效运行。实践中存在诸多不容乐观的问题,如就指导教师而言,从选择适当的行政案例到组织公开模拟行政审判,不但需要漫长的时间,而且需要投入大量的精力才能完成行政模拟法庭实践教学计划设计的目的和要求,但指导教师实践教学课前所耗费的大量时间与心血,校方并没有把它计入正常的工作量,如从地方聘请的指导教师所获得的报酬远远少于他们精心的付出;校方指导教师的实践教学课酬等同于理论教学课酬,从而严重影响指导教师工作的积极性,进而导致对行政模拟法庭教学的指导不力。就学生而言,参与行政模拟法庭教学与否一个样,参与行政模拟法庭教学的多寡一个样,参与行政模拟法庭教学的良差一个样,即指导教师通常对学生没有采取合理的奖勤罚懒、奖优罚劣的举措,当然这涉及奖金经费问题。就已投入使用的行政模拟法庭实验室而言,它需要管理、维护及更新等,这也需要相应的经费做保障。因此,校地合作下的行政模拟法庭实践教学方法只有以一定的财力,即经费做后盾,才能保持正常、有序、恒久地运行。据此,我们必须高度重视行政模拟法实践教学的经费保障。

行政模拟法实践教学的经费可以从不同渠道予以筹集,如校方、学生、校友、地方政府等。首先,主要的经费保障应来源于校方自身,校方应高度重视行政模拟法实践教,并应提供合理的专项基金,尤其是对于国家下拨的法学实践教学经费必须专款专用;其次,在校大学生作为受教育者,有义务缴纳相应的学费用于行政模拟法实践教学;再次,我们还可以通过争取优秀校友的捐赠途径获取实践性教学经费;最后,更为重要的是,地方政府也应大力扶持地方院校的法学实践教学,因为地方院校所培养的大量法律人才主要是面向地方服务的,因此,地方政府可设立法学实践教学专项扶持基金,这样行政模拟法庭实践教学的经费保障将会十分充裕。当然,获取了充足的经费,还

不一定使行政模拟法庭实践教学卓有成效,因为有些经费没有真正投入到行政模拟法庭实践教学中去,而是被某些唯利是图的经费管理者挪用或滥用了,因此,为了使行政模拟法庭实践教学经费专款专用、落到实处,校方必须建立一个严格合理的行政模拟法庭实践教学经费管理制度。此制度应涉含行政模拟法庭实践教学经费的预算、支出、报账、审批等程序以及违反经费管理的责任等内容。

生活宪法理念与教学实验*

杨学科**

摘　要:生活宪法是一种全新的宪法新理念。它发生学意义上起源于生活的分歧,人学之维在于把每个人真正当作人、当作在生活世界有尊严和追求幸福的具体个人,实践意义上要求宪法从制度到生活秩序的落实。它具有重回生活世界,实现人有尊严的全面发展,规避了宪法学危机和困境的意义。生活宪法教学要求以宪法思维培养为中心,宪法事例融入宪法课堂和多层次的宪法思想实验和生活实验。

关键词:生活宪法　宪法思维　宪法事例　思想实验　生活实验

时下中国宪法学界有三种宪法学流派几乎主导了宪法学界的理论潮流,分别是以韩大元教授为代表的宪法解释学派;以林来梵教授为代表的规范宪法学派;以高全喜、陈端洪教授为代表的政治宪法学派。其中韩大元教授的宪法解释学派主张尊重宪法文本,重视宪法解释方法的运用解决宪法问题;林来梵教授的规范宪法学派主张宪法价值与宪法规范方法的结合使用,要求先确认权利规范在宪法规范体系中的价值核心地位,再追求宪法规范向"规范宪法"的升华;陈端洪教

* 本文为2014年湘南学院校级科研项目(2014XJ21)和校级教改项目卓越法律人才培养和宪法学教学改革的阶段性成果。

** 杨学科(1986—),男,山东蒙阴人,湘南学院法学系助教,硕士。研究方向:宪法学。

授的政治宪法学派主张宪法与政治的联姻,宪法是政治的决断。这些流派都有一定背景、学理支撑,但都无法解决宪法“束之高阁”“不接地气”的宪法学危机和困境,以及“学生不爱听”“老师不敢讲”的宪法教学的困境。笔者提出的生活宪法理念和教学实验不失为一条困境突围创新的新路。宪法总是以或隐或现的方式与生活相联系,有不言而喻的生活常识来源,不能轻率地否认生活与宪法的内在联系,不能被政治宪法学、宪法解释学、规范宪法学这些经过重重改造和重构的宪法科学主义主导性话语阻断生活与宪法的人文主义关联。可以说,生活宪法的出场回应了宪法与生活脱节的时代语境中宪法向何处去的问题。

一、生活宪法理念

宪法本质上是以关注“现实生活”为轴心的“生活法律”。宪法必须将其规范肉身与人的生活本身、生活世界密切联系,只有如此,宪法规范才有价值,生活世界的规范意义才得以澄明。宪法理念的世俗化和生活化,是对现代宪法将宪法作为统治术的超越,是回归古典宪法与人性融合的体现。现代宪法将宪法视为统治工具进行追求个人生活机遇的解放,是为一种解放宪法,而古典宪法是在共同体生活中将宪法作为一种生活方式,是为一种生活宪法。好的宪法一定要从好的民众生活中体现出来,若宪法不关照生活,生活必定将使宪法失语、甚至边缘化,乃至抛弃。所以,我所言的生活宪法是立足于人的生活世界,主张宪法要在价值、理念、规则等与生活世界的价值理念和规则要求相契合,这也是宪法存在的合理性,如果宪法只有纯粹工具性的构建和设计、缺乏生活世界的意向性追求,可能会造成“生活世界的宪法殖民化”。

(一)生活宪法,发生学意义上起源于生活的分歧

宪法产生于人的现实生活,还以特定方式塑造着个人的真实生活。宪法的本身是来源于生活,人为生活而立宪、行宪、护宪,宪法成为人类生活中不能或缺的法律资源和生活规则,宪法的这种发生学意

义上的生活亲缘性反过来又让宪法的目的是来保障人的幸福生活,甚至宪法相当程度上影响了生活其间公民的生活方式与生活态度、生活观念。每个人都生活在生活世界的经验之中,这是无法逃离的宿命。从个人的生活世界之中[1]寻求宪法的生活逻辑及宪法的规范性关照,这种具体生活场景导入是探究宪法安身立命的背景,是稳妥适当的方式。大卫·休谟认为“法律起源于给予人性生活经验的社会常例”。伍德罗·威尔逊认为“世界上的最大障碍不是准则上的,而是品味上的障碍”,假如“社会的某些阶层”因为对方令人不快的习惯而感觉“某些阶层令人生厌”,“他们就不会与之为伍。”于是,冲突不是起源于意识形态或政治,而是源于生活方式差异导致的不理解。[2] 在人性生活经验中,我们遇到的各种生活方式的差异和冲突,没有妥协和沟通,则矛盾危险或战争出场,相反达成共识实现各自利益的正确博弈的新手段法律,却实现了规则调适的合法化和合理性,以各种方式全面影响着每个人的日常生活与整个人类社会,成为人民的一种常态化生活方式。通过法治来构建并维系一个和谐社会,通过彼此努力和共同参与来解决社会冲突。这不仅是我们的胸襟,也是我们寻求的生活方式。[3] 在生活方式的和谐达致中,高位阶、高权阶、高效力的宪法无所不在,与生活息息相关,“是一个无穷尽的、一个国家的世代人都参与对话的流动的话语”。[4]宪法不只是死板的法律文字,它应验于看似平凡的日常生活,是随着社会生活成长,但时至今日,以致成熟为少受社会局限束缚和利益集团绑架的活的宪法。质言之,生活宪法源于人的生活差异,如何通过一定方式寻求共识,尊重差异则是关键所在,在处理方式中,宪法是个位阶较高的较好方式,它最大程度地在尊重生活方式的歧义基础上寻求规则的一致,它真诚地理解和尊重人的生活方式,不是强迫另一方接受压迫的生活方式,从而避免了因生活方式差异而人人为战、卑劣无助的自然状态。

---

〔1〕 姚建宗:《法治的生态环境》,山东人民出版社 2003 年版,第 39—40 页。

〔2〕 张千帆:《宪法学导论:原理与应用》,法律出版社 2004 年版,第 3 页。

〔3〕 杨学科:《基于卓越法律人才培养的“生活宪法”教学初探》,载《黑龙江教育》2014 年第 6 期。

〔4〕 夏利民、李恩慈.:《法学教育论》,中国人民公安大学出版社 2006 年版,第 417—418 页。

（二）生活宪法，人学之维是把每个人真正当作人、当作在生活世界有尊严和追求幸福的具体个人

每个人都经营着自我的生活世界，只有根植于生活世界中，才能获得与这个世界的持久的意义关联。[1] 在法治的追求与践行之中，作为主体的人的坚定的审美立场便是：以人自身的生存、发展和完善为真实的地基和根本的标准。也就是说，法治的审美立场是也应当是以现实的人的现实的生存与生活为基础与出发点，而以现实的人的未来的理想生活为目标指向和参照。[2] 人问“人是什么”时，并不是寻找自己的起点，而是寻找自己的命运。[3] 从人的生活出发，提升人的优良幸福尊严生活，是宪法学的根本。人类对美好生活的向往导致了人类寻找到通过对国家权力分权和集中配置来保障人作为有尊严和追求幸福的权利的主体去安排自己幸福生活的根本方案。古典宪法学关注人的美好生活，真正的宪法是回应一种生活方式，这种对宪法的阐释始于亚里士多德，他认为宪法就是公民的生活规范和公民的生活方式，全人类的目的都在于优良的生活或者幸福、快乐，无论对个人还是对集体而言，人生的终极目的都相同，而最优良的个人目的也就是最优良的宪法目的。现代宪法则与古典宪法理想主义分道扬镳，不再探究人的美好生活理念，逐渐沦为一种统治技术。宪法不只是建立在国家权力控制基础上的，一定要潜移默化地融入生活，成为影响人民生活的行为规则。生活宪法应是关于如何生活的一种生活方式的宪法，一种宪法价值通过生活方式表现出来与人们的日常生活价值融为一体自我实现的宪法。

（三）生活宪法，在实践意义上要求宪法从制度到生活秩序的落实

宪法，根据传统的政治科学的理解，指的是一个社会是怎样构成的，不仅是由正式的或非正式的政府制度构成，而且更普遍的是，由它

---

〔1〕 姚建宗：《法治的生态环境》，山东人民出版社2003年版，第39—40页。

〔2〕 张千帆：《宪法学导论：原理与应用》，法律出版社2004年版，第3页。

〔3〕 杨学科：《基于卓越法律人才培养的“生活宪法”教学初探》，载《黑龙江教育》2014年第6期。

的生活方式构成。[1] 法律不只是世俗政策的工具,他也是终极目的和生活意义的一部分。[2] 生活宪法的旨趣是将宪法塑造成作为生活方式的宪法。宪法本应是一种生活方式,而非教条的堆积。宪法的目标是从整体上改造生活,对现实的人的生活尊重,尊重人的生活自治。生活宪法要求立足于人的生活世界,关注人的现实生活宪法,并充分体现人的生活需求和生活理想。宪法作为人的现实生活式样和生活方式,绝不是悬在人民生活之外的空鹄的,只是个"活的生活过程"。诚如郭叔壬所言:"民治宪政也不外乎是一种生活情态,生活情态的形成不是一朝一夕的事体,所以宪政初行之际,不可陈义过高"。美国的民主政治的发展与完善与人民生活的密切关系,指出"从民主政治的发展上来看,英美的民主政治是他们人民实际生活的产物;他们的民治精神,常固物质生活改变为改变,实践至今,民主政治不但是美国人民的一种生活情态,而且改变成美国人民的一种精神力量"。[3] 所以宪法是立足于人的生活,来自生活,是法律生活最高、最基础的高度抽象的对人的生活具有价值底蕴的指导工具,它对社会生活的影响又反映了生活的本质,是一种反馈和循环性过程。生活宪法的提出,要求宪法从制度到生活秩序的落实,让宪法成为社会生活的一部分,不只是单纯的价值理念。

二、生活宪法提出的意义

(一) 重回生活世界

生活宪法是回归生活世界,以宪法价值规范诊断生活世界的时代弊病,维护人性尊严和生活幸福。生活宪法追求一种生活世界认可的宪法,是一种"有我"的宪法,追求对人的生活的尊重。宪法本应是现实人的规范性生活方式,要与人类在生活实践中自洽生活逻辑和合理

---

〔1〕 夏利民、李恩慈:《法学教育论》,中国人民公安大学出版社 2006 年版,第 417—418 页。

〔2〕 Roy A. Sorensen: *Thought Experiments*, New York: Oxford University Press, 1992, p. 205.

〔3〕 姚建宗:《法治的生态环境》,山东人民出版社 2003 年版,第 39—40 页。

性的目的性追求契合。当宪法与生活世界要求存在不一致,妨碍和破坏人的现实生活时候,这种制度的合理性自然值得怀疑。生活宪法是对日益技术化、与生活世界隔断的现代宪法的超越,重回古典宪法的生活世界的意义和人性的完美融合,立足于人的日常生活世界和具体日常生活场景。生活宪法应对现实生活中人的规范性诉求作出直接有力的规范性关照,这也是我国自齐玉苓案废止以后,十八届四中全会要求加强宪法监督以来,最热宪法问题宪法司法化为议题的宪法适用何去何从的问题。当然生活中宪法的重要性仍体现在对生活问题宪法化,宪法问题技术化守持,只是生活宪法更负载了人的基本生活价值共识和生活理想,表征了人的美好生活的愿望和期待。

(二)实现人有尊严的全面发展

生活的本质就是人的发展和完善。质言之,即生活只能是人的生活,人之外的生物只是生存,满足人的低位阶的基本生存需要的样态是生存,满足人的高位阶的生活理想的才是生活。宪法首要价值在于从人出发维护有尊严和价值的自我。生活宪法的意向性追求其实是人的全面发展价值的实现,实现人的自由和尊严之于人的价值优位性。生活是属于个人的,生活世界中的人是具体的、现实的活生生的人,而非抽象无具体空间的想象人。生活宪法作为生活世界人的一种生活式样和生活方式。人只有在生活世界中才具有生活的意义,才能成为真实的、实在的、活生生的个体。生活宪法教育关心人的生活世界以及人在生活世界中的生活意义,即把宪法学教育回归到培养人的宪法生活经验和能力、提高人的生活质量和生命意义的活动中,这是生活宪法教育的基本期望。[1]

(三)规避了宪法学危机和困境,开辟了宪法学的新视界

宪法是无所不在的,且与我们的日常生活息息相关,宪法的生活方式是具体的,发展具有逐步进化倾向,不是统一划一,宪法的进化理性尊重本土资源与经验,寻求一种基于本土实际可能性的以连接生活

---

〔1〕 姚建宗:《法治的生态环境》,山东人民出版社2003年版,第39—40页。

事实与宪法为中心的现代化发展道路。现实中国的宪法学困境和危机在于宪法过于抽象,脱离实际生活,特别是在理念上将宪法作为对敌人和反社会分子的专政工具,此等意义上国家主义、革命主义领头的宪法集权理念全面压缩社会生活空间,嵌入社会生活的方方面面,意识形态化的宪法理论加剧了宪法的异化,宪法是阶级斗争的工具游离于自由包容的生活世界,失去了对现实生活的关照与引导,被生活边缘化,成为官方和宪法学人自说自话的呓语状态。要摆脱宪法学困境和危机,根本的途径就是重新回归人的生活世界,建立生活宪法。从根本上认识到"宪法学是一门治国理政之学,也是一门经营生活之学"[1]。可以说,生活宪法理念的提出打造了一个返本开新的宪法理论话语体系和空间,会极大推动宪法学研究的新发展。

三、生活宪法的教学实验

教育为人的美好生活而存在,具有深刻的生活构建意义。教育是为我们完美生活的参与和改造做准备,是在对现在生活的某种批判和反思的基础上存在的。生活宪法以生活意义的建构为切入之维,关注宪法的实践理性,基于宪法的重要性和生活疏离性,积极寻求缩短生活与宪法的距离。真正的宪法应该在生活中有无处不在的踪迹,如哈佛大学法学院教授马克·图什内特在《宪法为何重要》中所说的那样:"如果你想让宪法发挥不一样的作用,你不必到法学院里在最高法院判决之前讨论案例。你所要做的,就是在政治上积极起来。寻找与你理念一致的总统候选人,为你的候选人的活动出一份力。如果你找不到你心仪的总统候选人,找一些公民团体,让他们为你所关心的话题寻求支持。这样做,你就是一名模范宪法公民。从这个角度来看,宪法是如此的宏伟!"[2]生活宪法的教学必须在生活现实的层面进行,立足于人的生活世界,关注人的生活场景,通过真实生活的经历思考和体味宪法,此乃是生活宪法教学的应有旨趣。

---

〔1〕 张千帆:《宪法学导论:原理与应用》,法律出版社2004年版,第3页。

〔2〕 杨学科:《基于卓越法律人才培养的"生活宪法"教学初探》,载《黑龙江教育》2014年第6期。

(一)以宪法思维培养为中心,让日常生活"宪在"起来

宪法应该是一种意在构建一种公共生活方式提供合法性和合理性的理念和技术的综合体。宪法思维是宪法理念的重要组成部分,实质上是一种以宪法为出发点和依据思考和处理宪法问题的生活习惯和心理方式,其核心价值指向即为宪法问题的解决,以促进宪法理念实现和维护宪法权威。在宪法教学中,宪法思维的培养也应是其重要组成部分。当我们谈论宪法问题的时候,我们所谈论的并不是什么玄妙高深的理论,而是关系到你我实际生活中的平常事情。[1] 但我们现实中,却对一些违反宪法的事情熟视无睹,没有"这个问题是否违宪"的宪法思维生发,这是我们不重视宪法思维培养的结果。相对于民法的请求权分析思维和刑法三段论及四段论思维等分析性思维,宪法学思维是一个整体性思维和批判性思维,是以限制权力为起点,以保障权利为中心的一种思维模式,宪法教学中应重视历史背景和脉络的阐释,以及权利之恶与权利之善的对等剖析。让学生看到无论周围的日常生活还是国家政治生活背后的宪法结构无处不"宪在",要眼观生活事实,深思宪法规范,这样宪法思维一端连接生活价值,一端连接宪法价值,实现宪法思维在生活世界的反思性实践。

(二)宪法事例融入宪法课堂,让宪法课堂活跃起来

宪法学教育形而上的抽象拔高与形而下的地气不足是其一大弊端。宪法者,位居诸法之上,是治国安邦的总章程,具有最高的法律效力,最高的法律地位,最高的法律权威,是为国家之磐石、九鼎之重器也。宪法更是人类近代以来"最伟大的社会发明",将成为"全人类永久的遗产",而宪法学的这种高姿态、神圣化、最高化的"高量力"的学科定位,俨然是位极至高的天字第一号的"空中楼阁"。[2] 只有少数人能乘飞机上天真正接触它,但即便是这少数人也得碰上大晴天才能

---

〔1〕 姚建宗:《法治的生态环境》,山东人民出版社 2003 年版,第 39—40 页。
〔2〕 张千帆:《宪法学导论:原理与应用》,法律出版社 2004 年版,第 3 页。

看得清楚。[1] 宪法学的课堂更是法学专业课堂比较尴尬的,宪法课一般开在大一上学期,大多数学生法学专业知识处于白板状态,但宪法学教学体系的抽象化、法理化,如果再加上课堂教学的政治传教化或政治高压下的不敢深讲、浅讲辄止,这就影响了学生的宪法学习热情。激活宪法课堂,将宪法事例融入宪法学课堂不失为一个良径,我国宪法由于缺少司宪路径而缺少精细的宪法技术,自齐玉苓案司法解释废止后,更无宪法案例,但先进文明国家的宪法案例和我国丰富多彩的宪法事例是活跃宪法课堂兴趣的“鸡汤”。在我的生活宪法教学实践中,将一些典型性、时代性、反思性的宪法事例故事化,以讲故事的形式生动形象的课堂呈现,这种宪法教学生活化的方式,可取得事半功倍的课堂效果。西方宪政史上以马伯里诉麦迪逊为代表的宪法案例和我国活生生的以齐玉苓案等涉宪事例,可将宪法知识“问题化”,融入宪法课堂,接地气,有理论穿透力,是激活宪法课堂和学生宪法求知热情的重要手段。

(四)多层次的宪法思想实验和生活实验,让宪法与生活零距离

奥地利科学家恩斯特·马赫最早1905年在《认识与谬误》书中最早提出“思想实验”,典型的思想实验有伽利略的重力实验、中文房间、爱因斯坦的光线、薛定谔的猫等,至于法学界最著名的思想实验就是罗尔斯的“切分蛋糕”。这些思想实验都是首先确定待验命题或理论,再在思想实验室,建立虚拟想象的实验场景,最后验证命题和理论的真实性。思想实验作为理性的实验方法,“一个思想实验就是一个无须实施就能达到其目的的实验”[2]。但在我国法学教学研究中,思想实验方法几乎没有运用的。其实中国特色语境下的宪法理论,与西方宪法思想理论不一致处颇多,通过宪法思想实验的教学方法运用,可以让学生寻找宪法论据,证伪辨证,毕竟思想实验做的就是论据。思想实验对于中国没有宪法案例是个很好的弥补措施,当然宪法案例也不可能涵盖宪法所有理论,虚构特定宪法例子放在宪法实验场景中演

---

〔1〕 杨学科:《基于卓越法律人才培养的“生活宪法”教学初探》,载《黑龙江教育》2014年第6期。

〔2〕 姚建宗:《法治的生态环境》,山东人民出版社2003年版,第39—40页。

绎宪法教义，对政治高压下的宪法学教学颇具明“宪”保身意义。

宪法生活实验是思想实验的另一个层面，只是这种场景处在丰富多彩的生活实践中。此实验要求比较高，要求有比较高的理论素养、较强的实践能力以及充足的科研资金支持。至于我的宪法生活实验，只停留在比较简单的层面，只能是在宪法日，带学生参观和体验合作单位郴州市中级人民法院的宪法宣誓活动。中国有两个高校的宪法生活实验比较成功，一个是四川大学周伟教授，以研究教学为目的，通过代理身边生活案件进行宪法生活实验，如 2002 年代理自己的学生蒋韬诉中国人民银行成都分行招录公务员规定身高条件的身高歧视案等。另一个是湘潭大学以胡肖华、欧爱民教授为代表的湘大法学院当事人主义教学模式，创新了宪法学教学模式，实际上就是一种宪法生活实验。湘大师生先后共同启动了废除“驾考合一”制度、删除“身高歧视”、挑战“出租车特许经营”、质疑“国家药监局医院自制医用氧红头文件”、取消“夫妻投靠户口不合理条件”、申请“湘潭市两大职能部门公开财政预算与决算”等宪法生活实验事例，取得良好的社会影响和教学效果。总之，多层次的宪法思想实验和生活实验，是让宪法与生活零距离有良好效果的创新宪法学教学手段。

法学课程教学

《民事诉讼法》课程理论教学与实践训练探究

——以湖南大学法学专业两届学生问卷调查为视角*

陈锦红**

摘　要：作为理论性与实践性并重的《民事诉讼法》，在法学学科体系中占据非常重要的地位。该课程的理论教学与实践训练如何科学配置需要理论探讨和改革尝试，更需要从学生中了解真实情况。从两届学生的问卷调查可知：课程基础安排合理，教学改革基础较为扎实；教学方式进一步改进，学生的学习流程得到优化；合理兼顾基础知识与热点问题，丰富了教学内容；讨论课式的小班教学，提高了学生的学习自主性；多元化的实践教学方式，增强了实践教学效果；继续坚持应用型、复合型法律人才的培养理念；合理安排理论与实践教学学时，满足了学生学习需求；规范成绩构成，构建了有效的考核体系。但仔细分析学生的建议，在未来的《民事诉讼法》课程教学中，还需投入更多的时间和精力，充分调动学生自主学习的积极性，拓宽实践手段，提升实践教学环节的效果。

---

* 本文为湖南省2014教学改革项目“卓越法律人才培养中理论传授与实践拓展关系研究”[湘教通(2014)689-60]的研究成果(已结题)。

** 陈锦红，女，湖南大学法学院副教授，硕士生导师。

关键词:民事诉讼法　理论教学　实践训练

民事诉讼法学既是理论法学,也是实践法学。它在法学学科体系中占据着非常重要的地位,但“在大陆法系国家,民诉法一直是令人生畏的学科”。[1] 笔者在多年的教学过程中,也深深体会到,民诉法的实践性和操作性很强,课堂讲授容易烦琐,尤其是后面的具体程序很难吸引学生的注意力和学习热情,学生也认为只要进入实践便可无师自通;加之,民诉法的内容多而庞杂,法律法规更新快,难以抓住重点,也理不出各个制度规则间的内在联系,学生普遍觉得投入的精力和时间多,却很难全面掌握并灵活运用。基于湖南大学法学院已经进入了应用型、复合型法律人才培养基地的进一步探索与建设阶段,该阶段的重点是加强实践教学的作用,构建应用型、复合型法律人才培养模式。而《民事诉讼法》课程作为理论与实践教学改革的重点,其课程改革也已经付诸实践。为了解《民事诉讼法》课程改革的效果和需改进的内容,争取在今后的教学中做得更为完善,笔者在《民事诉讼法》课程结束之际,分别对法学专业 2012 级和 2013 级两届本科生进行了问卷调查调查,并在进行 2013 级的统计分析中,对比分析了 2012 级的调研结果,力求形成系统的《民事诉讼法》课程改革内容的资料和数据。并在此抛砖引玉,以求教同仁。

一、调查内容

本次调查内容的重点是:

(1) 对《民事诉讼法》课程理论教学学时、上课流程、讲授内容情况进行调查。

(2) 对《民事诉讼法》课程实践教学内容安排情况,对该课程小班指导情况进行调查。

(3) 对《民事诉讼法》课程理论教学与实践教学学时安排、衔接情

---

[1] 江伟、肖建国:《民事诉讼法》,中国人民大学出版社 2015 年版,第 1 页。

况以及所取得的成果进行调查。

(4) 通过对2013级法学本科生的调查，与2012级法学本科生形成数据对比，为《民事诉讼法》课程改革的进一步完善提供支撑。

二、调查结果分析

《民事诉讼法》是教育部法学专业教学指导委员会规定的法学专业学生必修的十四门核心课程之一，在整个法学体系中，民事诉讼法作为一门程序法，不仅有重要的理论价值，而且具有不可低估的实践意义。学好民事诉讼法，除了自身知识积累，兴趣也是很大的助力。此次问卷调查结果表明，在2013级法学本科生中，87.03%的学生对民事诉讼法课程感兴趣，其中17.59%的学生对该门课程非常感兴趣，而不感兴趣的仅占1/8左右。

相对于2012级法学本科生而言，2013级学生对民诉法课程感兴趣的程度有所上升，但对该门课程非常感兴趣的比例有一些下降。从总体上来看，绝大部分学生对民事诉讼法课程兴趣较为浓厚，这为民事诉讼法课程改革的顺利进行提供了基础性条件。

(一) 理论教学情况分析

1. 对《民事诉讼法》课程基本情况的调查与分析

调查内容		你认为《民事诉讼法》课程选用的教材如何？		你认为应该在哪个学期安排学习《民事诉讼法》课程较为合适？（请同时勾选相应的上、下学期）							
调查选项		合适	不合适	大一上	大一下	大二上	大二下	大三上	大三下	大四上	大四下
2012级	小计	116	6	3	4	34	51	48	25	1	0
	比例(%)	95.08	4.92	2.46	3.28	27.87	41.8	39.34	20.49	0.82	0
2013级	小计	103	4	1	1	26	41	54	28	1	0
	比例(%)	95.37	3.7	0.93	0.93	24.07	37.96	50	25.93	0.93	0

通过对以上数据的分析,可以看到,在2013级法学本科生中,有95.37%的学生认为目前选用的江伟教授主编的《21世纪法学系列教材:民事诉讼法》作为民事诉讼法课程的教材是合适的,只有4名学生认为不合适,还有1名学生未做选择,认为教材不合适的个别学生建议应选用稍微薄一点的教材。其中,对2012级法学本科生进行调研的结果也显示选用的教材是合适的,能够满足学生的要求,2013级学生延用2012级的教材也获得了学生的高度满意,更加说明目前选用的民事诉讼法课程教材的合理性,继续作为下届教材使用是可行的。

而从该课程的学习时间阶段来看,从整体上来说,学生普遍认为民诉法课程的开展应当在大二和大三期间进行。其中,一半的学生认为应当在大三上学期进行,这与当前我院对民事诉讼法课程的上课安排相符,说明目前的开课阶段较为合理,得到学生的较大支持。37.96%的学生认为在大二下学期开课较为合适,25.93%的学生认为应当在大三下学期开展。而部分同学在选择时,选择了大二或大三整个学年,认为应当用一个学年的时间来学习民事诉讼法课程。除此之外,有少部分同学还建议可以将民事诉讼法安排在法律文书写作之后,或者是与民法同步学习,安排在大二下学期进行。与2012级法学本科生相比,2013级学生的意见更为集中,2012级学生中最多的是认为应当在大二下学期进行民事诉讼法课程的学习,而2013级学生则认为应当在大三上学期开展该课程的占比最高,且所占比重达到了50%。

从对2013级法学本科生学习阶段的调查情况来看,结合对2012级调研的相关结果,可以看到在大二或大三进行民事诉讼法课程的学习,符合民事程序法学的课程特点,即立足于一定的实体部门法的学习,能够对民事诉讼法学有更好的理解与把握,学习效果更佳。而学生的主要分歧点有两个:其一是进行民事诉讼法的时间阶段是在大二下学期还是大三上学期更为合适;其二是对该课程的学习时间长度是以一学期为标准还是应延长到一个学年。这两个问题都需要根据民事诉讼法学课程的特点,在改革与探索中予以进一步调整,安排更为合理的课程教学计划。

调查内容		对于《民事诉讼法》课程的学习，你更倾向于以下哪种学习流程？								
		课前阶段			上课阶段			课后阶段		
调查选项		预习	不预习	空	听讲为主	讨论、提问和练习为主	空	自主练习	老师指导练习	空
2012级	小计	84	33	5	101	19	2	47	71	4
	比例（%）	68.85	27.05	4.1	82.79	15.57	1.64	38.52	58.2	3.28
2013级	小计	73	33	2	82	25	1	58	48	2
	比例（%）	67.59	30.56	1.85	75.93	23.15	0.93	53.7	44.44	1.85

2. 对《民事诉讼法》课程学习流程的调查与分析

民事诉讼法课程的学习流程，按照时间标准一般可以分为课前阶段、上课阶段以及课后阶段。针对课前阶段，2013 级法学本科生中有 67.59%的学生倾向于预习，30.56%的学生没有预习的习惯。而从上课阶段来看，认为以听讲为主的占 75.93%，以讨论、提问和练习为主的占 23.15%。根据上述数据可知，学生更习惯于“老师讲，学生听”的传统教学模式，讨论、提问的参与度与热情度不高。从课后阶段来看，倾向于自主练习的占 53.7%，认为需要老师指导练习的占 44.44%。过半数的学生更愿意通过自主练习的方式巩固课程内容，可见学生主动学习的程度较高，需要其在今后的学习中继续坚持，培养自我思考与学习的能力。但同时也需要老师的指导相配合，二者相结合才能将学过的知识内化为自身知识，增强对民事诉讼法知识的吸收。

根据上述数据和分析可知，相对于 2012 级法学本科生而言，2013 级本科生在学习《民事诉讼法》课程的过程中，表现出了以下不同之处：第一，大部分的学生仍然有课前预习的好习惯，但比例略有下降，绝对人数从 84 人下降到了 73 人。民事诉讼法作为程序法，知识较为庞杂，易与行政诉讼法以及刑事诉讼法相混淆，课前是否预习对学习的效果会有所影响，需要学生培养自己课前预习的习惯。第二，无论是在上课阶段还是课后阶段，学生学习的主动性均有所增强。一方面是倾向于以讨论、提问和练习为主的上课模式的比例提高了近8个百分点,这在侧面表明民事诉讼法课程改革中开展的讨论课以及各类实践课程在一定程度上带动了学生上课的主动性与积极参与性,是该课程改革取得的一项重要成果。当然,也需要老师继续在课上提高学生的讨论与提问的活跃程度,加强在教与学之间的互动。另一方面是学生倾向于课后自主练习的比例从38.52%提高到了53.7%。上升了15.18%,幅度较大,更注重对自身学习能力的要求。

3. 对《民事诉讼法》课程理论教学安排的调查与分析

调查内容		你认为目前《民事诉讼法》理论授课教学学时安排是否合理?			你认为《民事诉讼法》的授课内容应侧重基础知识还是热点问题?			
调查选项		合理	比较合理	不合理	基础知识	热点问题	两者都应兼顾	空
2012级	小计	40	68	14	37	3	81	1
	比例(%)	32.79	55.74	11.48	30.33	2.46	66.39	0.82
2013级	小计	37	60	11	31	4	73	0
	比例(%)	34.26	55.56	10.19	28.7	3.7	67.59	0

从上表可以看出,2013级法学本科学生认为《民事诉讼法》理论授课教学学时安排合理的占34.26%,认为学时安排比较合理的占55.56%,而认为学时安排不合理的比例为10.19%。总体上来说,学生普遍认同目前对理论授课教学学时的安排,认为能够满足其对理论知识的学习需求。少部分学生认为理论学时安排不合理的原因主要是认为民事诉讼法课程内容既多且杂,目前64个学时的安排还太少。而从《民事诉讼法》授课内容的侧重点来看,28.7%的学生认为应当侧重于基础知识,3.7%的学生认为侧重点应该在热点问题,而67.59%的学生认为应当兼顾基础知识与热点问题。通过对比以上数据可以发现,在《民事诉讼法》课程的学习中,基础知识是根基,但同时也要关注热点问题,将理论知识与现实热点问题相结合,运用理论知识解释热点问题中的法律问题,同时又在热点实践中再次学习理论知识,巩

固民事诉讼法课程的学习成果。

相对于2012级法学本科生来说,2013级学生在民事诉讼法理论教学安排的态度上大体一致。在授课内容上,认为侧重点应略向热点知识倾斜,其比例有小幅度上升。

4. 对《民事诉讼法》课程结业方式的调查与分析

调查内容		你认为民诉法课程应该采取何种结业考试方式?				
调查选项		闭卷考试	开卷考试	结课论文	其他	空
2012级	小计	52	52	13	3	2
	比例(%)	42.62	42.62	10.66	2.46	1.64
2013级	小计	61	44	3	0	0
	比例(%)	56.48	40.74	2.78	0	0

针对《民事诉讼法》课程的结业方式,2013级法学本科生认为采取闭卷考试的比例为56.48%,开卷考试的比例为40.74%,结课论文方式的比例为2.78%。根据上述数据可以发现,学生普遍认同采用传统的考试方式来检验该课程的学习成果,可以督促其学习,也符合学生的考核心理。而仅有不到3%的学生选择结课论文方式,这在侧面反映了学生在学习中研究与深层探究问题意识的缺乏,需要老师在教学中加以引导。而与2012级学生相比,2013级学生更倾向于采用闭卷考试的考核方式,学生对自身知识的掌握程度要求较高,同时在对结课论文的考核方式的态度上,比例从10.66%下降到2.78%,下降了近8个百分点,还有个别学生表示对论文无好感。可见,民事诉讼法课程的结课方式在坚持考试方式的基础上,也要加强对论文写作的训练,通过分数杠杆的倾斜提高学生对论文写作的积极性。

(二) 实践教学情况分析

1. 对小班教学的调查与分析

调查内容		你认为目前《民事诉讼法》小班指导教学安排合理与否?			你如何评价本次《民事诉讼法》课程小班讨论课实践性?				
调查选项		合理	不合理	空	很强	较强	一般	较差	空
2012级	小计	107	13	2	9	43	58	8	4
	比例(%)	87.7	10.66	1.64	7.38	35.25	47.54	6.56	3.28
2013级	小计	102	6	0	16	67	24	1	0
	比例(%)	94.44	5.56	0	14.81	62.04	22.22	0.93	0

通过对比以上数据分析,2013级法学本科生认为《民事诉讼法》小班指导教学安排合理的百分比为94.44%,仅有5.56%的学生认为安排不合理。其中,认为安排不合理的学生提出小班教学的人数应当要调整,有学生建议应安排10人一个班,也有学生认为应安排20人,还有学生建议采用25人一个班,另外也有建议说要安排一班30人。整体上来说,绝大多数同学认可小班指导教学,学校应当继续实行小班教学,同时对于小班教学的班级人数也需要根据学生实际情况加以调整,避免人数过少的管理成本的增加,也要防止人数过多而流于形式化的风险。与2012级法学本科生相比,2013级学生对小班教学安排的认同度有所提升,说明民事诉讼法课程改革在小班教学模式过程中不断显示出它的优势,当然也还需要不断加以调整,形成更为合理的小班教学安排。

而对于小班讨论课的实践性,14.81%的学生认为很强,62.04%的学生认为实践性较强,而认为实践性一般的人数占总人数的22.22%。总体上,学生对小班教学的实践性持认可态度,直接表明小班教学模式的可行性。而2013级学生对小班教学实践性的认可度较2012级学生强,选择“很强”与“较强”的比例均有大幅上升,尤其是较强的幅度从35.25%上升到了62.04%。可见,通过2012级、2013级学生小班教学模式的开展,其实践性不断得到学生的认可。

2. 对《民事诉讼法》实践环节教学的具体方式的调查与分析

调查内容		在你看来,《民事诉讼法》实践环节教学的具体方式可以有哪些?(可以多选)					
调查选项		旁听庭审	司考题练习	案例讨论	小论文写作	其他	空
2012级	小计	81	84	105	29	8	2
	比例(%)	66.39	68.85	86.07	23.77	6.56	1.64
2013级	小计	86	77	91	28	3	0
	比例(%)	79.63	71.3	84.26	25.93	2.78	0

从《民事诉讼法》实践环节教学的具体方式来看,案例讨论方式占的比例最高,体现了学生喜欢通过案例分析实践中的法律问题,而不仅仅将法律知识停留在书本层面。其次是旁听庭审,所占比例为79.73%,学生愿意通过旁听庭审这种方式实际感受和学习民事诉讼法课程。所占比例排第三位的是司考练习题方式。相对而言,选择小论文写作方式的比例较低,仅为25.93%,说明学生更喜欢趣味性以及灵活性更强的案例讨论、旁听庭审以及司考题练习的方式,而对于论理性更强的论文写作兴趣不高。而在选择其他方式的学生中,有同学还建议增加模拟庭审。

2012级、2013级法学本科生在《民事诉讼法》课程实践教学环节的具体方式选择中,案例讨论、旁听庭审以及司考题练习所占的比例都是在前三位的,比例都高于65%,说明这三种方式的实践教学效果较好,应当继续采用。同时,相对于2012级学生来说,2013级学生选择旁听庭审以及司考题练习的比例较高,尤其是旁听庭审方式,所占比例上升了13.24个百分点。对于司考题练习方式来说,由于每一个想从事法律工作的人,通过司法考试是准入性条件,而司法考试的题目更侧重应用法条而不是理论分析,2013级学生选择司考题练习比例的上升也说明学生进一步认识到司考的重要性,务实性意识有所增强。同时,2013级学生更支持旁听庭审,该种方式得到了更多学生的支持,应当在今后的教学中继续采用,而且还要适当予以增加旁听庭审的次数。

3. 对《民事诉讼法》实践环节各种教学方式取得效果的调查与分析

从上表可以看出，首先，2013级法学本科生对各种实践教学方式总体满意度较好，对小论文写作的点评方式满意及以上程度的高达96.3%，认为旁听庭审的学习效果认为较好和很好的比例达64.66%，仅有0.93%的学生认为较差，而对于“老师布置选题，学生分组主讲”的学习效果的好评达72.22%，这些都说明《民事诉讼法》课程改革在实践教学环节取得了较好的成效，得到了学生的支持。其次，虽然旁听庭审趣味性比其他两种方式强，根据前文调查数据可知，相较小论文写作，学生更喜欢旁听庭审，但是学生认为旁听庭审的学习效果不如其他两种方式，79.63%的学生支持旁听庭审，但学习效果的好评仅为64.66%，低于学生支持旁听庭审的比例。支持度低于好评度，这说明在组织旁听庭审的过程中还存在问题需要改进，比如旁听庭审的次数是否能满足学生的需求，选取的案件是否符合学生兴趣，是否组织后续的分析和学习来加深旁听的效果等等。最后，仍有少部分学生对各种实践教学方式存在不满意的状况，也需要加以调整与改进。

与2012级法学本科生相比，2013级学生对《民事诉讼法》课程改革中实践教学环节的效果评价都有所提高。其中，对小论文写作点评方式的满意度增加了12.7%，对“老师布置选题，学生分组主讲”的学习效果的好评上升了12.39%。尤其是认为旁听庭审的效果很好和较好的比例均有所提升，分别增加了8.57%和12.18%，说明旁听庭审的效果虽然还有待增强，但仍然是一种较有效的实践教学方式，只要加以调整，学生对其满意度将会不断攀升。因此，这三种实践教学方式都是可行和有效的，需要继续予以运用，同时还要加强实践教学方式之间的交流，不断加以调整，力求使《民事诉讼法》课程改革实践教学方式的效果得到最大限度发挥。

调查内容		你对《民事诉讼法》课程实践环节“小论文写作”中“同学写作＋老师批阅点评”的形式是否满意？					你认为在《民事诉讼法》课程实践环节中，旁听庭审的学习效果如何？					你认为在《民事诉讼法》课程实践环节中，“老师布置选题，学生分组主讲”的学习效果如何？				
调查选项		非常满意	满意	不太满意	非常不满意	空	很好	较好	一般	较差	空	很好	较好	一般	较差	空
2012级	小计	16	86	12	1	7	11	45	51	13	2	21	52	35	7	7
	比例	13.11	70.49	9.84	0.82	5.74	9.02	36.89	41.8	10.66	1.64	17.21	42.62	28.69	5.74	5.74
2013级	小计	31	73	4	0	0	19	53	34	1	1	21	57	27	2	1
	比例（%）	28.7	67.59	3.7	0	0	17.59	49.07	31.48	0.93	0.93	19.44	52.78	25	1.85	0.93

(三)理论与实践教学契合情况分析

1. 对《民事诉讼法》理论与实践教学学习情况分析

调查内容		你认为目前《民事诉讼法》课程设置能否满足你对民诉法理论与实践的学习?					你认为目前《民事诉讼法》课程的“64+16”(64理论课时+16实践学时)学时安排是否合理?		
调查选项		完全满足	基本满足	部分满足	不能满足	空	合理	不合理	空
2012级	小计	10	77	30	2	3	94	25	3
	比例(%)	8.2	63.11	24.59	1.64	2.46	77.05	20.49	2.46
2013级	小计	19	66	22	0	1	88	20	0
	比例(%)	17.59	61.11	20.37	0	0.93	81.48	18.52	0

大部分学生认为目前《民事诉讼法》课程设置能满足民事诉讼法理论与实践的学习,“64+16”(64个理论课时+16个实践学时)的学时安排合理,二者的好评比例都在80%左右,说明当前课程设置以及学时安排是较为合理的,能作为继续实行的参考标准。但也有20.37%的学生认为目前《民事诉讼法》课程设置只能部分满足理论与实践的学习需求,18.52%的学生认为“64+16”学时安排不合理。其中,认为学时安排不合理的原因主要有以下两个方面:一是认为《民事诉讼法》课程内容多,而且复杂,需要更多的时间来学习;二是认为目前的课时偏少。不仅总课时较少,而且认为理论课时和实践课时都较少,不能与所学内容的多少相匹配。还有个别学生建议增加讨论课的课时等等。

与2012级法学本科生相比,2013级学生对目前《民事诉讼法》课程设置以及课时安排的满意程度都较高,说明学生逐步在适应该课程的设置以及学时安排事项,也进一步说明当前有关民事诉讼法课程的总体设置框架是合理且可行的。同时,2013级学生与2012级学生一样,都有少部分学生认为学时不够,建议增加理论以及实践课程课时。

可见,《民事诉讼法》课程改革在今后的一个关注点就是要注重对理论与实践课时的合理安排,适当增加课时,满足学生对程序法知识的学习需求。

2. 对《民事诉讼法》课程成绩构成的调查与分析

<table>
<tr><td colspan="2">调查内容</td><td colspan="5">你对《民事诉讼法》课程成绩由平时成绩、期中成绩和期末成绩构成是否认可?</td></tr>
<tr><td colspan="2">调查选项</td><td>非常满意</td><td>满意</td><td>不太满意</td><td>非常不满意</td><td>空</td></tr>
<tr><td rowspan="2">2012级</td><td>小计</td><td>18</td><td>100</td><td>3</td><td>0</td><td>1</td></tr>
<tr><td>比例(%)</td><td>14.75</td><td>81.97</td><td>2.46</td><td>0</td><td>0.82</td></tr>
<tr><td rowspan="2">2013级</td><td>小计</td><td>24</td><td>72</td><td>8</td><td>3</td><td>1</td></tr>
<tr><td>比例(%)</td><td>22.22</td><td>66.67</td><td>7.41</td><td>2.78</td><td>0.93</td></tr>
</table>

《民事诉讼法》课程成绩由平时成绩、期中成绩和期末成绩三者构成,对于这样的成绩结构,22.22%的学生表示非常满意,66.67%的学生表示满意,说明由平时成绩、期中成绩和期末成绩构成《民事诉讼法》课程的成绩结构非常合理,可以继续沿用。但从上表中可以看到,仍有10%左右的学生对成绩构成不太满意,主要是认为期末成绩的占比过高,考试压力较大。有部分学生建议应当降低期末考试成绩的比例,加大平时成绩和期中成绩的比例,参考比例在50%至70%之间,同时还可以通过增加作业量、加大案例分析等方式提高其成绩构成比例,还有个别学生建议将道德素质因素纳入到平时成绩构成中。

与2012级法学本科生相比,2013级学生对目前《民事诉讼法》课程成绩构成的认可度有所降低,越来越多的学生认为应更加重视平时成绩和期中成绩,考察学生的整体表现。在课程改革中,已经将讨论课、课堂案例分析等实践课程表现纳入到了成绩考察体系,体现了民事诉讼法课程对实践学习的重视,得到了学生的支持。但也需要适当提高平时成绩、期中成绩所占的比例,提高学生的学习积极性与主动性。

调查内容		你对《民事诉讼法》老师课堂讲授的评价?				经过《民事诉讼法》课程的学习,你对民事诉讼法知识、技能的掌握程度如何?				
调查选项		非常满意	满意	不太满意	非常不满意	25%以上	50%以上	75%以上	90%以上	空
2012级	小计	63	52	7	0	13	68	38	0	3
	比例(%)	51.64	42.62	5.74	0	10.66	55.74	31.15	0	2.46
2013级	小计	81	27	0	0	11	50	44	3	0
	比例(%)	75	25	0	0	10.19	46.3	40.74	2.78	0

3. 对《民事诉讼法》课程理论与实践教学成效的调查与分析

通过以上数据的分析,2013级法学本科生对《民事诉讼法》老师课堂讲授的评价,达到了100%的满意度,其中75%的学生持非常满意的态度,25%的学生持满意态度,学生在对该门课程的建议中更是对老师的课堂讲授给予了高度评价,说明老师的课堂讲授能够满足学生的学习需求,受学生欢迎,《民事诉讼法》课程的教学改革在“教与学”中的教的方面取得了显著的成效。而从学生自身认为对民事诉讼法知识、技能的掌握程度来看,认为掌握了25%以上的占10.19%,认为掌握了50%以上的占46.3%,认为掌握了75%以上的占40.74%。总体来说,认为掌握了50%及以上的比例占到90%左右,对知识、技能的掌握程度较好。但也应当看到,认为掌握了90%以上的比例很低,仍需要重视知识的巩固与技能的实践,提高学生对知识、技能的掌握程度。

2012级与2013级学生对老师课堂讲授的评价都较高,尤其是2013级学生对老师授课的评价的满意为满分,进一步说明《民事诉讼法》课程教学方式的有效与策略的可行。同时在对知识、技能的掌握程度上来说,2013级学生认为自己掌握的程度也有所上升,在75%的程度上比例提高了近10个百分点,更是突破了2012级学生无人认为自己掌握了90%以上的困境,说明学生对自身知识掌握以及知识结构的认识上有了一定程度的深入。

学生最后针对《民事诉讼法》课程"教与学"方面还提出了相关建议,主要有以下几点:第一,通过增加作业量和采用边教边复习的策略,不断巩固已经学过的知识;第二,增加课时,应对民事诉讼法课程内容多且杂的现状;第三,增加实践环节,诸如案例分析、模拟庭审,将理论与实践相结合,在实践中学习民诉法的相关知识等。与 2012 级学生相比,要求增加作业量的方式体现了 2013 级学生更强的学习主动性,需要在今后的学习中继续保持与发扬。

4. 对法学专业理论课程与实践课程教学设置的调查与分析

调查内容		以《民事诉讼法》课程改革为视角,你认为怎样设置法学专业理论课程与实践课程教学的比例才更为合理,更有利于培养应用型复合型法律人才?				
调查选项		7∶1	6∶1	5∶1	其他	空
2012级	小计	8	32	69	11	2
	比例(%)	6.56	26.23	56.56	9.02	1.64
2013级	小计	10	19	74	5	0
	比例(%)	9.26	17.59	68.52	4.63	0

《民事诉讼法》课程的改革坚持理论教学与实践教学相契合的模式,对于该门课程,目前理论教学与实践教学的比例安排为 64∶16,即 4∶1。以《民事诉讼法》课程改革为视角,对于培养应用型、复合型法律人才,法学专业理论课程与实践课程教学的比例怎样设置较为合理,9.26%的学生认为 7∶1 是合理的,17.59%的学生认为比例安排为 6∶1 较为合适,68.52%的学生认为 5∶1 更为合理,有学生还认为理论与实践课程的比例应当是 4∶1 或 3∶1,甚至有学生认为该比例应当是 2∶1 或 1∶1。可见,学生普遍认为更多的实践教学更有利于应用型、复合型法律人才的培养,可建议学院增加实践教学的学时,更好地将法学专业理论教学与实践教学相契合。与 2012 级法学本科生相比,2013 级学生在法学理论与实践课程的比例设置的选择上更为集中,绝大部分学生支持 5∶1 的比例,说明学生越来越重视实践教学的作用,对调整课程比例有重要的参考意义。

三、调查结论

《民事诉讼法》是一门实践性很强的法学专业课程,不仅需要学好民事程序法的理论知识,还需要在实践中不断加以运用,才能将知识真正内化为学生自己的储备。《民事诉讼法》课程改革的目的就是通过增加实践教学环节,合理安排理论与实践教学,使学生能够更好地学习民事诉讼法知识,同时也契合应用型、复合型法律人才的培养理念。通过对以上数据的分析可见,《民事诉讼法》课程改革经过 2012 级、2013 级法学本科生的实践,已经取得了显著成效,主要体现在以下几个方面。

(一)《民事诉讼法》课程理论教学方面

1. 课程基础安排合理,教学改革基础较为扎实

《民事诉讼法》作为法学本科生必修的专业课程之一,合理的课程基础安排是该课程教学改革得以顺利进行的前提条件。在课程设置上,有几点框架性的计划是应当继续坚持的。首先,教材选用恰当。江伟教授主编的《21 世纪法学系列教材:民事诉讼法》已经出版到第六版,教材不断予以更新,符合实际教学需要。其次,课程学习时间安排较为合理。目前安排在大三上学期进行民事诉讼法课程的学习,既符合程序法以实体法为理解基础的学习规律,也契合学生在下学期准备司法考试的需要。适当的教材与合理的学习时间安排为《民事诉讼法》课程改革奠定了良好的基础,但也应当注意倾听学生的需求,考虑延长该课程的学习时间,让学生能较好地对知识进行消化。

2. 教学方式进一步改进,学生学习流程得到优化

在《民事诉讼法》课程改革的过程中,除了继续坚持体系化、现代化的教学方式之外,还在原有的教学方式上不断加以优化,增强学生学习的主动性,促进学生学习流程的优化。具体来说,主要体现在以下两个方面:其一,在上课阶段,通过不断鼓励学生进行讨论和提问,将学生上课的积极表现量化到学习成绩中,提高学生学习的积极性。其二,通过课前知识的回顾以及知识点的总结、归纳,在巩固知识的同

时，帮助学生构建清晰的知识脉络，形成对民事诉讼法的整体认知。在此过程中，也还存在学生课前预习程度不够以及参与度还有待加强等仍需要进一步解决的问题，需要在教学改革中加以重视。

3. 合理兼顾基础知识与热点问题，丰富了教学内容

《民事诉讼法》课程改革在教学内容上仍然坚持既教授基础理论知识，又穿插热点知识讲解与分析的模式。二者兼顾的模式不仅切合民事诉讼法本身实践性较强、内容庞而杂的特性，而且也能够帮助学生从理论到理论的学习困境中走出来，更好地理解民事诉讼法的知识。在教学内容上兼顾基础知识与热点问题是《民事诉讼法》课程改革中的一大亮点，具体做法是在课堂知识讲解中，引入典型化的案例与实时性的热点问题，将枯燥的民事诉讼理论知识透过时事热点灵活地加以讲解和运用，在活跃课堂气氛的同时，也调动了学生的积极性。可见，兼顾性的教学内容改变了以往单一化基础知识教学的弊端，同时也缓解了法律理论与现实脱节所带来的严峻形势，应该继续坚持。与 2012 级学生相比，2013 级学生希望能有更多的热点知识的讲解，因此在兼顾民事诉讼法基础知识与热点问题的同时，需要增加热点知识讲解的频率，让学生能够更好地掌握知识，增强教学的成效。

(二)《民事诉讼法》课程实践教学方面

1. 讨论课式的小班教学，提高了学生学习自主性

小班教学是《民事诉讼法》课程教学改革的一个重点，也是最具突破性的所在。小班教学采用问题讨论，案例分析等方式让学生自主参与，自由选择讨论角色，充分调动了学生的积极性。同时，在小班教学的讨论中，围绕当前的热点以及民事诉讼法前沿知识进行深入的探讨，不仅有利于学生逻辑思维能力的培养、社会实践敏感度的提升，更是让学生从一名法律工作者的角度，理性看待问题，促进其法律人格的塑造。根据分析可以看到，与 2012 级学生相比，2013 级学生对小班教学给予了更肯定的态度，认为小班教学的实践性更强。这些都说明小班教学是一种能够让学生熟悉事务的有力途径，是一种可以继续沿用的实践教学方式。为了让讨论式的小班教学更好地发挥作用，应当以让学生充分讨论、发挥自主性为指导原则，根据教学的实际情况，考

虑学生反映的意见,对小班教学的人数加以调整,不断完善小班教学模式。

2. 多元化的实践教学方式,增强了实践教学效果

《民事诉讼法》课程的特点是应用型、实践性较强,这就要求安排实践化的教学方式让学生能够更好地理解相关知识。此次课程改革坚持多元化的实践教学方式,将旁听庭审、案例讨论、司考题练习、小论文写作以及模拟法庭等方式纳入到教学活动中,扩宽了学生接受民事诉讼法知识的渠道,使教学更加灵活,实践教学的效果明显增强。组织学生旁听庭审,通过联系相关法院,选取能够让学生了解庭审全部流程的案件,让学生能够在实务中感受民事诉讼法的魅力;案例讨论,通过老师布置案例,学生进行案件分析以及学生自主选择案例相结合的方式,引导学生积极参与,锻炼了其思辨与资料收集、分析能力;司考题练习,在进行民事诉讼法知识讲解的过程中,将相关知识点与最新的司法考试题相联系,让学生更好地掌握某项知识点是如何在司法考试中得到体现的,为学生准备司法考试提供指引;小论文写作,将学生在小论文中的表现量化到平时以及期中考试的成绩中,挖掘学生研究问题的潜能,培养学生深层思考的习惯。通过前述数据的分析可知,多元化的实践教学方式不断得到学生的支持,且其支持比例呈上升趋势,收效较好,应当继续坚持多样化的实践教学方式。但某些实践教学方式效果没能达到预期,主要体现在旁听庭审的满意度低于其支持率,还需要继续予以改进,再一个就是学生在实践教学环节的积极主动性还不够,需要继续采取措施促进其充分参与。

(三)《民事诉讼法》课程理论与实践教学契合方面

1. 继续坚持应用型、复合型法律人才的培养理念

《民事诉讼法》课程改革以来,一直坚持应用型、复合型法律人才的培养理念,从 2012 级法学本科生开始延续到 2013 级,不断加强实践教学的比例,促进理论与实践教学相契合的程度。在课程改革过程中,立足于民事诉讼法本身的特点,让学生了解、参与民事诉讼实践,将这种人才培养理念贯穿始终。正确的培养理念是民事诉讼法课程改革取得显著成效的有力指导。

2. 合理安排理论与实践教学学时，满足了学生学习需求

《民事诉讼法》课程既需要学习民事程序理论法知识，又需要在实践中加深认识，因此，教学改革一直坚持理论教学与实践教学并重的教学方式，合理安排理论与实践教学学时，不断满足学生对民事诉讼法知识学习的需要。目前"64＋16"的学时安排得到了学生的充分认可。在此安排下，学生对民事诉讼法知识以及技能的掌握程度也在不断提高，这些都是《民事诉讼法》课程改革取得良好成效的证明。可见，合理的学时安排不仅保证了足够的理论教学和实践教学时间，让学生能够更好地接受知识，而且通过理论与实践教与学的相长，增强了民诉教学中理论与实践的契合度。此外，也有部分同学反映存在学时不够的问题，认为理论学时与实践学时都较为紧凑，难以在学时内掌握好民事诉讼法知识，需要进一步予以调整。

3. 规范成绩构成，构建了有效的考核体系

传统的"一考定分数"的考核方式已经不能适应现实需要，《民事诉讼法》课程改革中坚持规范成绩构成，构建了有效的考核体系。学生成绩最为直接反映了《民事诉讼法》课程的改革成果，也是检验学生学习效果的一项重要指标。在课程改革中，将学生成绩分项考察，由平时成绩、期中成绩以及期末成绩三者构成，按比例得出较为客观的成绩值。其中，平时成绩的构成是将学生在课堂讨论、案例分析以及小论文写作等实践教学中的表现量化为具体的分数予以计算，在考核中衔接了理论与实践教学的成果，得到学生的大力支持。但也有部分学生表示，平时成绩和期中成绩的构成项目较多，目前30％的占比过低，应当予以提高，这也是在考核中需要注意改善的地方。

四、针对问卷调查的改进措施

《民事诉讼法》课程改革已经取得了一定的成效，但是改革没有完成时，永远只有进行时，为了更好地实现《民事诉讼法》课程教学目标，根据学生反馈的问题和建议，笔者也在思考以下几点改进措施：

1. 增加课程学时，保证学生学习时间

《民事诉讼法》是法学核心重点课程，也是学生进入社会从事法律

工作必备的知识储备。根据问卷调查中学生的反馈意见可知,部分学生认为民事诉讼法涵盖知识多,而且涉及的程序复杂,目前的学时安排不能满足对该课程内容的学习需求。因此,应当适当增加课程的学时,保证学生的学习时间。其一是可以考虑延长民事诉讼法课程的学习期间,安排在大二下学期以及大三上学期两个学期进行。这样不仅可以帮助学生将实体部门法知识,尤其是民商法知识在民事诉讼法中得到衔接,还可以为学习其他程序法知识打下坚实的基础;其二是可以考虑仍然在大三上学期进行,但是应当增加现有的学时,不仅是理论学时,实践学时也要相应的予以增加,让学生在集中的时段内吃透民事诉讼法的相关知识。当然,这需要学校培养计划的支持,如此一来,难度就大了。

2. 进一步合理安排小班教学模式,调动学生积极性

小班教学作为《民事诉讼法》课程改革的亮点与重点,在实践中得到了学生的认同,效果较好。同时,小班教学模式还有可以继续改进的地方,应当更深入地挖掘其调动学生积极性的因素。首先是可以进一步合理安排小班的学生人数,过多或过少都不合适,应当综合考量教学的实际情况,学生讨论的积极性、讨论角色的分配等因素来决定多少人一个班是较为合适的。其次是提高小班讨论中学生的积极性与参与性,让每位学生都能在小班讨论课中充分发挥自身的优势,参与到讨论中来。

3. 继续丰富实践环节类型,保证实践环节效果

针对学生的反馈,在实践教学环节需要继续丰富实践教学方式,进一步发挥实践教学的效果。一方面是可以增加司考真题的讲解以及案例讨论等实践教学的次数,让学生能够有更多的机会参与实践教学,通过更实务化的方式学习民事诉讼法知识;另一方面主要是针对旁听庭审存在的效果不佳的状况,应当在今后的教学改革中继续完善。不论在案件的选择上、流程的讲解上,还是在旁听后的总结交流方面都应当做到位,提升旁听庭审的效果,让学生真正能够应用法律知识解决现实中的法律问题,而不能仅仅停留在理论层面,切实保障实践教学的效果。此外,为鼓励学生积极参与实践环节,可以通过给予积极参加者以及表现优异者加分等方式,将其计入平时成绩中,并

通过提高平时成绩的占比，激发学生的学习热情等等，这些都需要在改革中继续探讨，继续完善。

4. 加大练习力度，提高知识掌握程度

学生学习《民事诉讼法》课程的目的就在于掌握民事诉讼法的相关知识，并能够运用到实践中，但现阶段如何提高学生对知识的掌握程度是一个迫切需要解决的问题。增加相应的练习量是一个可行的办法，不仅符合学生的需求，还可以将学过的知识灵活加以运用，在做题的过程中加深印象，巩固所学知识点。同时，可以通过课前知识回顾，尤其是重难点知识点的反复串讲，帮助学生提高知识的掌握程度。此外，还可以采用鼓励学生进行论文写作的方式，培养学生发现问题、分析问题以及解决问题的能力，对民事诉讼法知识形成自己的一定理解等等。

5. 调整成绩构成比例，完善考核方式

关于《民事诉讼法》课程成绩由平时成绩、期中成绩以及期末成绩三者构成的模式，学生绝大多数持支持态度，结构较为合理。但对于具体的比例安排，部分学生认为期末成绩占70%的比例过高，考试压力较大。针对此种情形，在教学改革中可以适当调整，可以参考环境保护法、劳动法以及法制史的成绩构成，将期末成绩的比例定位在50%左右较为合适，一来可以缓解学生期末考的压力，二来也可以提高学生平时学习的积极性。

国际私法案例教学的不足与完善

周玉利[*]

摘　要:在国际私法课程中开展案例教学是由该课程的本身性质决定的,目前我国国际私法案例教学实践中存在着案例选择不科学、案例教学流于形式和案例教学模式有待创新等不足,通过编辑系统的案例资源库、适当增加课时、在国际私法教学中引入案例讨论课,提高国际私法案例教学质量,培养高素质的法律人才。

关键词:国际私法　案例教学　案例讨论

国际私法是法学专业16门主干课程之一,主要是来解决涉外民商事法律冲突的部门法学,在法律教学和实践中都占据着非常重要的地位。如今,随着一带一路经济带的发展,各国民事主体商业贸易往来日益增多,由此产生的涉外民商事争端解决及涉外民商事法律适用问题也会进一步增多,这些涉外民商事案件可能涉及内国法的适用,也有可能涉及外国法的适用,抑或是国际条约与国际惯例的适用,与纯粹的国内案件相比更为复杂,对从事涉外民商事案件的法律人员提出了更高的要求。这就要求国际私法教学方法上要进行改革,传统的教学方法,在讲授理论知识的同时采用案例教学法,笔者对我国国际

* 周玉利,湖南科技大学法学与公共管理学院讲师。

私法案例教学谈自己的一点观点和体会，求教于学界同仁。

一、国际私法案例教学的必要性

案例教学法是指以案例为教学平台，通过案例将所描述的法律事件情景带入课堂，让学生通过自己对法律事件的阅读与分析，在群体讨论中甚至作为某个角色进入特定的法律情景，建立真实感受，追寻解决实际问题的最佳方案，使学生通过归纳或演绎的方法实现和掌握蕴含于案例中的法律理论的一种教学方法。它最早由哈佛大学法学院前院长兰德尔教授在 1870 年前后使用于哈佛大学的法学教育中，是目前英美法国家法学教育中最主要的教学方法。在我国，传统的法学教育一直存在着重理论轻实务、重传授轻参与的缺陷，造成的不良后果就是学生理论水平尚可但是业务水平欠缺，在实际工作中不知道如何运用已掌握的法律条文。因此，社会上广泛呼吁将法律实践纳入到教学过程中来，案例教学便成为一个很好的结合方式。案例教学在法学教育中广泛运用开来，在国际私法课程教学中也不另外，甚至比其他法学课程显得更为重要，这主要是因为国际私法课程本身的性质。

首先，国际私法是一门古老的学科（国际私法学在世界上成为一门学科始于 13 世纪中叶）[1]，在其历史发展中有着深奥的国际私法理论和大量的案例，甚至有些国际私法概念、法律制度就是从国际私法案例中发展而来的，在讲授这些具体的法律概念和法律制度的时候不能不掌握这些经典案例。如国际私法识别的产生，就不能不讲马耳他案；反致制度离不开福尔果案；理解法律规避制度时就一定会提到鲍富莱蒙案等。如果在国际私法教学中舍弃这些经典案例，而单讲法律概念和法律制度的话，国际私法教学内容就是不完整的，国际私法教学是离不开案例教学法的。

其次，国际私法与其他相邻学科相比，有其自身的特殊性。国际私法是以涉外民事法律关系为调整对象，以解决法律冲突为重要任务

---

〔1〕 冯霞：《国际私法案例教学研究报告》，载《中国法学教育研究》2008 年第 4 期。

的部门法,其大部分规范为冲突规范,而冲突规范是国际私法所特有的法律规范,在学习国内法时不曾接触到的,还有反致、系属公式、识别、法律规避、外国法的查明等法律概念对初学者来说甚感陌生,所以要理解起来,不像学习国内法那样容易。另外,国际私法是一个有争议的学科,从名称来看,各国就有诸如法律适用法、冲突法、国际私法、私国际法、外国民法等不同称谓;从国际私法的历史沿革来看,有诸多深奥的法律适用理论,如巴托鲁斯的法则区别说、萨维尼的法律关系本座说、戴西的既得权说和里斯的最密切联系说等等。美国一位学者坦言:“冲突法的领域,是一片沉闷的沼泽地,布满颤动的泥潭,居住在那里的是一些有学问但性情古怪的教授,他们用一些奇怪难懂的行话来建立关于神秘问题的理论。”[1]国际私法不像民商法和刑法那样接近人们的现实生活,多数学生对国际私法缺乏感性认识和现实体验,因此学生学习国际私法时大多有隔膜感。所以在教学中为了进一步让学生理解这些深奥的法律适用理论,掌握国际私法特有的法律概念和法律制度,采用案例教学法是一个不错的选择,运用具体生动的案例资源吸引学生,调动学生的学习兴趣,提高教学效果。

二、国际私法案例教学中存在的不足

第一,案例选择不科学。采用案例教学首先得要选择合适的案例,目前国内国际私法教材中都有一定的国际私法案例,这些案例都普遍集中于经典案例,这些经典案例在讲授某个具体知识点时确实是起到了重要的作用,但由于年代已久,学生在学习过程中,难免觉得与时代脱节。授课老师在教材之外寻找选择课堂案例,只是依据自己所从事专业或者自己所要教授的相关知识点来选取案例,结果往往会使带到课堂上的案例是经过简化或者改编的,其法律关系较简单,针对性较强,往往仅仅服务于老师教学所要说明的某个知识点。这就使得案例讲解显得支离破碎,呈现在学生面前的案例并非实际生活中遇到的真实情况,当同学在实际工作中遇到较复杂的法律关系时同样会束

---

〔1〕 冯霞:《国际私法案例教学研究报告》,载《中国法学教育研究》2008年第4期。

手无策。[1]

第二，案例教学流于形式。国际私法案例教学存在着流于形式的弊端，国际私法包括内容庞大的基本理论部分、不同法律关系的法律适用部分和实用性很强的程序法部分，这决定了要深入透彻地学习这门课程，必须有足够的课时做保证，而在有限的56课时里，授课老师很难系统完整地教授国际私法的所有问题；在讲授较为深奥的国际私法理论问题的同时，很难面面俱到地展开有质量的案例教学。授课老师不得不在将国际私法理论问题时，选择一些比较典型的案例，并加以改编，教师介绍案情基本情况，提出问题，学生被动回答，使学生能够了解这些案例，至于深入理解、讨论、形成自己的法律逻辑思维，确实很难，案例教学难免就流于形式。同时，受教学资源的限制，本科教学中的大课堂现象普遍，但案例教学却十分强调小班上课，以便每一个学生参与进来，因此，目前大部分的案例教学仍是授课老师分析式灌输方式，学生参与度不够，即使穿插一下小讨论，也是个别学生在极为简单层面上的个人观点的表达，其他学生却俨然一副看客，事不关己，高高挂起，无法实现案例教学的真正目的。

第三，案例教学模式有待创新。国际私法案例教学要真正使学生参与进来，目前采取的教学模式主要是案例讨论和模拟法庭，但由于现在本科教学的大课堂现象，无法真正让每一个学生参与进来，况且授课老师从事本科教学工作工作量大、任务重，很难分身从事涉外民商事实践活动，也没有经过专业的案例教学培训，在国际私法案例教学上仍采取讲解分析式，此种教学模式很难达到案例教学预期的效果。

三、完善国际私法案例教学的建议

国际私法授课教师在采用讲课式教学的基础上，结合案例教学，将生动的案例引入课堂中来，充分培养学生的法律逻辑思维能力和处理问题分析问题的能力，针对目前国际私法案例教学存在的问题，笔

---

〔1〕 冯霞：《国际私法案例教学研究报告》，载《中国法学教育研究》2008年第4期。

者拟提出以下实施办法以改善我国国际私法教学中的案例教学：

第一,选择合适的案例,建立国际私法案例资源库。案例在整个国际私法案例教学过程中居于核心地位。但并不是所有的案例都适合案例教学,在案例教学中,首先要对案例进行选择,编排,因此,选择合适的案例是国际私法案例教学的前提条件和关键所在。考虑到国际私法案例教学案例选择的随意性,建议建立国际私法案例数据库,规定一系列案例采集、入库、分类和更新标准和制度,为案例教学创造良好的资源环境。

采集的案例应当是真实的案例,这样讨论价值更高。案例的采集可以采用两种途径,一种是通过网络数据库和图书资源采集。网络数据库有中国裁判文书网、北大法宝等资源可以采集国际私法案例。图书资源包括近年来出版的国际私法案例分析书籍。另一种就是通过授课教师在实际工作中所接触到的与教学有关的国际私法案例,或者去实务部门采集相关案例。通过网络数据库和图书资源采集来的案例几乎都是文字案例,文字案例在教学过程中,由于内容繁多,学生了解基本案情花费时间比较长,同时内容枯燥,难以引起学生兴趣,因此,在采集文字案例的同时,尽量采集视频案例,通过画面、声音多媒体方式呈现案情,更能吸引学生学习兴趣,从而快速理解案情,使学生主动融入到案例教学中来。

采集来的案例并非都可以被课堂教学所使用,而要经过一系列的论证和评价,这就需要教研室老师或者邀请实务部门的工作人员一起对所采集来的案例进行分析审核,看是否达到案例教学的标准。那什么样的案例能被选择入库呢,冯霞教授认为主要有这三点要求:理论与实践相结合的原则、趣味性和知识性相统一原则、疑难性和思考性相协调原则。[1] 笔者认为除了这三点要求之外,还应该考虑以下两点:一是编辑案例和原始案例相结合;二是兼具国内案例和国外经典案例。原因是,有些原始案例相关材料过多,内容复杂,在教学过程中运用起来囿于课时的压力无法展开,另外,本科生在学习过程中,法律思维尚未形成,在理解案例过程中,往往难以抓住重点,信息过多,反

---

〔1〕 冯霞:《国际私法案例教学研究报告》,载《中国法学教育研究》2008 年第 4 期。

而不知如何下手。因此,在编辑国际私法案例库时,适当编辑原始案例,去除不必要的信息,反而更有利于国际私法案例教学的开展。运用编辑案例引导学生思考,逐步提高学生的法律思维能力,在适当时机再拿出原始案例,要求学生独立分析、讨论,学生学习起来也会得心应手。国际私法案例资源库不能仅有国内的案例,同时也应该录入国外的一些经典案例,这样才能使学生更好地了解外国国际私法的发展趋势。

国际私法案例资源库案例众多,为了方便检索和运用,应对之予以分类,由于国际私法采用讲解式和案例相结合的教学方式,依据国际私法教材的章节编排方式将案例分门别类地设置,这样便于授课老师在上课时选择案例,也便于学生在平时学习时查找案例。根据国际私法课程特点和法学本科生教学大纲的要求,我们可以将案例库分为国际私法理论部分,各法律关系的法律适用部分,诉讼和仲裁部分三类,分别建立案例库。

案例库建成之后还涉及更新的问题,涉外民商事关系不断发展,法律条文要符合社会的发展需要,需适时修改,与之相匹配的案例教学同样也要适时更新。案例更新其实就是案例采集入库的循环进行,即案例的采集工作不是一劳永逸的,而要求在案例教学的过程中随时补充进来新的、更能反映现在社会实际情况的案例,力求使我们的案例库可以与时俱进。

案例数据库的建设,可以为案例教学提供高品质的教学案例,授课老师可以对其上课的案例进行科学的选择,提高教学的质量,学生也可以在任何时候搜寻和学习自己需要的案例,方便学生自主学习。

第二,适当增加国际私法课时。国际私法内容体系庞大,包括令人费解的基础理论部分、具体法律关系的法律适用部分、统一实体法规范部分、诉讼和仲裁程序部分。在有限的56课时里要将所有的内容一一讲解清楚,同时兼顾案例教学,确实有点困难。有的国际私法授课老师鉴于课时原因,已经将统一实体法规范部分舍弃不讲,才勉强完成教学任务,因此,建议适当增加国际私法课时,让教师在充分讲解国际私法理论知识的同时,适当安排案例教学,让学生融入到案情中来,主动发现问题分析问题解决问题,提高学生的思辨能力、学习的积极性和主动性。

第三,改变案例教学模式。国际私法案例教学可以通过在传统理论讲解式教学基础上开展案例讨论课方式来改变案例教学模式。

案例讨论跟传统的教学方式相似,也是在课堂上进行的,不同的是,案例讨论课学生是课堂的主体,授课老师居于主导地位,对学生进行适当引导。具体步骤如下:(1) 课前准备。授课教师提前告知学生下一次课将要讨论的案例,要求学生自己选择一个点进行思考,并准备相关的讨论材料。(2) 案情引入。案例讨论开始前,授课教师先介绍案情,并提出本节课所要解决的主要问题供学生思考。(3) 学生讨论。这也是案例讨论课的核心所在,学生可以从不同角度对案例进行分析讨论,出现相对观点时,可以进行辩论。(4) 课堂总结。可以先由学生来做总结,然后授课教师再做总结评述。指出本案件中所涉及的主要问题和知识点,对学生存在模糊不理解的地方进行详细讲解,(5) 课后作业。课后作业主要是学生消化吸收的过程,课上学生发表意见,进行讨论是很热烈的,课后作业就是给学生一个冷静思考梳理的过程。学生根据课上所讨论的案件,选择一个角度撰写小论文,可以是简单的观点表达,也可以是有关的文书写作,以进一步对课堂上的知识进行巩固,提高学生的学习能力。

鉴于目前的大课堂现象,在上案例讨论课时,将学生分成 ABCD 等几组,每组人数控制在 15—20 人左右,给每组人员不同的案例,轮流来上案例讨论课,该堂课没有轮上的组别学生应当细心聆听别的组别的讨论观点,要求在总结环节,对别的组别的讨论情况发表意见,并指出其中存在不足。这样可以适当减少学生的旁观者心态,使自己能够参与到别的组别的案例讨论课中,一定程度上克服了大课堂上案例讨论课的弊端。

案例教学法成为法学专业各种教学法中较为常见而有效的一种教学方法,而在国际私法教学中进行案例教学是其该学科本身性质决定的,也是培养高素质涉外法律人才的必然选择,我们应从更宽泛的意义上使用案例教学,针对不同的国际私法知识开展案例教学,才能推动我国国际私法理论与实践的紧密结合。

法学(农村法律事务方向)专业刑事诉讼法学课程教学研究

应　丹*

内容摘要:刑事诉讼法学是法学(农村法律事务方向)的一门必修课,该课程知识点细而多、实践性强,有一定的学习难度。当前农村刑事纠纷层出不穷,农村刑事诉讼法律服务需求日益加大。在此背景下本文探讨了刑事诉讼法学课程教学面临的困境,提出完善网络教学资源,强化实践教学环节等措施以期提高刑事诉讼法学教学质量,落实为湖南农村培养留得住、用得上的基层法律服务人才的专业培养目标。

关键词:刑事诉讼法学　针对性　教学资源　微课建设　实践环节　交互

随着城市化进程的推进,一方面,农村"空巢老人"、"留守儿童"的现象益发加剧,农村的入户抢劫、盗窃、诈骗等刑事案件数量处于上升状态;另一方面,由于传统道德约束逐渐淡化,农村的人身伤亡、打架斗殴等刑事案件屡见不鲜。加之当前农村土地流转,宅基地拆迁补偿矛盾越来越突出,农村基层法律服务中对刑事诉讼法的需求益发迫

* 应丹(1982—),女,湖南岳阳人,长沙广播电视大学法学讲师,湖南电大法学(农村法律事务方向)专业刑事诉讼法学课程责任教师。

切。“农村是一个巨大的潜在的法律服务市场。中国法制能够建立,一个重要的方面就是农民的这种服务能够得到满足。”[1]法学(农村法律事务方向)专业的培养目标定位为服务农村的应用型人才,要为湖南广大农村培养具有提供法律服务的基本技能,能在农村基层法律服务所、人民调解委员会从事法律服务或人民调解工作的专门人才,开设刑事诉讼法学课程,满足广大农村日益复杂、矛盾频发的刑事诉讼法学需求。

刑事诉讼法学是专业必修基础课,54 课时,3 个学分。在法理学、宪法学和刑法学之后,农村法律服务、农村常见法律纠纷处理技巧之前开设。通过本课程学习,学生应当掌握我国刑事诉讼立法的基本原则和具体规定,形成分析和解决刑事诉讼实际问题的能力。

一、刑事诉讼法学课程教学面临的问题

(一)教材没有涉农特色,针对性不强

该门课程现用中央广播电视大学出版社 2013 年 8 月出版,樊崇义主编的《刑事诉讼法学》教材。相对传统的刑事诉讼法学教材,该版本教材为适应远程教育特点对教材内容和编排进行了一定的调整。专业理论性上稍有减弱,学习难度有所降低,在内容上相对突出了应用性的特点,平心而论是一本比较具有现代远程开放教育特色的法学教材。但该教材面向的是普通远程法学教师和学员,对于农民大学生来说,该门教材缺乏涉农特色,与农民大学生工作、生活实际联系不紧密,难以激发学生学习动力。尽管在理论表述上力求简明易懂,但对于专业素质较低的农民大学生来说仍显得枯燥无味,加上教材内容未针对当前农村面临的刑事纠纷解决需求进行指导性的设计,教师教学时难以直接使用教材内容,学员自学也普遍感到学习难度大,缺乏实践指导作用。

---

〔1〕 苏力:《送法下乡》,中国政法大学出版社 2000 年版。

(二) 网络教学资源不足,难以满足学生远程学习需求

该门课程在国家开放大学网站有整门网络课程,涵盖教学文本、录像教材、IP 课件、网络试题库等多种学习资源。该门网络课程浏览权限不对农民大学生开放,农民大学生无法登录国开平台进行学习,分校教师也没有权限浏览。在湖南农民大学生学习网上,刑事诉讼法学共建设 10 份教学文本资源(8 份教学模块文本、1 份学习指南文本和 1 份期末复习指导文本),3 份平时作业题,视频资源暂缺。国家开放大学大力建设的微课程网站五分钟课程网上也没有刑事诉讼法学的教学视频。由中国成人教育协会主办,由高等教育电子音像出版社承办的面向终身学习领域的精品课网站上,有以西南政法大学为代表的 18 所全日制普通高校建设的刑事诉讼法精品课程,但在这 18 份教学资源中,只有 3 个视频资源,且都是课堂教学录像,单个录像时长均在 50 分钟以上。

表 1 各教学平台刑事诉讼法学网络资源情况

平台	资源建设者	文本资源	视频资源	使用方式
国家开放大学	国家开放大学	有	有	需要权限
五分钟课程网	国家开放大学	0	0	直接浏览
农民大学生学习网	湖南电大	10	0	需要权限
精品课	全日制高校	18	3	需要权限

农民大学生学习的主要方式是通过网络进行远程学习。网络教学资源是指导学生学习教材,查漏补缺,重点难点讲解的主要途径。由于师生处于分离状态,网络教学资源的数量和质量对教学效果起到了决定性的作用。在网络教学资源中,由于传播信息的多样化,视频资源比文本资源更加受到农民大学生的青睐,在笔者对含农民大学生在内的开放教育学生进行一项网络调查中,有 276 名学生参与,其中愿意及非常愿意使用微课作为整门课程学习资源的学生达到 253 人,占 91.66%。面对学生热情似火的对网络教学资源,特别是视频资源的学习需求,现阶段刑事诉讼法课程资源严重匮乏。

(三) 实践环节基本缺失,学生技能培养无法落到实处

刑事诉讼法课程是一门实践性很强的课程,知识点多且记忆困难,单靠课堂教学与自学,学生难以掌握,更无法运用于实践。实践教学一方面能够有效地使知识点在操作过程中得到反复的强化,另一方面能够培养和提升学生分析问题、解决问题的能力,是落实培养应用型基层法律服务人才目标的重要途径。但在当前的教学模式中,受网络平台环境限制,实践环节在线上基本缺失,组织该门课程实践的教学任务落到了线下基层教学点身上,而目前基层教学点普遍没有法学专业教师,更加缺少刑事诉讼法教师,基层教学点的老师们不知道也无法组织起散落在各个乡镇、农村的学生参与该门课程的实践教学。在这种情况下,刑事诉讼法学的实践教学环节基本处于空白状态,难以实现通过实践优化学习效果,提升应用能力的愿望。

(四) 考核内容偏重记忆性知识,不利于引导学生形成独立、批判性的法律思维

目前刑事诉讼法学试题基本是以考察记忆性知识为主,名词解释、选择题、简答题多数考察的是概念、特征等内容,以复述教材文字或者法律文本为标准答案。以考查学生应用能力为目的的案例题和论述题只占试卷比例的8—10%。[1] 案例题基本将案情单一化,切割了与其他部门法学如刑法学相关联的内容,与现实生活中复杂立体的实际案例相差甚远。这样的题型设置对于以掌握技能为学习目的的农民大学生来说,一方面由于年龄偏大、工作繁忙等原因难以应付记忆性知识考核方式对学习产生受挫感、倦怠感;另一方面也不利于引导学生形成独立、批判地运用法律思维看待问题、分析问题、解决问题。

(五) 教学平台缺乏交互性,不利于提供个性化教学服务

交互作为远程教育的必然手段,以促进学生的理解的师生对话

---

〔1〕 巩寿兵:《开放大学法学教育实务观念贯彻现状考察》,载《内蒙古电大学刊》2015年第4期。

(包括同步和异步)为实现方式,能够针对性地进行个性化教学,有效缩短交互距离即学习者所感受到的心理空间距离而非物理空间距离。目前,农民大学生学习网没有设计交互功能,学生在学习过程中遇到的问题和困难只能以被动的方式等待解决。学习本身是一种极具个性化的行为,每个人经历不同,能力各异,学习相同的课程时必然会产生不同的疑难。交互水平越低,对学生的学习自主性就有越高的要求。这种缺乏交互的单向知识输入方式具有滞后性,既不利于保障学生的学习效果,也对学生的自主学习能力提出了较高要求。同时,缺乏交互的教学平台使教师无法获知教学反馈,不利于教师优化教学设计和教学资源,不利于提升刑事诉讼法学的教学质量。

二、刑事诉讼法学教学目标实现路径分析

法学教育的基本目标应当是使学生具有能力,即具有有效地、负责任地解决法律问题的能力。[1] 立志为湖南农村培养留得住、用得上的基层法律服务人才的法学(农村法律事务方向)专业更是以培养学生解决农村实际法律问题为能力培养目标。通过学习刑事诉讼法学,要使学生具备较强的语言文字表达能力和逻辑思维能力,具有继续学习新的法律知识、跟上立法发展步伐的能力和适应社会与自身发展等能力。在职业能力方面,要具有运用法律分析、判断和解决农村法律事务的能力,具有独立的收集证据、整理证据、分析证据和运用证据的能力,具有代理行使自诉案件等能力。[2]

刑事诉讼法学教学要达到这个目标需要从以下三个方面着手:

第一,打好法学知识理论基础。以知识够用为原则,以学生为中心,立足于学生切身的、个性化的实际需求,以解决问题为教学导向,联系农村实际开展刑事诉讼法学教学。

第二,培养学生法律思维。重视诉讼价值理念的培养和传递,培

[1] 刘建宏:《关于远程环境下开办法学(农村法律事务方向)专业的思考》,载《法学教育研究》(第2辑),知识产权出版社2015年版。

[2] 〔美〕罗伊·斯塔基:《完善法学教育——发展方向与实现途径》,许身健译,知识产权出版社2010年版。

养学生以权利义务为出发点,以合法与否为标尺,以法言法语为表达方式,运用法律思维解决农民之间以及农民和基层政府之间的矛盾和纠纷。

第三,提升实践操作能力。法学(农村法律事务方向)专业不以学生通过司法考试为目标,也不过高强调专业理论知识水平,它对培养学生实践操作能力有更高、更迫切的需求。应在刑事诉讼法学教学各环节中科学设计职业技能训练活动,使学生在学中用,在用中学,形成学以致用的良性循环。

三、开展线上+线下混合式教学,提供优质的刑事诉讼法学教学服务

当前"有支持的开放学习"(supported open learning),即自主学习(大部分是线上进行的)多媒体学习材料与交互(面授)学习机会的结合,可以称为混合学习。[1] 农民大学生培养虽然以电大远程教育系统为依托进行办学,但不可简单认为农民大学生的培养就是单纯的开展网络教育。在线学习对学习者在学习能力、自我约束和自我激励等方面有较高的要求,实际上,当前农民大学生自主学习能力不强、信息技术素养不佳,课程网络教学资源的质量和数量远远不够,学生对解决工作实际问题的急迫性需求等众多问题的存在都让农民大学生学习必然走上线上+线下的混合式学习道路。培养应用型人才的刑事诉讼法学教学要以满足学生学习需求为出发点,立足于学生知识基础与学习能力实际,从线上和线下两个层面为学生提供教学服务。

(一)做好学情分析,针对性地开展刑事诉讼法学课程教学

农民大学生是一类较为特殊的教学对象,普遍存在基础知识薄弱,学习能力较差,年龄较大且工作繁忙的问题。由于法律知识欠缺,法治意识不强,他们在处理农民之间、农民与基层政府之间的矛盾与冲突时经常不会运用法律思维,用法律武器去调和、解决这类问题,出

---

〔1〕〔加〕约翰·丹尼尔:《理解混合学习:珍惜古老的传统还是寻求更好的未来》,刘黛琳、邵慧平译,载《中国远程教育》2015年第11期。

现了很多矛盾激化的后果。一些村干部在征地拆迁过程中甚至目无法纪,走上了刑事犯罪的道路。

当教师面临这群急需学法、急需用法的农民大学生时,做好学生的学情分析,才能针对学生学习能力、学习基础和应用需求有效开展“用什么、教什么”的实用型刑事诉讼法学教学。课程教师要对学生的专业知识基础、信息技术素养、刑事诉讼法学系的诉求、学习偏好等方面进行调查分析,将技能培养嵌入对应的教学内容中,达到学生学习效果的最优化。

(二)重构教材,为学生搭好线上学习的脚手架

“建构主义提倡在教师指导下的、以学习者为中心的学习,也就是说,既强调学习者的认知主体作用,又不忽视教师的指导作用,教师是意义建构的帮助者、促进者,而不是知识的传授者与灌输者。学生是信息加工的主体、是意义的主动建构者,而不是外部刺激的被动接受者和被灌输的对象。”[1]在线上教学中,教师应为学生搭建该门课程学习经验的脚手架,为他们提供专业知识,帮助他们找到关联知识点,清楚地指明学生需要做些什么,对他们的学习进行及时评价和反馈。

在农民大学生刑事诉讼法学课程教学中,为解决教材缺乏涉农特色,针对性不强的现状,教师需要将教材编排进行重构,将与应用性关联不大的内容如绪论、刑事诉讼基本范畴等内容剔除出脚手架外,学生进行简要自学即可,将与实际关联较大的管辖、回避、刑事证据、第一审程序、第二审程序等重要内容作为知识树的主要枝干,重点列出此类内容与实践的关联点,将这些内容串联起来,使学生形成刑事诉讼动态流程图。

(三)优化网络文本资源,指导学生进行自主学习

教育最失败的是进行知识灌输而没有传授方法。网络文本资源切忌将教材内容从书本复制到网络。网络文本资源应该帮助学生构建知识体系,明细课程学习的重难点,采用案例分析法,将刑事诉讼法

〔1〕 何克抗:《建构主义——革新传统教学的理论基础》,载《电化教育研究》1997年第3期。

需要掌握的各项执业技能巧妙地结合实际案例融入教学文本内容之中,指导学生进行自主学习。

文本资源本身是静态的,长篇文字很难吸引和保持学生的学习兴趣。宜用图文并茂的形式丰富内容表达形式,将教材上冗长的文字表现为灵活的结构图、流程图等,一目了然,使学生既明了重难点所在,也学会运用归纳、总结的学习方法,提高学习效率和质量。

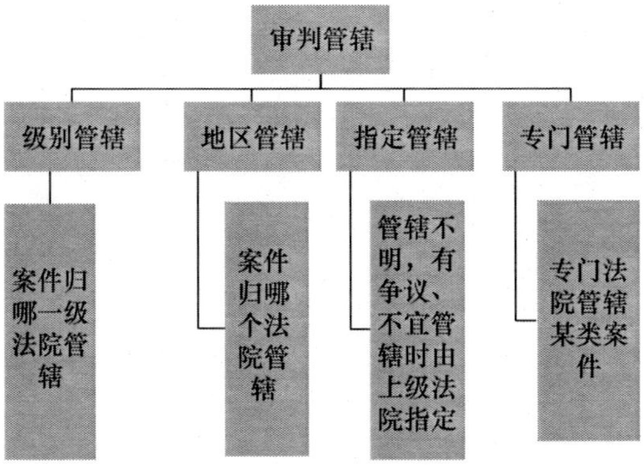

表二 刑事诉讼法学文本资源第二模块中的结构图

表三 刑事诉讼法学文本资源第六模块中的流程图

(四)大力建设微课资源,弥补文本资源不足

微课资源是移动学习、碎片化学习的主要形式,它以知识点为单位在5—10分钟的时间内进行讲解。因为时间短,内容精,针对性强,微课成为远程教育中不可或缺的教学手段。当前农民大学生刑事诉讼法学视频资源极少,微课资源数为零,无法适应农民大学生移动学习方式要求,要大力建设该门课程微课资源,与文本资源形成互补的课程学习资源。

笔者建议运用ADDIE模型〔分析(Analysis)、设计(Design)、开发(Develop)、实施(Implement)、评价(Evaluate)〕开发刑事诉讼法微课教学资源。ADDIE模型已被公认为解决教学设计需求最有效的通用教学设计模型。[1] 建设刑事诉讼法学微课资源首先要结合学习者特征、学习需求分析对学习课程进行整体分析与设计,将课程内容一一模块化、主题化,接着按照微课知识碎片化的特点,将模块或主题内的知识点微型化、碎片化,形成知识网络图。然后对知识网络图终端知识点逐一确认学习目标,明确每一学习内容的重点、难点、易混淆点。微课不宜与文本资源内容重复,而应该着重于学生自主学习难度较高、及文本资源不宜表达的重要教学内容。

在 ADDIE 模型第二步设计阶段中,刑事诉讼法学微课主要采用情景教学法将专业理论知识和实际案例结合起来进行教学设计。如通过解读辛普森案和呼格案帮助学生树立正确的刑事诉讼价值观的微课设计模型如下:

表四 刑事诉讼法程序价值观微课设计 EID 模型表

流程 \ 内容		诉讼程序价值观	具体内容 1
1	代入情景 引起注意	案例/情景/故事	辛普森案与呼格案
2	提出问题 引入概念	问题/选择	为什么辛普森被判无罪? 呼格是怎样冤死的?
3	呈现内容 分析方法	价值观、思路、判断依据、榜样案例、行为标准	毒树之果理论 非法证据排除
4	分析难点 揭示关键	错误案例、误区、比较、纠偏	两案比较
5	总结回顾 建立关联	总结要点、答疑	刑事诉讼之程序公正价值
6	引申归纳 内化强化	角色扮演、讨论、反思测试、论文	重现该案取证主要环节
7	学以致用 行为转化	职业规划、发展计划、情景剧、演讲、分享	你如何看待辛普森"逃脱法网"? 如何避免下一个呼格的出现?

ADDIE 模型之开发和实施阶段是以技术手段制作微课,在此不赘述。评价阶段牵涉到交互功能设计,在后文详述。

---

[1] 刘成新、李兴保:《现代教育技术——信息化教学理论与方法》,电子工业出版社 2009 年版,第 111 页。

(五)开展实践教学,完善线下教学支持服务

刑事诉讼法学是一门实践性极强的课程,农民大学生对实践教学的需求相较于全日制高校法学专业学生更为迫切。实践环节直接关系到学生职业技能培养的质量,要改变目前刑事诉讼法学实践环节基本缺失的困境要从线上和线下两方面着手。

在线上,由刑事诉讼法学课程主持教师进行统一的实践教学设计,在交互功能完善的前提下,以农民大学生常见的实际案例为材料组织学生完成实践教学活动。法学实践教学中最能激发学生学习自主性,培养学生的创造性和法律思维的方式当属模拟法庭。随着信息技术的发展,在线上开展模拟法庭实践已经成为可能,北海电大从以下两个方向进行了有益探索[1]:(1)基于云服务开发了虚拟法庭教学软件,抽取了真实法庭的基本特征和实施步骤,在案件起诉、起诉审查、起诉退回和起诉受理四个环节通过 BBS 交流模块进行,庭审阶段通过实时交互工具进行,服务器端则记录所用参与庭审的人员行为、语言等,及时将信息推送到每个学习者。(2)基于云教室的模拟法庭设计。该模拟法庭再现真实法庭场景,建设虚拟法庭资源库,完成案件选择、资料收集整理、档案查询、制作法律文书,完成案件起诉、案件审查、案件受理或退回等程序,庭审中,在各个云教室终端的参与人员,严格按照法庭审理的程序和规定发言,所有言行都将从云教室的终端监控传到服务器,再实时地全程直播给其他终端用户,并通过专用服务器和网络共享平台,上传和下载参与者的意见和建议,包括文字、图片、音频和视频等,学习者及时的查看这些资料,开展教学实践活动。我省农民大学生平台可以借鉴并建立农民大学生模拟法庭空间以满足线上实践教学的需要。

线下各教学点开展实践活动有两个重要前提:本土化的师资队伍和本地实践场地。处于经济发展薄弱地区的基层教学点在师资和场地两方面都存在比较严重的缺口:一方面,上级电大要通过送教下乡等活动将城市优秀师资尤其是双师型教师队伍与基层教学点共享开

---

〔1〕 雷琼宇:《云计算在远程教育法律课程教学中的应用探索》,载《广西广播电视大学学报》2015 年第 3 期。

展实践教学;另一方面,省级电大要争取政策支持,依托省司法厅基层工作体系为各个基层电大提供实践场地或实践机会,如组织学生旁听当地热点涉农刑事案件的审判。线下实地实践教学对引导学生用法治意识看待问题、用法律思维解决问题等方面有着巨大的意义。

(六) 重新制定考核方式,贯彻培养应用型人才目标

法学(农村法律事务方向)专业培养目标重在"用",因此对于刑事诉讼法学课程考核来说,降低记忆性知识的试题类型及内容,以考查学生实践能力的案例题和论述题为主,采用开卷方式进行终结性考核更能贯彻培养应用型人才的目标。当前该门课程平时成绩的取得主要来源于资源浏览和完成作业,难以真实反映学生学习状态。建议加大实践环节分数比例,将学生参与网上互动学习的情况纳入考核内容,引导学生将注意力从背诵转移到领会和运用上,将学习重点放在知识构建上,重视学习过程的知识积累和能力培养而非考试成绩。

(七) 建设教学平台交互功能,实现个性化教学服务

目前缺失的交互功能让师生处于完全零交流状态,刑事诉讼法课程教师无法了解学生的评价与反馈从而改进自己的教学工作,学生无法向老师求助解决自主学习或工作生活中遇到的有关疑难问题。应立即实现农民大学生平台交互功能,实现师生之间,学生之间的实时(同步)交流和非实时(异步)交流。此外,评价阶段贯穿于整个微课设计过程,与每一个环节都有互推作用,评价改进其他工作,其他工作的改进,又影响评价的高低。在以微课资源为主的视频资源功能建设上也要实现交互功能,通过该功能学生将对微课资源进行评价与反馈,老师可以利用该交互功能实现刑事诉讼法翻转课堂教学。

法学(农村法律事务方向)专业教学在远程教育条件下针对农民大学生的特点,以培养实用型农村基层法律人才为目标在教学模式、教学方法、教学计划,教学资源、考核方式等方面付出了很多努力,进行了大量有益的探索。在倡导农民大学生移动学习的趋势下,刑事诉讼法学教师们需要不断丰富、完善网络教育资源,优化教学设计和教学方法,更好地为学生掌握刑事诉讼法学必要的专业知识和实践技能服务。

实地考察及问题式教学法在环境法教学中的运用*

袁红萍**

摘　要:环境法是一门集理论和实践为一体的法学学科,对于地方性本科院校而言,环境法的教学应该偏重于实践教学,分论部分的教学,可以大胆地走出课堂,走进污染现场,启发学生思考,引导其发现问题,分析问题并解决问题,锻炼其动手能力。这种实地考察及研讨式教学包括三个步骤:第一,教师根据教学内容,甄选考察对象,并布置考察任务以明确考察目的;第二,学生带着考察任务,有目的地进行实地考察,在考察过程中发现实际问题,并通过走访、问询、查阅资料等途径解决问题;第三,课堂汇报考察结果。

关键词:实地考察　问题式教学　环境法教学

环境法学已是16门法学核心课程之一[1],其地位毋庸置疑,而环境污染的日益严峻,保护环境、防治污染和破坏已经引起政府和国

---

* 本文为湖南科技学院校级教学改革课题:研讨式实训教学在环境法教学中的运用(XKYJ2016030)的阶段性成果。

** 袁红萍(1986—),女,汉族,江西宜春人,硕士,湖南科技学院讲师,研究方向:环境与资源保护法学。

〔1〕 吴勇:《对高校"环境法学"实践教学改革的思考——以"两性社会"建设为视角》,载《中国电力教育》2010年第25期。

人的高度关注。加上我国依法治国不断推进的趋势,在此背景下,势必需要一批精于环境法学理论知识和实践操作能力的应用型人才。因此,今后的环境法学本科教育应该将重心放在实践型、应用型人才培养上,尤其是地方性院校。当然,实践教学并不是新鲜词汇,诸如研讨式教学、诊所式教学、案例教学等教学改革不断得到尝试和完善。本文在此基础上,进一步丰富实践教学,并突破传统的“课堂”教学,以实地考察为基础,开展问题式、研讨式教学,具体包括三个步骤。

一、甄选考察对象,布置考察任务

1. 科学规划实践教学内容

环境法学的实训教学主要针对分论部分,即单行法。然而我国环境法囊括的单行法及相关规范条例多达几十部,涉及领域上及太空、天空,下至土壤、河海,既管环境污染又管资源保护,垃圾、噪声、农药、森林、草原、动物、植物……方方面面。[1] 受限于地理条件和经费因素,必然有很多章节无法实地考察,如对于湖南地区而言,海洋环境很难实地考察,而基于湘江重金属污染严重的现状,在湖南高校进行水污染防治和水资源保护法的实地考察非常便捷而意义重大。因此,根据地理环境,科学地规划实践教学是该实践教学方法的前提所在。在湖南地区,水、大气、土壤、垃圾、噪声、农药、野生动植物等章节都是比较理想的实地考察教学内容。

2. 审慎甄选实地考察对象

甄选对象主要考虑以下因素:典型性、代表性、便捷就近原则、学生兴趣、社会意义、学生安全等。例如在湖南科技学院进行该教学改革时可以选择潇水河为水污染防法的考察对象;野生植物保护法可以选择阳明山,阳明山珍稀特有植物有 86 种,属国家一级保护的植物有 9 种、二级保护的 69 种,列为稀有或渐危的植物 23 种,特有植物 5 种。还有中国特有植物属 22 属,占全国总数的 15.4%。[2]

---

〔1〕 周丽:《关于完善环境法教学的思考》,载《中国电力教育》2009 年第 8 期。

〔2〕 张卫阳、蒋建军:《阳明山珍稀特有植物的多样性及其保护利用初探》,载《湖北农业科学》2011 年第 22 期。

3. 根据学生兴趣合理分组实训

在规划好了实训教学内容,并确定好各实训教学的实地考察对象之后,列出清单,让学生根据自身兴趣分别报名,自行组队。用学生总人数除以拟考察对象数,得出每组同学平均人数,最终每组报名人数以此为准,上下浮动不超过 1 人。务必让每位同学参与实训,务必让每一组实训都有同学参加。在尊重其个人兴趣和意愿的基础上,适当调配活动能力强、弱学生的搭配。

4. 布置考察任务

根据教学内容,以及考察对象特征,针对各组设置不同的考察任务。例如,针对水污染防治法实训小组,可以布置三个考察点:娘子岭水厂取水点、潇水河畔垃圾中转站、湖南科技学院排污口。鉴于水质无法用肉眼准确判断,可以要求其寻找本校生物、化学专业同学协助鉴定水质。此外,还可以要求其前往永州市环保局调研,咨询潇水河近年来排污口设置情况、污水处理情况、潇水河管理制度等。实现布置考察任务,才能避免学生不知所措,从而保障考察的意义。

二、学生在实地考察中开展问题式、研讨式学习

就教师提出的考察对象、考察任务,学生必须自主组织考察,以完成任务。而在其考察过程中,不可避免地会遇到新的困惑、疑问、阻挠,这些可能会影响任务完成,也可能不会影响任务完成,但引起了其求解的欲望,从而促使或激发他们自行想办法解决问题。

再以水污染防治法实训考察为例,学生在考察过程中可能会遇到阻挠,永州市环保局可能会不予配合,或查不到任务中规定的数据,那么环保局有没有信息公开的义务呢?哪些信息必须公开?永州市环保局有没有违背环境信息公开的法律规定?此外,湖南科技学院排污口设置在上游,娘子岭水厂取水点却在下游,这样的设置是否合法合理?有没有相关的法律规定?化学专业的同学需要做很多实验,其实验室的废水有没有流入潇水河中?法律是怎样规定的呢?他们可能会发现的这些问题,正好就是本章节的主要学习内容,当他们解决了这些问题,就相当于学习完了《水污染防治法》这部单行法律。

当然，为了解决问题，他们可以走访群众，可以调研政府及企事业单位，可以查阅资料、检索法条，甚至在走投无路时，还可以向老师求助。但每组向老师求助的机会不能超过两次，且老师给予的帮助最好是指引性、诱导性的，引导学生怎样去寻找答案，而不是直接告诉他们答案。此外，每组组员分析问题、解决问题时可以采用分工方式，也可以是集体研讨方式。

三、课堂汇报及评价

1. 课堂汇报实训结果

因为每组所负责的章节都不一样，为了共享各组实训结果、分享各组实地考察过程的酸甜苦辣，让每一组都在课堂中汇报本组考察过程和考察结果，以及遇到的问题，自己是怎样解决这些问题的。课堂汇报必须制作 PPT，并且以讲课的形式展示，可以是一人讲解，也可以多人讲解。必要时可以携带道具、样品或者协助考察的鉴定人员等到课堂。如水污染防治法考察小组汇报时，可以将其在三个考察点取到的水带到课堂，也可以邀请生化专业协助水质鉴定的同学出席汇报现场，由身着实验服的专业人员宣布水质监测结果，课堂效果会更为理想。

为确保课堂汇报精彩有序，教师可以让学生事先演练一遍，老师可视情况予以适当指导。

2. 教师评价打分

为了保证学生严肃认真地完成实训任务，必须设置最后的评价打分环节，并且实训得分将计入本课程期末考试中。甚至可以规定，态度极不端正的，取消期末考试资格。而评价的标准包括如下要素：首先，是否完成考察任务；其次，是否发现了问题；再次，是否想办法解决了问题；最后，课堂汇报是否精彩，是否让大家身临其境等。并且每组课堂汇报完之后及时进行恰当而委婉的点评，从而进一步保障实训的意义。

总之，实地考察及问题式教学方法在环境法教学中的应用，将会是一次教改的全新尝试，这种教改彻底走出了传统课堂，完全贯彻了以老师为主导、学生为主体的参与式、问题式、研讨式教学。当然,在具体应用时,还应避免走入另一个误区:以为采用实地考察式实践教学可以减轻老师负担,教师可以不讲课,课堂、课后全部交给学生。这是极其错误的认识,也是现在很多实践教学的错误尝试。事实上,一个行之有效的实践教学,不是简单的减轻教师负担,相反,想要达到预期教学目的,教师甚至要付出更多。工作量会比传统填鸭式教学大很多,因为老师必须科学规划、合理组织、适当跟踪、适时指导、全面评价。

结语

在环境法学本科教育中,大力开展实践教学,并拓宽实践教学的途径,在授课老师充分部署、设计的前提下,让学生带着任务走出课堂,走进污染现场,引导其发现问题、分析问题并解决问题,最后将实践考察的结果和所思所得在课堂中向大家展示。当然,本文旨在论证实地考察教学法,即实践教学,且也并非摒弃理论教学。事实上,环境法的总论部分,理论性较强,不可避免地需要传统教学,也需适当的理论探索。此外,根据社会分工原则,理论研究论证以及创新性探索应该更多地属于研究生的任务,一些重点大学的本科,也可以适当提高理论教学比重。

高职会计专业《经济法》课程信息化改革与实践

——基于“一带两平台”的建设理念*

黄亚宇**

内容摘要：高职会计专业《经济法》课程信息化建设遵循“一带两平台”的设计理念，一带即由教师带领学生互动，打造翻转课堂的教学模式，两平台即大学城空间平台（自主学习）和微信平台（交流互动）的信息化课程建设模式。以信息化手段推动《经济法》课程的改革，达到完成《经济法》课程全套数字化教学资源建设，改变《经济法》课程传统教学模式，实现《经济法》课程数字化资源共享等建设目标，并通过对《经济法》课程信息化建设的应用推广，力求带动职业教育财经类课程信息化教学改革的步伐。

关键词：一带两平台　《经济法》课程　信息化建设

《经济法》课程是高等职业院校会计专业为培养学生掌握规范会

---

* 本文系湖南省职业教育名师空间课堂《经济法》课程建设项目（编号：湘教科研通[2015]38号）；湖南省教育科学规划课题《基于IDMSE的创客教学法在高职法学教学项目设计中的探索与实践—以经济法为例》（编号：XJK015BZY042）的研究成果。

** 黄亚宇（1978—），湖南商务职业技术学院副教授、律师，研究方向：经济法、职业教育法。

计活动的法律基础知识,提高运用所学知识解决经济法律问题的能力而专门设置的一门专业基础与技能课程。本课程在会计专业建设发展中处于专业必修课的地位。本课程设置的目标是满足企业会计职业岗位的需求,通过课程学习,为学生毕业后在大中小型企业从事会计工作提供法律保障,为学生在校期间报考会计从业资格证和初级会计师提供法律知识辅导。[1] 随着互联网+时代的到来,大量以多媒化、数字化、网络化为特征的教育教学资源已成为推动我国职业教育改革,实现教育现代化的重要支撑。然而,传统的职业教育《经济法》课程教学是在以"大一统"的教学理念指导下进行的,出现了教学内容不具有针对性、教学手段缺乏信息化、教学方法不具有灵活性、考核方式不具有合理性等问题。本着以培养职业技能型、复合型人才为目的,依托大学城空间教学资源和《经济法》课程微信公众号,对《经济法》课程进行信息化改革与实践,探索符合会计专业特色的信息化课程建设之路。

一、《经济法》课程信息化建设概述

我校会计专业《经济法》课程为考查科目,教学课时为 30 学时(一次课 2 学时),选用的教材为高等教育出版社出版的"十二五"职业教育国家规划教材《经济法律基础与实务》。《经济法》课程信息化建设主要是从课程资源规划、教学资源质量、资源教学应用等几个方面进行建设(见表 1 建设任务)。《经济法》课程教学单元的选取是以高职会计类专业的职业岗位需要为依据,并参考了初级会计师考试《经济法基础》、中级会计师考试《经济法》考试大纲,结合教学课时将《经济法》课程的教学单元划分为经济法律基础概述、合同法律制度、公司法律制度、市场秩序管理法律制度、税收法律制度、劳动法律制度、经济仲裁与诉讼等七个项目(具体教学内容及其要求见表 2)。《经济法》课程七个项目的教学单元都具有相对应的原创教学视频和引用教学视频,其中课程核心知识点和核心技能有教师原创的教学视频,可供学

---

〔1〕 黄亚宇:《会计专业中高职〈经济法〉课程衔接设计与实践》,载《职业时空》2015 年第 6 期。

生线下反复观看学习。《经济法》课程教学图文资源包括电子教案、教学课件、习题库、教辅资料等，每类资源都能覆盖课程相应的教学单元。《经济法》课程的考核着重考查学生对经济法律知识核心知识点的掌握以及对庭审程序的掌握，考核方式为分组进行模拟法庭庭审或模拟仲裁庭庭审。

表 1 《经济法》课程信息化建设任务

（一）课程资源规划	教学单元划分	1. 教学单元划分科学、规范，符合《经济法》课程特点； 2. 教学单元覆盖课程主要内容，满足《经济法》课程的教学目标与要求。
	教学视频资源	1.《经济法》课程教学单元具有相对应的教学视频； 2.《经济法》课程原创视频数量达 30 个。
	教学图文资源	1. 资源类型包含：电子教案、教学课件、习题库、教辅资料等； 2. 每类资源要求覆盖课程相应的教学单元。
（二）教学资源质量	教学视频质量	1. 教学视频体现的教学任务目标明确，内容丰富有特色； 2. 讲述条理清楚、生动，有感染力。
	教学图文资源质量	1. 内容紧贴主题、职业特色鲜明，具有可操作性； 2. 教案课件内容结构好，版面清晰、图文并茂，方便学习； 3. 训练测试题库符合主题要求，题型多样，内容符合实际需要。
	教学改革	1. 资源内容体现现代职业教育教学改革特色，实用性强、有推广及示范价值； 2. 课程教学方法改革效果好；空间教学方法运用好。
（三）资源教学应用	资源访问	1. 名师空间访问量达 1 万次以上； 2. 课程资源总访问量达到 1000 人次以上。
	交流互动	1. 建立大学城空间《经济法》课程教研苑、课程微信公众号，开展了课程教学交流、学习讨论； 2. 有常见问题解答记录、学生提问及时回复记录。
	受益面	1. 学生人数：专业课达 100 人次以上。 2. 开展公开课等活动进行应用推广。

表 2 《经济法》课程教学内容及其要求

课次	学时	教学单元	教学内容	教学要求
1	2	项目一　经济法律基础概述 模块一　法律基础知识 模块二　经济法律基础	(1) 掌握经济法律关系的构成; (2) 掌握代理的种类、概念; (3) 掌握诉讼时效的中止与中断。	要求学生掌握经济法律基础知识,引起学生学习《经济法》课程的兴趣。
2	2	项目二　合同法律制度 模块一　合同的订立	(1) 掌握要约、承诺的定义; (2) 掌握合同订立的时间、地点; (3) 掌握合同主要条款。	要求学生模拟签订合同的情形和起草合同主要条款。
3	2	项目二　合同法律制度 模块二　合同的效力	(1) 掌握合同生效的条件; (2) 掌握无效合同、可撤销合同、效力待定合同的情形。	要求学生理解合同成立与合同生效的区别。
4	2	项目二　合同法律制度 模块三　合同的履行	(1) 掌握合同履行的基本规则; (2) 掌握抗辩权、代位权、撤销权的基本规定。	要求学生能灵活运用抗辩权、代位权、撤销权解决实际问题。
5	2	项目二　合同法律制度 模块四　合同的担保	掌握抵押、质押、定金、留置、保证五种合同担保的方式。	要求学生理解合同担保的方式并能灵活运用。
6	2	项目二　合同法律制度 模块五　合同转让、终止、违约责任	(1) 掌握合同转让、终止等基本规定; (2) 掌握违约责任的几种形式。	要求学生能灵活选择违约责任的形式。

（续表）

课次	学时	教学单元	教学内容	教学要求
7	2	项目三　公司法律制度 模块一　有限责任公司	（1）掌握有限责任公司的设立、组织机构等基本规定； （2）掌握有限责任公司股权转让的基本规定。	要求学生模拟有限公司的设立以及运作。
8	2	项目三　公司法律制度 模块二　股份有限公司	（1）掌握股份公司的设立、组织机构等基本规定； （2）掌握股份公司股份发行、转让等基本规定。	（1）要求学生对比有限公司与股份公司成立条件、组织机构的异同； （2）要求学生对比有限公司股权转让与股份公司股份转让的异同。
9	2	项目三　公司法律制度 模块三　其他重要规定	（1）掌握公司的合并、分立等规定； （2）掌握公司增资、减资、解散、清算等规定。	（1）要求学生了解违反公司法应承担的法律责任。
10	2	项目四　市场秩序管理法律制度 模块一　消费者权益保护法 模块二　反不正当竞争法	（1）掌握消费者享有的权利； （2）掌握不正当竞争的几种行为。	（1）要求学生模拟正当的市场交易； （2）要求学生灵活选择消费者权益争议的解决途径。
11	2	项目五　税收法律制度 模块一　流转税法律制度 模块二　所得税法律制度	（1）掌握增值税、消费税等流转税的基本法律规定； （2）掌握企业所得税、个人所得税等所得税基本法律规定。	（1）要求学生学会计算增值税、消费税； （2）要求学生学会计算企业所得税、个人所得税。

(续表)

课次	学时	教学单元	教学内容	教学要求
12	2	项目六　劳动法律制度 模块一　试用期法律制度 模块二　其他重要规定	(1) 掌握劳动合同的订立、变更、解除等基本规定; (2) 掌握劳动争议的解决途径; (3) 掌握违反劳动合同法应承担的法律责任。	(1) 要求学生能起草劳动合同主要条款; (2) 要求学生能灵活选择劳动争议的解决途径。
13	2	项目七　经济仲裁与诉讼 模块一　经济仲裁	掌握经济仲裁的基本规定。	要求学生能熟悉经济仲裁的基本程序。
14	2	项目七　经济仲裁与诉讼 模块二　经济诉讼	掌握经济诉讼的基本规定。	要求学生能熟悉经济诉讼的基本程序。
15	2	模拟法庭、模拟仲裁庭考试	(1) 掌握经济仲裁与诉讼的程序; (2) 掌握经济法的基本问题。	(1) 要求学生能进行模拟法庭庭审; (2) 要求学生能进行模拟仲裁庭庭审。

二、“一带两平台”理念下的《经济法》课程改革与实践

(一)“一带两平台”设计理念概述

高职会计专业《经济法》课程信息化建设遵循“一带两平台”的设计理念,一带指教师带领学生分组进行课前预习、课堂模拟情景或PK赛、课后反思的互动性教学模式。改变以往文科类课程由教师满堂灌,缺乏学生互动的传统教学模式。两平台指利用教师大学城空间平台和课程微信公众号平台进行信息化课程改革。文科类课程大部分无法使用电脑机房上课,一方面可以采取带领学生分组课前利用宿舍电脑或图书馆电脑自学大学城空间教学资源,课堂中由教师利用多媒体放送大学城重要课程资源,课后分组在大学城提交作业的模式展

开;另一方面,可以利用目前学生都有手机的优势,进行课堂微信签到、微信投票、精彩画面、精彩视频微信推送等方式展开。

(二)课程大学城空间平台建设及应用

大学城空间《经济法》课程资源平台,是按照湖南省教育厅《关于组织实施2015年度"湖南省教育信息化创新应用十百千万工程"的通知》(湘教发[2015]127号)有关"省级教师信息化教学应用示范网络学习空间"示范基础的有关要求,进行课程资源建设。《经济法》课程大学城空间平台网址如下:

http://www.worlduc.com/SpaceShow/Index.aspx?uid=8158。大学城空间平台《经济法》课程主要是从课程信息、课程设计、课程资源、教学应用、示范推广等方面进行的信息化建设。经过近几年的大学城教学平台建设与教学实践,目前已完成了52个原创课程教学课件,覆盖了所有的教学单元;原创了45个课程教学视频,课程的核心知识点与核心技能皆有原创的教学视频,引用了216个课程教学视频(含案例视频);制作了202道教学题库,覆盖了所有的教学单元;完成了33次作业、测试,其中课堂作业16次,课后作业4次,实训作业3次,测试模考10次;制作了原理库、方法库等共计46个教学素材库等课程资源,可供学生线下自主学习与测试模考。目前,大学城空间平台累计总访问量已达到40.7万人次,多次应邀前往省内各大中专院校进行《经济法》课程信息化建设交流等应用推广活动。

(三)课程微信平台建设及应用

《经济法课程交流》的微信订阅号为"Economic-Law",开通微信平台主要是方便学生使用手机进行互动交流,以及对精彩的课程资源进行推广。《经济法》课程微信平台主要是从学情概况、课程资源、应用推广等方面进行的信息化建设。经过2016年上学期的教学实践,目前课程微信公众号订阅人数已达512人,最高篇微信文章浏览量已达3114人,在教学过程中尝试利用微信投票功能进行"模拟庭审最佳人气奖"投票,在省内取得较大反响,极大地提升了学生参与课堂教学活动的积极性。

(四)互动式教学模式的设计与应用

《经济法》课程内容大多是一些法规条文,理论性极强,如果采用传统的一些教学方法,在教学过程中仍然以教师为主导,采取单向式的知识灌输,教师代替学生思维,学生只是知识的接收器、储存器,始终处于被动地位,那么学生学起来必然枯燥无味,课堂气氛势必沉闷,教学效果肯定不会好。[1] 因此,要提高《经济法》课程的教学质量,就要在教学方式上有所创新,设计教学情境,采用案例式教学方法以及信息化教学手段,以激发学生的学习兴趣,提高教学效果。在教学实践中,通过成立课改小分队,大学城空间平台与课程微信公众号的运用,组织学生线下分组自学与互动交流;课堂上采用分小组 PK 赛、分班级踢馆赛、讨论会、学校在线教学云平台、QQ 群、微信群、空间教研苑等互动式教学方法,以及学生自拍案例情景剧、学生模拟法庭庭审、学生模拟仲裁庭庭审、学生模拟教师讲课等情景式教学方式,充分调动学生参与课堂教学的积极性,使学生成为课堂教学的主角。

三、《经济法》课程信息化教学流程示例

以《经济法》课程"项目七 经济仲裁与诉讼"中的"模块一 经济仲裁"教学单元为例,说明基于"一带两平台"理念下的《经济法》课程教学过程:

第一步,成立课改小分队。

第二步,引领课改小分队课前通过大学城空间教学资源进行自学。

第三步,带领课改小分队自拍模拟仲裁的情景剧,进行案件重演。

第四步,课改小分队成员自愿报名模拟仲裁所需的各个角色,并接受各个角色的任务,由组长负责汇总各个角色台词,并进行课前排练。

---

〔1〕 曾昭坤:《浅谈案例教学法在〈财经法规与会计职业道德〉教学中的应用》,载《财经界》(学术)2010 年第 6 期。

第五步,课堂教学组织:

(1) 利用微信进行签到;

(2) 利用微信推送模拟仲裁最佳人气奖;

(3) 教师串讲模拟仲裁相关知识点;

(4) 播放学生自拍的案例情景短剧;

(5) 学生进行模拟仲裁庭审;

(6) 教师对学生模拟仲裁情况进行小结并布置课后作业。

第六步,大学城空间、微信同步推送模拟庭审精彩画面及原创视频。

第七步,大学城空间教研苑、微信同时推送教学总结与反思。

地方本科院校国际私法双语教学的实施路径探究

舒卓琼[*]　姜又春[**]

摘　要：法学教育中引入双语教学是我国教育发展和高校素质教育的必然趋势，但这一领域存在很多问题。国际私法作为法学教育核心课程之一，有着自身特殊性质，应该推广双语教学。

关键词：地方本科院校　双语教学　国际私法

一、国际私法双语教学的现实需要

近年来，随着我国涉外民商事交往日渐增多，大量的涉外婚姻、继承、合同、侵权等纠纷层出不穷。涉外民商事纠纷都需要借助国际私法领域的相关知识予以解决。从国家宏观环境和发展状况来看，国际私法的重要性日益突显。国际私法这门学科得到了前所未有的关注。

教育部、中央政法委员会于 2011 年 12 月 23 日下发《关于实施卓越法律人才教育培养计划的若干意见》，提出了卓越法律人才的培养计划，把培养“具有国际视野、通晓国际规则，能够参与国际法律事务

* 舒卓琼，怀化学院讲师。

** 姜又春，博士，怀化学院副教授。

和维护国家利益的涉外法律人才”作为培养应用型、复合型法律职业人才的突破口,为本科法学教育指明了改革的方向,也为继续贯彻实施双语教学工作提供了良好的机遇。作为一门以国际民商事法律关系为调整对象的法学学科,国际私法的国际性毋庸置疑,实施双语教学是必然的发展趋势。

从地方本科院校自身情况出发,培养涉外民商事法律人才也有现实需求。地方本科院校由于地理位置局限,获取的涉外法律资料和信息有限,法学专业的学生很容易产生“国际私法无用论”的观点,这与目前的总体国际趋势差距甚远。而即便是地方本科院校,很多法学毕业生也会选择在广州、上海等较为开放的城市就职,当地律师事务所里的涉外民商事案件比比皆是。为了让课堂与未来职业接轨,培养更具综合实务能力的涉外民商事法律人才,注重更有实效的国际私法课堂教学模式就势在必行。

双语教学的提法由来已久,英国《朗曼应用语言学词典》给双语教学下的定义是“the use of the second or a foreign language in school for the teaching of content subjects”。尽管在我国学界存在各式各样的争议,但大家普遍认为双语教学就是在教学中使用非母语进行部分或全部的教学,国内一般都把双语教学看成是中文与英文的结合。因此笔者认为双语教学可定义为,在教学中使用汉英两种语言作为交流工具,讲授非语言类专业课程。

二、国际私法双语教学的具体实施路径

(一) 关于课程本身

作为法学核心课程之一,国际私法课程本身难度较大,涵盖了国际民商事交往关系的诸多方面,既涵盖了实体法,也涵盖了特殊的冲突法规范,还包括国际民事诉讼和商事仲裁等程序法。国际私法涵盖的范围之广,注定了其包含的法条数量之巨是远远超出其他课程的。学习此课程无法依靠单独的某一部法典,各种知识点散见在多种法律之间,或者需要在全世界各国的立法之中进行比较,使学生学习起来有一定的挑战性。再者,国际私法发源于国外,国内的国际私法体系

却并不完善。我国虽然已经打开了国门,但是毕竟对外经济和民事交往有限,实际生活中接触的涉外案例也有限。相对于耳熟能详的民法、合同法等部门法,很多人对国际私法相当陌生。因此,国际私法是较难理解的部门法,用中文讲授尚且存在困难,而采用双语教学更是不小的挑战。

1. *选择适当的双语讲授内容*

国际私法双语教材可以考虑原版教科书、国内双语教材以及自编教材。原版教科书是最有利于国际私法双语教学的教材,但是外国原版教材与我国书籍的编写方式有异,价格相对昂贵,而且需要倾注大量时间和精力去进行课前预习。其次是选择国内优秀的双语编写教材。目前笔者主要参考黄进教授等人编著的《国际私法:案例与资料》和徐冬根教授的《国际私法》等,算是折中的选择,符合国内研究学习的内容和习惯需要,但是依旧感觉资料匮乏。当然,也有某些院校和教师选择自编教材,这固然有强烈的针对性,但也存在明显的缺点。例如,语言的规范性难以保证。英语作为一种交流的语言,在日常生活中或许只强调沟通即可。但作为一种学习工具,要用英文严谨地学习法律,是不能容许半点马虎的。如果自行界定、翻译某些专有名词或者只求粗略表达大意,势必造成某些只停留在表面的浅显理解,甚至误人子弟,得不偿失。

这三者一经比较,各有优劣。以笔者的实际讲课经验来说,采用综合参考的方式比较可行。首先要精心选择合适的原版教材,将其作为教学辅助参考资料,保证讲授内容的精准性。其次,以国内较为优秀的国际私法双语教材作为学生用书,教师提前告知教学计划和教学内容,让学生自行预习,保证学生能跟上教学进度。最后,任课教师在此基础之上再做适当调整,根据实际需要和授课情况,决定进行双语授课的课程和深度。经过几轮实践操作,如果条件成熟,则可以吸收现有教材和精华,有针对性地进行选择,整编出更适合学科情况和本校学生情况的教材,以达到构建学生相应知识体系的目的。用此种方式,既能吸收原版教材的原汁原味,保留精华,也能博采众长,采纳国内学生熟悉的编写方式,能减轻教师的任务量,能保证自编教材的准确性。因为经过了几轮实践操作,对国际私法双语教学也有了较多的体验,在此基础之上改编的教材,也具有强烈的针对性和实用性。

2. 保证足够的教学课时量

进入国际私法课程学习之前,学生虽然已经打下了一些民法和商法基础,但是对国际私法的很多知识还一无所知。双语教学的主要目的还是更好地讲授国际私法的相关内容,必须要在保证学生能理解国际私法的专业知识的基础之上,加强英语学习。实践操作中,有两种方式比较可行:一是把讲课重点放在国际私法的核心知识点上,将这些重点知识同时用双语进行较为仔细的讲授;二是先用中文简要讲述这些核心知识,再逐渐加大英文讲述的力度,保证学生既能理解国际私法的专业知识,又能在语言上跟得上进度。两种做法各有利弊,实践操作时主要取决于学生学习本门课程的学习情况。但无论选择哪一种方式,都应该在现有课时的基础上增加足够的课时量,保证既能充分仔细地讲解法律知识,也能让双语教学真正有所作为,而不仅仅流于形式。

(二) 关于双语教学参与主体

1. 针对师资方面的措施:培养和引进双语教学人才

双语教学成败的关键之一就是师资。国际私法双语教学对任课教师提出了较高的要求,既要有扎实的相关法律知识功底,也需要有较强的英文功底。其次,国际私法内容庞杂,双语教学又是难上加难,团队协作是有力推进国际私法双语教学的组织保障。但地方本科院校里普遍存在相关师资短缺的问题,能进行双语教学的老师数量有限,又没有组织和建立教学团队,缺少分工合作。靠某一个或者某几个任课教师单枪匹马地摸索,很难顺利地完成双语教学任务。

为了提高师资力量,促进国际私法双语教学的顺利开展,地方本科院校可以考虑加强对现有双语教师,以及潜在双语教师的培训力度,采取国内培训与国外进修相结合的方式。可以考虑在现有的法学教师队伍里选拔一批符合双语教学基本要求的一线教师,展开集中培训,通过促进合作,强调整体利益和资源优化配置,建设双语教学的教学团队。还可以将任课教师送至国内外各大院校进行专门的培训和考察,以真正强化其双语授课能力。

同时,地方本科院校应该重视引进合适的双语教学人才,以充实师资力量。这些教师包括国内讲授国际私法双语教学的专家学者,也可以包括某些讲授国际私法的外籍专家教师等,通过国内外教师的通力合作,打造更具有国际化视野的涉外民商事法律人才。

2. 针对学生问题的措施:探索适合本校学情的双语教学模式

学生是教学过程中需要的重点关注的对象,因为他们是决定双语教学成功与否的关键。众所周知,英语在我国是很受重视,学生具备了接受双语教学的基本条件,但还是存在很多问题。最主要的问题是学生对英语的喜好程度不一致,英语水平参差不齐,学习技巧和方式也不一样,直接导致对讲授内容的吸收程度相差较大,这给实行双语教学带来了困难。部分学生对于双语教学有浓厚兴趣,一般都能认真吸收课堂知识,主动积极地完成课外扩展阅读等任务。也有很多学生对英语有着抵触情绪,主观上不喜欢,客观上听不懂,干脆彻底放弃了此门课程的学习。在一个行政班级里,人数众多,必然存在英文水平不同的现象,讲授的速度、深度和广度就必须兼顾各类学生。

(1) 了解学生英语水平,循序渐进地讲课。任课教师在进行国际私法双语教学之前,就应该通过大学英语考试及其他相关测试结果,对班级学生的英语水平有初步了解。还可以提前发放相关调查问卷,了解和掌握学生对于双语教学的态度和观点,做到有的放矢。任课教师也可以与部分学生进行面谈和讲座,更直观地把握学生的心理动态,以便于有针对性地选择相对应的教学方法。

目前双语教学的模式基本倾向于四种:绝大部分或者全部用英语讲授;讲解大部分用英文,辅之以中文;讲解大部分用中文,辅之以英文;英汉比例相当。初期阶段,可以在摸清学生英语功底的基础上,强调循序渐进。国际私法内容较为庞杂,其双语教学不应该是急功近利的产物,而应该先从容易的方式入手,逐步培养学生的学习兴趣,激发他们学习的主动性。如果一开始就铺天盖地地使用英语资料而不顾学生现实情况和听课效果,其结果只能是导致学生丧失学习动力,甚至完全放弃。

(2) 将学生分成小班,分情况进行授课。虽然英语能力十分重要,但是也没有必要强行勒令所有学生都参与国际私法双语教学。可以按照学生意愿,将国际私法上课班级再细分为普通班和双语班,普通班重在强化学生理解和运用国际私法基础知识的能力,双语班则在普通班基础之上,再强化学生的英语运用能力。

(3) 加强师生互动,调动学生积极性。任课教师务必要鼓励学生进行课前预习,让学生通读教材内容,尤其要大略地了解和掌握国际私法的基本知识,尤其是某些专有的法律术语,这是进行双语教学的基础。教师可以有选择性地布置一些课外阅读任务,采用恰当的激励和监督手段,督促学生自觉进行课前预习,提高双语教学效果。其次,任课教师与学生皆是国际私法双语教学过程中的主角,绝不能像传统教学模式一样仅停留在教师满堂灌的层面上,要鼓励学生形成良性竞争,带着课前预习的所思所想,积极参与到教学过程中去,鼓励学生大胆表达自己的感想,与教师进行沟通。任课教师要注重采用多样化教学手段,比如运用多媒体等现代教学手段,缓解课堂的枯燥气氛,也能给学生清晰的要点提示,便利于教学的展开;还可以将课外阅读材料作为素材,要求学生分享读书感受,交流心得体会;还可以借助案例分析的形式,对国内外相关案例进行解读,拓宽学生的知识面,提高教学效果。最后,教师应布置课后思考内容,鼓励学生不拘泥于课堂上所讲述的内容,主动搜集国内外与国际私法相关的内容,例如理论上的新动态、实务上的新案件等,让国际私法这门传统学科焕发出勃勃生机。课后还可以安排相关的实践实训内容,例如模拟法庭等,用国内外某些案例作为切入点,更好地让学生掌握解决涉外民商事案件纠纷的一般方法。

(三) 关于学校管理层面

鉴于国际私法双语教学对参与师生要求较多,费时耗力,学校应该适当采取一些鼓励和支持政策,例如制定和完善双语教学评价体系,提供相对宽松的教学效果考核方式,提供适当的教学设备和教学环境等。对教师可以给予政策上和经费上的有力支持,例如改进教分的核算方式,增加购买资料的资金预算,赋予任课教师相对宽泛的自主权,提高任课教师培训力度等;而对于学生,也应增加资金投入,为学生创造更多有利于提高英语水平和法律知识能力的机会,例如聘请外教专家开展讲座,与国外高校开展交流互换项目等,鼓励学生从被动地学习转变为主动性学习。

结语

总之,在经济全球化日益加强的背景下,需要培养复合型人才,而通过对国际法课程进行双语教学,以便于以后推广更多法学课程教学,则是达到这一目的的有效途径之一。实施双语教学是我国高等教育适应全球经济一体化趋势,是培养具有国际视野、从事国际交流、国际合作与竞争能力的新型人才的重要途径。相对于其他传统的法学学科而言,国际私法课程实施双语教学是适应经济全球化与教育国际化的需要,是培养复合型人才的需要,也是学习此门课程本身的需要。

参考文献

[1] 郭玉军、乔雄兵:《国际私法双语教学的思考》,载《武汉大学学报(哲学社会科学版)》2005 年第 3 期。

[2] 李建忠、窦丹凤、刘国华:《国际私法双语教学的困境与对策分析》,载《浙江理工大学学报》2009 年第 6 期。

[3] 张美红:《提高国际私法本科双语课堂教学效果的方法》,载《经济研究导刊》2015 年第 20 期。

[4] 李主峰、苗绘:《谈目前国际私法双语教学存在的问题与对策》,载《教育探索》2013 年第 5 期。

“以学生为本”的经济法案例教学方法探究*

郑谊英**

摘　要:经济法课程教学,应以大学生学习的现实需要为出发点,以问题为导向,引导学生密切关注社会法律热点、难点问题。搭建法律大数据平台,尝试引入真实案例,为学生自主学习提供数据资源库。在教学模式上,注重发挥学生的主体作用,建立以学生为本的“翻转课堂”教学模式。通过经济法案例教学的研究与设计,归纳和提炼大学生法治思维能力培养的规律,将“自主学习、课堂探究、实验实训”三方面紧密结合,使法治内化为一种思维习惯、转化为一种思维方法,有效培养大学生发现、分析、解决实际问题的法治思维能力。

关键词:经济法　案例教学　法治思维　能力培养

经济法课程是地方财经类院校面向非法律专业学生开设的一门专业必修课。其课程教学体系相对庞杂、内容涉及面较广,调整的法律关系较错综复杂,加之学生对法律实务接触了解甚少、专业需求严

* 本文系2016年湖南省普通高等学校教学改革研究项目:大数据环境下大学生法治思维能力培养机制创新研究—以湖南财政经济学院为例;湖南省教育科学“十三五”规划项目(项目编号:XJK016BJG002)的研究成果。

** 郑谊英,女,湖南桃源人,湖南省普通高校哲学社会科学重点研究基地——湖南省法务会计研究基地学术带头人,湖南财政经济学院副教授。研究方向:经济法。

重供给不足,客观上为大学生经济法课程学习带来诸多现实困难。在经济法教学中,如何帮助大学生树立法治理念,使法治内化为一种思维习惯、转化为一种思维方法?在教学模式上,如何注重发挥大学生的主体作用,建立"以学生为本"的经济法教学模式?在教学方法上,如何理论与实践紧密结合,训练学生分析、解决实际问题的法治思维能力?这些问题成为了经济法教育教学改革中亟待解决的重点难点问题。经济法教学应充分考虑大学生学法、尊法、守法、用法的现实需求,"以问题为导向",有针对性地引导大学生密切关注社会法律热点、难点问题,培养大学生的法治意识和发现、分析、解决实际问题的法治思维能力。本文结合笔者在经济法案例教学中的一些具体经验做法进行实例分析。

一、依托法律大数据平台,注重引入公众关注度高的真实案例进课堂

在大数据、互联网+时代,各种新媒体层出不穷且发展迅速,为大学生带来了大量新颖、快捷的法律信息和资讯,大数据环境下大学生认知模式及法律学习需求发生了很大改变,"重知识性教育、轻思维能力培养、重课堂理论教学、轻实践能力培养"的传统经济法教学模式亟待改革,在大数据环境下经济法教学面临着前所未有的机遇和挑战。在大数据时代,当法制教育还来不及为大学生做好足够的法学知识储备时,纷繁复杂的社会法律热点、难点问题的海量信息已被迅速地推送到大学生面前,迫使大学生不得不面对法律现实问题做出初步的思考、分析和研判。大学生对高校经济法教学的实际需求逐渐从过去的单一知识本位向思维本位转变,越来越迫切地需要通过经济法的学习,在自身法治思维能力方面有所提升,具备分析、解决一系列实际法律问题的基本技能。因此,围绕大学生法治思维能力培养,综合运用数学统计、机器学习以及数据挖掘技术与方法,搭建法律大数据资源平台显得十分必要。可依托目前国内现有的法律大数据平台:中国法律应用数字网络服务平台(法信)、中国裁判文书网、法易网、北大法宝等,以社会公众关注度高的重大现实问题探究为导向,进行法律数据

的采集、分析、开发与利用，建立融真实案例、法律法规、条文释义、法庭审判、裁判文书等内容于一体的法律信息资源库。依托法律大数据信息平台，注重发挥大学生的主体作用，建立以学生为本的经济法教学模式成为改革的现实之举。

基于以学生为本的经济法案例教学理念，如在《物权法》一章的基本原理和知识教学中，依托现有的法律大数据平台，引入真实案例进课堂，围绕公众关注度极高的“城市房屋强制拆迁”这一法律热点难点问题，引导学生开展课堂探究活动。在案例挑选上做到精挑细选，选取了发生在上海市闵行区潘蓉一家一幢建筑面积480平方米的四层小楼被强制拆迁的真实案例，该案曾被中央电视台法治在线栏目报道，法律关系错综复杂，社会关注度很高。本案中，被拆迁人拿的是《物权法》，坚持房屋是自己合法的私有财产，认为政府强制拆迁就是侵犯了自己的物权，如果没有拿到法院的判决书就坚决不同意搬迁。拆迁人拿的是行政性的《城市房屋拆迁管理条例》，主张依据《城市房屋拆迁管理条例》的规定：诉讼期间不停止执行！在法院没有做出裁判前房屋应按照行政程序予以强制拆迁。双方基于“公民房屋产权保护”这一核心性问题各执一词，始终无法达成一致意见，并形成了激烈的现场对峙。在课堂教学中，引导大学生密切关注“城市房屋强制拆迁”的法律热点问题，围绕本案争执的焦点问题展开案例研讨，有利于激发学生经济法课程的学习兴趣。

二、构建以学生为本的“翻转课堂”教学模式，注重培养大学生自主学习能力

为了确保经济法案例教学的实效性，应立足于“以学生为本”的教学理念，积极开展经济法案例教学的研究与设计，归纳和提炼大学生法治思维能力培养的规律，注重培养大学生法治思维能力，构建“自主学习、课堂探究、实验实训”三位一体的经济法案例教学模式。

大数据时代，大学生学习模式将由被动向自主转变，由单一向融

合转变,由知识本位向思维本位转变。[1] 学习法律的主要目的应当是学习法律背后的理念和规律,树立现代法治理念,把握按照法治思维方式分析和处理具体法律事务的规律。树立起真正的现代法治理念和法治思维方式,其价值要大大地优于或重于教育培养学生掌握某些具体的法学知识和技能。[2] 因此,经济法律基础知识的学习,应在课前以学生自主学习为主,依托法律信息平台,鼓励学生通过自学对法律法规、条文释义、庭审判例等清晰地认识与了解。目前,经济法教学中,重法条知识传授,轻思维能力培养,课堂理论教学与现实严重脱节等问题十分突出,学生自主学习的"个性化"需求难以满足,严重影响了经济法教学的实效性。经济法教学改革应从"教"与"学"两方面入手,注重发挥学生的主体作用,构建以学生为本的"翻转课堂"。大学生对法律基本原理、知识的学习主要通过法律大数据信息平台由学生自主完成。知识内化、能力提升主要集中在课堂,经老师引导、同学协助、深入探究来集体完成。改变传统重知识灌输的思维定式,密切关注大学生的法治思维过程,运用学习分析关键技术,构建科学的学习分析模式,对大学生在学习过程中生成的海量数据进行解释分析,评估大学生的学习进展,预测大学生感兴趣的法律问题及未来的学习趋势,及时发现潜在的问题,从而优化学习过程。

三、遵循"提出问题、分析问题、解决问题"的逻辑主线开展课堂研究,注重培养大学生法治思维能力

法治思维是指在法治理念的基础上,运用法律规范、法律原则、法律精神和法律逻辑对所遇到或所要处理的问题进行分析、综合判断、推理和形成结论、决定的思想认识活动与过程。[3] 法治思维是当代大学生不可或缺的一种思维习惯和思维方式。在经济法案例教学中,不能仅仅满足于法律知识要点的讲解与传授,更重要的是帮助大学生

---

〔1〕 李永、刘玉红:《大数据时代大学生学习模式转变研究》,载《长春工业大学学报》2014 年第 12 期。

〔2〕 杨富斌:《高校法学教师坚持法治思维的意义和作用》,载《河北法学》2014 年第 12 期。

〔3〕 姜明安:《运用法治思维和法治方式治国理政》,载《中国司法》2013 年第 1 期。

树立法治理念、把握法律规律、培养规则意识,实现"法治理念+法律知识+思维方法+能力实训"一体化的教学目标。在大数据环境下,要善于培养大学生从大数据资源库中进行法律数据采集,具备发现问题、提出问题,运用多种法治思维方法分析、解决实际法律问题的思维能力。因此,探究问题的关键是设计问题,如何将"以问题为导向"的逻辑思维主线贯穿教学始终显得尤为重要。

在潘蓉一家房屋强制拆迁的物权法案例研讨中,坚持"提出问题、分析问题、解决问题"的问题逻辑主线贯穿课堂教学始终。

第一,房屋拆迁实质上是否合法?要求学生运用法律信息平台提供的大量法律数据自主学习,对《中华人民共和国宪法》及2004年宪法修正案、《物权法》等相关法律法规有一个十分清晰的了解。在2004年《宪法修正案》第22条、2007年《物权法》第42条均明确指出:只能为了公共利益的需要,政府才能对公民的私有财产实行征收或者征用并必须给予合理的补偿。何为"公共利益"呢?目前,学界对此研究现状如何?是否有明确的理论界定?实务操作中又是如何遵循的呢?我国有关房屋征收的实质条件与形式条件法律又是怎样规定的?如何全面理解《物权法》关于"私权的保护"?最终落到问题的核心点,引导学生进行法理分析:当个人利益和公共利益发生冲突时,我们应当如何取舍呢?如何为政府公权力的行使划分权力边界?

第二,房屋强制拆迁程序上是否合法?针对2001年国务院出台的《城市房屋拆迁管理条例》第15条、第16条中关于拆迁程序"诉讼期间不停止拆迁的执行"的错位性规定,引导学生开展课堂讨论并加以分析。在没有宪法和法律的授权下,政府自行强制拆迁这种做法,是否是对公民人身、财产权利的一种侵犯呢?其行为实质是否属于行政权力对司法权力的排斥呢?将行政权力置于公民权利之上,宪法和法律是没有赋予政府这个特权的!政府排斥司法程序自行强制拆迁的行政法律规定使得行政权力失去了应有的监督。房屋是公民安身立命的场所,是公民财产权利的重要组成部分,应当受到宪法和法律的保护。

第三,如何通过司法程序解决房屋强拆的法律问题呢?如果被征收人与政府的意见不一致,就应走司法程序,而非拆迁条例所规定的只能由政府的房屋拆迁管理部门裁决。结合专家、学者的相关立法建议,引导大学生积极探寻解决问题的方法。2009 年 12 月 7 日,北京大学法学院五位教授建言全国人大审查拆迁条例。明确提出:无公共利益则无征收;无合理补偿则无征收;无征收和补偿则无拆迁;无法院裁决则无拆迁。原有的《城市房屋拆迁管理条例》的制度缺陷,滋生了土地寻租过程中的强制拆迁等暴力执法事件,对存在明显缺陷的法律制度应予修订,尽快出台新的法律法规。鼓励大学生在房屋征收应当如何补偿的问题上,针对现行征收补偿制度的缺失予以分析,提出自己的立法建议。原《拆迁条例》确定的补偿原则是适当补偿,且补偿费用和标准偏低,不符合市场价值规律。应当确立合理的补偿原则,完善相关制度。一是扩大征收的补偿范围。补偿范围除了房屋外,还应当包括土地使用权、房屋的预期收益等内容。二是完善征收的补偿标准和方式。在补偿原则、补偿标准、补偿方式、补偿金额等方面,提出立法完善建议。

拆迁事件看似一种法律和行政法规的冲突,实质上反应的是各方利益的冲突,是国家公权力与公民私权利的冲突。在教学设计中,围绕公权力与公民权利这一核心性问题,教师引导、学生参与,开展深入的课堂研讨活动,有利于培养大学生的法治思维能力,增强学生自觉学法尊法、守法、用法意识。

四、搭建法治思维能力培养的实践教学平台,注重培养大学生的实践能力

法治思维能力的培养必须根植于社会实践。法治思维是一种在法律实践中训练、培养和应用的思维方式,一旦脱离具体的法律生活和法律实践,就不可能养成法治思维方式。在实践教学中,积极为大学生搭建体现地方应用型办学特色的法治思维能力培养实践教学平台。注重引入真实案例,采用案例教学法、课堂模拟法、角色扮演法、体验式教学法,专题研讨法等方法,训练学生发现、分析、解决实际问题的能力,与传统“重知识、轻能力”的做法形成鲜明对比。同时,充分发挥高校数字化教学仪器设备等硬件设施的条件优势,与当地的人民

法院合作共建数字化审判法庭，对接法院的审判管理系统，实现司法资源和法学资源共享，促进法院与高校的深度交流合作，建立法院与高校互利共赢的合作新机制。

【编者按】中国共产党十八届四中全会指出，必须加强法治，必须使民主制度化、法律化，把依法治国确定为党领导人民治理国家的基本方略。在培养法律人才方面，教育部[2011]10号文件指出，为了全面落实依法治国基本方略，必须深化高等法学教育教学改革，提高法律人才培养质量。湖南师范大学作为“卓越法律人才教育培养基地”在法律人才培养模式方面不断探索，与长沙市中级人民法院多年的交流中形成了“双联”、“双进”的合作机制，同时以“麓山论法”作为双方理论交流研讨的平台，通过“司法改革与法治人才培养机制创新”大讨论，在理论上进一步深化。“三段六步全程参与式实战教学法”正是湖南师范大学在创新过程中闯出的一条实践教学改革新路。为了加强湖南省各高校间经验交流，促进法学教育改革蒸蒸日上，本专题特选编了部分湖南师范大学师生与长沙市中级人民法院法官在“三段六步全程参与式实战教学法”实践中的成果，以飨读者。

中国法学教育不可或缺基督宗教课程

——从法律信仰的维度所做的粗浅考察

周湘伟*

内容提要:中国走向现代法治国家需要建立对法律的信仰,而法律信仰的源头在于基督宗教文化直至基督信仰。中国法学教育承担着培育和促进建立法律信仰的重要使命,而当前其自身存在的种种不足与缺陷又制约了其效能的发挥,这其中主要的即是基督宗教文化教育的缺失。本文从法律信仰的维度,就在中国法学教育中引入基督宗教文化教育的有关问题进行了初步观察和思考,提出在中国法学教育中引入基督宗教文化教育是培育和促进建立法律信仰的必由之路的观点。同时,鉴于国内不少学者在信仰问题上的躲躲闪闪,总是极力回避法律信仰与基督宗教信仰之间的天然联系,而使问题长期不能取得突破与解决,本文明确提出社会主义道路和马克思主义理论与基督信仰并不矛盾的观点,主张政治的归政治,信仰的归信仰,从而破除了长期制约中国人思维的精神枷锁,从禁锢多年的思想困境中解脱了出来,为中国法学教育顺应法治中国建设和社会转型开辟了新的思路。

关键词:中国　法学教育　法律信仰　基督信仰　宗教

---

* 周湘伟,男,湖南长沙人,中共湖南省委党校 湖南行政学院法学教研部教授。主要研究方向为法理学、经济法学。

一、前言

法律必须被信仰，否则形同虚设，这已经成为越来越多人的共识。在当今世界，普遍被认为是法治社会和法治国家的，往往都是一些有比较纯正法律信仰的所在。在人们的理性认识中，欧美诸多市场经济发达的国家，无疑是至今为止比较成熟的法治国家，与此相适应，它们无一例外都是以基督信仰和基督宗教文化为背景，或者深受其（直接或间接）影响的国家。在全面推进依法治国的新形势下，如何正确认识法律信仰与基督宗教文化乃至基督信仰的关系，有效促进中国法学教育质的飞跃，确实值得我们做一番深入的观察与思考。

透过人类几千年来的法制发展历程，人们不难发现，其实，法律问题与宗教信仰问题一直不可避免地或明或暗地纠缠在了一起。而这正好给我们提供了一个不一样的视角，即法律问题绝不仅仅止于法律问题本身，它与宗教文化乃至宗教信仰有着深厚的内在联系，并且法律永远都不是第一位的，在法律的上面还有宗教文化，在宗教文化的上面还有信仰。可见，从如此的视角切入，对正处于社会全面转型当中的中国法学教育而言更具启迪意义。

因此，问题的起始点就从法律信仰转移至宗教文化乃至宗教信仰，确切地说，是转移到了基督宗教文化乃至基督信仰。那么，这个文化和信仰究竟是什么，它又是以怎样的方式影响着法律教育诸问题，以及如何改革法学教育来促进培育和建立纯正的法律信仰，进而为推进我国法治社会向前发展提供必要条件和基础，等等。诸如此类的问题，无疑是当前中国的法学教育不能回避的基础性问题，在此，笔者试图从法律信仰的维度来考察和探讨，力求正确把握与法治国家和法治社会建设相适应的中国法学教育的宗教之维。

二、必须正视当代中国法学教育的精神缺陷

以现代法治社会的标准来观察中国社会，不难发现其中的差距——尽管中国法治社会建设较之其漫长的专制王权社会而言已经

取得了巨大而难能可贵的进步。虽然造成这种差距的原因是多方面的,如历史的、文化的、经济的、外围环境的等等,但就具体而言,中国法学教育自身存在的诸多问题,尤其是现代法治精神的长期缺陷难辞其咎。

(一)中国法学教育中法治精神先天不足

对于一个有着两千多年王权专制历史背景的古老国家而言,其走向法治所面临的最大挑战不是物质和技术方面历史包袱的沉重——尽管这也是不争的事实——而是其民族精神血脉之中民主、自由、法治基因细胞的严重不足。这种先天不足往往是致命性的,这就是为什么一些传统国家在走向现代国家过程中总是难以避免"复辟"的危险的根本原因。古代中国没有真正意义上的法学教育,所谓"民贵君轻"、"王子犯法与庶民同罪"、"道法自然"等思想,虽然貌似有了一点民主法治的影子,但由于明显缺乏"信仰"的根基,最终无不流于无源之水无本之木。中国古代法家所谓的"法治",其实质却是王权主导下的"以法治国",法不是用来约束公权力、约束统治者,而是用来管教被统治者的工具,与现代意义上的法治正好相反;而儒家则几千年来一直推崇并幻想着"圣王治世",重礼轻法,有人治而无法治。当代中国的法学教育正是在此思想文化基础之上进行的,尽管马克思主义法哲学站在历史唯物主义的立场上,为我国法学教育提供了新的养料,确有不少可取之处,但总有一种"无根"的欠缺感挥之不去,因为它始终未能从法治的内在需要上解决"信仰"的根基问题,即"法"和"人"的终极关系问题。近代以来,法治精神的先天不足使我国法学教育的成效大打折扣,特别是 21 世纪以来,我国面临着越来越多尴尬的现实问题。

(二)中国法学教育的成效面临现实尴尬

必须承认,新中国成立以来特别是改革开放以来,我国法学教育在培养社会主义合格公民、社会主义司法干部及法律工作者等方面取得了不小成就。一个显著的事实是:现在我国的立法越来越完善,社会主义法律体系初步建立;司法尤其是程序方面越来越规范;法律工作人员素质有了较大提高，司法考试成为人们进入国家法律部门或者从事法律工作的必经门槛(较之过去退伍军转干部甚至法盲大量拥入法律部门进步明显)；公民的法律维权意识明显提高，民告官现象时有发生(这里主要是从公民法律意识增强的角度来理解，而非仅仅说明社会矛盾越来越多)，公民的合法权益越来越受到法律的保障；等等。所有这些成绩的取得，都离不开法学教育在一定程度上的有效开展。

在肯定成绩的同时人们也清醒地看到，我国法治国家和法治社会的建设还面临着一些突出问题，应该引起足够重视，其中最紧要的是法律权威和信仰还远未真正树立，一些领导干部目无法纪，随意干涉司法，以权压法，严重破坏司法独立和法律的公平公正，扰乱了正常的法治环境，使广大人民群众一定程度上对法律失去信赖，进而对政府失去信任。

我国法学教育既坚持马克思主义法哲学为指导，又具有鲜明的中国特色。以马克思主义法哲学为指导，即强调历史唯物主义、法的阶级意志性与物质制约性辩证统一；鲜明的中国特色，即突出政治在国家治理当中高于一切的重要性，任何问题都要首先强调其政治正确性而非实践理性和科学性。如此一来，就不可避免地带来一个令人尴尬的现实问题：一方面强调法律至上和法律权威，另一方面又强调党性，突出政治；一方面承认法律面前人人平等，维护法律的公平公正，另一方面不少领导干部又自觉或不自觉地带头违法，以权压法，破坏法律的公平公正性；而在探讨“究竟是党大还是法大”、“究竟是权大还是法大”等问题时，则更是让人一头雾水，左右为难，最终往往只好不了了之……

显然，以上的尴尬局面，已不仅仅是个简单的政治与法律的关系问题，在诸多问题的表象背后，其实隐藏着一个极其严重的问题，即中国法学教育长期精神缺陷的问题，更确切地说——这关乎“信仰”。由于“信仰”是法律的活的灵魂，故没有法律信仰的法律体系及其运行机制无异于一套僵死的清规戒律，人类自然向恶的倾向、人心的诡诈很容易使这套清规戒律化解于无形，所谓的依法治国只能成为一个笑柄。

(三)中国法学教育的长期困境及深层次原因

前述中国法学教育所面临的尴尬问题并不是现在才出现,而是伴随着共和国的发展历程而长期困扰着我们。当法治与信仰发生冲突,法律与政治构成矛盾,我们究竟应该站在哪一边?诚然,这绝不是一个单靠法学教育就能解决的问题,但也要求我们必须首先从思想层面、信仰层面厘清一些问题,否则我们必将持续处于这样的困境当中而无力自拔。那么,中国法学教育长期所面临的这种困境其深层次的原因究竟是什么呢?要回答这一问题,还是让我们先回到法治本身来理论一番。

众所周知,法治的实现首先是要有善法;其次是善法被人们普遍认可、信服,并愿意遵行。于是,追求法治的人们首先就要面临一个问题,即:究竟什么样的法才是善法?善恶的标准在哪里?多数人同意的法就一定是善法吗?人类的历史经验已经雄辩地证明,真理往往掌握在少数人手中,而且真理具有永恒不变性。可见这个善恶的标准至关重要。如果我们以唯物论为放之四海而皆准的真理,则善恶的标准就只能是人——因为人是物质存在的最高级形态,但人们习惯性地忽略了一个基本事实,即人常常处于"与时俱进"当中,于是标准也必然是变来变去的,最终的局面实际上成了"没有标准"。关于这一问题,我们可以从人们对同一个历史人物在不同时期的不同评价中看得十分清楚(如人们对孔子的评价即是如此)。显然,在人类的理性认知当中,一个总是变来变去的东西是不值得人们去信赖的,法亦如此。因此,在唯物论一统天下的国家或社会,实在难以形成真正征服人心的善法,自然,人们对如是之法不认可、不信服、不遵行就成了常态。相应地,法律不能被信仰,其必然没有最基本的权威可言,更谈不上实现真正的法治。

基督宗教文化表明,真正的善法只能出于那位最高存在者——耶和华神,而不可能出于世上这些有限的且败坏的"罪人"。同时,决定法律是否被信仰的关键,不在于法律的具体内容是否体现了统治阶级的意志或是否由一定历史时期的物质生活条件所制约,而在于支撑其被信仰的精神基础是人还是在人之上的最高存在者,即法律的终极源头是在于人还是在于那位最高存在者。于是问题似乎有了一些眉目，但如果确实是由于唯物论无神论的独步“神州”导致了中国法学教育的尴尬局面，那么按照传统思维，人们很容易陷入对当代中国政治的惶惑之中：中国是明确坚持走社会主义道路的国家，以马克思主义为指导，马克思主义又奉行唯物论无神论，因此，承认最高存在者——耶和华神的存在，就是反对马克思主义，反对马克思主义就是反对社会主义反对中国共产党……

问题果真是非此即彼、二元对立吗？是否社会主义就必然是唯物论无神论呢？具有500年历史的社会主义探索与实践表明，社会主义道路是人所作出的一种社会制度或者经济制度的选择，而不是人的信仰选择，且科学社会主义属于政治学范畴，而唯物论无神论属于宗教哲学范畴，二者之间并无决定与被决定的必然联系，更何况，近百年来，唯物论无神论重物质轻心灵甚至无视心灵等主张的极端化已经带来一系列棘手的社会问题。人们不妨试问，一个法官或者领导干部，当他手按着宪法（世俗法）宣誓时所产生的力量难道要强于他手抚着圣经（神法）所产生的力量吗？显然，社会主义主张及其道路并不等于唯物论无神论，坚持社会主义道路的政治理想与个人自由确立起基督信仰也不互相排斥。相反，一个信仰基督的人，由于其源于上帝而来的公义良善，才会在敬畏神法的基础上接受体现出公义良善的世俗法，进而因着他对上帝的信仰而信赖并遵行这些法律，如此，法治的实现才能成为可能，而这是社会主义所应有的基本特征之一。

其实，作为公共领域社会理想的马克思主义与作为私人领域灵魂救赎的基督信仰是你死我活的矛盾关系。神的存在具有客观实然性，这已经被自然律、道德律以及人类的发展实践雄辩地证明。尽管马克思主义主张唯物主义无神论世界观，但神不会受制于任何一种人所创立的理论学说（注：出于人的只能称作理论不能称作真理，因为理论随时都面临着被修正和否定的命运——所以才需要“与时俱进”；而真理只属于上帝，且永恒不变），并不以任何人或组织创立的理论为其存在与否的依据，也即不管你承认与否，他都实实在在地存在着。况且马克思主义信仰作为一种政治意识形态（以“唯物论”为基础）并不能取代基督宗教信仰（以“唯实论”而非“唯心论”为基础），因为两者明显存在于不同的认识层面,前者在政治学哲学层面,后者却在神学层面。同时,两者也不具有同质性和可比性,它们各自所关注和解决的问题也不同,前者致力于解决外在的物质的社会治理的问题,后者致力于解决内在的心灵的个人救赎的问题,可以说两者本来就不是一个"频道"的事物,无论在什么层面,人为地将二者扯在一起彼此否定是极其不严肃、不科学的态度。正是由于我们长期以来在这个问题上没有真正厘清楚,才使我们走了许多不该走的弯路,犯了许多本来可以避免的错误。耶稣基督曾说:"恺撒的物当归给恺撒,神的物当归给神"(马太福音 22:21)——这本是人类政教分离原则的思想源头。实际上,基督信仰已经给了人类相当多的智慧,让世人能够正确处理属世与属灵、政治与信仰的关系。正因为如此,人们有义务认识和坚持将政治的归政治,信仰的归信仰,在政治上可以继续坚持马克思主义的一切理论理念和共产主义的伟大理想信念,而在信仰上则必须依宪法切实维护每一个公民是否信靠仰望上帝的灵魂自由。

三、基督新教与中国法学教育的契合性

要确立纯正的法律信仰,促进实现真正的法治国家和法治社会,一方面,必须彻底认清唯物论无神论的真面目,即物质第一性,以人为中心的"三观",已将有限的最高级物质——"人"提升到具有无限可能的"神"的位置(诸如:荒诞年月的口号"人有多大胆,地有多大产"、"不信东风唤不回"、"敢教日月换新天"等言犹在耳!不仅毛泽东被捧为了神,连"人民"也成了神),于是这样的"人"实在无需对什么心存敬畏了,因为他自觉已经成了最高存在者。而另一方面,对超验的彼岸世界与法律信仰的关系也当有足够清晰的认知,并非坚持有神论就一定能实现法治,因为显而易见的是,对于"神"也需要通过启示来加以区别,其究竟是真神还是假神,是正道还是异端乃至邪教,这是必须回答的问题。如果是假神甚至是邪神,则不仅不能于人类有福祉,还会带来灾祸,因此必须审慎加以区别选择。

经过宗教改革之后的基督教(即基督新教)回归到了上帝信仰的本真,无论在西方发达国家还是亚洲发达国家和地区都显现出其巨大

能力，对这些国家的政治、社会、经济、文化等诸多领域都产生了深刻影响。就中国而言，随着基督信众的逐渐增多和教会的不断发展，基督新教对社会生活方方面面的影响也正在逐渐显现。特别是基督新教与中国法学教育的契合性必然使其在推进我国法治国家建设方面产生无可替代的重要作用。

(一) 从基督新教教义到现代法律信仰

16 世纪的基督新教改革对西方现代政治法律制度的形成产生了重要影响。美国学者伯尔曼曾指出，基督新教尤其是加尔文主义深深地影响了近代西方法律的发展，尤其在英国和美国，“清教徒们发展了路德关于个人良心的神圣不可侵犯性(Sanctity)的概念以及其在法律上作为反映在财产和契约权中的个人意志的神圣不可侵犯的概念”[1]。

基督新教强调“因信称义”，指在任何情况下只因对上帝信仰，信徒就能得到神恩，被神看为义人，人凭信心蒙恩得以称义，而不必得到上帝的“代表”——教会的喜爱和足够的善行去得救，即个人只需对自己的良心负责，不需要通过天主教会而可自己直接与上帝建立关系，个人必须服从上帝而非任何人间的权威。这其中实际上蕴含着人的个性自由、平等、尊重人的价值等西方现代民主法治理念，也即这些理念的背后实质上是基督新教教义。

法律必须被信仰，否则形同虚设。这里的“法律被信仰”不是基于法律本身的原因，而是法律背后的信仰，亦即因着对上帝的信仰而信仰合上帝心意的法律，这首先是坚持了基督信仰的善一元论和正义一元论。所谓善一元论和正义一元论是指在判断善恶的标准问题上答案是唯一的，同样在评判正义与邪恶的标准问题上也只有一种可能，即在至高无上的意义上只能有一位神一个标准，不承认有多个神多个标准。正是由于相信上帝是唯一永恒的善，除之再无真正的善，所以相信基于上帝意旨的法是唯一正义的法，除之也再无真正正义的法，而出于上帝意旨的法是必须要信仰的，这与信仰上帝是一脉相承的。

[1] 〔美〕伯尔曼：《法律与革命——西方法律传统的形成》，贺卫方等译，中国大百科全书出版社 1993 年版，第 30 页。

至此,一种法律信仰才真正建立。

这一法律信仰的建立过程也同时意味着:当人们认为法律违背了上帝的意旨,则可以而且必须予以反对而不能服从。基督新教领袖加尔文在 1553 年出版的《基督教原理》中认为"所有君主们的意愿都应从属于上帝的意愿",上帝可以武装人们"去惩罚邪恶的政府,把其受到不义压迫的子民从苦难中解救出来"。这就是可贵的"公民不服从"精神,它源于基督信仰,是近代权力制约和法治理论的思想基石。国家并无专断的权力,它必须受上帝圣明之道的教诲和约束,"我们臣服于统治我们的那些人,但只臣服于那些按照上帝意旨统治我们的人"。

总之,法律信仰的源头是基督宗教信仰,缺失了上帝的法律制度不管其样式设计得多么完美,也如同一座缺失了"神"的"富丽堂皇的庙",没有任何意义与价值。

(二) 基督新教是中国法学教育的活力之源

法律的被信仰要求在中国法学教育中引入基督新教内容,不仅如此,基督新教中所蕴含的丰富的法治理念也为中国法学教育提供了最核心和最基础的精神泉源。

(1) 契约观念。首先赋予契约以社会政治内容的是《圣经》,而《圣经》中的《旧约》《新约》均是上帝与人订的契约。西方民主理论中的社会契约论是神学观念的世俗化延伸。[1]

(2) 平等自由观念。基督教宣扬上帝面前人人平等,耶稣教导门徒"爱邻人如同爱自己",否定奴役、暴力和强迫,承认个体的平等自由。"主的灵在哪里,哪里就得以自由"。无限量自由的灵满布在整个福音书中,而基督的每句话都是表征着自由的话。[2]遵循上帝的意旨和法则当然就能得到自由,违背上帝的意旨和法则必然要被惩罚而不得自由,因此在基督信仰的世界里自由是有前提的自由,不是出于人的愚妄的自由。而出于上帝意旨的法律既是对人"愚妄的自由"的一种约束又是对人获得真正从神而来的自由的保障。

---

〔1〕〔美〕南乐山:《在上帝面具的背后:儒道与基督教》,辛岩等译,社会科学文献出版社 1997 年版,第 134 页。

〔2〕〔俄〕别尔嘉耶夫:《自由的哲学》,董友译,学林出版社 1999 年版,第 201 页。

(3) 人性恶与重视法律制度传统观念。人是上帝按照自己的形象所造,故有其不可侵犯的尊严,但人因为始祖亚当和夏娃的"原罪",又有与始俱来的一种堕落的趋势和罪恶潜性——通俗地讲,就是所谓"人性的弱点"。基于此种双面人性理解,在保障人的权利和尊严的同时控制人的罪恶和堕落就成为世俗生活内容和价值所在的两项基本任务,而起主导作用的原罪意识最终促成了基督教传统重视法律制度的倾向。

(4) 权力制约理念。基督教基于对人性罪恶的基本判断,对国家和政府权力怀有深深的戒备,主张权力限制与分立,认同对暴政的"合理反抗"。

(5) 法律至上理念。基督信仰中的所有律法均出自上帝,世俗国家制定的法律最终的渊源或权威也都来自上帝,因此具有一种神圣性。"国王在万人之上,但在上帝和法律之下"。暴君和国王的唯一区别是:后者服从法律按照法律的命令来统治人民,并把自己看成只是人民的仆人,正是由于法律他才把履行自己的主张放在管理共和国事务的首要地位。[1]

此外,法律活动中的各项仪式,如证人宣誓、法官穿法袍等都是借鉴了宗教中的各项仪式,而法庭秩序的设计则借鉴了教堂中的秩序,等等。

总之,基督新教不仅是法律信仰的基石,其丰富的精神智慧营养更是法治建设不竭的活力之泉。因此,中国的法学教育要以更加积极开放的姿态引入基督信仰内容,以使我国法学教育真正从尴尬与困境当中解脱出来。

(三) 必须厘清的几点认识误区

在中国法学教育中引入基督信仰在理论上是令人神往的,不过现实中又往往由于一些认识上的误区,使其难以真正落实。限于篇幅这里主要就其中两个方面的问题加以探讨。

第一,关于上帝与教会的关系问题。尽管两者之间有着本质的区

---

[1] 〔美〕乔治·霍兰·萨拜因:《政治学说史》,盛葵阳等译,商务印书馆1986年版,第295页。

别,但一些人基于对基督宗教文化的无知或一知半解,往往不自觉地将二者混为一谈,于是就产生了许多认识上的误区,关于这一点,在人们对所谓中世纪教会的种种腐朽黑暗的认识上体现得尤为明显。许多人由于看到中世纪教会的专制腐朽和黑暗,便断言是基督信仰本身而非同样是有限的罪人的教皇等神职人员及信众所组成的所谓上帝在人间的代表的教会群体存在着令人憎恶和失望的罪恶。进而,因着教会及其神职人员或者信众的败坏而迁怒于上帝。而事实上,上帝是上帝,教会是教会,教会不等于上帝,尽管教会自认为并希望自己是上帝在人间的代表,但上帝不是世上任何由人所组成的群体组织所能代表的。因为上帝永远是公义良善的,而由人所组成的所有组织仅仅是一群"罪人"的聚合体,不管他们如何美饰自己都无法改变这一事实,教会也不例外。教会是会犯罪的,而上帝不会,教会并不能代表上帝,有时甚至与上帝为敌!

第二,关于文化冲突的问题。诚然,将基督宗教文化引入到中国法学教育中确实是培育和建立法律信仰不可或缺的重要一环,然而立刻又有一种新的担忧产生了:基督教是西方的宗教,引入基督宗教文化会导致中华文化丧失自我,进而被西方文化所同化,最终使独具特色的华夏文化因渐渐失去其固有的魅力而湮没于人类历史的长河中……

应该说此种担忧不无道理。在人类历史上确实存在着文明的冲突,文化的融合,落后文明被先进文明取代,弱势文化被强势文化征服,比如中华民族的形成过程其实就是民族文化的融合同化过程。但问题是我们应该如何看待基督宗教,如何看待所谓的西方文化?在这个星球上生活着几大人类种群,由于不同的地域环境使他们在遥远的古代只能局限于其所在的地域各自创造其文明并形成其文化。然而就同为人类这一点而言,由于良知的同一性,各种地域的文化从根本上讲是可以互通互融的,正是这种文化的交流融合使世界文明在各种异质文化之间碰撞融合中不断进行新的排列组合,从而生成新的文化形态推动世界文明的不断向前发展。

四、在中国法学教育中开设基督宗教课程切实可行

当前中国法学教育面临的主要矛盾是日益推进的法治化国家建设进程对法律信仰提出的更高要求与目前中国法学教育由于其自身存在的缺陷与问题不能满足这种要求之间的矛盾。要解决这一矛盾必须在中国法学教育中开设基督宗教课程,这对于中国这样一个特殊的国家而言是一个不小的挑战,但同时也是一次难得的和关键的转型契机。

(一)基督宗教课程的开设能够顺应全面依法治国的时代要求

全面依法治国不是一句空洞的口号,其要真正落实需要具备多种条件,包括完善的法律体系、健全的法律部门和高素质的法律工作人员(通常简称为"法律人")等,而其中最为关键的是规模足够的"法律人"群体(基于国家治理现代化的要求,必将有越来越多的法律人走上越来越重要的领导岗位,深刻影响中国的发展进程和国民的福祉)要具有较高的法律素养和法治思维,归根结底是要敬畏法律、信仰法律,使外在的法律规则内化到思想灵魂深处。基督宗教课程的开设不仅能够补足我国法律教育的短板,更重要的是能够从源头上解决法律的神圣性问题,使世俗化的法律枝干找到超验性的信仰根基,使"法律人"真正从内心深处确立法律至上的理念,让过去长期以来徒有其表的法律文化、司法理念、法律思维、刻板的法律语言、苍白的法律精神、虚弱的法律意识、紊乱的法律伦理、僵化的法律解释等等,都具有活的强有力的灵魂,进而为实现依法治国创造必要条件——培养出数量足够、质量上乘的与依法治国建设社会主义法治国家相适应的"法律人"群体。

(二)基督宗教课程的开设能够提升法学教育的整体质量

由于缺乏纯正宗教信仰的滋养,我国法学教育已经成为一种纯粹的职业性、工具性、技术性教育或者操练。作为一项技能、一个专业这当然是法学教育必不可少的内容之一,但问题是法学教育不是类似于

其他行业的所谓职业技能教育,它首先应当是一种信仰和情怀,这是由法学教育的特殊性决定的,因为追根溯源,在世俗法、实在法之上分明存在着关乎终极关怀的直指人类灵魂的最高规范,该规范代表着最高的公义良善,关系着社会大众的普遍福祉。如果局限于世俗法、实在法的层面自说自话而没有超越的视野,那么,无论付出多么大的努力,所收获的不会比“一地鸡毛”更有价值。显然,一直以来我国法学教育的质量不容乐观的一个主要原因,即在于,从上到下,大家几乎是不约而同地将法学教育当成了一种明显功利性、工具性的职业教育,而非与依法治国建设社会主义法治国家相适应的包含了培育纯正法律信仰的专业教育。因此,通过开设涤荡灵魂的基督宗教课程,注入甘甜的信仰之泉后的中国法学教育,其整体质量与综合效应必然会有一个质的提升与飞跃。

(三)基督宗教课程的开设能够促进法学教育的精英化

法学教育的主要目标应是培养作为社会“关键少数”的有法律信仰、法律素养和法律技能的法律工作者(当然也有普及法律知识,提升公民法律意识的功能),法学教育的这一目标定位决定了其具有精英教育的特质。法律代表着公义良善,法律工作者应是公义良善的守护者,其本身应该是社会的良心和榜样,他们往往能够代表和体现一个社会的文明进步程度,社会对这一群体有着更高的要求和期待,他们对社会也有着更多的责任和影响力。相应地,在国人的共识中,司法腐败一直被认为是一种底线腐败,是“是可忍孰不可忍”的罪恶。然而,由于法律信仰的缺失,在我国的法律工作者及国家工作人员中大量存在着这种令人震怒的底线腐败。精英阶层的这种底线腐败对社会的道德良知和公平正义的影响往往是致命性的,其所导致的严重后果不仅仅是国家或者政府的失败,更是社会整体的大溃败!当前在我国已经显现出一些社会溃败现象,所谓的精英群体对此确实难辞其咎。基于时代的呼唤,包括当下和未来的法律工作者、国家工作人员在内的社会精英群体,迫切需要在动态中尽快成为一个有比较纯正法律信仰的群体。可见,以打开人心灵的窗户、涤荡人灵魂为己任的基督宗教课程在不同种类的法学教育中的开设,必然率先在“法律人”心中造成强烈的冲击波，让他们以全新的视野看待法律与人生，以诚实的心灵面对良知的拷问，进而甘于、善于、勇于承担起维护社会正义、捍卫公民权利、遏制权力腐败的使命。在受教育的过程中，无论其基督信仰是否确立，但至少由于新的基督宗教文化的浸润，其法律信仰的确立有了实在的根基，如此，法学教育的精英化也必得到切实的促进。

（四）基督宗教课程的开设能够弥补当代中国法学教育课程体系的缺陷

课程体系是教育活动得以有效开展的重要载体，科学合理完善的课程体系是提升法学教育水平的必要前提。在当今世界，但凡法治比较完备的国家，其法学教育的课程体系无不包含了三大板块，即学术与技能课程、人文课程、道德课程，其中人文课程与道德课程均与基督宗教文化内容密切相关，正是基督宗教文化潜移默化于各样的人文课程与道德课程中，使他们的法学教育真正成为兼具知识性、职业性、人文性、道德性的精英教育。反观我国的现状，由于受传统僵化思维模式的影响，我国法学教育课程体系一直存在着比较严重的缺陷，主要表现在意识形态色彩过于浓厚，突出强调政治，而在法律的科学性和法律的信仰体验方面则明显不足。这种课程体系上的不足导致法学教育上的片面，进而体现为法律工作者和国家工作人员法律信仰的缺失、法律素养的薄弱和道德水准的“与时俱下”，最终带来的结果就是迟滞和延缓国家的法治化进程。基督宗教课程的开设能够极大地完善我国法学教育课程体系，丰富法学教育内涵，有效吸收借鉴世界先进文明成果，从而为最终实现法治国家建设目标创造有利条件。

五、结语

宪政民主法治作为一种政治制度文明并非无源之水无本之木，它深深植根于基督宗教文化乃至基督信仰基础之上，离开基督信仰的宪政民主法治就如同建在沙滩上的高楼。对于中国而言，建设现代法治国家最紧要的不是搭建法治制度框架，而是筑牢法治文化之基，即首先要确立法律信仰。鉴于法律信仰的源头,已经明确在于基督宗教文化乃至基督信仰,故此,在全面推进法治国家法治社会的新形势下,我国法学教育的改革应当尽快补足基督宗教课程的空白,伴随着我国基督信仰的大大兴起,国人有理由相信,法治中国的春天正在不远处向我们招手!

论模拟法庭实践课程体系的构建及实施对策

胡正昌*

摘　要：党的十八届四中全会提出"推进以审判为中心的诉讼制度改革"，这对高等法学教育具有重要的指导意义。模拟法庭作为一门实践性课程，为高校法学教育培养适应国家和社会需要的法治专门人才提供了重要平台。由于各高校法学院系对模拟法庭实践课程的内涵、重要性和课程实施等问题的认识尚未达成共识，模拟法庭实践课程设置参差不齐，既影响了教学效果，也极大地挫伤了学生的自主性和积极性。因此，从模拟法庭实践课程体系的构建着手，综合平衡法庭诉讼角色分配，注重模拟法庭实践课程的实施效果，着力提高学生的自主性和积极性，是高等法学教育改革顺应国家法治建设的应有之义。

关键词：法学教育改革；模拟法庭课程体系；学生的自主性和积极性

* 胡正昌，湖南科技大学法学与公共管理学院教授，副院长。

引言

推进以审判为中心的诉讼制度改革,是党的十八届四中全会作出的重大抉择。创新法治人才培养机制,形成完善的中国特色社会主义法学理论体系、学科体系、课程体系,推动中国特色社会主义法治理论进教材进课堂进头脑,培养造就熟悉和坚持中国特色社会主义法治体系的法治人才及后备力量,这是新时期党和国家对高等法学教育的新要求。

霍姆斯曾指出:“法律的生命不在于逻辑,而在于经验。”众所周知,英美法系国家非常重视对法学专业学生进行职业训练,培养学生的职业技能、提升学生的职业伦理。而我国传统的法学教育比较偏重对法学理论知识的传授,实践教学相对薄弱,法学理论和司法实践存在脱节现象,导致法学专业学生在法学理论和司法能力上的不对称。“法学博士不会办案”现象仍时有出现。法学作为一门实践性与应用性的学科,是培养学生如何运用既有的法律知识调整人与人之间、人与社会之间的关系,促进社会的公平正义。因此法学教育不应该仅仅是单纯的知识传授和学术培养,还应该训练学生作为法律职业者必备的技能和素质。〔1〕模拟法庭实践课程是法学专业理论知识应用于法律职业实际操作的演练性课程,不仅是高校法学师生互动交流的一种有效方式,更为法学专业学生独立走向司法岗位、自主处理司法案件提供了锻炼平台。

经过多年的改革和探索,模拟法庭以其灵活性、直观性、实用性及实践效果显著等特点被广大法学院系作为开展实践教学的主要课程之一,但由于各高校法学院系对模拟法庭实践课程的内涵、重要性和课程实施等问题的认识尚未达成共识,模拟法庭实践课程设置参差不齐,既影响了教学效果,也极大地挫伤了学生的自主性和积极性。本文尝试对模拟法庭实践课程体系的构建及实施对策做一探讨。

---

〔1〕 于晓丽,高云鹏:《模拟法庭课程设置分析》,载《青岛大学师范学院学报》2008 年第 12 期。

一、模拟法庭实践课程的内涵

所谓模拟法庭实践课程,即在教师的指导下,学生根据精选的典型案例分别担任不同的法庭诉讼角色,以法庭开庭审理方式模拟审判,培养学生综合运用实体法、程序法、文书制作、辩论技巧以及相关知识解决个案的实践能力,以达到理论和实践相统一的教育目的的教学活动。模拟法庭既是范例教学理论在法学教育教学中的应用,同时也是法学专业特性的必然产物。模拟法庭实践课程不同于传统的法学教育,传统法学教育注重理论知识的灌输,忽略学生实践能力及创造性思维能力的培养,而模拟法庭实践课程则注重学生实践能力的培养和训练。

模拟法庭课程对推动我国高等法学教育改革具有积极作用。一方面,该课程能克服传统法学教育的弊端,推进职业素质教育。由于深受大陆法系的影响,我国传统法学教育拘泥于专业领域的知识传授,教育过程相对封闭和狭隘,造成教育成果与社会需求之间存在严重脱节,日渐受到司法实务界人士的质疑和批评。而素质教育谋求人的全面发展,培养学生的创新精神和实践能力,树立学生崇尚法治精神、追求公平正义和维护清正廉洁的责任感和使命感。模拟法庭教学特别注重理论与实践相结合,促进理论知识向实践技能转化,有助于克服我国传统法学教育的弊端,推进法律职业素质教育。另一方面,该课程能转变教师的思想观念,注重法律实践教学。模拟法庭教学的显著效果可以给教师留下深刻的印象,对于一位法学教师来说,只有他真正了解社会迫切需要的是高素质的应用型法律人才时,才能逐渐摆脱陈旧滞后教材和单纯学术理论的桎梏,逐步转变自身的思想观念,大胆地做出探索和创新,自觉地将实践内容贯穿到教学过程中。

二、我国高校法学专业模拟法庭实践课程的现状分析

确立现代法治观念,健全法律体系,构建一种现代模式的法制框

架,是改革30多年来中国法治的一个突出特征。[1] 目前,尽管我国大部分高校的法学专业均设置了形式各样、规格不一的模拟法庭实践课程,但学生参与度严重不足,课程开展的时间、流程、场地、人员、评价都缺乏相应的制度规范,导致学生受益不多,模拟法庭课程的优势没有得到完全体现。

(一)模拟法庭实践课程课时少,课程设置不合理

法学的学术性和实践性特点决定了我国法学教育大体分为两个阶段:前一阶段为通识理论教育,注重对法学基本理论体系、法学理念和相关学科知识的认知;后一阶段为职业教育,注重对法律思维能力、职业道德、职业技巧等的训练。自1999年起教育部依据"宽口径、厚基础、高素质、重应用"的原则,在只设一个法学专业的基础上,将法学专业的课程划分为公共课、基础课和专业课等三部分,其中专业课又分核心课、必修课与选修课。以法理学等14门(后又调整为16门)核心课程为基础形成了中国法学教育统一的课程设置。这一课程设置从整体上来说是偏重部门法及其规范,而大量实践性的课程却被排拒在外的。课时少和课程设置不合理是目前我国高校模拟法庭实践课程需要攻克的一大难题,有些高校甚至是将模拟法庭实践课程当作是法学专业的第二兴趣课堂来安排,有兴趣的就去参与参与,没有兴趣和时间的就根本不知道模拟法庭是什么。但就是在专门安排了模拟法庭实践课程的学校,有些也是将其安排在大三大四的阶段,这个时候,司法考试、研究生考试、找工作的压力让很多法学专业学子已经无力、无心参与到其中,更谈不上发挥主动性和积极性去学习模拟法庭课程。这也与1998年教育部高等教育司颁布《普通高等学校本科专业目录和专业介绍》文件中明确规定模拟法庭为法科生教育过程中的"实践性教育环节"的宗旨相悖离。

(二)模拟法庭实践课程价值定位不准确,模拟法庭表演性质浓厚

仔细分析很多高校不重视模拟法庭实践课程,课时少、课程设置

---

〔1〕 高全喜等:《现代中国的法治之路》,社会科学文献出版社2012年版,第260页。

不合理，究其原因，很大程度是因为对模拟法庭实践课程的价值定位不清晰、不明确所致。

相当一部分师生想当然地以为模拟法庭实践课程的价值目标就是使学生熟悉法庭审理的程序，熟悉各种法律文书格式等，这些价值不仅模糊不清，而且也是传统法学教育价值的题中之意。更甚的是，如果模拟法庭是仅限于程序的告知、法条的普及或法案的宣示，而没有其他的灵性之光，那么它就不具有可持续的生命力。[1]

注重模拟法庭的表演性质也使得模拟法庭在课程体系中逐渐失去了可持续的生命力。在模拟法庭过程中，案件中的当事人、法官、律师、证人等角色都是由学生担任的，而学生仅仅是在身份上进行模拟表演，有些地方高校的法学院系为了提高其在学校的知名度和影响力，邀请学校领导和其他学院的学生观看庭审，过于注重表演性，如：尽可能地选择一些通过人为加工的典型案件，预先反复演练，走过场式的表演。这样做虽然提高了模拟法庭的观赏性，但是容易导致理论与实践相脱节，偏离了模拟法庭实践课程的目的。另外由于模拟法庭角色的特定化，每次模拟法庭只有一小部分的同学能够担任法官、律师等较为重要的角色，边缘化角色较多，这样导致参与度不够，学生的积极性不高。

（三）模拟法庭师资力量缺乏，制度机制亟待健全

模拟法庭实践课程具有强烈的实践性，其教学内容和方式与法学理论课程教学活动存在着显著的差别，而指导教师在整个模拟法庭实践课程中始终处于主导地位，整个教学过程离不开指导教师的微观指导，这就要求教师具有比较丰富的司法实践经验。同时模拟法庭实践课程的过程中既涉及实体法问题，又涉及程序法问题。学生既要学会运用法律原理和法律规定深入分析案件，也要学会按照不同性质的案件（民事、刑事、行政）和三大诉讼法的规定进行程序上的设计。因此，担任模拟法庭实践课程教学的教师必须兼备程序法和实体法知识，能够很好地将两者结合起来。既具有丰富的司法实践经验，又能很好地

---

[1] 蔡宗廷、江保国：《模拟法庭教学的文化功能探究》，载《法制与社会》2011年第4期。

将实体法和程序法结合起来的教师,在各地高校实在是不多见。大部分学校讲授程序法的教师自然就兼任起模拟法庭实践课程的指导老师一职。殊不知,长此以往,模拟法庭实践课程多半成了讲解程序法的课堂,其实践性功能和思辨能力培养功能则被大大忽视。

模拟法庭实践课程的制度建设也是需要关注的一个问题。课程评价和教学效果亟须引起重视。最常见的一个现象就是模拟法庭结束之后,指导教师根据庭审过程对各个角色做一下象征性的分析和评价了事。而关于模拟法庭的案卷归档、设备的保管、场地的使用等没有制度上的保障。这样不仅对于模拟法庭的开展缺乏规范管理,同时也不利于总结经验指导之后开展的模拟法庭实践课程。模拟法庭实践课程评价方法和内容亟待创新,《模拟法庭教学实验规程》《模拟法庭管理办法》《模拟法庭指导要求》等对模拟法庭的具体操作进行规范的制度亟待建立。

三、模拟法庭实践课程体系的构建及实施

法律是一门艺术,在一个人能够获得对它的认识之前,需要长期的学习和实践。[1] 法学专业的实践性特征,需要通过构建模拟法庭等为核心的实践课程体系予以体现。

(一)明确模拟法庭课程的目标、设置时间和教学方式

模拟法庭实践课程的目标不仅限于对书本知识的强化和运用,应该包括认知目标和能力目标两个方面。模拟法庭实践课程可以检验学生对课堂所学的法学理论知识是否真正理解和掌握,能否运用相关法学原理分析案情、正确理解法律法规,达到巩固所学知识之目的。同时,通过亲力亲为参与模拟法庭实践课程,可以培养和锻炼学生发现问题、分析问题和解决问题的能力,提高学生的应变能力、口头表达能力及法律文书制作能力等。基于此教学目标,在模拟法庭实践课程中,应该对学生提出更详细、更明确的要求,以提高课程实效。

---

〔1〕〔美〕诺内特:《转变中的法律与社会》,张志铭译,中国政法大学出版社2004年版,第69页。

在明确课程目标的前提下，应当对模拟法庭实践课程的时间设置做科学的安排。鉴于模拟法庭需要扎实的法学理论做基础和铺垫，模拟法庭实践课程应当安排在学生已经掌握了三大基本诉讼法和实体法之后，但考虑到法学专业大四的同学忙于司法考试、研究生考试和求职择业，模拟法庭实践课程以安排在大二第二学期和大三为宜。

模拟法庭实践课程的教学方式不仅应该多样，而且还要致力于发挥学生的自主性和创造性。不管是传统的法学教育还是大部分高校在开展模拟法庭实践课程时往往是将老师的作用发挥到最大，即老师主导型的教学方式。不管是从案例的选择、角色的分配到模拟庭审程序的把握以及事后的总结评价都是教师一手操作，学生像是机械性的表演，更谈不上创新。为了适应时代和教学的需要，模拟法庭实践课程的教学方式应当由教师主导型向学生自主型转变或者是向教师指导型转变，更加注重学生自主性和积极性的发挥。在之后的案例选择、角色分配、庭前准备、庭审评价和案卷归档的过程中均要注重发挥学生的自主性和创造性，要敢于将模拟法庭的课堂交给学生，让他们自由发挥，自主分配诉讼角色。

（二）案例的遴选

为了突出法学专业实践性的特点，高校的模拟法庭实践课程应当以真实的案件作为背景材料，而真实的案件主要来自于三个渠道：一是法学教师统一收集的司法案卷中的案例；二是教师代理过的真实案例；三是近期媒体报道过的典型热点案例。这三种案例，无论如何都会使学生缩小对案例的距离感，让学生体会到即将模拟的案件就发生在自己身边。这样学生的兴趣较高，准备也较充分，体现了“在行动中学习”的教学理念。同时对于上述三个渠道收集到的案例，也要注意选择案卷材料比较丰富，证据比较齐全，相对于根据相关案情伪造的“模拟证据”更接近现实，争议性较大的案例更能激发学生的实践兴趣。

同时，有条件的学校可以建立案例库，利用现代信息发达条件多途径建立模拟法庭案例数据库。这样，一方面可以使不同年级的学生在参与模拟法庭实践课程的时候方便选择适合的案例，另一方面案例库由专人负责,经常更新,方便学生随时访问和浏览,可以开阔视野,增加学生的兴趣。

(三)角色分配及其平衡

根据具体的案件情况,指导老师和学生一起确定模拟法庭的参与人员,对学生进行分组,可将参与人员分为审判组、原告组、被告组、证人鉴定人组及其他诉讼参与人组。由于每次模拟法庭的参与人数有限,因此在角色分配的时候应当注意相邻两次的模拟法庭尽量避免出现重复的人员,这样一方面可以照顾到更多的同学,另一方面也可以提高学生参与的积极性。在分配角色的时候,应当注意每个学生的特点和知识构成,比如审判人员在整个模拟法庭审理过程中处于主导地位,发挥着关键作用,关系到本次模拟法庭是否能够顺利进行以及是否能够获得显著的实训效果。因此审判人员必须对庭审规则、诉讼程序、法庭用语以及实体法规范有较为深刻的理解,且具备依照法律规定和法律知识解决实际问题的能力,在确定审判人员的时候应当根据学生的实际情况进行选择,其他角色分配也应当如此。

不过,对于不同类型的案件(如民事、刑事和行政案件),也应适当平衡角色分配,不能某些同学变成扮演法官的专业户,某些同学成了律师专业户。囿于每次模拟法庭参与人数的有限性,为了更大程度地增加参与人数和提高参与兴趣,应当对每次的模拟法庭人数进行科学而合理的安排,比如在民事案件中的法官扮演者可以变成刑事案件中的律师或者其他角色。同时还要妥善安排好没有出庭担任角色的同学,可以将他们安排到一组,协助出庭的学生做好庭审准备。

(四)庭前准备

在分配好各个角色之后,各小组的成员应当就自己的角色着手准备出庭资料。在这个过程,学生通过搜集整理资料、分析案情、书写法律文书、进行庭前的证据交换等工作,无形中锻炼了各自的法律实践能力,而其他未参与出庭的同学,通过协助担任角色的同学准备出庭资料,为下次自己亲自担任出庭角色提前做准备。在准备资料的过程中,各小组成员不应当各自为政,不仅要向同组的其他同学交流沟通,还应当及时就遇到的问题和困难向指导教师咨询，但是为了保证模拟法庭的逼真性，不应当与其他组的成员讨论案情、协助办案。相对的，指导老师也应当主动的向各小组了解准备情况，但注意在指导时不应涉及具体的处理，要充分发挥学生的主观能动性。

应当注意的是，在正式开庭之前，各小组成员应当按照要求准备好相关的书面材料。在撰写法律文书的时候，应当按照要求做到观点明确、条理清晰、用语规范、论证充分、结构严谨等。在“伪造”证据时，应当做好最起码的表面功夫，不应当出现常识性错误。

（五）开庭审判

开庭审判是模拟法庭实践课程最核心、最关键的环节。为了更好地还原法庭本色和让学生更好地进入到角色中去，有条件的高校应当建立专门的模拟法庭教室，配备相应的法庭设施，比如法官服、法槌、原被告席位，这样也有利于严肃正式的法庭气氛的形成。对于开庭审判的各项工作，即使是遇到突发性状况，不同小组的成员也应当自主配合完成，指导老师切忌干涉。最关键的一点是，开庭审判的程序应当合法，但又应当避免机械性地走过场，而忽视法庭调查、法庭辩论等中心环节。很常见的一种情况是在很多高校的模拟法庭中法官的判决在开庭前就已经准备完毕，可是开庭环节出现了预料之外的状况，但是这个主审法官并没有及时对判决书做修改，而导致闹剧的产生。

另外根据不同的案件情况，还应当灵活变通，比如作为一审程序衍生的上诉审环节也应当完整地表现，另外还有宣判形式也应当及时完成，避免现实中某些不必要的拖延时间。对于开庭审判阶段，为了方便模拟法庭实践课程整理资料和归档成册，还可以安排拍照，必要时候可以录影录像。

（六）庭后评价

庭后评价是一个检验模拟法庭实践效果的重要途径，也是一个补充和升华的阶段。因此，应当建立一个科学的评价体系，从而使模拟法庭走上良性发展之路。

庭后评价可以分为学生自己评价、学生相互评价以及指导教师评价相结合的评价体系。学生自己评价是指担任法庭角色的人员应当就自己在整个模拟法庭阶段的表现作出一个评价,包括庭前准备和开庭审理两个重要环节,由于学生自己对自己的表现是最为了解的,因此学生的自我评价可以为其他两个评价做参考。学生相互评价,可以由同组的其他成员进行也可以由其他组的成员来完成,这些相对于学生自我评价可能会客观中立一些,但是由于其他成员在模拟法庭的准备过程中往往会出现过于关注自己忽视他人的现象,导致其评价会片面、不科学。指导教师评价的前提是模拟法庭的指导教师应当是既谙熟实体法和程序法知识,又有丰富的法庭实践经验,这样才不至于在评价时出现只注重评析程序法或者实体法内容。指导教师除了需要具备丰富的理论和经验知识之外,还需要负责任地关注整个模拟法庭的准备过程,教师的评价不仅关注学生的精彩之处,也应当针对学生在模拟法庭过程中表现出的知识、能力和素质方面的不足,提出切实有效的改进措施,这样才会在评价每个阶段和学生的情况时作出科学和全面的评价。毕竟有时教师对学生的评价意见是学生据此改变的依据。对于在某方面能力突出的同学,指导教师应当给予持续性的关注。另外,对于此次未参与模拟法庭的同学还可以要求其撰写观后总结,这对于更好地评价模拟法庭的整体实效也能起到重要作用。

(七)材料归档和制度建设

模拟法庭结束后,对担任模拟法庭角色的成员手中的资料以及旁听人员撰写的观后总结、甚至是庭审过程中的拍照和录影都应当进行归档成册。这样可以供以后的模拟法庭甚至是低年级的学生查阅和参考。对于归档也应当由专人管理,建立相应的制度进行规范。

模拟法庭实践课程自身的特点,决定了在教学中必须有能够保障模拟法庭实践课程教学的制度设计,如《模拟法庭管理办法》《模拟法庭课程教学实验规程》《模拟法庭指导要求》等。这些制度需要切合本校的实际情况,不能盲目高攀。

模拟法庭活动的组织与开展是有很大难度的,需要每一个人的努力,更要注重每一个环节,从案件的挑选、庭前的准备、角色的分配到庭审过程中的真实演绎,每一步必须扎稳根基、步步为营,最终打造以模拟法庭实践活动为典型的品牌实践环节。[1] 正如“罗马城不是一天建成的”,模拟法庭实践课程的规范化也不是一朝一夕能够在大范围内形成气候的,需要各个法学院系根据自己的实际情况,逐渐探索出一条既符合本院系实情,又能很好地与国家政策、社会现实需要相结合的新路子。

总之,法律是一个独立的学科,却不是一个自给自足的学科;为了满足社会发展的需要,它必须不断地从其他学科中汲取知识来充实自身的发展。[2] 模拟法庭作为法学专业的重要实践环节,它既涉及法学的知识体系,也涉及哲学、政治学、经济学、社会学、文学甚至自然科学的知识内容;不但需要培养学生充分熟练把握诉讼的各种流程,还需培养学生读(案卷阅读)、说(辩论、发表代理意见)、听(案件当事人言论的要点、真伪)、写(法律文书写作)的能力。重视模拟法庭课程体系的构建和实施,对高等法学教育改革和培养服务国家、社会法治建设所需的专门人才具有重要的现实意义。

---

〔1〕 严静:《开展模拟法庭,指导实践教学》,载《法制与社会》2009 年第 6 期。
〔2〕 贺卫方编:《中国法律教育之路》,中国政法大学出版社 1997 年版,第 65 页。

法学实践教学

卓越法律人才“三段六步全程参与式实战教学法”的理论初阶与实践检视

夏新华*

一、双千计划与全新实践教学法的提出

“三段六步全程参与式实战教学法”是以“双千计划”专家——湖南师大法学院教授、长沙中院院长助理夏新华为首的教改团队组织策划，由湖南师范大学法学院与长沙市中级人民法院共同推动的创新法治人才培养机制的一种全新的实践教学方式，旨在贯彻落实十八届四中全会全面深化依法治国精神，强化高等法学教育教学改革，充分利用教育部“卓越法律人才培养计划”和国家“双千计划”，打造法院与法学院“双师型”团队，推进法学实践教学水平，强化法科学生实战技能，提高法治人才培养质量，力图走出一条实践教学改革的新路。

“卓越法律人才培养计划”旨在形成科学先进、具有中国特色的法学教育理念，形成开放多样、符合中国国情的法律人才培养体制，培养造就一批信念执着、品德优良、知识丰富、本领过硬的高素质法律人

---

* 夏新华(1966—)，男，湖南武冈人，法学博士，湖南师范大学法学院教授，博士生导师，全国法律硕士专业学位教育指导委员会委员。主要从事法律史学、法治文化、法学教育研究。本文的写作得到湖南师范大学法学院2014级卓越班长沙中院实习生，特别是方芳、姚越、吴少璐等同学的大力协助，同学们的敬业与奉献精神使我感动。

才。“双千计划”则是卓越法律人才教育培养计划的重要内容,旨在改善法学教育界和法律实务部门之间的脱节关系,推动中国法治建设。

夏新华教授在挂职长沙中院院长助理期间,深入司法一线,广泛调研,善于思考总结,逐步形成了一套独特的实践教学改革的新思路。理论与实践的有机结合往往能喷发出智慧的火花,理论源于实践,最终要服务于实践,故该教学法一经提出,即引起湖南师范大学法学院与长沙市中级人民法院的高度重视。

2016年7月27日上午,在长沙市中级人民法院政治部的精心组织下,“三段六步全程参与式”实践教学改革启动仪式于长沙中院北栋17楼会议室隆重举行,湖南师范大学副校长黎大志教授、长沙市中级人民法院党组成员、政治部主任陈永超、湖南师范大学法学院党委书记于烽等出席会议并致辞。

陈永超主任高度肯定“三段六步全程参与式”实践教学改革,称其有新思想、新理念、新举措,希望通力合作,共同打造实践教学改革品牌。黎大志副校长要求师大教改团队的老师和学生们要抓住机遇,加强实践学习,及时总结实践教学改革中的好经验、好做法、好成效,确保实践教学改革顺利开展并取得实效。

参加此次会议的还有湖南师范大学人事处副处长朱映红、湖南师范大学法学院副院长李爱年教授、负责此次实践教学改革项目的老师们,以及长沙市中院负责此次实践教学改革的相关部门的负责人、资深法官等。

启动仪式作为“三段六步全程参与式”实践教学改革的序曲,有力地推进了教学改革的实施,吹响了全新实践教学改革的号角。

二、“三段六步全程参与式实战教学法”的操作规程

按照夏新华教授的设计,“三段六步全程参与式实战教学法”的具体操作规程为:三个阶段即庭前准备、庭中观摩、庭后提升,六个步骤即庭前优选、模拟开庭、观庭听审、评庭交流、总结提升、推广运用。而“三段六步”又紧密围绕“庭审”这一中心环节展开,学生参与实战化教学的全过程,通过优选组合、真实比对、角色互换、无痕对接等方式方

法，提升实习学生的实战技能，提高法治人才培养质量

六个步骤的具体操作要求为：

(1) 庭前优选的要求：选择典型案件、组成以副庭长以上的“双师”型资深法官为审判长的合议庭。

(2) 模拟开庭的要求：庭前阅卷，可技术处理，学生签署保密协议，邀请主审法官就案件性质和法庭技术做方向性指引。学生以角色方阵组成小型高效模拟法庭，原、被告双方应准备好相关法律文书，审判方提炼出争议焦点，根据案情可当庭判决，并初拟裁判文书。

(3) 观庭听审的要求：模拟开庭与真实庭审的比对，检验争议焦点是否恰当，扮演的角色是否到位。

(4) 评庭交流的要求：由主审法官主评，陪审员参评，学生提问交流，答疑释疑。

(5) 总结提升的要求：审判方修改裁判文书，锻炼文书撰写能力，并最终通过与判决书的比对，找出差距，提高水平；除此，要求学生撰写案例评析、学术论文。

(6) 推广运用的要求：通过庭审直播、微信推送、媒体报道以及课题申报、论文发表、参加和举办研讨会等方式推广；通过教学法研究，总结经验，形成模式。

三、“三段六步全程参与式实战教学法”的首次试验

根据安排，此次“三段六步全程参与式”实践教学改革将选取民事、刑事、行政案件各一件进行实习实践。首次实践的是由长沙中院业务庭室挑选的有争议性的“芒果 TV 诉迅雷不正当竞争案”作为教学案件。湖南师大法学院卓越班 16 名中院实习生在湖南师大法学院和长沙中院的“双师”型教学团队的指导下，根据“三段六步全程参与式实战教学法”的操作规程，开始了首次试验活动。

(一) 第一阶段：庭前准备 实战中感受庭审生命力

第一步：庭前优选 精选案例认真准备

2016 年 7 月 19 日上午，夏新华教授、于熠博士带领实习生开展第

一次模拟法庭庭前优选工作,组织庭前阅卷,签署保密协议。优选包括参与人员优选、案件优选及合议庭优选。通过组成以副庭长以上的“双师”型资深法官为审判长的合议庭,选取经过必要的技术处理的未审结典型案例进行模拟法庭演练。

会上,夏新华教授希望同学们要让实习化被动为主动,并严肃提醒实习生要严格遵循保密纪律。

于熠博士要求实习生注意在过程中既要查阅相关法律,也要查找两高的判例、解释和批复等。拒绝角色的先入为主观念,做到换位思考,多角色转换,感受三方立场。

长沙中院知识产权和涉外商事审判庭副庭长杨文滔就案件程序和法庭技术向实习生做方向性指引。针对民事案件的程序,杨文滔副庭长从原告、被告、审判方三方进行分析,要求实习生们要做到查明事实,明确原告诉讼请求和法律适用,提炼争议焦点,并注意证据三性。

实习生经抽签组合为原告、被告和审判方三个方阵,各自推举小组长。此后,实习生以方阵为单位,利用实习空闲,轮流到指定地点,封闭性调阅案卷、抓取证据。这个过程一般安排一周时间,期间,方阵队员不得与案件承办人交流询问,但可以对庭审程序的流程进行一次预演。

7 月 20 日下午,湖南师大法学院副院长李爱年教授来到长沙中院,与中院政治部领导沟通项目启动等具体事项,并亲切问候全体实习学生,指导实习生工作。李爱年教授询问实习生的工作、就餐等情况,对夏新华教授所组织开展的活动给予高度肯定,并表示法学院将积极配合组织工作。她希望大家再接再厉,为师大法学院树立良好的口碑。

第二步:模拟开庭 充分感受庭审魅力

7 月 26 日下午 2:30,16 名实习生在夏新华教授、于熠博士的指导下针对“芒果 TV 诉迅雷不正当竞争案”开展模拟法庭。长沙中院研究室龙兴盛主任、湖南师大刘湘琛博士担任活动嘉宾。为创造最为真实的庭审条件,长沙中院政治部副主任李性典特地安排了长沙市中院第二审判庭(多媒体审判庭)作为实践团队的模拟地点,同时对庭审全程录像,供后期使用。

模拟庭审在审判长的主持下进行，所有程序严格遵守我国《民事诉讼法》相关规定。其中，被告方对原告新增加的诉讼请求进行当场答辩、改变答辩策略，合议庭处理当事人对争议焦点的异议等小插曲使得庭审更为接近真实。也正是这些插曲考验了实习生的临场应变能力。正如指导老师刘湘琛所说，在法庭辩论环节可以感受到原被告双方唇枪舌剑的火药味。

庭审结束后，各位指导老师、嘉宾分别进行总结和点评。龙兴盛主任肯定了“三段六步全程参与式实战教学法”的重要意义，希望实习生在看似枯燥无味的过程中感受法律实践的生命力，并进行针对性学习。夏新华教授鼓励实习生在实际观庭听审后进行比对，寻找差距，进行总结，同时反思存在的问题，以提升自己，充分实现六步教学法预期效果。指导老师于熠博士要求实习生多思考，感悟每个细节。他叮嘱实习生要在参加模拟阶段庭审后趁热打铁、及时记述，形成文字，避免在次日的观庭后浪费与庭长法官交流的机会。

此次模拟法庭活动深化了实习生对庭审程序的认识，锻炼了他们分析问题、解决问题和运用法言法语表达的能力，为以后通往法律职业之路积累了宝贵的经验。

（二）第二阶段：庭中观摩 观庭中比对找差距

第三步：观庭听审 学习比对知不足

7 月 27 日上午，启动仪式落幕后，教学改革团队及实习生观摩了具有广泛社会关注度的“芒果 TV 诉迅雷不正当竞争案”。组成本案的合议庭是名副其实的高水平审判团队：长沙中院知识产权和涉外商事审判庭副庭长杨文滔担任审判长、研究室副主任杨林华法官担任审判员、实践教学改革负责人夏新华教授担任人民陪审员。

今年年初，湖南快乐阳光互动传媒有限公司发现迅雷可直接跳转至公司开发的芒果 TV 软件进行视频观看且无任何广告，这使得芒果 TV 原本商业模式遭到损害，快乐阳光认为对方属不正当的竞争侵权，将迅雷告上法庭，索赔 100 万元经济赔偿。芒果 TV 采取的商业模式是手机下载芒果 TV app 进行观看或者通过 PC 客户端进行观看，两种观看模式都需要观看广告，除非购买会员。而通过迅雷 app 观看所有芒果 TV 的节目都可没有广告完整观看。经过三个小时的开庭审理,由于双方律师还有新的证据需要提交,审判长决定择期宣判。

庭审过程中被告对原告证据突袭的应对、合议庭对案件基本事实的确认、总结争议焦点的技术性等灵活处理问题让实习生见识了三方的能力。该案作为实践教学选用的典型案例,对实习生在诉讼请求的确定、侵权行为的确定、双方举证等问题上都有很强的有针对性。

随着案件推进,实习生时而快速做笔记,时而交流讨论,神情严肃而认真。他们通过将正式庭审与模拟法庭作对比,发现问题并进行讨论交流,在总结中提升自我。

(三) 第三阶段:庭后提升 总结中反思自我

第四步:评庭交流 答疑解惑提素养

庭审结束后,在夏新华教授的主持下,杨文滔法官和杨林华法官为实习生答疑解惑,两位法官针对所提问题进行了程序上和技术上的分析解答。

实习生丁广宇、高欣然对于竞争关系如何确定提出疑问。杨文滔法官表示随市场经济发展,竞争关系一定程度上打破了地域、行业等限制。同时,杨文滔法官对横向竞争与纵向竞争两种竞争关系进行分析。实习生何玲英对与当一方对另一方所出示的证据存在异议时,举证责任的归属提出疑问。杨文滔法官以本案为例,被告对于原告提交的公证文书提出异议须由被告对其异议理由进行举证。由于公证文书是一类特殊的证据,实习生们要了解举证责任如何归属或转移还需要对举证责任进行更为系统的学习,非三言两语能说清。

杨林华法官通过回顾庭审的相关细节程序,如法庭会对于无争议的事实直接当庭确认,不会完整宣读起诉状等,帮助实习生对程序的目的和价值进行更深层次的了解。

在此期间,夏新华教授还邀请了原告方律师向实习生传授抓取案件关键的技巧。

活动持续到中午 12 点 40 多分才结束,实习生们仍意犹未尽。

下午刘湘琛博士、于熠博士于夏新华教授办公室针对上午庭审对 16 名实习生提出新的指导意见。刘湘琛博士以律师为例,强调作为代理人的注意事项。她表示律师应穷尽一切合法手段维护当事人的权益。对于案件的初加工,在实践中往往将这两步调换即形成初步的法律关系后,根据法律关系抓关键事实。于熠博士则从律师的作用谈及程序的意义和作用,给予实习生启发。并对论证的三个阶段依次剖析。

第五步:总结提升 反思差距有感悟

在观摩了正式庭审后,指导老师要求每位参加实践改革的实习生在观摩正式庭审后务必写下个人心得收获,各小组必须做出一份总结材料以进行反思。

实习生肖银磊希望能多开展类似活动,积累实战经验。此种机会来之不易,肖银磊表示会抓住每一次实战的机会,通过对比找出瑕疵,从程序体现的正义中树立法治信仰。在模拟中扮演关键角色审判长的高欣然非常感谢老师们搭建了“以审判为中心的三段六步式实践教学方式”这个让她能够展示、提升、以及挑战自我平台。虽然她多次参加模拟法庭,但这次实践教学方法对她提出了更高的要求,这也激励她们审判方不断充实自我。在观摩完毕真实的庭审后,高欣然深觉自己有诸多不足,与本案的法官面对面的交流请教更让她看到了自己的差距,从而有针对性的提高自己。

从对实习生的采访,我们深切了解到以庭审为中心的“三段六步全程参与式”实战模式不仅巩固了实习生的专业知识,更开阔了他们的视野,完善了思维模式,让其受益匪浅!

第六步:推广运用 分享经验促卓越

如何将严肃复杂的法律条文与生动具体的法律事件联系起来,对于法学专业的大学生来说是一大难题。往往出现在课堂上所学专业知识与实际应用脱轨的现象。以庭审为中心的“三段六步全程参与式”实战教学法有助于解决创新法治人才培养机制,破除学难致用这一障碍。此次教学改革是长沙市中级人民法院和湖南师范大学法学院联合推出的在法律人才培养方面用心打造的精品工程,是将法学院的学术研究优势和法院的司法实践优势紧密结合而推出的创新之举,因而迅疾引起媒体的广泛关注,湖南经视台、长沙政法频道现场采访,搜狐公众平台以“长沙中院与湖南师大探索以庭审为中心的‘三段六步全程参与式'实战教学法——破解法学专业'学难致用'困局"为题进行了报道,湖南法院网、长沙法院网以"加强人才交流 共同推进发展"为题进行了专题报道。

四、"三段六步全程参与式实战教学法"的特色与创新

目前,比较常见和通行的法学实践教学模式主要有模拟法庭、法律诊所、漾翅诉讼模拟、嵌入式和全真案例式等方式。然后,这些模式都不同程度地存在缺陷和短板,主要表现在:模拟已决案件,表演性过多;站在某一方立场,观点不够全面;教师担任评委,与真实各方差距较大等等。而"三段六步全程参与式实战教学法"则具有结论未知性、指导专业性、比对真实及时性、多元视角性和角色转换性等特点,更具特色,更有创新性,具体表现在:

1. 优选组合

优选组合——未审真实案件与高水平审判团队的优选组合。其最真实,起点高,入口严。传统模拟法庭所演示案件为已决案件,参与模拟的控、辩、审三方学生按照既有流程,以教科书"按图索骥",无论学生多么熟练,在真正实务部门人员看来如同"过家家"。

而在本教学法中,所选案件均为未审结的有争议性的真实案件;承办法官和合议庭成员经过精心挑选,组成一支高水平审判团队,其中审判长一般为副庭长以上的"双师"型资深法官;为方便指导,本教学法策划人夏新华教授亦在大部分案件中担人民任陪审员。

2. 真实比对

真实比对——学生庭前模拟法庭与正式庭审的真实比对;学生庭后试拟裁判文书与法庭最终判决书的真实比对。其最关键,充满挑战,充满悬念,充满期待。

"漾翅"实战模拟法庭虽然用抽签模式临时决定各方角色,所用案件大多来源于已生效裁判文书,结果仍缺少悬念,且由高校教师进行判定和指导,难脱"学院味道"。传统模拟法庭和"漾翅"实战模拟法庭的过程归根到底就是"模拟",最大的不足就是缺乏与真实庭审的真实

比对,学生难找差距,难有实质性提高,有点自说自话的感觉。

而本教学法中,通过庭前阅卷和组织小型模拟法庭,让学生熟悉案卷,提炼出争议焦点。通过观庭听审和庭后试拟裁判文书,真实比对,找出差距,检验争议焦点是否恰当?扮演的角色是否到位?试拟的裁判文书与法庭的最终判决书的差距在哪里?一切充满挑战,充满悬念,充满期待,这对学生的阅卷能力、归纳能力、写作能力等是极大的考验,也会带来心理上的震撼。

3. 角色转换

角色转换——不同方阵换位思考,了解各方立场,感悟法治真谛,最出彩。

"法律诊所"模式在实践性上略高于模拟法庭,但由于是接受某一当事人的法律咨询,一方面在案件选择上有局限性,"靠天吃饭",另一方面学生仅能获得或原告或被告中一方的训练,久而久之会形成"思维定式"。长久以来,"法律诊所"虽然可以解决学生的实践参与问题,但受角色分配的固化制约,对其他各方立场无法顾及和体会,走向社会后,在职业岗位分配影响下,形成公、检、法、司、律等单位工作人员事实上的各自为战,甚至彼此对立,难以形成法律共同体的身份认同。

法治是依法治国观念、信念、理念和价值的集合体,是指导立法、执法、司法、守法和法律监督内容的方针和原则。通过先扮演某一角色,再身份互换,为各方阵提出问题,优化庭审效果,使学生不局限于某一方立场,充分感受控、辩、审三方在社会主义法治建设中的重要性,兼听各方诉求,努力做到不偏颇,不独断,深刻体会法律共同体各方既相互分属、相互制约,又相互作用、相互联系,树立共同为实现法治理念而奋斗的法治信念。

4. 无痕对接

无痕对接——法庭评点与学生答疑的无痕对接。最有效,在交流中提升,理论与实践的完美结合。

传统模拟法庭和"漾翅"实战模拟法庭结束后,一般是由法学院的指导教师总结评点,评点也许很有水平,但与真实和实战存在差距,而且难以弥补,学生也很难找出不足。

而在本教学法中,庭审结束,待双方当事人退庭后,我们会安排实时评点活动,一般由主审法官主评,陪审员参评;学生可以自由提问,自由交流。评点过程中学生与法官零距离接触,无痕对接,将有意想不到的效果。

总之,"三段六步全程参与式实战教学法"通过未审真实案件与高水平审判团队的优化组合,学生庭前模拟与正式庭审的真实比对,庭后试拟裁判文书与法庭最终判决书的真实比对,以及法庭评点与学生答疑的无痕对接等方式方法,能最大限度地让学生在特定场域和角色转换中感受真实,寻找差距,培植法治信仰,感悟法治真谛,全过程充满挑战,充满悬念,充满期待,完全超越上述各类教学模式,可谓推陈出新,必将得到广泛推广和运用。

法律实践思维的建构:“三段六步全程参与式”教学改革对卓越法律人才的培养意义

——以互联网不正当竞争案例为例

丁广宇　鲁虹成　马佳欢　肖银垒*

一、卓越法律人才培养在实践教学中的成就与不足

2011年12月,教育部、中央政法委员会联合颁布了《关于实施卓越法律人才教育培养计划的若干意见》,针对我国法学教育中培养模式相对单一、学生实践能力不强、应用型、复合型法律职业人才培养不足等问题进行了部署,提出重点培养应用型、复合型法律职业人才、高校—实务部门联合培养、加大实践教学等改革任务和建设卓越法律人才培养基地、实施“双千计划”等具体措施,以提高法律人才培养质量。在此指导下,国内各法学院校展开了各种形式的改革与探索。中国政法大学采取整合法学本科教育与法律硕士专业教育,实施4+2培养模式、实行“双导师制”、加强法律诊所教育等措施[1]。华东政法大学

---

* 丁广宇、鲁虹成、马佳欢、肖银垒,湖南师范大学法学院2014级卓越班学生。

支持跨院系、跨学科教学团队建设、增加全英语和双语课程、开展网上教学活动、完善与国内高校、实务部门和海外各部门的合作等措施[2];中南财经政法大学充分利用自主研发的法学实验教学软件平台“法学实验教学系统”(LETS)实行自主测试、推进“文澜工程”大力提高人才质量等[3];湖南师范大学法学院通过“麓山杯”模拟法庭对抗赛,将学生工作与卓越法律人才培养计划进行有机结合[4];通过“双千计划”聘请多位长沙市中级人民法院的优秀法官为兼职教授,加强实务理念和技能的培养;通过设立卓越法律人才实验班以推广小班化、研讨课教学模式和导师负责制培养等等。可以说,各法学院校在本科卓越法律人才的培养模式上进行了不少有益的探索,其改革措施大都取得了积极的成果。

在认识到卓越法律人才培养的改革成果的同时,我们也需要思考当下的培养模式存在的不足。纵观教育部、政法委提出的《关于实施卓越法律人才教育培养计划的若干意见》和各高校采取的实际措施,大多数都直接作用于解决文件所提出的“培养模式相对单一,学生实践能力不强,应用型、复合型法律职业人才培养不足”的现实问题,从制度层面和技术层面上回答了应当如何培养应用型、复合型法律人才的问题,但是对如何培养法律思维这一重要问题却鲜有涉及。各法学院在实践教学方面通常采取的模拟法庭、法律诊所、案例讨论教学等教学方法,几乎无一例外地存在缺乏真实性、即时分析、专业指导和实战型等问题。更重要的是,这些实践教学法的教育重点在于锻炼学生的实务操作能力,培养学生的法律技能,而缺乏在实践过程中有意识地培养法律实践思维的过程。而在高校组织的司法实习中,学生也难以与法官进行深入交流,学习法律职业工作者的实践思维。故而,如何在实践教学中将技能学习的层面提升至法律思维的培养,便成为法学教育者们需要思考的一个问题。而本文所述的“三段六步全程参与式”教学法正是对这个问题的一个探索与回答。

二、“三段六步全程参与式”教学法的内涵与创新

(一)内涵阐述

“三段六步全程参与式”教学法是由湖南师范大学教授、长沙市中级人民法院院长助理夏新华教授发起,师大法学院和长沙中院通力合作,2014级法学卓越班同学全程参与,以庭审为中心,分三段六步进行的一项实践教学改革。

所谓“三段”,即庭前准备、庭中观摩、庭后提升三段。六步,即三段的详细步骤,包括庭前筹划、模拟法庭、庭中观摩、评庭交流、总结提升、推广运用六步。庭前准备包括庭前筹划和模拟法庭。在庭前筹划中,参与者进行分组,确定扮演角色,拿到案卷材料,进行模拟法庭前的准备。由于所选案件为精心挑选的未判案件,根据纪律要求,参与者需对案件部分内容保密。在阅卷之前,法官会向参与的学生们讲述关于这类案件的思考方向和思路。参与学生根据所扮角色不同查阅案卷,进行组内分工,为模拟法庭做准备。在模拟法庭中,参与者将利用中院数字法庭的优越条件,在真正的法庭之上进行模拟审判。该步骤将参与者数天的筹划成果呈现出来,做到案件真实、场景真实。模拟过后会有法官(非案件主审法官)和指导老师进行点评。第二段是庭中观摩,即观庭听审,参与者作为旁听人员旁听之前所模拟案件的审理,并与模拟时的表现加以对比。通过旁听真正的庭审,使学生了解法官与各方当事人及律师的法庭表现和整体思路,对比发现自己的不足,以获得提高。第三段是庭后提升,该阶段分为评庭交流、总结提升、推广运用三步骤。评庭交流,即在庭审结束后,参与者与主审法官、各方当事人及律师进行深入交流,向法官询问在庭前准备和庭中观摩中所遇到的各种问题,由法官们进行答疑解惑。在总结提升中,参与者通过撰写总结心得的方式对全过程进行总结,取长补短,获得提高。最后一步推广运用,即通过宣传报道、在其他实习点进行推广运用,实现该教学法的全面推进,以实现卓越法律人才培养的目标。

“三段六步全程参与式”教学法在法学实践教学模式中体现出若干特色,如采用未审案件作为模拟案件,与高水平审判团队对接,利用

法院平台优势,具有结论未知性、指导专业性、角色转换性等特点。教学法将法学院的理论性优势与法院实践性优势相结合,对培养具有法律信仰、法治精神的高素质法律人才具有重要意义。

(二)对比其他模式的优势

"卓越法律人才教育培养计划"通过创新培养机制、强化法律实践教学、优化法学师资队伍等方式推动和深化中国法学教育模式的整体转向与深刻转型。具体体现为:法学教育的国际化;关注复合型法律人才的培养;应用型法律人才培育机制的重构和更加关注;方法论的学习与传授等[1]。"三段六步全程参与式"教学法注重人才培养中的实践教学,相较传统的实践型法学教育模式,如模拟法庭、法律诊所、实习等来说,具有以下优势:

1. 与法院通力合作,密切交流

"三段六步全程参与式"教学法以湖南省"双千计划"为依托,利用长沙中院这一平台,在法院中进行,与法官进行交流,模拟真实案例。而与之相类似的模拟法庭,仅在学校内部进行,且缺乏经验丰富的专业人士(法官)进行指导,具有较大的局限性。至于实习虽可能也在法院中,但实习工作较为琐碎,一般情况下也无法与法官进行深入交流、进行亲身模拟庭审等环节,所学知识较为有限。教学法使得法学院与法院优势互补,密切合作,促使法院为"三段六步全程参与式"教学法的实施提供了有力支持和优秀平台。

2. 采用未审案件进行模拟

采用未审案件对于参与者来说更能体现其素质和能力。未审案件充满未知性,在真正庭审中一切皆有可能发生,对于原被告双方来说,能够摆脱已审案件的思维定式,有较大的发挥空间;对于审判方来说,案件结果未知,考验其运用法律的能力。此外,未审案件存在悬念,更加体现模拟法庭的真实性。对于传统模拟法庭来说,采用已审案件,失去了法庭本身的未知性,裁判文书和审理结果均能够在网络中查到,过于强调模拟法庭的表演性。一些学校认为模拟法庭的课程内容包括如下步骤:案例选取、角色分配、诉状提交及交换、模拟庭审、点评及归档。但从教学角度来看,这是一个教学组织流程而非真正的

教学内容,而学生真正从中获得的知识有限。如果使用未审案件进行训练,则更加注重对法律本身的理解和运用,这是“三段六步全程参与式”教学法的创新之一。

3. 与真正庭审加以比对

除了进行模拟之外,参与者还能够参加该案件的旁听,通过比对模拟与真正庭审的不同,寻找差距,总结提升,这也体现出采用未审案件的优势所在。参与者以旁观者身份再次审视整个案件,体会诉讼各方参与人的发挥,对比学生与法律职业工作者的差距,能够更加清晰地查找不足,从而达到提升的目的。无论是模拟法庭,还是法律诊所、实习,都缺乏比对。这也是其他模式所不能达到的。

4. 与经验丰富的法官进行交流

由于法学生在法学院中很少与法律职业工作者进行交流,所以对于该教学法的参与者来说,在法院开展类似活动能够给学生提供一个与法官的零距离交流的平台。通过与法官、律师的交流,能够解答学生的疑惑、获得有价值的经验,这是对传统实践模式的一大突破。交流的对象为经验丰富的法官与律师,这对参与者积累实践经验的有实质的帮助,与培养人才的目的相契合。

三、互联网不正当竞争案例中体现的法律实践思维

(一) 案情简要陈述

原告 A 公司因被告 C 公司采用技术手段过滤其经营的 APP 视频前广告、破坏七分钟试看保护措施、拦截用户下载 A 公司运营的 APP 并引导用户下载 C 公司运营的 APP 等不正当竞争行为,向长沙市中级人民法院起诉请求立即停止不正当竞争行为、赔偿损失、刊登致歉声明、消除不良影响。

(二) 原告诉请不正当竞争时的思路以及在模拟庭审中出现的问题

原告在诉请不正当竞争时一般遵循如下思路:

第一,需要论证芒果 TVAPP 与迅雷 APP 存在竞争关系。原告经营的 APP 与被告经营的 APP 的商业模式、盈利模式是一样的。原

告和被告 APP 都是向用户提供视频节目的在线观看服务,两者的商业模式均包括向非会员提供免费视频并附带广告,向收费会员不附带广告的提供视频的在线观看服务;两者都是以收取广告费和会员费的方式盈利。

第二,原告需要主张被告实施了构成不正当竞争的行为类型:(1) 使用被告开发运营的 APP 观看原告享有信息网络传播权的电视综艺节目时,虽有跳转至其 TV 网站,但被告采取一定的技术手段过滤了原告在视频前插入的广告;(2) 被告破坏了原告对于移动终端用户访问原告经营的网站时设置的 7 分钟(后修改为 15 分钟)试看的技术保护措施,使得用户可以在不下载原告 APP 的情形下完整观看原告网站的节目视频;(3) 被告拦截用户下载原告 APP 的需求,并引导用户下载被告的被告 APP。

第三,证明被告的行为构成不正当竞争。在事实方面,存在公证书上记录的事实:被告过滤原告所有、经营的 APP 视频前的广告;被告破坏原告所有、运营的 APP 设置的七分钟试看的技术保护措施;被告拦截用户下载原告 APP 的需求,并引导用户下载其 APP。在法律适用方面,可以适用《中华人民共和国反不正当竞争法》第 2 条前两款、2012 年 3 月 15 日施行的《规范互联网信息服务市场秩序若干规定》第 5 条等。还可以参考 2016 年《中华人民共和国反不正当竞争法》(修订草案送审稿)第 13 条新增加的关于网络不正当竞争行为的解读,以对现行《反不正当竞争法》第 2 条的一般条款进行立法政策上的解读。在判例方面,可以参考陕西省高级人民法院的(2015)陕民三终字第 00059 号民事判决书中,上诉人北京搜狗信息服务有限公司、北京搜狗科技发展有限公司与上诉人北京奇虎科技有限公司、奇虎 360 软件(北京)有限公司不正当竞争纠纷一案,法院直接认定其行为违反了《反不正当竞争法》第 2 条之规定,构成了对搜狗信息公司、搜狗科技公司的不正当竞争行为。可见,其直接适用了《反不正当竞争法》第 2 条原则性规定,而非具体条款来判断不正当竞争行为。

第四,若被告构成不正当竞争,如何确定被告的赔偿数额。根据《中华人民共和国反不正当竞争法》第 20 条,经营者违反本法规定,给被侵害的经营者造成损害的,应当承担损害赔偿责任,被侵害的经营者的损失难以计算的,赔偿额为侵权人在侵权期间因侵权所获得的利润;并应当承担被侵害的经营者因调查该经营者侵害其合法权益的不正当竞争行为所支付的合理费用。被侵害的经营者的合法权益受到不正当竞争行为损害的,可以向人民法院提起诉讼。在本案中,原告的损失包括如下几个部分:

(1) 因被告的过滤广告的行为使原告违反广告发布合同约定未发布广告而支付的违约金。

(2) 被告破坏原告 15 分钟试看的技术保护措施,导致不想观看广告的会员人数的减少从而导致原告会员费收入的减少。

(3) 报告引导下载被告而非原告运营的 APP,使得原告 APP 下载量减少,从而原告的广告费用门槛降低导致的损失,若无法计算可用被告获利计算。

通过观庭的比对分析与庭后的交流,原告方的同学们发现在模拟法庭中,本方存在如下的疏忽和不足:(1) 缺乏抓住关键事实提炼法律关系的能力。原告未能从关键事实中提炼出法律关系的要点。原告忽略了双方的商业模式和盈利模式,在对不正当竞争行为进行分析时没有注意分析双方存在竞争关系而直接去比照《反不正当竞争法》的行为类型,而真实庭审中原告系统阐明了其商业运作模式,论述了其与被告存在竞争关系。(2) 未完全否定被告的证据三性。一般情况下,只要不是公证书,律师都可结合社会生活经验和生活常识否定对方证据的真实性、合法性或关联性。在模拟庭审中,原告代理人对被告所提出的证据的打印件、复印件或者网络资料等的真实性没有辩驳,而在正式庭审中被告代理人将原告证据中非原件的证据真实性全部予以质疑。(3) 未考虑到其他侵权问题,如侵犯版权和商誉问题。真实庭审中原告对于被告存在的侵犯著作权等法律事实另案起诉。

(三) 法学本科生在参与庭审及观摩交流后的收获

第一,树立穷尽一切手段为当事人争取合法权益的信念。鉴于原告代理人采取证据突袭的手段,被告选择不当庭对原告当庭提交的证据发表质证意见和辩论意见而在庭后发表,为己方争取到充足的时间阅卷;提出原告怠于行使诉讼权利,应对己方扩大的损失承担责任。

第二,换位思考。作为律师,在撰写代理词、发表辩论意见时,需要站在法官的立场,换位思考,考虑如果自己是法官,所准备的代理意见能否说服法官。如果能,则就继续进行下一步准备。

第三,审判方需要冷静的思维、危机处置能力和非凡的经验。庭审中让被告庭后提交质证意见、辩论意见是因为公证书证明效力很强,基本上无法推翻,无改日开庭质证的必要。在审判的全过程中,法官需不偏不倚,公正审判,甚至对眼神和微笑也有要求,审判方的用语也要保证中立。在审查请求方面,审判方只审理原告主张的诉讼请求,除非原告的诉讼请求存在明显错误。

第四,在证据认定方面尽量使用原件,因为复印件可篡改、覆盖,除非把复印过程用视频录下来。作为代理律师在举证质证环节,必须尽量否定对方证据三性,否则在事实上就完全处于被动。

第五,提前准备充分很重要,临时应变能力也重要。在本案中原告从 2015 年 3 月份就开始准备诉讼的举证,二被告只在短短 5 天前才接到案子开始代理案件。从真实庭审过程中就可看出差距。当然,虽然被告代理人准备时间很短,但是在庭审中依旧表现出了高超的应变能力,对于原告的反驳可谓是招招切中要害,并且努力为本方争取时间。

四、“三段六步全程参与式教学法”培养法律实践思维的方式与角度

此次以庭审为中心的“三段六步全程参与式教学法”针对学生在学习和实践中普遍存在的问题,从程序和实体两个方面对学生进行训练和提升,旨在培养学生的法律实践思维。

在程序方面,学生普遍对程序正义的真正含义缺乏深刻认识,对于程序正义和实体正义的关系不甚明晰;对于庭审流程等程序性问题的掌握限于教材;对于其理解较为生硬和刻板,缺乏灵活性和应用性。而本教学法从以下两个方面对学生进行了有针对性的指导和训练。

1. 揭示了程序正义的真正含义,深化了学生对于程序正义和实体正义关系的认识

程序正义是指诉讼过程的公正,要求诉讼活动严明、中立、平等和及时,是一种直观的公正,是“看得见的正义”。而实体正义则包括依法认定事实和正确适用法律两个方面。它要求最大限度地发现接近客观事实,确保当事人的实体权利义务得以公正地实现。

程序正义与实体正义具有必然的因果关系,即没有程序正义就没有实体正义,程序正义是维护并检验实体正义的必要条件。本教学法在庭前阅卷阶段,无论是法律文书的制作和呈递,还是证据的提交和互换,均由法律严格规定顺序和时限。既能够保证原被告双方充分了解对方的基本情况,根据对方的诉求或辩驳,结合证据,理清思路,为正式庭审做好充分的准备,又能够保证庭前准备工作的有序、高效进行。在模拟庭审的实践和正式庭审观摩中,从书记员宣读法庭纪律到法庭调查、法庭辩论,无一不使学生感受到诉讼程序的严谨、清晰、精准和高效。通过活动,学生深刻认识到,程序正义之于实体正义,可以说是裁判过程的公正之于裁判结果的公正,也是法律程序的正义之于实体结论的正义。程序正义是实体正义的保证,而实体正义是程序正义的追求。

2. 加深学生对于诉讼程序意义的理解,强化学生对庭审流程的实际操作能力和灵活运用水平

在模拟庭审的法庭调查环节中,原被告双方只进行了简单的举证质证,包括审判方,也没有就案件的事实部分进行提问。而在正式庭审中,原被告双方和审判方均针对事实问题进行了一系列提问,而这一部分在庭审中所占的比例几乎达到了 1/3,甚至超过了法庭辩论环节。传统的法学教育长期以来将模拟法庭和法院旁听相分离,二者各自独立进行,使学生难以有直观的感受。而本教学法通过模拟与正式庭审的对比,使学生能够找出差异、发现不足、提出问题、总结经验并快速提升。

在遵循法律程序的基础上,我们需要去探寻程序的深层次目的。程序的目的实际上在于使法官倾听更多不同的声音。基于此,我们可以将庭审分为三个阶段:第一阶段,摆事实,即将事情的前因后果讲清

楚;第二阶段,讲道理,不限于援引法律条文,还可以参照相关案例,更可以用法理来说明问题;第三阶段,坚定自己的立场,做总结陈述。在这三个阶段中,无论是当事人、诉讼代理人甚或第三人,都应检视自己是否在庭审的有效时间内,做到了要点的完全表达,并在法官有所遗漏时予以提醒。如果能做到以上几点,那么我们在庭审中的任务就算圆满完成。

在实体方面,学生面对某一具体的纠纷,大都缺乏发现其中具有法律意义的事实这一能力,更不用说对于法律关系的提炼与分析。此外,学生看待问题的深度有待挖掘,作为律师的诉讼技巧也亟须了解和提升。本教学法主要从以下三个方面对学生进行教育和培养:

第一,提高学生对于法律事实的感知和发现能力,加强学生对法律关系的提炼与把握能力。在庭前准备阶段,学生按各自所扮演的角色,分组合作,对案情进行了讨论和分析,从中找出具有法律意义的事实,并进一步提炼出对己方最有利的法律关系。将模拟庭审和正式庭审中所归纳的争议焦点与查明的事实作对比,在庭后与法官和律师的交流中找到自己在发现法律事实、提炼法律关系这一过程中存在的偏差,循着法官和律师的思维轨迹,明确其作出此判断而非彼判断的依据,从而提升自身的法律实践思维能力。法律思维中最重要的一点就是发现法律事实、提炼法律关系的能力,而这一能力需要我们具有敏锐的法律直觉。归根结底,我们必须要培养法律实践思维,而本教学法的教学目的和目标也正在于此。

第二,挖掘学生看待法律问题的深度和高度,培养学生从不同视角审视问题的习惯。在庭审三阶段中的第二阶段——讲道理中,我们不仅可以援引法律、参考案例,更可以站在法理的高度审视问题,直指其核心和关键。在分析法律事实时,我们不应仅仅局限于法条所列的内容,而是跳出法条带来的思维局限,回归案件的事实去分析当事人真正的需求和其合理性。对于同一法律事实,从不同角度切入会得到不同的法律关系,我们应该选择最具有可行性且最有利于当事人的法律关系。从庭前准备对法律事实的发现和法律关系的提炼,到模拟庭审和正式庭审的实践,再到庭后法官、律师和老师对学生进行的答疑和指导一系列过程,都使学生的思考有意识地得到锻炼,而其看待问题的视角也将更加多元化。

第三,提高学生作为律师的诉讼技巧和能力。作为律师,应在合法的前提下,穷尽一切手段,为当事人争取合法权益。在正式庭审中,原告律师当庭提交了多份关键证据,使被告方措手不及;被告律师将原告方提供的证据三性全部予以否定;双方对事实问题连环发问等等,都是在法律允许的情况下,为自己当事人胜诉所采取的战术和策略。通过庭审,学生不仅能增加对律师的了解,而且能学习到律师的诉讼技巧,更能为今后的学习和实践提供一种借鉴和新的思路,可谓一举多得。

结语

“法律的生命不在于逻辑,而在于经验。”在法学实践教学中,学生需要通过在课堂的理论学习为实际生活中形形色色的事件提供共性上的理论指导,而通过接触和分析实际案例,为原有的理论体系给予个性上的补充。“三段六步全程参与式”教学法通过学院学习和实务部门学习的对接,还原最真实的庭审场景和最生动的分析和解读,培养学生的法律实践思维,做到书本理论和实践经验的融会贯通。在全程参与的过程中,学生们真正体会到该教学改革成果带来的实务能力和思维方式上的提升,对于应用型、复合型卓越法律人才的模式也做出了积极的探索,值得借鉴和推广。

模拟审判方视角下的“三段六步全程参与式”实践教学法之实践*

高欣然[**]　骆佳依[***]　覃巧敏[****]

摘　要：随着卓越法律人才教育培养计划的实施，法学实践教学方法改革更是备受关注，“三段六步全程参与式”实践教学法便在此背景下应运而生。已有的诸多实践教学模式都不可避免有其局限之处，“三段六步全程参与式”实践教学法便在以往实践教学方法的基础上，扬长避短，通过让学生对案件最大限度的还原与模拟再与真实庭审对比，增进对事实问题与法律适用的理解，让法科学子开阔视野，立体化思考并培养专业的法学思维模式，从而培养应用型、复合型法学人才。

关键词：卓越法律人才教育培养　三段六步式全程参与　实践教学改革　对比法学思维方式

为了深化高等法学教育教学改革，提高法律人才培养质量，我校法学院积极落实教育部、中央政法委联合实施卓越法律人才教育培养

---

* 本文系“三段六步全程参与式”教学改革阶段性成果，指导老师为湖南师范大学法学院李爱年教授、夏新华教授、于熠博士、刘湘琛博士、长沙市中级人民法院杨文滔法官、杨林华法官。

** 高欣然（1996—），女，河北石家庄人，湖南师范大学法学院2014级卓越班学生。

*** 骆佳依（1996—），女，湖南郴州人，湖南师范大学法学院2014级卓越班学生。

**** 覃巧敏（1996—），女，广西柳州人，湖南师范大学法学院2014级卓越班学生。

计划。如何把握这一法学高等教育发展的重大历史机遇,紧密围绕提升人才培养质量这一核心任务,培养造就一批适应社会主义法治国家建设需要的卓越法律人才,是摆在法学高等教育界面前重要而紧迫的任务。卓越法律人才要求学生拥有良好的法律伦理素养,熟练的法律事务技能,能够综合运用各学科知识解决实际法律问题。因此,法学实践教学是培养应用型、复合型法律职业人才的核心环节。法学实践教学环节可以多维度、多层次的培养学生的法律职业素养,训练学生的法律职业技能,是将法学教育与法律职业衔接的必要步骤。"三段六步全程参与式"实践教学改革就为我们这批的幸运的中院的实习生提供了绝佳的机会锻炼自我,提升自我。

"三段六步全程参与式"实践教学改革具体操作规程为:一个中心即以庭审为中心,三个阶段即庭前准备、庭中观摩、庭后提升,六个步骤即庭前筹划、模拟开庭、观摩庭审、评庭交流、总结提升、推广运用。

具体到第一次活动,通过庭前筹划无论是人员的优选还是案件的选择都经过深思熟虑,且案件极具代表性,不仅合乎现在的时代背景,而且能够有效保证我们运用专业知识围绕案件的焦点问题进行分析。大概案情如下:芒果诉迅雷 APP 通过手机观看原告享有信息网络传播权的电视综艺节目时,被告利用技术手段过滤了原告插入的广告并破坏了原告设置的 7 分钟试看的技术保护措施,使得用户在不下载芒果 APP 的情况下可以完整观看视频,引导用户下载迅雷 APP 破坏了原告合法的商业盈利模式。作为审判方的我们,全程参与了本次教学实践改革,深有感触。

一、对事实部分的认知

本次实践教学改革中的模拟开庭不同于传统的模拟法庭。传统的模拟法庭训练方法重表演轻实战。甚至有时会由于事先排练太过充分,将对抗性很强的模拟审判变成背诵台词表演。本次教学实践中的庭前模拟即由表演式逐渐走向实战式,选用争议性较强的案例让我们充分发挥,因被告在答辩期限届满前都未提交答辩意见与证据,为还原真实的庭审过程,实现全程模拟法院审判,本次活动中的审判方与原告方在开庭前也都对被告方的答辩思路及证据材料不得而知。这对审判方而言不仅要求我们应对突发性程序的能力并为之能找到相关的法律依据等对我们对案件事实的把控提出了更高的标准。比如审判方对原告与被告是否同为市场经营主体,有无竞争关系存在,被告方被诉行为是否构成不正当行为,被告会如何进行抗辩,责任如何承担等问题要在模拟开庭前做出大量的准备,查阅相关资料以便争取当庭宣判。

此次"三段六步全程参与式"锻炼了我们审判方对事实的认定能力。通过模拟开庭,举证质证与辩论环节,使得我们审判方逐渐明晰了案情。A 公司是网络视频的发布者、提供者,C 虽然主打"高速下载"现在迅雷通过客户端等媒体进军互联网数字娱乐发行,其中包括网络视频的提供,并以此盈利,双方均取得了合法有效的市场主体资格且从事了经营活动,A 与 C 同为市场经营主体。

我国虽不是判例法国家,但既有的判例不容置疑的会产生一定的借鉴意义。北京知识产权法院一位法官在审理合一公司诉金山公司不正当竞争一案中,对于竞争关系存在的认定我认为十分有借鉴意义。首先,判断该经营者的行为是否具有损害其他经营者经营利益的可能性;其次判断该经营者是否会基于这一行为而获得现实或潜在的经营利益。本案中,A 与 C 的客户存在重合部分且 C 的行为很可能导致 A 用户量下降进而使商业利益受到损害,C 基于此行为有增加商业利益的现实可能性。因此我们认为二者存在竞争关系。

本案中芒果 TV 在向用户提供的免费视频的同时添加相应的视频广告,该行为既未违反商业道德亦未违反诚实信用原则。迅雷视频播放界面中过滤广告这一功能虽需用户主动开启,但基于现有用户的使用习惯,客观上发生吸引用户下载迅雷 APP 的效果,抢挪用户从而使芒果 APP 用户量减少,市场份额降低,而迅雷 APP 用户量有增长的可能,二者利益此消彼长,对原告的商业利益造成潜在的不利益。芒果 TV 网站主要向用户提供两种模式的视频点播服务,广告加免费视频节目以及注册用户付费点播无广告的视频节目,芒果 TV 通过支付相应成本提供加载广告的各类免费视频节目吸引用户访问,A 公司再从广告主处取得收益弥补其经营成本。这种商业模式也被市场普遍接受而成为当前视频网站乃至整个互联网内容服务行业较多采用的经营模式。正当的商业模式必然产生受法律保护的正当商业利益。C同为网络服务提供者,深知此模式,主观恶意明显,构成不正当竞争行为。

期间,我们尽可能的换位思考,如果自己是被告又会如何抗辩。我认为“技术中立”值得一提。技术中立原则的中立指的是“技术本身”的中立,而非对技术的使用行为的中立。如果对该技术的使用行为违反法律规定,依然可能构成侵权或不正当竞争行为。鉴于对同一项技术可能会有多种使用行为,而对于侵权或不正当竞争的认定仅是针对其中某一特定使用行为,并不会影响对该技术的其他合法使用行为,因此该抗辩理由不成立。虽然庭审中并未用到,但通过实践教学改革,我们学会了换位思考,完善思维能力。

观摩庭审完毕,就已觉我们在模拟开庭时有诸多不足,在评庭交流中,有幸能与法官、老师当面交流,更是让我们对案件的细节有了新的认知。比如原告方早已取证完毕,但一直拖延至今年才提起诉讼,对于损失扩大的部分,法官表示这也可以视为酌定情节,作为原告方怠于行使权力的代价。因为原被告双方对于赔偿数额的举证均不充分,所以也要有合议庭参照市场份额、不正当竞争行为的持续时间等多重因素酌定赔偿等等。

通过以上对事实问题的探究,无论从庭前准备到在长沙中院数字法庭真实模拟,再到旁听主审法官对于本案的审理以及庭后的面对面交流,我们审判小组内部的总结提升都让我们在“三段六步全程参与式”实践教学改革中受益匪浅。不仅增进了对庭审程序灵活性的新认知,而且也让我们在实践中充实自我,锻炼了换位思考的思维模式,开阔了视野!

二、对法律适用问题的理解

我国对不正当竞争行为的立法为1993年的《反不正当竞争法》。该法在第二条第二款中对不正当竞争行为做了一个法律意义上的界定:“本法所称的不正当竞争行为,是指经营者违反本法规定,损害其他经营者的合法权益,扰乱经济秩序的行为。”按照一般法理,任何请求权的实现都要满足构成要件,典型如一般侵权行为,其构成须同时满足四个构成要件:存在加害行为,加害人主观上存在过错,有损害后果存在,加害行为与损害后果之间存在因果关系。不正当竞争行为亦存在其构成要件。案例中被告的行为是否是不正当竞争行为,其实质就是被告的行为是否满足不正当竞争行为的构成要件的问题。

通说认为,构成不正当竞争行为须满足五个要件:

第一,不正当竞争行为的主体是经营者。《反不正当竞争法》第二条第三款对经营者做了界定,即“从事商品经营或者营利性服务的法人、其他经济组织和个人”。从这一概念中,我们可以推论出,商品生产者是不属于1993年《反不正当竞争法》中“经营者”的范围的,然而与其同属竞争法的《反垄断法》却将经营者界定为“从事商品生产、经营或者提供服务的自然人、法人和其他组织”。两法规定的不一致反映了我国法律系统内部一直以来存在的不协调问题。然而,可喜的是,2015年工商总局向国务院上报的《反不正当竞争法(修订草案移送稿)》中将“经营者”概念修订为“从事或者参与商品生产、经营或者提供服务的自然人、法人和其他组织”,扩大了调整范围,与《反垄断法》的有关规定基本一致。回归到这个案子中,原告A与被告C显然都属于“经营者”这一属概念中的服务提供者。

第二,不正当竞争行为的客观方面表现为行为人实施了与诚实信用原则或其他公认的商业道德相悖的行为。《反不正当竞争法》对于不正当竞争行为的行为方式采用了概括本质特征兼列举具体行为方式相结合的方法。其在第2条规定了不正当竞争行为的原则性条款并在第二章列举了经济生活中较为典型的11种不正当竞争行为,分别是欺骗性交易行为、强制性交易行为、行政垄断行为、商业贿赂行为、虚假宣传行为、侵犯商业秘密的行为、低价倾销行为、搭售或附加不合理条件行为、不正当有奖销售行为、诋毁商誉行为和串通投标行为。显然原告所诉之被告的行为并不属于以上列举的任何一种,那么原告所能主张适用的法条只有《反不正当竞争法》第2条这一原则性条款。在观庭听审时,法官问及原告主张适用哪一法律规定时,原告方的回答也是主张适用《反不正当竞争法》的第2条原则性条款。考察在之前看过的类似案例中,很多都是主张适用这一条款。这是法理中原则性条款兜底作用的体现,其可以在社会生活瞬息万变、不断进步的背景下,保持法律本身所追求的内部稳定性。透过这一个案例以及已经出现过的多个类似案例,可以说网络上的不正当竞争行为渐呈典型,这就要求《反不正当竞争法》立法上作出相应的调整。《反不正当竞争法(修正草案移送稿)》注意到了这一点,把利用软件等技术手段在互联网领域干扰、限制、影响其他经营者及用户的行为纳入了反不正当竞争法规制的范围。修订稿规定,经营者不得利用网络技术或者应用服务实施下列影响用户选择、干扰其他经营者正常经营的行为:未经用户同意,通过技术手段阻止用户正常使用其他经营者的网络应用服务;未经许可或者授权,在其他经营者提供的网络应用服务中插入链接,强制进行目标跳转;误导、欺骗、强迫用户修改、关闭、卸载或者不能正常使用他人合法提供的网络应用服务;未经许可或者授权,干扰或者破坏他人合法提供的网络应用服务的正常运行。至于本案中被告的行为是否属于不正当竞争行为应属法官综合各项证据后的认定问题,此处不妄置喙。

第三,行为人与受害人之间须存在现实的竞争关系。竞,逐也;争,夺也。竞争关系也就是两个以上主体竞相争取利益的关系。市场上的竞争关系可以分为横向的竞争关系与纵向的竞争关系。横向的竞争关系是指两个以上主体处于生产经营链条的同一个环节或阶段,他们之间存在直接的竞争关系;纵向的竞争关系是指两个以上主体处于生产经营的不同环节或阶段,他们之间是上下游的关系。在本案中,原告认为其与被告之间存在竞争关系,而被告则对此存在异议,其所提出的抗辩理由是:原告是内容的提供者,而自己仅是服务的提供者,其经营范围并不存在交叉。故法官仍需查明原被告之间是否存在竞争关系。

第四,不正当竞争的行为人主观上具有过错。最高人民法院《关于审理不正当竞争民事案件应用法律若干问题的解释》第 1 条第 2 款规定:“在不同地域范围内使用相同或者近似的知名商品特有的名称、包装、装潢、在后使用者能够证明其善意使用的,不构成不正当竞争行为。”这就在一定行程度上反映了不正当竞争行为的认定上采用的是过错责任原则。行为人的过错分为故意和过失,故意意为行为人明知其行为必将产生某一后果而追求或者放任该后果的发生。过失意为行为人对侵害他人民事权益之结果的发生,应注意或能注意却未注意的一种心理状态。故意和过失的划分在损害赔偿中具有意义。在此案中,若原告认为被告的行为具有主观上的故意,则其须拿出证据证明这一主张。如若被告的行为构成不正当竞争,其仅存在过失的情况下,其过失如何认定?是采用“善良管理人”的客观标准还是采用因人而异的主观标准?我认为应采用后者。在此案例中,判断被告主观上是否存在过失时,应当从其所从事行业的通行注意义务进行考虑。

第五,不正当竞争行为造成了其他经营者的损失。不正当竞争意义上的损失通常是一种消极损失,即未来可得利益的损失,而非积极损失,因常见的不正当竞争是一种“搭便车”的行为,通过招揽另一方原有或者潜在的顾客或用户到己方,间接地损害其他经营者的利益。从财产性损害与精神损害角度分析,不正当竞争行为所造成的损失通常是财产性损害,因市场竞争主体大多是以组织或法人的形式存在的,而非自然人是不能主张精神损害赔偿的。对于赔偿范围和损失的具体数额,向来是最让人感兴趣的部分。依据《反不正当竞争法》第 20 条规定,赔偿数额首先应是被侵害的经营者所遭受的损失,而当被侵害的经营者的损失难以计算的,赔偿额为侵权人在侵权期间因侵权所获得的利润,侵权人还应承担被侵害的经营者因调查该经营者侵害其合法权益的不正当竞争行为所支付的合理费用。在此案中,原告诉请判令被告赔偿其 100 万经济损失即 5 万合理费用,但在质证时,原告对 100 万元经济损失部分并未拿出充足的证据予以证明,而仅是说明这是根据盈利状况、被告行为持续时间及其主观恶意等因素所做的合理估算。值得注意的一个细节是,原告早在一年前就已经发现了被告的上述行为,而其却在发现后一年后才提起诉讼,这显然是怠于维权的表现。在庭后与法官交流时,法官对这一问题做了回应,如若被告的行为确实构成不正当竞争,原告怠于维权的行为会对最后的确认的赔偿数额产生消极影响。

以上对于法律问题的层层的分析,是三段六步式法学实践教学方法实施过程中所作出的要求。在模拟法庭筹备阶段就已经要求我们对案件中所可能适用的法律作出预测,以及对所涉及的法律关系和法律问题进行初步认定,而这些因素在观庭听审阶段会得到明确,并在庭后交流阶段得到深入理解。

三、总结三段六步式实践教学模式意义

作为审判方的我们,在对本次案件的事实与法律适用问题有了新的理解后,接下来根据三段六步全程参与式的各个步骤集中总结一下其意义所在:

1. 庭前筹划

(1) 对人员的优选保证了人才的质量,为项目的成功实施提供了保障,此外,对人才素质的高要求,有利于案件和过程的保密工作顺利进行。

(2) 案件材料的选择具有针对性,民事案件、行政案件和刑事案件都有所涉及,能使我们从中熟悉不同性质案件程序上的不同,以及审理上的不同,由此将书本上学到的理论真正运用于实践中去感受理论与实践上获取法律知识有何差异。

2. 庭前准备

(1) 与传统模拟法庭中采用已经判决生效的案件不同,学生阅卷对象是尚未开庭审理的案卷,如此一来,学生审判方不会因为判决结果而受到影响从而将模拟法庭当作一场表演,相反,我们会根据已有的法学知识和思维方式去思考和审理案件,而且是独立而不受干涉的进行这个过程的,因此我们能够真正地体验到,对一个法律纠纷如何抓取法律事实,如何运用法律知识和法律条文,用怎样的思维和步骤去处理和解决。

(2) 通过举行模拟法庭,我们将上点所述的体验带到模拟法庭中,在程序中得以展现,所以,与以往的模拟法庭不同,这次改革不只是对程序意义上的演练和熟悉,在真实的法庭上对尚未开庭审理的案件进行模拟庭审,能让我们真正设身处地的以自己所要展现的角色的角度去完成这个庭审,因此,这样的模拟法庭更加真实,也更加精彩。

(3) 模拟法庭结束之后学生在指导老师的点拨以后,对自己在法

庭审理时遇到的问题进行反思,从中获得感悟,思想得到升华,并将此感悟和想法进行记录,这就使得我们充分认识自己的精彩之处和不足之处,从而更加清楚模拟法庭应该如何表现,更重要的是清楚自己法律思维究竟哪里有所欠缺,为什么自己会犯那样的错误。

3. 法庭观审

以旁听者的身份观摩此案件的审理,在庭审程序、事实认定、法律适用和责任明确等方面将其与已经举办完成的模拟法庭进行比对,找出两者之间的不同,从而思考为何不同,再去判断自己在处理这个案件的时候是如何考虑的,这样一来,便能得到新的认识。

将模拟法庭和真实法庭的比对,不仅能让我们对于程序有更近一步认识,也能让我们对解决法律纠纷有进一步的思考。

4. 庭后点评

指导老师和学生旁听庭审,结束以后,学生与负责该案件的法官进行交流,对自己的感悟或者疑惑向法官提出问题,在寻求答案的过程中实际上就是一种思考,而解答以后学生(尤其是模拟法庭中的审判方)能进一步了解到为什么法官会这样进行程序和这样审理判决。而与同时观看了模拟法庭和真实庭审的指导老师进行交流,为学生进一步答疑解惑,指导老师在此针对学生模拟法庭和真实庭审的差别之处对学生进行点拨,所以我们因此更加懂得对一个法律纠纷如何抓取法律事实,如何运用法律知识和法律条文,用怎样的思维和步骤去处理和解决。

我们本次的指导老师之一认为律师的策略就是穷尽一切手段为当事人维护合法权益,在证据的提交上需要策略,在质证时要尽可能对对方证据的三性全部否定。法律思维中最难的一点就是当面对一个法律纠纷时的一种法律直觉,就是抓住法律事实并判断出它构成何种法律关系。另一老师也认为:程序是为了让法官听到各方的意见。

5. 拟制文书

将自己在模拟法庭结束后拟制的法律文书与真实庭审的判决文书进行比对再做出修改,这样一来,我们不仅独立地撰写了文书,也能通过这一比照而清楚自己的不足,从而提高文书写作水平。此外,还能摆脱文书模板的局限性,灵活的根据实际情况进行写作,使文字能力得到进一步提升。

6. 推广

活动结束以后我们要将活动的记录做好新闻和微信公众平台的推送，这不仅是我们参与者的总结，也是将此项目的成果进行展示的一种方式，此外，推广也有利于影响力的扩大，让这次改革得到更多人的认可甚至采纳，如此，卓越法律人才的培养模拟有了新的突破，这也使之前的卓越班教学“重研讨”而“轻实践”的不足得以弥补。霍姆斯说过：“法律的生命不在于逻辑，而在于经验。”我们的这一改革很好的映衬了这一名言。

审判方在此次实践教学改革中，收获良多，不仅仅是专业知识更多的是思维模式的拓展。实践教学是卓越法律人才培养计划的核心环节，“三段六步全程参与式”实践教学改革更是依据卓越法律人才教育培养计划，突出强调对学生法律实务技能的培养，提高学生运用法学理论知识解决法律问题的能力，全面促进法学教育与法律职业的深度衔接的一大创举！

从法科生到法律人的一场圆梦与学习之旅

——湖南师大法学院“三段六步全程参与式”教学改革综述*

何玲英** 王菁菁***

文章摘要：现行法学实践教学模式繁多但都有一定缺陷。为克服现有模式的弊端，推动法学实践教育的发展，湖南师范大学法学院以夏新华为首的教改团队首次创新性地提出“三段六步全程参与式”教学方案，并联合长沙市中级人民法院组成“双师团队”，以该校法学院在中院的15名实习生为教学对象，通过庭前模拟、听庭观审和审后提升三个紧密相连的环节让实习生进行角色转换，让其在实践中运用知识、在对比中发现问题、在交流中积累经验、在总结中提升自己。

关键词：三段六步 角色转换 实践教育

---

* 本文系“三段六步全程参与式”教学改革阶段性成果，指导老师为湖南师范大学法学院李爱年教授、夏新华教授、于熠博士、刘湘琛博士、长沙市中级人民法院杨文滔法官、杨林华法官。

** 何玲英（1997—），女，湖南永州人，湖南师范大学2014级卓越班学生。

*** 王菁菁（1996—），女，湖南娄底人，湖南师范大学2014级卓越班学生。

一、概况介绍

目前法学教育界比较通行的实践教学模式有模拟法庭、法律诊所、嵌入式和全真案例式教学等，但这些教学模式都不同程度地存在缺陷。模拟已决案件，表演性质浓厚，仅仅由学校教师指导学生，缺乏思维的发散性、多样性，致使学生往往站在单一角度思考问题，模拟和现实的差距较大且无法比对明知。总的来说，这些实践教学模式在一定程度上能够让在象牙塔里的法科生了解实践，但不能让法科生感受到法律的生动和其真正的意义。

在此背景下，为响应十八届四中全会全面深化依法治国的号召，以"双千计划"专家——湖南师范大学法学院教授、长沙市中级人民法院院长助理夏新华为首的教改团队组织策划，由湖南师范大学法学院和长沙市中级人民法院组成"双师团队"共同推出了"以庭审为中心、三段六步全程参与式"教学改革方案。此次教学改革力在克服前述所说的教学模式的弊病，提高法学实践教学水平，强化法科生实战技能，培养其作为法律人的综合素质，走出一条教学模式改革的康庄大道。

此次教学改革方案的特色有三点：一是理论与实践的结合。该方案的实施是在法科生的实习期间开展的，为学生搭建一个课外学习的实践平台，尤其是在庭前模拟阶段，法官和代理人的角色扮演既为学生提供了一个学以致用的机会，又是对其所学知识的一种检测；二是模拟庭审与真实庭审的结合。与一般的案例教学和模拟法庭教学不同，此教学方案的一大创新之举就是选取真实案例，以模拟庭审为样本、以真正庭审为指导，并设审后交流一环节，让学生自主发现问题并能及时得到解答；三是学院和法院的结合。实现了教学资源和司法资源的互补与结合，"双师教学"模式促进学院和法院之间双向交流和双向培养机制的形成。

据悉，"三段六步全程参与式"教学方案现处于试验阶段，参与主体为湖师大法学院 2014 级法学卓越班在长沙市中级人民法院实习的 15 名学生，因法学院暑期实习小组的实习期为 8 周，时间有限，故教学计划中拟定开展 3 次实践，分别会涉及民事案件、行政案件和刑事案件三类,让学生充分了解三大实体法和诉讼法在实践中的运用,横向与纵向均有比较和学习。

二、基本模式

正如其名称所表述的,"三段六步式全程参与式"实践教学的基本模式为——以庭审为中心、三段六步教学。三段即庭前模拟阶段、庭中观摩阶段、庭后提升阶段,六步即庭前优选、模拟开庭、观庭听审、审后交流、总结提升、推广应用。

第一阶段主要为模拟法庭式教学,对应步骤包括优选案例、人员分组和模拟开庭。教学案例是由长沙市中级人民法院业务庭精心挑选有代表性的真实案例,例如该方案实施的第一次实践活动则选取了民事纠纷中的一个关于提供网络服务的不正当竞争案例,该案例极具有争议和影响力,因此在模拟活动中,对参与者的综合素质要求较高,不仅要求参与者熟知该类案例的法律知识,更要精准把握诉讼策略与程序。人员分组是通过一定的方式将学生们分为三组即原告组、被告组和审判组,让其分别扮演原告、原告代理人、被告、被告代理人、第三人、审判长、审判员、陪审员、书记员等角色。每次活动人员进行角色互换,克服前述教学模式中角色单一的弊端,引导参与者从多方位、多角度思考问题。模拟开庭是此阶段最后一步,也是最重要一步,但该方案中的模拟开庭和普通的模拟法庭略有不同,为了尽量还原真实庭审,此模拟活动在真实的法庭进行,这也让参与者的参与感和角色代入感更强。

第二阶段的教学安排为观庭听审,比对记录。为了保证教学效果,该方案将模拟庭审安排在正式庭审的前一天,将两个阶段无缝衔接,方便学生进行比较和反思。在正式开庭之日,模拟活动的全体参与者到庭旁听,并且一边记录一边比对,寻找差距,发现问题。正式的庭审犹如一堂实践教学课,这种与众不同的教学方式更真实生动,观摩能让参与者自主将模拟和真实进行比对,寻找两者之间的差距以及问题所在。一场完整的庭审展现的不仅在于程序多么正确,更能让参与者体验真实的诉讼代理人会如何维护己方当事人合法利益、合议庭如何公平公正不偏不倚地进行审判工作,从而从细节之处寻找差距,发现问题。不同于以往被动式、填鸭式教学实习,此次教改意在让法科生先行真实体验模拟的实践,再而和真实的实践进行比对,主动寻找差距,主动明白不足,主动进行学习。

第三阶段包括审后交流、总结提升和推广应用三步。审后交流即在真实的庭审结束后,真实庭审的三方和参与者进行交流沟通,主要是学生提出问题,法官们、律师们帮助答疑解惑。学生可从多角度思考问题,他们既是模拟开庭的主动参与者,又是真实庭审的旁听者,一个案例多种感受,利于培养学生的发散性思维。答疑及时,印象深刻,比对差距,明白不足,克服了模拟和现实的差距无从考究的弊病。总结提升指在活动结束之后,审判方要试拟裁判文书,各个小组的成员对自己所参与活动的感想进行完整的记录,小组进行积极的交流,再由每组小组长充分概括推出组内总结,在总结提升阶段不仅仅个人感悟提升,加强组内交流,了解他人所想,亦是提升。推广应用则是通过多种方式进行线上和线下宣传,努力推广这一优秀的教学模式,让更多人受益。

这一教学模式根据法学实践教育的自身特点和具体情况而设计,各阶段都有其设计的作用与意义,并且各阶段、各步骤都紧密相连、缺一不可,否则难以达到该方案的预期效果。

三、价值意义

从“三段六步全程参与式”教学方案的基本模式介绍篇中,我们可以清晰地看到该教学方案的一个硬性要求——高强度地参与,即无论是庭前模拟阶段、庭中观审阶段或是庭后交流阶段,学生都是其中不可或缺的重要角色。在贯彻实施该教学方案的整个过程中,学生经历了从法科生到法律人、再到法科生的角色转换,对学生而言这既是一场圆梦之旅,又是一场学习之旅。该教学方案按照人才分类培养机制,充分尊重学生的自主选择和个性发展,其在法学教育中的进步意义自不多言,因此以下仅从学生角度浅谈其价值与意义:

第一,由法科生转为法律人时,学生的专业素养和自身能力得到考察与锻炼。模拟法庭阶段会涉及两个法律职业:一是律师;二是法官。而这两个角色往往可以从各方面来检测学生是否真正能学以致用,它通过对案件事实的整理与把握来考查学生与他人的交流与协作情况;通过对案件的定性和争议焦点的归纳来考查学生的法律思维;通过答辩状、代理词法律文书的写作来检验学生的写作能力;通过法庭辩论来反映学生的语言表达和应变能力等。另外,虽然此方案中,庭前模拟的侧重点在于程序,但在整个模拟庭审中,学生不仅要实现程序正义,保证程序正当不违法,还应尽可能追求实体正义,尤其是模拟代理人,应想尽一切合法手段维护自己当事人的权益。兼顾程序问题与实体问题虽然不易,但却能最大限度锻炼学生的综合能力。

第二,由法律人转为法科生时,学生经过对比、交流、反思与总结后更能发现不足、知耻后勇。庭中观审和庭后交流阶段,学生虽然不再是表演者,但他们却是与真正表演者交流的另一方。通过将模拟庭审时自身的表现与真正庭审时法官和律师的表现逐一进行比对,学生更容易发现自身的问题,而审后交流又为其解答困惑提供了一个机会,层层递进,这一持续过程的合理安排让学生不仅接收了知识,更重要的是消化了知识。同时,问题的暴露可以进一步激励在校实习生回校温习功课、巩固知识,避免类似问题的再犯,从而可以促成一个良性循环——即经验越来越多、问题越来越少。

第三,对法律存有信仰,是法科生蜕变为法律人的精神食粮。通过这三次高强度的实践学习,相信参与者对法律会存有深深的信仰,法律不是一个工具,法律人也不是一个法学工匠师,法律的价值和意义是可以通过法院的庭审审判而生动体现的。

第四,作为一个法科生,能近距离地接触真实的案例和大量优秀法律工作者,一方面可以巩固法律基本知识,提升自身的法学素养;另一方面有利于法科生进行合适的职业规划,避免出现在校没兴趣、毕业无方向、人生没着落的囧境。正因为有如此优秀的法律人,法科生更能以此为榜样,朝着人生的康庄大道迈进。

多角度思维：卓越法律人才培养的理念转型

——兼论“三段六步全程参与式”实战教学法之意义*

于　熠**　丁广宇***

摘　要：“卓越法律人才教育培养计划”的概念由教育部、中央政法委于2011年提出，在近五年的实施过程中取得了积极的成就，也存在着理念指导上的偏离或缺失。针对如何培养本科卓越法律人才的问题，笔者认为应当重新思考法律工作者的意义和法律工作者应当具备的品质，以明晰卓越法律人才培养理念的指导思路，提出应以“多角度思维”为目标培养卓越法律人才的综合素质，进行“三段六步全程参与式”实战教学法之尝试，使卓越法律人才适合中国特色法治建设的发展需要。

关键词：卓越法律人才培养　多角度思维　纠纷解决　理念转型　“三段六步全程参与式”

---

* 本文系湖南省普通高校教学改革研究项目《〈中国法制史〉研讨课程教学改革的研究与实践》项目编号：2015291088；湖南师范大学教学改革研究项目《〈法制史〉研讨课程教学改革的研究与实践》项目编号：20159050的研究成果。

** 于熠（1981—），男（回族），河南开封人，法学博士，湖南师范大学法学院讲师，研究方向：法律史学、法社会学、法理学。

*** 丁广宇（1996—），男，江苏南京人，湖南师范大学法学院2014级卓越班学生。

教育部、中央政法委的《关于实施卓越法律人才教育培养计划的若干意见》自2011年起已经实施了将近5年,然而在2016年麦可思发布的《中国大学生就业报告》的红牌专业中,法学专业仍榜上有名。[1] 诚然,卓越法律人才教育培养的成果与法学就业率之间没有必然的联系,但是我们需要在进行卓越法律人才培养时必须要回头思考:法律人究竟需要做什么?中国的法治建设究竟需要怎样的人才?解决了这两个问题之后,我们才能对卓越法律人才培养的理念有更加理性、更加清晰的认识。

一、目标:法律人的重要性在于预防与解决社会纠纷

法律人需要做什么?这是我们探索怎样去培养一名卓越的法律人才之前必须明白的问题。众所周知,法律工作者在一个健全的法制社会中发挥着不可或缺的作用,律师、法官、检察官、公司法务等等职业都是法律工作者们从事的具体行业。但是归结起来,这些行业拥有一个共同的功能——预防纠纷的发生与合理解决社会纠纷。

当社会纠纷发生之后,按顺序一般可以通过五种途径去解决:一是自我隐忍,如俗语所讲的"退一步海阔天空";二是自力救济,双方协商解决纠纷;三是寻求调解,通过一个纠纷之外的第三人调解双方纠纷;第四就是司法途径,通过法院有拘束力的、双方必须遵守的裁判解决纠纷;最后就是暴力途径解决。从中可以看出,法律工作者主要的用武之地就在司法途径解决纠纷之中。这也就体现出来法律人非同寻常的重要性:司法作为保障社会公平正义的最后一道防线,一旦司法途径不能解决纠纷,当事人只能通过非法律手段解决问题,比如私设公堂、动用私刑,或者结伙闹事等等,最后的结局只能是两败俱伤,需要维权的一方反而成为法治的牺牲品。而司法权的运作正是掌握在司法工作者的手中。特别是在法院面临"案多人少"的困局和司法责任制改革之下,当事人大多数都会选择权利更加容易得到保障的司法途径解决问题,导致法院的审判压力空前庞大,法院的案件审判质

---

〔1〕 参见 http://sh.people.com.cn/n2/2016/0614/c134768-28507373.html,访问日期2016年6月14日。

量也成为法官的重要考核指标和当事人对司法系统的重要评价依据。更重要的是,司法系统中每一个法律工作者的一言一行都代表着国家司法的形象,关乎能否在人民中树立司法公信力,关乎法治国家的整体建设。所以,司法工作者这个群体承担着能否合理解决纠纷的重任,关乎当事人权益,也关乎整个社会的和谐稳定。

不仅是司法工作者,司法系统之外的法律工作者也都担负着预防与解决社会纠纷的作用。社会纠纷的出现自然是不可避免的,但每一个正常的人都不会希望社会中出现纠纷。然而纠纷出现之后,需要有一个合理的标准去解决。这个标准就是法律,也就是所谓的"解纷依据"。所以说,化解纠纷是每一个人的目标,而如何运用法律化解纠纷需要靠每一个法律人的努力。这不一定要在司法机关进行,也不一定必须由司法工作者进行。所以律师、法务等非司法工作者需要在其中扮演重要作用。在法院"案多人少"困局之下,我们需要更广泛地推行替代性的多元化纠纷解决机制,争取通过非司法程序化解更多的民间纠纷。作为律师来说,在维护当事人合法权益的同时,也需要尽可能地帮助当事人以更低的时间、精力成本解决问题;作为公司法务来说,不仅要在法庭上为被代理人争取利益,也要在日常尽力避免纠纷的发生;作为民事调解员来说,给双方当事人一个都满意的答复或许是和谐社会更加直接、更加重要的要求。凡此种种,最后的落脚点都在于预防纠纷与合理解决纠纷,而这才是法律在社会生活中直接扮演的角色,也是人们对于法律的最直接感受——法律能不能帮我解决问题?

二、特征:法律人需要具备的性格特征——亦刚亦柔

在明确了法律人承担预防与解决社会纠纷这一核心职责之后,我们需要去思考法律人在承担这一职责时需要培养怎样的性格特征。笔者认为,做一名优秀的法律人,应当既要"刚",又要"柔"。"刚"指的是法律人在原则问题、纪律问题上坚持原则、坚持底线。首先作为社会主义法治社会的建设者,坚定社会主义法治理念是每一个法律人必须做到的基本任务。其次,一名合格的法律人必须站在法律的立场上执行法律背后的公平正义。"以事实为依据,以法律为准绳"的原则在

任何时候都不能含糊,法律人需要通过法律的手段来履行自己的使命,对法律所代表的公平正义有着高度的崇敬与无止境的追求。再次,法律人自身也必须遵守法律与道德,不能为达到目的而不择手段,更不能因为贪图眼前的利益而违法乱纪。法律人只有保证自身对法治理念与法治精神的坚定信仰,才能够成为社会主义法治事业的合格建设者。

当然,法律人"刚"的一面已经被许多法律从业者所反复强调,但是法律人"柔"的一面可能不会为法律人所理解。法律人依照法律要求自我、处理争议是必要的,但是同时法律人也需要以一个正常人的本质属性去倾听民意,合理解决纠纷。法律人是有血有肉的"人"、会灵活运用法律的"人",而不是法律工匠。否则,审判案件就变成了输入案情、输出结果的自动售货机。这种结果的输出是否能够合理地解决实际问题?恐怕不能。所以,既然法律人的职责在于预防和解决社会纠纷,而社会纠纷的类型是多种多样的,许多也不是仅仅依靠几条法条规定便可得出结论的,那么法律人如果希望合理地解决社会纠纷,就不仅仅需要依法办事的"刚"的一面,更需要将法律规则、社情民意、理性、经验等因素进行熔炼,在多元价值中合理地互动与衡量。尤其是对于从法学院毕业,新加入法律职业队伍的年轻法律人来说,这种性格的培养就显得尤为重要,不能简单地将三段论逻辑机械地套用于处理案件,还应当更多地积累审判的智慧。那么,为了在多元价值中进行互动与衡量、合理解决社会纠纷,法律人必须以似水的柔情、谦和的态度、平易近人的方式深入民间、倾听民意,拉近法律人同民众之间的距离,从人民群众中积累经验、学习智慧,提高处理案件的能力。只有做到深入民众,作为法官才能同时兼顾裁判的法律效果和社会效果,真正实现"案结事了";作为律师和基层法律工作者才能真正领悟民众诉求,维护民众合法权益。

三、现状:卓越法律人才培养的理念与问题分析

当我们明确了法律人的任务和应当具备的性格之后,我们再来思考培养法律人才,尤其是在本科阶段培养卓越法律人才应当一以贯之

的理念。2011 年 12 月,教育部、中央政法委员会联合颁布了《关于实施卓越法律人才教育培养计划的若干意见》,针对我国法学教育中培养模式相对单一、学生实践能力不强、应用型、复合型法律职业人才培养不足等问题进行了部署,提出重点培养应用型、复合型法律职业人才、高校—实务部门联合培养、加大实践教学等改革任务和建设卓越法律人才培养基地、实施“双千计划”等具体措施,以提高法律人才培养质量。在此指导下,国内各法学院校展开了各种形式的改革与探索。中国政法大学采取整合法学本科教育与法律硕士专业教育,实施 4+2 培养模式、实行“双导师制”、加强法律诊所教育等措施。〔1〕华东政法大学支持跨院系、跨学科教学团队建设、增加全英语和双语课程、开展网上教学活动、完善与国内高校、实务部门和海外各部门的合作等措施。〔2〕中南财经政法大学充分利用自主研发的法学实验教学软件平台“法学实验教学系统”(LETS)实行自主测试、推进“文澜工程”大力提高人才质量等。〔3〕湖南师范大学法学院通过“麓山杯”模拟法庭对抗赛,将学生工作与卓越法律人才培养计划进行有机结合〔4〕;通过“双千计划”聘请多位长沙市中级人民法院的优秀法官为兼职教授,加强实务理念和技能的培养;通过设立卓越法律人才实验班以推广小班化、研讨课教学模式和导师负责制培养;等等。可以说,各法学院校在本科卓越法律人才的培养模式上进行了不少有益的探索,其改革措施大都取得了积极的成果。

在认识到卓越法律人才培养的改革成果的同时,我们也需要思考当下的培养理念是否值得深入探索。纵观教育部、政法委提出的《关于实施卓越法律人才教育培养计划的若干意见》和各高校采取的实际措施,大多数都直接作用于解决文件所提出的“培养模式相对单一,学生实践能力不强,应用型、复合型法律职业人才培养不足”的现实问

---

〔1〕 黄进:《卓越法律人才培养的目标、观念、模式与机制》,载《法学教育研究》2012 年第 1 期。

〔2〕 何勤华:《开展卓越法律人才培养促进法学专业改革》,载《法学教育研究》2014 年第 1 期。

〔3〕 吴汉东:《以卓越法律人才教育培养为契机全面推动法学专业综合改革》,载《法学教育研究》2014 年第 1 期。

〔4〕 刘力、李喻瑜:《学生工作与卓越法律人才培养计划新探——以湖南师范大学法学院“麓山杯”模拟法庭对抗赛为例》,载《当代教育理论与实践》2016 年第 3 期。

题,从制度层面和技术层面上回答了应当如何培养应用型、复合型法律人才的问题,但是对为学生树立怎样的法治理念、如何培养法律思维这一重要问题却鲜有涉及。众所周知,不论采取什么样的具体解决方案,应当首先明确其蕴含的指导思想和价值理念,并在实践中一以贯之。只有首先明确法律人的重要性和意义在于预防与合理解决社会纠纷,需要具备亦刚亦柔的性格特点,我们才能有针对性地在理念培养上提出适合中国法学院学生的改革方案,才能使具体措施有目标上的引导,不至于使具体措施变成无源之水、无本之木。

四、进路:培养多角度思维法律人才的内涵、意义与方式

有鉴于此,笔者提出了在进行卓越法律人才培养时,应秉承培养具有“多角度思维的法律人才”的目标。何为“多角度思维”?意思是卓越法律人才在当下学习法律、将来运用法律的过程中,思考问题的角度不应仅仅局限于法条和法律问题本身,还应当从其他不同的视角、不同的主体上去思考一个社会问题。既然法律人的目的在于预防与化解社会纠纷,那么法律人就需要全面考察纠纷的社会背景纠纷产生的主观原因与客观原因、双方当事人的心理态度、当事人提出请求的合理性、社会对纠纷的普遍认知、法条规定与该种普遍认知之间有没有冲突等等问题。在处理社会问题时,刚踏入社会的“学院派”法科毕业生往往会站在书本知识的角度,运用法律职业者的思维思考鲜活的问题,往往使他们受到重重阻碍。那么,解决问题的方式之一是要培养过硬的专业素质和解决问题的实践能力,更重要的是要在法学本科阶段培养多角度的思维方式,以社会的视角、中国本土的视角、多种主体的视角、多种学科的视角审视法律问题,方能从根源上将法学院的优秀本科生培养成法治社会所需要的卓越法律人才。

(一)以社会的视角体悟人生

既然法律是调整社会关系的行为规范,法律人的作用也是在于合理预防与解决社会纠纷,那么在卓越法律人才培养机制之下的法律人

必然需要培养观察社会、省察人生的能力。大多数法学院的学生在学校接收到的都是理论化的知识和书本中的案例，普遍来说相对比较缺乏对社会生活的关注和对道德问题的思考。然而，在我国目前法院受理的民事纠纷中，基层法院大多数还是以民间借贷、侵权损害、合同纠纷和婚姻纠纷为主。对于这种看似能够用法条规定简单处理的纠纷，实际上蕴含着丰富的社会学问题。法官在处理案件中，尤其是在主持调解中，除了根据法律的规定，还要通过丰富的人生阅历和社会经验去解决纠纷。目前许多法院的年轻法官往往不善于主持调解工作，只擅长直接适用法律作出判决。相比之下，年长的法官则由于人生经验的积累而更善于做到法律价值与社会价值的平衡。对于其他法律职业者，在帮助当事人处理社会纠纷时也都需要凭借对于社会和人生的理解去揣摩当事人的心理诉求，帮助当事人维护合法权益。作为立法者则更加需要以现实的眼光，对社会发展有更加清晰与理性的认识，才能为社会提供科学的法学方法指导。这些都体现了法律人"亦刚亦柔"的性格特点。只有做到"亦刚亦柔"，深入了解和认识社会，对社会和人生产生足够深刻的理解，法律人才能够以多角度的思维去审视一切法律问题。

基于这样的理念，卓越法律人才培养计划在着力培养"应用型、复合型"法律人才的过程中，一方面要重视理论基础和应用能力的培养，另一方面也要通过各种途径为本科学生提供深入观察理解社会的渠道。由于本科生大多年龄较小、学业繁忙，对社会的了解和认识程度不够深入，所以更应当在学习和生活中贯彻体悟社会的理念。在课堂学习中，应当在学习法条的基础上关注法条背后的法律价值和社会价值，并通过案例分析进行引导；同时不能将眼光仅仅局限于法律问题，应当着眼于更广阔的视角，综合运用各种社会科学知识进行理解。在第二课堂中，应当引导学生去阅读能够开阔视野、引起对社会问题思考的书籍，同时在社会实践活动中多多观察身边的人物和事情，从点滴细节中培养对社会的思考。

（二）以中国的视角审视传统

中国作为一个拥有五千年历史传统的国家，其法律制度与理念自然也体现了深厚的民族特性,并且根植于每一个中国人的头脑中。然而,自清末法律改革之日起,中国就走上了学习西方法律制度和法律体系的道路,在几经波折后最终依旧按照西方模式建立了一套现行适用的法律制度和法律体系。无可争议的是,现代法律制度和法律体系的理论基础都根植于西方资本主义社会,中国的法治建设在这种视角下只是类似于"学生"的地位。所以在当今的法学教学与研究中也不可避免地出现"言必称西方"的潮流。众多法学学生能够对霍布斯、卢梭、孟德斯鸠的法学理论侃侃而谈,对德国的物权行为理论有独到的分析,对于普通法系的审判制度有着浓厚的研究兴趣,但是却普遍缺乏对中国法学发展的现状认知和中国的法律发展存在偏见,认为我们应当按照西方模式建设中国的法律制度,并把中国法治不完善的原因归咎于民众的法律意识淡薄,认为只有加大普法力度、提升民众法律素养才是解决问题的根本方式。诚然,我国的法治建设按照西方的标准的确不够发达,民众的法律素养也需要提高。然而若是一味地照搬西方模式,希望通过法律制度来改变民众的生活习惯,那便是明显的本末倒置。各个国家的法律体系调整各个国家的社会关系,各国社会关系的内容由其本国的特性所决定。若是将他国的法律制度移植过来而不根据本国的国情加以改造,那就会出现明显的"水土不服"的问题。特别是中国在几千年的小农社会和儒家思想的引导下形成了浓厚的"无讼"思想传统,强调以和为贵、案结事了,强调道德教化的重要性。这与个人本位与市场经济下产生的西方法制思想有着极大的不同。一旦以此确立的法律制度不能有效解决民众的纠纷,便会造成严重的社会后果,极大地损害司法公信力。所以,既然我国是中国特色社会主义法治国家,中国的法律实践也就应该代表中国人民的利益,符合中国民众的价值取向,使中国的法律有效地解决中国本土的社会纠纷。

基于此,在培养"应用型、复合型"卓越法律人才实践中,要让法学本科生在学习法学理论知识和实务技能操作过程中,深入理解中国的传统社会和传统文化,以中国民众的思维方式解决发生在中国的纠纷,对中国的传统文化以"理解的同情"理性审视。应当鼓励学生走出书斋、走进社会,以虚心、热情、平易的态度与老百姓接触和交流,从民间生活中感受老百姓过日子的习惯与规则,思考这些民间习惯与规则中透出的价值理念,体会我国法治的本土资源的重要意义。通过总结、感悟、提炼中国本土的法律价值并以此作为解纷指导,才能实现法律人的目的——合理解决社会纠纷。

(三)以多种主体的视角分析纠纷

在日常工作中,每一位法律人大多数都以一种或两种主体身份(尤其是法律工作者的主体身份)去从事法律工作。囿于自身主体认识,我们往往很难站在其他主体的视角去思考问题、分析纠纷。尤其是当我们习惯于法律工作者的身份之时,往往已经形成了比较固定的法律思维,很难回归到一个普通老百姓的视角去思考问题。所以在处理民间纠纷时,法律工作者有时太过于看重和运用自己的专业知识和专业思维,而忽视了当事人(老百姓)的心理诉求,不能真正理解老百姓的思维和想法,导致不能圆满地解决纠纷,给当事人一个满意的答复。正如前文所述,法律工作者在接受法学教育培养时,往往以在西方建立的近现代法律制度为基础,在长期的思维训练中与中国本土的民间法律文化与法律理念产生了一定的隔阂。除此之外,法律思维本身要求的严谨性、专业性也与老百姓的思维方式有了些许不协调。然而,既然法律人的任务在于合理解决社会纠纷,那么我们就应当站在老百姓的视角、站在第三人的视角、站在社会公众的视角去思考怎样解决才是一个合理的方案。这不是无原则地、放弃法律地向审判的社会效果妥协,而是在依照法律的基础上,综合各种考量因素后,利用裁量权等进行的合理衡量,避免机械适用法律造成的社会问题,体现的是法律工作者独特的智慧。

由于已经进入法律职业大门的法律工作者大都已经形成了自己的法学思维方式,所以在思维方式固定之前,对于尚在法学学习阶段的本科生的思维方式的培养便显得意义重大。对于法学本科生来说,他们已经了解了一定的法学知识,接触了一些法学理念,正在形成自己的法律价值观,但是依然保有一名普通人对于法律问题得朴素认知。在这时便可以引导本科生建立多主体视角分析问题的思维。对于“应用型、复合型”卓越法律人才培养,在课堂案例分析过程中可以引导学生在讨论热点问题时站在不同的主体(如法官、律师、当事人、政府部门、行业组织、无利害关系第三人等)去发表见解,了解不同主体的不同诉求。更重要的是,我们应当鼓励学生在实践中与不同职业、学历水平的人进行深入交流沟通,了解和分析不同主体对于一件事物的看法,才能真正明白他们诉求的合理性。只有以此为基础,我们在实践中应对各种问题时才能更加全面、更加深刻地处理和分析,使纠纷得到最大限度的解决。

(四)以多学科的视角探寻问题根源

法律作为一门社会科学,调整的是生活中发生的各种各样的事情中发生的社会关系,法律是调整社会关系的一种工具。法律的规定针对社会关系,而法律为什么要对社会关系进行这样或那样的调整,取决于社会关系本身的性质和特点。故而我们在通过法律调整社会关系时,不仅要知道怎样调整,还要知道为什么这样调整,方能对法律问题产生更加深刻的认识,探寻到社会问题的根源。所以在学习中,我们不仅仅需要掌握法律科学的基础知识,也需要对法律调整的各种社会关系的基础知识有一定的认识。例如,在学习经济法时,只有充分了解市场经济的基本规律、国有企业的运行模式、国家宏观调控的经济学原理等经济学知识,我们才能更好地理解市场规制法、国家投资经营法和宏观调控法的规制目的;在学习行政法时,我们需要对政府及各部门的行政过程有大概的把握,才能理解法条规定的理由,这需要用到政治学与行政学的知识;学习犯罪学的同学也要具备心理学的有关知识,才能深入研究犯罪目的、犯罪动机等问题。当然,学生们不仅在各部门法学习中过程中要求相关学科的基础知识,在分析社会问题时同样要具有多种学科的基础知识,如历史学、民族学、宗教学、人类学、地理学等学科方向,对法律问题产生的社会背景进行深入研究,方能探寻问题的根源,对症下药地解决问题。

目前大多数法学院在本科的课程设计上主要还是以传统的法学教材为主干,教学重点大多数都放在部门法的法条和案例教学上,以完成教学大纲要求和帮助学生通过司法考试为目标,在与法律的相关学科上开设的课程相对缺乏。这就使得学生毕业之后只会通过法律规范解决问题,而弱化了通过多种学科的视角分析问题的能力,对于法条本身也由于这些综合学科的缺乏而无法深入理解。为贯彻培养“应用型、复合型”法律人才的目标,提升法学本科生的综合素质,笔者建议各法学院可以适当开设部分基础性人文社科类课程作为必修课或者选修课,提高学生的综合素质和思考问题的深度,帮助学生更好地分析社会问题、解决社会纠纷。

(五) 以“三段六步全程参与式”实战教学法进行培养实践

“全程参与式庭审实战教学法”具体操作规程可概括为“三段六步一中心”。所谓“三段”即庭前准备阶段、庭中观摩阶段和庭后提升阶段,统括了广义诉讼活动的全过程。按实施的先后顺序可将三段细化为六步,即“庭前准备”分“庭前优选”和“模拟开庭”;“庭中观摩”加强对比;“庭后提升”包括“评庭交流”、“总结提升”和“推广运用”。在实战教学的全过程又紧密围绕“庭审”这一中心进行展开。长期以来,固有的实践教学方法虽然可以解决学生的实践参与问题,但受角色分配的固化制约,对其他各方立场无法顾及和体会,走向社会后,在职业岗位分配影响下,形成公、检、法、司、律等单位工作人员事实上的各自为战,甚至彼此对立,难以形成法律共同体的身份认同。法治是依法治国观念、信念、理念和价值的集合体,是指导立法、执法、司法、守法和法律监督内容的方针和原则。通过先扮演某一角色,再身份互换,为各方阵提出问题,优化庭审效果,使学生不局限于某一方立场,充分感受控、辩、审三方在社会主义法治建设中的重要性,兼听各方诉求,努力做到不偏颇、不独断。深刻体会法律共同体各方既相互分属、相互制约,又相互作用、相互联系,树立共同为实现法治理念而奋斗的法治信念。在分步实践、全真比对、角色互换过程中,学生真正融入到法律共同体之中,对控、辩、审各方都能够明确其立场及意义,体会程序的内在价值。这与“多角度思维”培养理念一体共生。

结语

在当前我国社会主义法治建设蓬勃发展的大背景下,卓越法律人才的培养在总结新中国法学人才培养几十年来取得的成就和不足的基础上,更要着重反思法律工作者在中国语境下的职能和目的,以培养能够合理解决社会纠纷的法律人才。一方面,“应用型、复合型”卓越法律人才培养要重视提高学生的法律实务操作能力;另一方面更要重视为实践提供科学的法律理念的指导,通过培养法学本科生的“多角度思维”树立正确的解纷理念,帮助学生深入探索社会、省悟人生,对社会问题形成独到、深刻的看法。法学毕业生只有同时具备了洞察社会的眼光和专业知识与技能,才能称之为“卓越”法律人才,为中国特色社会主义法治建设添砖加瓦。

法学实践教学的本土化探索：三段六步全程参与式庭审实战教学法

——基于与法律诊所式教学法的比较

刘湘琛*

内容摘要：为强化法学实践教学，美国的法律诊所式教学法被我国法学院移植过来。然而，在中国的法学教育实践的土壤中，法律诊所式教学法却产生了“本土化困境”：经验主义与理性主义的法学教育思维模式难以对接、法律诊所式教学法存在的功能性缺陷以及师资、经费及案源等方面的匮乏，这些都制约着法律诊所式教学法在中国大范围地适用。湖南师范大学法学院与长沙市中级人民法院共同合作，发起的“三段六步全程参与式庭审实战教学法”，不仅吸收了法律诊所式教学法的优势，更超越了它在中国实践的本土化困境，不啻为法学实践教学本土化的一次全新探索。

关键词：法律诊所式教学法　本土化困境　三段六步全程参与式庭审实战教学法

---

* 刘湘琛，女，1973年生，湖南邵阳人。湖南师范大学法学院教师，法学博士，主要研究方向：法理学，法社会学。

一、法律诊所式教学法的引进及本土化困境

中国法学教育在经历大跃进式发展之后,其深层问题也渐渐凸显,其中最突出的一点在于:法学院培养的毕业生难以满足社会对高素质法律专门人才的需要。对此,无论是法学理论界抑或法律实务界,一致的结论是:中国的法学教育,过于注重理论阐释而轻实务技能;过于注重课堂讲解而轻法律实践;过于注重应试功能而轻法律思维;法学理论与法律实务之间存在着较大的差距。正是在这一背景下,法律诊所式教学法因其注重对法律实务技能的培养而被寄予厚望,一开始即被作为“教学改革项目”引进了中国。

然而,由于中美两国不同的法律体制、司法体系,以及迥异的教育、文化和政治背景,作为一种“原产”于普通法法系、以案例为载体的教学方法,法律诊所式教学法在移植到中国的过程中,不可避免地出现了本土化困境。具体表现为:

第一,经验主义的英美法系法学教育思维模式无法有效与我国主流法学教育思维模式对接。不同于以理性主义为法哲学基础的大陆法系,英美法系法学教育的主流一直是以经验为基础的实践性法学教育。与此相对应的是,基于长期的成文法传统,我国的法学教育侧重于对基本概念和原理的传授,不提倡在法学院里进行师傅带徒弟式的法律技能的操练。中国法学教育秉承大陆法系理性主义科学主义的教育理念,重实体而轻程序,重在追求法律制度体系内的逻辑圆融与自洽,认为法律实务技能是程序性、附属性的次要问题,依附于实体权利义务。在这一法学教育思维之下,推定如果学生能理解实体法体系的内在逻辑,法律实务靠着“熟能生巧”的方式,自然就能在诉讼或非诉业务中熟练掌握。因此,法学实践教学在我国的法学教育体系中始终处于从属和次要地位。虽然近年来出于对现有法学教育体系的反思,我国的法学院也在补强法学实践教育的短板,但在法学教育思维没有发生根本变化的前提下,这两种原本殊途的法学教育思维方式能否同归,实在是一个值得深思的问题。

第二,法律诊所式教学法存在较大的功能性缺陷。在法律诊所式

教学法的诞生地美国,法学院的目标是培养律师,这一目标与法律诊所式教学法有着内在的和谐。然而,法学教育在中国还基本被定位为通识教育。[1] 中国的法学教育的目标定位是多维度的,是培养能在国家机关、企事业单位和社会团体,特别是能在立法机关、行政机关、检察机关、审判机关、仲裁机构和法律服务机构从事法律工作的高级专门人才;成为律师仅仅是中国法学教育的一项目标。诊所式教学法并不能满足中国法学教育的多维度功能,存在着明显的功能性缺陷。

第三,师资、资金和案源的匮乏。美国发达的法律服务市场为法律诊所式教育提供了坚实的基础,首先就体现在师资方面。美国法学院的法律诊所发展得非常成熟,按不同的专业方向细致地划分出不同的子诊所,均由具有丰富实践经验的法学院教师担任指导老师。同时,美国法学院法律诊所能够从多种渠道获得资助,如联邦政府资助、州政府资助,社会各类赠款和基金会的慈善捐款,校友捐赠等等,使得美国法学院的法律诊所有能力向社会提供免费优质的法律服务。[2] 由此形成良性循环,美国法学院的法律诊所也吸引到越来越多的案源。

与美国相比较,诊所式教学法在中国的实践,最大的问题就是师资、资金和案源。师资相对而言更为突出。法律诊所的指导老师,往往需要具备丰富的实务经验,否则无法有效应对诊所法律实务的各种问题。而当前中国高校各法学院的老师往往是学院派出身,理论功底深厚而实践经验不足。随着参与法律诊所的学生逐渐增多,师资矛盾会进一步加剧。

法律诊所的日常运行,需要大笔经费,涉及日常管理、办公设施的购买、教师报酬、学生办理案件过程中产生的费用等。而法律诊所办理的大多是法律援助类案件。因此,我国高校法学院的法律诊所运行

---

〔1〕 根据教育部第四次修订的新版普通高校本科专业目录设置的12个学科门类,法学学科门类各专业主要培养系统掌握法学知识,熟悉我国法律和党的相关政策,能在国家机关、企事业单位和社会团体,特别是能在立法机关、行政机关、检察机关、审判机关、仲裁机构和法律服务机构从事法律工作的高级专门人才。法学学科门类各专业学生主要学习法学的基本理论和基本知识,受到法学思维和法律实务的基本训练,能理论联系实际分析问题,具有运用法学理论和方法分析问题和运用法律管理事务与解决问题的基本能力。

〔2〕 袁翔珠《论美国法律诊所教育的特点及其启示——以密西根州立大学为例》,载《大学教育》2016年第2期。

资金,大多由各高校自行负担;如果缺乏高校或法学院资金支持,法律诊所运行往往会陷入困境。资金是束缚法律诊所式教学法迅速发展的直接原因。

同时,在中国的法学教育背景下,法律诊所的案源问题也不容忽视。在现阶段,学生的身份只能做公民代理,因此刑事案件完全不能利用。即使是民事案件,根据《民事诉讼法》等现有的法律制度〔1〕,法学院本科生担任诉讼代理人的空间越来越小,也会严重影响到法律诊所的案源。

二、三段六步全程参与式教学法对法律诊所式教学法的超越

(一)以"庭审"和"实战"为支撑点的三段六步全程参与式庭审实战教学法

三段六步全程参与式庭审实战教学法(以下简称"三段六步全程参与式教学法")以法学院本科学生的实习课程为平台、利用实习期间能够直接参与办案的条件和便利,由实习指导老师组成"理论+实务"双师型导师团队倾力指导的实践教学方法。〔2〕本教学法以庭审式实战化操练为基本特征,其具体操作分为"庭前准备+庭中观摩+庭后

〔1〕我国民事诉讼法在2012年修改后对代理制度作了相应调整,能够作为诉讼代理人的有:律师、基层法律服务工作者;当事人的近亲属或者工作人员;当事人所在社区、单位以及有关社会团体推荐的公民。法律诊所学生只能依据第三种情形担任代理人。但2015年最高人民法院出台《关于适用〈中华人民共和国民事诉讼法〉的司法解释》,对有关社会团体推荐的公民作出了如下解释:社会团体属于依法登记设立或者依法免予登记设立的非营利性法人组织;被代理人属于该社会团体的成员,或者当事人一方住所地位于该社会团体的活动地域;代理事务属于该社会团体章程载明的业务范围;被推荐的公民是该社会团体的负责人或者与该社会团体有合法劳动人事关系的工作人员。如果从法律援助的角度分析,《法律援助条例》第21条规定,法律援助机构可以指派律师事务所安排律师或者安排本机构的工作人员办理法律援助案件;也可以根据其他社会组织的要求,安排其所属人员办理法律援助案件。从这些法律条文中不难分析出,学生担任代理人的空间实际是越来越小的。

〔2〕"三段六步全程参与式庭审实战教学法"是以"双千计划"专家——湖南师范大学法学院教授、长沙市中级人民法院院长助理夏新华为首的教改团队组织策划,由湖南师范大学法学院与长沙市中级人民法院人同推动的创新法治人才培养机制的一种全新的实践教学方式。实习生队伍是湖南师范大学2014级卓越法律实验班的16名学生。在三段六步全程参与式庭审实战教学法实施过程中,同学们分别办理了民事案件、行政案件和刑事案件各一件。

提升”三大阶段,六个具体步骤。具体流程见下图图示。

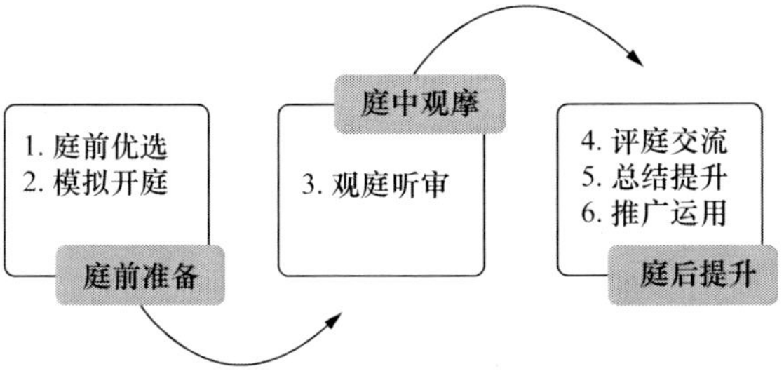

三段六步全程参与式庭审实战教学法图示

第一阶段为“庭前准备”,这一阶段又细分为“庭前优选”和“模拟开庭”两个步骤。

第一步:庭前优选。

“优选”即择优而选。体现为实习参与人优选、案件优选及合议庭组成人员优选三个方面。实习生以原告、被告、法院三方组成角色方阵,组织被挑选进入庭审实战演练方阵组的实习生签署保密协议。将案卷做技术性处理后交由实习生庭前阅卷。

阅卷完毕后,由实习生根据原告、被告及法院三方角色方阵各自的诉讼任务和目的,分别撰写诉讼文书。原告组准备起诉书、代理词和质证策略,被告组准备答辩书、答辩策略和质证策略,法院组理顺庭审程序、厘清案件基本事实和法律关系,提炼双方争议焦点。

第二步:模拟开庭。

经过原、被告和法院三组角色方阵实习生的精心准备,第一阶段进入第二个步骤——“模拟开庭”。担任模拟审判长的同学主持整个模拟法庭,所有程序严格遵守我国《民事诉讼法》相关规定,模拟原被告的同学完全进入了角色。模拟原告当庭增加诉讼请求,模拟被告针对模拟原告新增加的诉讼请求进行当场答辩,主动改变答辩策略。模拟被告对争议焦点产生异议,模拟合议庭简单评议后当庭修正当事人对争议焦点的异议。这些鲜活的小细节增强了模拟法庭的对抗性。

第二阶段:庭中观摩。

第三步:“观庭听审”是整个三段六步全程参与式教学法最关键的一步。通过组织学生亲自到庭听审,扮演原被告的实习同学比较自己与真正的原被告律师在案件办理上的差别,扮演合议庭法官的同学比较自己与真实的主审法官在法庭庭审组织能力、控场能力和争议焦点提炼等方面存在的差别,并对这些差距进行分析总结。

第三阶段:庭后提升。

模拟开庭和旁听真实庭审之后,"功夫在庭下",收获最大的将是第三阶段的"庭后提升"。第三阶段"庭后提升"又分为三步:评庭交流;总结提升;推广运用。

第四步:评庭交流。

庭审结束后,由主审法官和合议团成员为同学们答疑解惑,从法学理论、诉讼程序和实务操作技术等方面进行了详细解答。

第五步:总结提升。

观摩正式庭审后,同学们对比模拟法庭与真实庭审的不同。在这一阶段,同学们往往会深刻地体会到自己的不足,比较差距,有针对性地提升自己的法律素养。

第六步:推广运用。

运用多种方式,借助新闻媒体,利用微信等自媒体平台,形成辐射效应,将三段六步全程参与式教学法的经验、流程介绍推广到社会,以舆论带发展。

(二)三段六步全程参与式庭审实战教学法吸收了法律诊所式教学法的优势

1. 选用未审结的真实案件

1870年,兰德尔担任哈佛法学院院长,创设了"兰德尔案例教学法"。他认为法学是一门科学,必须通过学习和研究包含法律原则或学说的案例入手——"判例教学法既具有实践性又符合德国科学主义的知识传统"[1]。然而,兰德尔教学法适用不久即遭到美国法学教育主流观点的批判。它的主要缺陷在于,所用案件均为已审结案件,其基本法律事实、法律关系及争议焦点已经由诉讼两造和法院三方提炼出来,细节已经固定,案件最终的裁决结果也已经确定。因此这一学

〔1〕 R. Stevens, *Law School: Legal Education in America from the 1850s to the 1980s*, Chapel Hill and London: The University of North Carolina Press, 1983, p. 157.

习过程仍然是一个被动吸收的过程,学生的主观能动性未被充分调动起来。正是基于这一点,20 世纪六七十年代以后,美国大多数法学院确认了"兰德尔案例教学法+法律诊所式教学法"的法学教育模式,学徒式教学法重新回归。

法律诊所式教学法的优势在于,它使用的全部是未审结案件。学生自行设计特定纠纷解决方式和程序,并参与到相应纠纷解决步骤的实施中。这一过程是开放的、悬而未决的,法律事实还处于学习者的主观构建之下,甚至有相当细节超出学习者掌控能力之外,需要学生在老师的指导下发挥自己的主观能动性去尽力解决。法律诊所课程才具有真实的能动性,能够真正沟通认识主体与外在客观情境,引发认识主体主动建构起自己的法律实践知识体系。

在这一点上,三段六步全程参与式教学法与法律诊所式教学法是完全一致的。在观摩三段六步全程参与式教学法的模拟法庭时,笔者的真实感受是:因为是未审结且未庭审的案件,三方角色方阵同学的思路完全没有被真实案件局限,最充分地挖掘了自身的法学理论功底和法律实务素养,使出浑身解数重构法律事实、分析法律关系,尽最大努力争取对己方最有利的法律结果。模拟庭审增加了第三人(第三人在实际审判中未出现);模拟原被告代理人在法庭辩论环节唇枪舌剑,火药味十足,已经成功将自己代入到了诉讼代理人的角色中;而担任合议庭法官的同学也表现出极强的代入感,模拟审判长牢牢把控庭审的节奏和争议焦点,数次在原被告双方论辩偏离主题时出言制止并加以引导;模拟合议庭当庭做出判决(实际庭审是择期宣判)。

2. 吸收了对法律实务操作的学徒式指导

从本质上来说,英美法系的法学教育是一种实践性法学教育,注重在法律实务操作的培训中掌握法律体系最基本的原理。源于英国中世纪律师会馆[1]的学徒制法学教育,其"唯一目标就是培养实践技

[1] 律师会馆,Inn,Inn of Court,又称律师公会或律师学院。英国的律师会馆自 12 世纪开始形成到 19 世纪趋于衰落,历时数百年,在英国法学教育中发挥了不可替代的作用。15 世纪后律师会馆的教学管理日趋成熟,林肯会馆、中殿会馆、内殿会馆、格雷会馆脱颖而出,除非是四大会馆之一的学员,否则不能加入律师行业,不能在普通法院出庭和辩论。参阅韩慧:《英国近代法律教育转型研究》,山东大学博士论文 2010 年 4 月发布,第 18—20 页;〔英〕塞西尔·黑德勒姆:《律师会馆》,张芝梅编译,上海三联书店 2006 年版,第 9 页。

能,而不是获得关于法律的系统的全面的知识”[1]。受英国的影响,直到 1850 年,学徒制教学法仍然是美国主要的法律教育方法。

学徒式教学法的优势在于,这是一种最具可操作性的、能够最快掌握法律流程的教学方法。它的法哲学和法学方法论立足于英国经验主义哲学。正如洛克、休谟等英国经验论哲学家所主张的,“我们的全部知识是建立在经验上面的”[2],科学的“唯一牢固的基础必须建立在经验和观察之上”[3]。因此,英国中世纪以来的律师会馆采用的就是师傅带徒弟的方式,“潜心聆听出庭律师和法官们的指教,通过观察法律在法院中的实际操作”[4],耳濡目染、亲自实践,掌握法律的操作技能。

三段六步全程参与式教学法的学徒式指导和培训,在三大阶段六个步骤均有体现。第一步庭前优选,由业务庭精选出双方争议较大且争议焦点集中的典型案例,主审法官和实习指导老师指导学生阅卷技巧。在第二步模拟开庭,理论实务兼优的双师型导师分别从办案方向、案件程序和法庭技术上做方向性指引。如在查找相关法律依据时,不仅要注重查找法律规定,也不能忽略同为法律渊源的最高法和最高检的判例、解释和批复;同时在准备诉讼文书和代理策略时必须有“角色互换”思维,换位思考、多角色换位反思,感受三方立场,这样才能保证充分准备,证据运用和法律分析周密详实;法庭审判过程要注重原、被告双方不同的诉讼权利和诉讼程序,注重对证据三性的分析和论证。模拟庭审结束后,指导老师及时点评,指出事实与法律关系的哪几点需要与实际庭审重点对照。第三步观庭听审、查找差距,同学们仔细聆听实际庭审中主审法官、原被告双方代理人的诉讼观点,体会主审法官应对法庭突发事件控制庭审节奏的能力、总结争议焦点和关键事实提问的能力,体会原被告代理律师的证据突袭运用策

---

〔1〕 J. H. Baker, *An Introduction to English Legal History*, London Butterworths, 2002, pp. 147-148.

〔2〕 〔英〕洛克:《人类理智论》(第 2 卷),载北京大学哲学系外国哲学史教研室:《西方哲学原著选读》(上卷),商务印书馆 1981 年版,第 451 页。

〔3〕 〔英〕休谟:《人性论》,关文运译,商务印书馆 1983 年版,第 8 页。

〔4〕 〔比〕R. C. 范·卡内冈:《法官、立法者与法学教授——欧洲法律史篇》,张敏敏译,北京大学出版社 2006 年版,第 60 页。

略、质证策略和答辩策略。第四步庭后交流,合议庭的主审法官与同学们面对面交流,为同学们答疑解惑。实习指导老师再针对同学们在模拟法庭上的表现进行更进一步的细致分析,帮助同学们找出差距。第五步,同学们将前几步中主审法官和指导老师的指导意见进行总结提炼,体会差距提升自己的法律实务能力。

从同学们自己的体会来说,这种实务专家与指导老师贴身指导、透彻分析,能够直接同学们的法律实务技能,同学们普遍感到"机会难得",希望能多开展此类活动。

(三)三段六步全程参与式庭审实战教学法对法律诊所式教学法的超越

1. 在对比中领悟和提升——两种法学教育模式的对接

法律诊所式教学法在美国法学院的教育模式中处于主流地位,与兰德尔案例教学法平分半壁山河。一般说来,法学院一年级新生的课程多采用课堂教学,运用兰德尔案例教学法。进入高年级后,法学院每个学生都能够根据自己的兴趣和专业特长选择进入一个法律诊所,运用法律诊所式教学法。而中国法学院的教育模式始终以课堂讲授为主,甚至连模拟法庭这样的实践教学课程也大多在课堂上完成案例的讨论和模拟庭审的流程。尽管自 2000 年起中国法学院纷纷开设法律诊所课程[1],但无须讳言,这门课程始终处于非主流地位,仅有部分同学有幸被选拔进入法律诊所,每期诊所学时一个学期。往往一个案子尚未审结,所有法律程序尚未走完,诊所学习即告结束。

而在三段六步全程参与式教学法中,无论是在法院、检察院还是律师事务所实习,学生均可选择即将开庭的案子进行模拟,走完最重要的庭审阶段。在前期阅卷、准备诉讼文书阶段,学生将实习前课堂上学到的法学理论知识用于分析和解决案件,并在实习期间通过模拟庭审、旁听实际庭审、合议庭成员答疑解惑、总结提升、反思差距等数

---

〔1〕 2000 年,在美国福特基金会赞助下,北京大学法学院、清华大学法学院、人民大学法学院、复旦大学法学院、华东政法大学法学院、武汉大学法学院、中南财经政法大学法学院等七所综合性大学和政法院校法学院,率先开设了法律诊所这门课程。这是中国最早开设法律诊所课程的大学。

个步骤的实战训练,理性主义与经验主义两种法学教育理念、两种法学教育模式完美地融合在一起。

同时,这也是本教学法最大的特色和优势。模拟庭审之后能够与真实庭审进行比对,这个过程"充满悬念、充满期待、充满挑战"。这一点在功能上直接超越了当下国内法学院实践性法学教育的所有模式,因为无论是模拟法庭,抑或法律诊所,或者是普通实习,都没有与真实案件庭审的"比对差距,总结提升"这个环节。在对比和总结的过程中,同学们最深刻的体会就是,一个真实的案件,并不只有一种解决途径,没有标准答案,作为有扎实基本功的法律人,一定要找到实现诉讼目的的最佳方法。

2. 培养多维度法律思维——超越功能性缺陷

就美国经验而言,法律诊所是隶属于法学院的教育机构,向社会提供免费的法律服务,既是案例的来源和载体,也是法学教育得以施展的平台。法律诊所式教学法引入中国后,除了规模和规范化管理方面存在差异,法律诊所作为法律援助机构和教学机构的性质并未改变。因此,法律诊所课程训练的主要是律师的思维和技能。这一点中美相通。然而,美国法学院的目标就是培养律师,而在中国的法学教育背景下,这一点却恰恰成为法律诊所式教学法无法克服的功能缺陷。三段六步全程参与式教学法正好超越了这一缺陷。无论是何种类型的案件,均可演习和训练法院、原告代理人(在刑事案件中作为公诉方)和被告代理人的三方法律人思维。而且,本教学法还可实现角色互换、反向思维训练。模拟法庭后与真实庭审对比的过程,也是三大角色方阵换位思考、讨论己方与对手不足的过程,最终形成"法律职业人"的整体意识。

3. 实现与现有课程体系的嵌入式对接——解决资源匮乏的难题

作为从美国法学院引进的法学教学改革项目,法律诊所式教学法是在我国法学院原有课程体系之外设立法律诊所开展课程的。由此带来了一系列资源匮乏问题,如师资、经费和案源等资源的不足。与此形成鲜明对照的是,三段六步全程参与式教学法却可以最大程度地利用现有课程体系的内部资源,达到法学实践教学的效果。

第一,关于师资问题。本教学法就是利用中国法学院本科生最基本的法学实践课程——实习——展开的。各法学院都有自己的实习基地,也会给实习生指派对应的实习指导老师,这些指导老师往往都是具有丰富法律实务经验的专家,这些法律实务专家和院内的实习指导老师一起,可以组成理论与实务双优的双师型导师团队。

第二,关于案源问题。实习生在各法律实务部门实习时,是可以在指导老师带领下参与办案甚至独立承办案件的。无论是法院、检察院还是律师事务所,这些法律实务部门办理的案件,就是三段六步全程参与式教学法可以选择的案源库。因案源丰富,还可择优选取。

第三,经费问题。专业实习是教育部规定我国法学院本科生必修的一门法学实践课程,各法学院均有专项资金予以保证。三段六步全程参与式教学法以实习为基础展开,不会产生额外的经费和费用。

可以说,三段六步全程参与式教学法最大程度地利用了中国法学院现有课程体系内的淘汰,有效地吸收了法律诊所式教学法的精髓,却又超越了法律诊所式教学法移植到中国法学院后产生的“本土化困境”,是对现有法学教育模式的突破,值得大力推广。

“走进法庭”实践教学在生命教育中的拓展

兰 照*

摘　要：国内外生命教育开展的类型大致分为学科形式的生命教育，以活动体验为主的生命教育、以生活内容为本位的综合多学科的生命教育和单一主题的生命教育。多学科的生命教育主要集中在德育、伦理、心理学、社会学等学科，多在道德宗教领域开展，而忽视法律这个调解人与社会关系的领域。生命教育与法律的衔接不只是课堂中讲解几个与生命教育有关的典型案例，更重要的是让大学生切身体验各类法律案件审理过程中包含的生命教育的具体内容。本文的目的是通过大学生走进法庭旁听案件的实践教学形式丰富生命教育的内容、挖掘生命教育教学方法的新形式、探索生命教育新领域。

关键词：生命教育　人权 法律　走进法庭　实践教学

1968 年美国华特士(J. Donald Walters) 首次提出生命教育的思想，并在其创办的学校里倡导和实践生命教育。此后，生命教育逐渐成为一种教育思潮并在全球引起了关注。我国大陆学术界在吸收和借鉴港台和海外生命教育的理论成果和实践经验的基础上提出生命

* 兰照，湖南工业大学法学院讲师。

教育的基本内涵。有学者认为生命教育就是包括"自然生命的教育、精神生命的教育和社会生命教育"在内的"复杂的、完整的教育网络和有机统一的教育体系"。[1] 也有学者认为生命教育应该涵盖一个人从摇篮到坟墓的全部生命历程,是对受教育者所进行的一种富于人文性的、较为完整而全面的关于生命意识和生命价值的培养和教育活动。[2] 还有学者将生命教育划分为"生存意识教育""生存能力教育"和"生命价值升华教育"等三个层次,指出这三个层次的教育是一个相互联系、相互渗透的有机整体,应该随着时代的发展变化不断增添新的内容。[3] 生命教育的内容体系从横向上可以划分为以"生命的活力""生命的成长""生命的实现""生命的伦理""生命的兴致""生命的意义"为内涵的"六大主题"和以"生命的探索""生命的体会""生命的实践"为主体的"三大向度"以及以"体会生命的价值、探索生命与大自然的关系、实践解难能力、体会及管理自我情绪、探索人与人的关系"为要素的"五大单元"。[4] 生命教育内容体系从纵向上具体分为:小学和中学阶段的生命教育在于让学生逐步树立正确的生命意识,理解生命、感悟生命、关爱生命、享受生命,养成健康良好的生活方式,培养积极的生活态度和人生观;而大学阶段的生命教育则应引导大学生正确"看待生命现象,既认识到生命的伟大与崇高,又认识到生命的脆弱与无助;既了解人类生命的价值,又了解自然界中其他生命的意义",从而使其能够"以平等的眼光看待世间万物,以敬畏的心情善待一切生命,以负责的态度关爱自己和他人的生命"。[5]

一、生命教育中融入法律内容的理论背景

生命教育的价值在于让当代青少年学生应对生命成长中的沉重

[1] 冯建军:《生命与教育》,教育科学出版社 2004 年版,第 224—225 页。

[2] 刘剂良:《生命教育论》,中国社会科学出版社 2004 年版,第 8—9 页。

[3] 许世平:《生命教育及层次分析》,载《中国教育学刊》2002 年第 4 期。

[4] 盛天和:《港台地区中小学生命教育及其启示》,载《思想理论教育》2005 年第 9 期。

[5] 汤丽芳:《近 20 年中国大陆生命教育研究述评》,载《学校党建与思想教育》2013 年第 1 期。

压力,缓解精神焦虑,提升幸福感,重塑生活信心与目标,从而享有完整、愉悦的人生。生命教育也是我们切实纠正传统社会、家庭和学校教育中重知识传授、轻品德教育,重成绩提高、轻境界升华的重要途径。然而,社会上频繁出现青少年学生厌世、自杀,甚至违法犯罪的新闻,生命教育不能仅停留自我内在层面,需要关注外在的社会层面,在生命教育中需要渗透法律内容。从某种意义上讲,法律是权利之学。在以人类中心论为主流的前提下,权利首先是人的权利,人的权利分为应有权利、法律权利和现实权利。应有权利对应的是人权理论。

(一)生命教育与人权

生命教育倡导认识生命、勇于生存(生命的体验),敬畏生命、提升质量(生命的探索),尊重生命、实现价值(生命的实践),热爱生命、顿悟人生(生命的超越)。这些观点与人权的基本理论有着许多相近之处。人权,是指在一定的社会历史条件下每个人按其本质和尊严享有或应该享有的基本权利,本质特征和要求是自由和平等,实质内容和目标是人的生存和发展。人权提倡人要有尊严地生活,有尊严地生活的前提是生命的存在。《世界人权宣言》第 3 条规定,人人有权享有生命、自由和人身安全。《公民权利和政治权利国际公约》第 6 条规定,人人有固有的生命权,这个权利应受法律保护。不得任意剥夺任何人的生命。生命权是人权最基本的权利。生命权不能被抛弃,也不可被转让。人的生命分为自然意义上的生命和社会意义上的生命,社会意义上的生命是人的生存尊严和意义所在,是连接全部社会关系的物质中介。人权中的生命主要指社会意义上的生命,规范设计上重视生命权在社会秩序中的地位,因此自然人当然享有的自杀权会被社会秩序观所抛弃。人权对生命的立场与生命教育中对生命的理解有相通之处,因此,在生命教育中渗透人权理念是生命教育理论的有益补充。

(二)生命教育与法律

现实社会的法律状况为生命教育的兴起提供契机,生命教育为法律遵守提供精神保障。近年来,生命教育不断受重视的因素之一是青少年违法犯罪逐年增加。其原因不是我国调整人的外在行为的法律不健全,而是法律背后的"理"不能深入人心。在信息发达、价值多元、生存竞争激烈、贫富差距加大的今天,大学生群体面对压力增大,心理危机日益严重,大学生自杀、他杀等新闻时有发生。来自网络上的资料显示,近几年来,"青少年犯罪率逐年提升,大学生违法犯罪人数占高校总人数的1.26%"。[1] 90后大学生违法犯罪率不断攀升的原因很复杂,表象上看是缺乏道德教育和法律教育,究其根本是生命教育的缺乏。生命教育是道德修养和法律素养的根本,缺乏最基础的生命教育,道德熏陶和法律强制都停留在表面。从某种意义上甚至可以说,生命教育是一切教育的基础,是人本教育的"本"。"生命教育的低层次目的是避免个体做出危害自己、他人和社会的行为。高层次目的则在于培养个体正面积极、乐观进取的生命价值观,并且能与他人、社会和自然建立良好的互动关系。"[2]正如我国主张的首要人权是"生存权"一样,生命教育首先要保证实现低层次的目标,否则高层次的目标因缺乏物质载体而无法实现。低层次目标的底线是不要违法犯罪,如何预防青少年违法犯罪是生命教育的目标之一。现在的法律教育多是解析法条式的教育模式,犯罪心理学等课程也不能从根本上预防犯罪,而生命教育却能解决这一难题。

二、"走进法庭"实践教学在生命教育中的运用

(一)在生命教育中开展实践教学模式的机遇

生命教育是一种知识教育,更是一种实践和体验式教育,后者更能达到生命教育的目的。生命与社会实践之间存在天然的密切关系,生命是社会实践之源,社会实践是生命的表现形式之一。传统的高校教学模式是"重课堂,轻课外"、"重理论,轻实践"、"重说教,轻养成"、"重教化,轻内化"。远远脱离新媒体时代大学生的理想与现实,学生们厌倦、抵制传统的教学模式。所以,在高校教学中必须强化实践性

---

〔1〕 邴立峰:《高校法律教学融入生命教育的探讨》,载《法治博览》2013年第10期。

〔2〕 李琼瑶:《生命教育:大学生法律教育的新视域》,载《当代教育论坛》2009年第11期。

教学环节,使理论与实践结合起来。而且实践性的生命教育模式与当今大学生的身心特点相适应。90后的大学生是在新媒体滋养下长大的一代,网络、手机等新媒体改变了已往学生的学习观念和学习模式,新媒体为大学生提供海量信息,同时也考验学生们的判断能力,模糊学生们的信仰。新时代的大学生是在文化多元与价值冲突中找寻自己的位置。在新媒体的影响下,大学生对课堂上单纯的理论讲授教学模式普遍抵触,所以因人施教的古老教学理念呼吁在课堂之外开展实践教学模式,尤其是像生命教育这样需要切身体验的课程。

(二)"走进法庭"实践教学在生命教育中的尝试

"走进法庭"实践教学是生命教育渗透法学内容,而且是让学生走出课堂,走近法庭,直面法律案件的庭审。选取与大学生自身生活相关的民事案件、亵渎生命的刑事案件等,让学生亲历庭审现场、领略法律的威严、法庭的庄重,加深对生活的感知、生命的理解。加深大学生接受与认识生命的意义,尊重与珍惜生命的价值,感悟与体认生活的别样。使学生树立起积极、健康、正确的生命观,最终达到生命教育的目的。

"走进法庭"实践教学在生命教育的多元教学模式下有着先天的优势。无论是生命教育中融入法律环节,或者法律教育中渗透生命教育的环节,涉及法律的部分无外乎典型案例的讲解、情景展示、模拟法庭等传统的课堂教学形式。新媒体时代大学生们对生活中热点案例的知晓度远超预期,并且对案例有自己独到的见解。大学生演绎真实案例等情景展示方式需要学生们的表演才能,而且表演者和观众关注更多的是演技,而忽视情景展示内容,博得大家一笑,活跃课堂气氛的作用大于生命教育的目的。模拟法庭的形式需要学生们具有比较全面系统的法律知识储备,这对非法律专业的学生是个挑战。如果在模拟法庭的过程中出现法律专业知识的错误而误导大家,这样的教学模式不但不能树立正确的生命观,而且还会在法律上误导众人,最后往往是事倍功半。"走进法庭去旁听司法审判",听了就让学生们兴奋。现在的本科生教学课时数多,学生们依然延续高中的上课模式,"走出学校课堂"的授课模式得到学生们的青睐。走进专业的司法审判厅,聆听真实的案例审理及判决的过程,实现对生命的珍视、生活的感知。我国诉讼法规定,除了涉及国家秘密、个人隐私及法律另有规定的案件外,法院审判一律公开审理。这就意味着,旁听公开审理的案件审判是我国公民的一项法律权利,大学生群体拥有这项法律权利。"走进法庭"实践教学首先可以避免学生们因法律知识缺乏而导致模拟法庭中的错误,其次是真实案例的感官及心灵的刺激强于学生们的情景演绎,再次是走出课堂的模式在生命体认和法律传授上效果都好于传统的教学模式。

"走进法庭"实践教学的生命教育模式的意义在于把课堂内外相融合,理论与实际相结合。学生不仅是课堂的主体,更是自己生命的主导。从笔者几年来采取此种方法的教学效果来看,课外实践教学模式是学生们喜欢和收获很大的教学模式,甚至取得传统的课堂无法比拟的效果。笔者曾经带领 100 名学生旁听了发生在本校附近的一起死刑案件。让学生近距离地接触"死亡"。庭审之后,学生们不仅学习了刑法方面的知识,更深刻地领悟了生命的真谛。学生自行前往法院旁听时,自认为在法律上无助的原告,极力恳求旁听的学生们运用自身力量对相关案件予以关注。走进法庭,再次提醒大学生的社会担当。走出书本,走入实实在在的社会大课堂。旁听庭审时,学习法律知识,也知晓社会百态。"走进法庭"的实践教学是生命教育开展的必然。

三、"走进法庭"实践教学在生命教育中的开展

笔者进行的教学探索是在法律基础课程中融入生命教育,"走进法庭"的实践教学模式也是在这门公共基础课中开展的。具体的操作环节分为三部分:

第一,准备阶段。第一次课即布置好这学期"走进法庭"实践教学的任务。课堂中老师引导学生浏览几个法院的网站,了解近期的开庭信息,也提起学生们的兴趣。实践教学分为两种:一种是老师带领全体同学去法院旁听庭审,每学期进行一次;另一种是同学以小组的形式自行前往。把全班同学(一般每个自然班 45 人,合班 90 人)分为 10

组。要求每组全体成员在这学期内至少自行去法院旁听一次庭审。原则上各个组之间不重复旁听同一时间同一地点同一案例。旁听的时间根据法院的开庭时间和学生们的课外时间自由调解,从作业布置到这学期结束前每组陆续进行。选择旁听的法院一般集中在基层和中级人民法院。选择的案例包括刑事、民事、行政等。

第二,实施阶段。每组同学旁听庭审后把本组的心得体会以文字的形式提前 24 小时发给老师。老师课下充分准备,课堂适当引导会使课堂讨论达到更好的效果。每组同学都要在下次课堂中展示本组“走进法庭”实践学习的收获,包括提前的准备工作、案情介绍、法律知识的分析、生命的启迪、社会的万象等的体会。展示的形式多样化,可以 PPT 的形式、口头表达、文字等形式。本组成员课堂展示后,其他同学就此次“走进法庭”实践活动提问和讨论。最后老师总结,包括此次案件涉及的法律内容和生命教育的内容,生命教育的内容是讨论和总结的重点。因为不同的庭审得来的法律知识对非法律专业学生来说都是细小和碎片式的,甚至是非法律人无法发现的。而案件到法院层面通常也非日常法律常识能够解决,复杂疑难的案件需要懂法理懂生活的人去解析。而我们学生“走进法庭”实践教学收获更多的是生命教育。老师带领全体同学旁听庭审的案件会选择发生在学生身边、社会影响大的案件,以课堂讨论和课后网络讨论的形式结束。

第三,考核阶段。法律基础课程的期末总分一般包括期中、期末考试和平时分,在百分制中期末 40 分、期中 20 分、平时 40 分。“走进法庭”实践环节占平时 40 分的一部分。得分的标准分为每组同学对这次作业的课前准备程度、旁听庭审的状况、课堂展示的理论深度、身心体验程度等。其他参与讨论的非本组成员都有鼓励性加分。参与老师带队旁听庭审讨论的同学以加分的形式获得分数。每组的分数由老师给出,每位同学“走进法庭”作业的最后分数为老师给的分数加上讨论得的鼓励分的总和。笔者教学实践几年下来,学生们在“走进法庭”这个学习环节上分数差别不大,重要的不是分数的拉大,而是学生此行的收获。

在生命教育中开展“走进法庭”实践教学需要面对一定的困难。首先,走出课堂的实践教学需要人力、物力的投入。尽管法律规定旁听公开审理的案件是每个公民的一项权利,但是老师带领全班同学去旁听还是要事先与法院协商,如有采访拍照等还需经法院的宣传部门同意。前去法院的交通费用也需要学校相应的经费自助。其次,旁听的权利有时被恶意剥夺。自行前往旁听的学生们有时还被有的法院以非法律理由拒之门外,需要师生们共同去争取才能进入法院旁听。再次,学生们的上课次数多,在工作日开展课外实践教学活动的时间较少。尽管需要面对的困难重重,但为了大学生能够真切地尊重生命、理解生活的意义,"走进法庭"实践教学需要克服困难顺利开展下去。

结语

近年来,媒体接接连播报各地女大学生失联的新闻,一方面是为了取得类似"漂亮白人女性失踪案"的社会关注度,另一方面也说明女大学生群体缺乏安全意识,社会对犯罪高危人群缺少监督机制。"走进法庭"实践教学在生命教育中的运用,首先让大学生群体预防犯罪、珍视生命,继而在亲临庭审中受到心灵的感化,形成一种深刻的生命情感,增加大学生对生命的理解,从而实现生命教育的目的。

论大学生模拟法庭竞赛中实训模式的作用及强化

陈红国*

摘　要:2012年以来,湖南省已经举办了三届大学生模拟法庭竞赛,以此观之,模拟法庭实训模式已成为平衡法学传统理论教育和实践教育的一个重要支撑点,其作用在于培养学生将法学的理论知识运用于模拟法庭实践的能力。但在高校举行的各种模拟法庭实训都存在着许多的问题,问题存在的原因是多方面的,既有师资力量的不足,又有传统理论教学方面的束缚,当然还有学生能力的因素。在如何完善模拟法庭实训方面,本文提出了从确定“双师型”指导老师到强化庭审控制及整理案卷等方面的建议。

关键词:模拟法庭　法学教育　实践性教学

2012年以来,湖南省教育厅已经举办了三届大学生模拟法庭竞赛,此竞赛已成为检验高校法学教育是否成功,大学生培养质量是否提高的一个重要标志。众所周知,法学教育具有双重性,既要培养学生的法学理论水平,又要培养学生的实践素质。法学教学目的是在经院式的传统法学理论教育和具有职业培训性质的实践性法律教育二

---

* 陈红国,博士,衡阳师范学院法学院副教授。

者间寻求一种平衡。二者中,实践性法学教育在这个平衡的过程中所占的分量越来越重,而实践性法学教育的一个重要模式就是模拟法庭实训。因此,以大学生模拟法庭竞赛为中心架构一个实践教育的框架,就成为当下法学教育一个重要的手段和方式。

一、大学生模拟法庭实训的作用

从法学理论教育到实践的职业培训,有三个比较贴切的比喻:一是学游泳的比喻:其核心是在岸上学习游泳和在水中练习游泳的过程演变,如只在岸上学习,学者将永远都学不会游泳,其必须投入水中才能学会;二是乘客和司机的比喻:到一个陌生的城市做一名出租车乘客和做一名司机的区别,即如果只做一名出租车乘客,其很难迅速了解这座陌生的城市;而做一名司机,则其不得不去研究整个城市的线路到底怎么走,从而能很快了解并融入陌生的城市;三是练习武术套路的比喻:即武术是通过一招一式慢慢练就的,不是一蹴而就的,且任何一招的缺少,都将会导致整套的失败,练习愈多,愈熟练,最后便可得心应手,见招拆招。法学教育也是一步一步来,而职业的法律培训则更是如此,一步也马虎不得。因此高校模拟法庭在法学教育中所扮演的角色即可描述为:一是将学生从"岸上"理论教育拖入"水中"实训;二是将学生从作理论课堂的"乘客"逐步推到做法律实践的"司机"。

二、模拟法庭实训存在的问题

虽然高校开展模拟法庭实训的比较普遍,但其存在的问题也是显而易见的,其中比较突出的有以下几个:

(一)模拟法庭实训的硬件设施和软件环境不足

在硬件配套方面,很多高校没有专门的模拟法庭,很多模拟实训只能在教室进行;法庭的相应设备不足,缺少法官服、律师袍、法槌等必备物件。在软件方面,高校缺少有代表意义的实际案例资源,很多都是网上下载的案例;有些高校对模拟法庭课程设计不合理,高低年级不分,案例难易度没有针对性。

(二) 缺乏具备实战经验的指导教师

众所周知,在高校中真正能走出“象牙塔”到社会上独立办案的法学教师并不多,能够出庭并应对自如的法学教师则更少。造成这种状况有两方面根本的原因:一是我国高校法学教师大都是通过传统法学理论教育模式培养出来的,而不是经过严格的法律职业教育模式培训出来的。所以这是一种先天的不足,这种先天的不足只能通过教师亲身投入到法学实践中才能弥补。二是在现行的教学科研体制下,法学教师不得不把主要精力放在教学以及科研活动中,而从事法学实践的时间就大量减少。这两大原因的存在使得高校极其缺乏既是教师又是律师的“双师型”的实训指导老师,这也使得高校的模拟法庭实训从根本上缺少具备实战经验老师的指导,从而使得在模拟过程中出现离谱的差错也不能得以纠正。

(三) 模拟实训过于注重程序形式上的演练,而轻视培训

学生对程序内涵及作用的深刻理解笔者将曾经代理的一个故意伤害案例给学生做模拟法庭实训。案例比较简单,其案情是甲乙双方互相殴打,在殴打过程中,乙方受伤出了血,将衣服给染红了一大片。乙方因此起诉甲方,要求赔偿。但因代理人的失职,乙方在举证期限内未能将包括血衣在内的许多关键证据向法庭提供。可乙方在开庭时将血衣作为新证据向法庭提供。在实训中,代理甲方的学生对此新证据毫无办法。也许被现场淋漓的血衣给震慑了,或缘于事实胜于雄辩的社会观念,几组实训的学生都对此证据表示无异议。其实,只要对民事诉讼程序中的证据规则有深刻的理解,甲方就可以对此证据将原告方驳得体无完肤。

(四) 实训学生缺乏应变能力,缺少将法律之外的常识和其他普通知识用于分析法律问题的能力

作为一个真正的法律实践者,其既要精通法律的专业知识,又要

熟知社会的基本常识,并能将其运用于法律实践中。在这二者中,学生可能过于注重法学专业知识的学习而轻视社会常识的作用。而真正的法律实践,法律执业者需要懂得很多社会常识,其包括科技、医学、心理学、伦理学等方面的知识,而运用常识解决法律问题的能力是考验法律从业者水平高低的一个重要标志。在这一方面,学生很少会将普通的常识运用于解决模拟法庭出现的问题。

(五)学生怯场严重,不能很好地将自己置身于当事人的地位

在有众多旁听者参与的模拟法庭实训中,学生常常因缺乏实战经验而产生怯场的心理。其怯场表现为:一是在开场时紧张;二是在庭审过程中,学生因未能透彻分析案例的基本事实,对法律和事实问题把握不准,其在代理或辩护时说话时断时续,结结巴巴;三是观点不能充分表达,很多观点在庭审前已想得很清楚,一旦开庭,便全忘记,或只阐述了部分观点;四是一旦对方反驳,便无言以对。

三、如何强化模拟法庭实训

研究表明,高校的模拟法庭实训存在着诸多的问题,对于这些问题的解决,笔者认为可从以下七个方面进行:

(一)确定"双师型"教师为模拟实训的指导老师

现在很多高校在确定模拟法庭实训指导老师时,将未投入法学实践的老师也作为指导老师,这在很大程度上使模拟法庭的实战性大打折扣。因为这些老师无法对法庭进行掌控,也无法对实训进行精彩的点评。因此,确定既是律师又是教师为实训指导老师,这是加强实战型模拟法庭的关键。

(二)选取有案卷的复杂案例

实战型的模拟法庭应选取以下两种有完整案卷的案例,一是指导老师亲自代理或律师同事代理的律师事务所的案件。这类案例相对复杂,庭审时间应在一小时以上;二是当地法院已审判过的典型案例。

实战型的案例最好不要选取网上公布的案例,因为此类案例虽典型,但没有一个完整的案卷。而上述两类案例,有完整的法律文书,有案件当事人及其代理人的意见,也有法官的评判,当然还有庭审记录,更有一套完整的证据资料等。此外,这两类案例的审判结果也可以作为模拟法庭的参考标准。

(三)对学生遴选进行有效配置

模拟法庭可以分为综合模拟和专业课程模拟,而实战型的模拟必须是综合模拟,所以参与的学生就是高年级的学生,即大三和大四的学生。因为高年级的学生已修完大部分法学专业课程而具备比较好的专业基础。而低年级的学生只修了部分专业课,所以其综合的专业知识是有所欠缺的,低年级的学生只适合进行专业课程的模拟审判。

(四)对学生角色进行合理分配

作为模拟实训,根据学生各自的特点进行角色分配是必要的。作为模拟审判一般分为法官组、原告组、被告组、控诉组及证人组等几个组。法官组的学生应选择比较谨慎,且言辞较理性,性格相对沉稳的学生,因为法官不需要激情,而需要理性和保守,其专业知识要求对诉讼法特别熟悉。原被告组的学生应选择口才比较突出,性格相对外向的学生,其专业知识要求对实体法比较熟悉。证人组的学生要求应变能力比较强,并且在性格上须大胆,当然每一组的学生应按程序要求的足额配置。另外,参与实训的学生最好属于两个以上不同的班级,这样才能增加庭审的对抗性,因为同一班级相对缺少对抗性。

(五)做好模拟审理前的准备

众多法律实践表明,如果庭前没有做好充分准备,代理人在庭审时发生手忙脚乱的事情就会时常出现。因此,模拟审判前,指导老师必须要求各组学生研究事实和证据,分析庭审可能出现的状况,提出应对方案。此外,学生在准备过程中需要注意保密性:即各组之间不能互通观点,其目的是保证庭审的突袭性,以训练学生的应变能力。作为庭前的准备,还有一件比较重要的事情就是各种出庭服装必须配备。只有将法庭审理的服装配备好，才能使模拟法庭具备逼真和严肃性，以达到实战的效果。

(六)提高对庭审的控制水平

对于庭审的控制是模拟法庭一个最关键的部分。因为控制得好，实训就会达到预期目标；控制不好，实训的目标就不会达到。其通常会出现这样的状况：一是庭审速度非常快，可能不到半个小时就会完毕，其结果只是对程序进行了简单的演练；二是案情的发展会朝脱离案情本来的面目发展。对于庭审的控制，指导老师和审判长应起到非常重要的作用。审判长可以控制庭审的诉讼流程畅通，而指导老师通过及时指出学生的实体和程序的错误，可以保证庭审朝正确方向发展。

(七)指导老师应进行精彩的点评

在模拟实训中，还有一个比较重要的环节就是指导老师的点评。指导老师的点评可以起到控制法庭审理的流程及提高法庭审理质量的作用。点评可以分为两步：一是庭审过程中的点评；二是庭审后的点评。庭审过程中的点评应主要针对学生的怯场现象和学生在庭审每个过程中所出现的错误，其点评应是批评为主，当然也应当兼有个别的表扬。庭审后的点评主要针对每一个学生的个人表现以及案件审理的整体效果。其点评应实事求是，在褒贬的同时，提出下次学生实训时应注意的问题及方略。

参考文献

[1] 何海波：《正当程序原则的正当性——一场模拟法庭辩论》，载《政法论坛》2009 年第 5 期。

[2] 王晨光：《法学教育的宗旨——兼论案例教学模式和实践性法学教学模式在法学教育中的地位、作用和关系》，载《法制与社会发展》2002 年第 4 期。

[3] 吴东镐：《论模拟法庭教学方式》，载《吉林师范大学学报(人文社会科学版)》2008 年第 3 期。

[4] 李长浩：《模拟法庭大赛在高校思想政治教育中的应用研究》，载《法学杂志》2010 年 S1 期。

对法院法律实习生教学实践改革的探讨

——以“三段六步全程参与式”教学实践改革为视角

李性典[*]　曾海滢[**]　李昭菲[***]

党的十八届四中全会提出了“加快法治队伍建设，创新法治人才培养机制”的战略目标。在当前我国应用型、复合型卓越法律人才缺乏的背景下，一套科学有效的实践教学模式对于改进和完善优秀青年法律人才培养的途径，加强我国法律人才后备力量的培养具有重要意义。本文以长沙中院与湖南师范大学创新推出以庭审为中心，以“三段六步全程参与式”实践教学模式为视角，探讨法院法律实习生教学实践改革的意义、目标和作用，以推动法治人才培养机制的创新和培养质量的提高。

一、法律实习生教学实践改革的现实意义

2011年，教育部、中央政法委员会决定实施“卓越法律人才教育培养计划”，明确提出“培养应用型、复合型法律职业人才是法律人才教育培养计划的重点”。2013年最高人民法院周强院长在全国法院队伍建设工作会议上强调，全国各级法院要以加强正规化、专业化、职业化

---

* 李性典，长沙市中级人民法院政治部副主任。

** 曾海滢，长沙市中级人民法院政治部宣传处副处长。

*** 李昭菲，长沙市中级人民法院政治部干部。

建设为方向,努力建设一支政治坚定、能力过硬、作风优良、公正廉洁的高素质法院队伍。2014 年,党的十八届四中全会提出,要创新法治人才培养机制,健全政法部门和法学院校、法学研究机构人员双向交流机制,培养造就熟悉和坚持中国特色社会主义法治体系的法治人才及后备力量。随着建设社会主义法治国家战略和司法体制改革的步步推进,卓越法律人才的社会需要不断增大。通常来说,地方高校法学院将法律人才培养目标定位于面向当地社会的应用型卓越法律人才,其中定期接收法律院校学生实习的法律实习生制度,是培养我国应用型、复合型法律人才的有效途径。为此,最高人民法院 2015 年 7 月 29 日发布《关于建立法律实习生制度的规定》,对实习学生的条件、实习生管理、实习内容、实习要求、实习期限进行了规定。法律实习生制度,既为广大法学专业学生提供了一个理论与实践相结合的平台,也为审判工作和司法改革的开展提供了有力支持。目前,各级法院接收法律实习生到院实习,成为提升法律实习生司法实践能力的有效途径。但从总体来看,普遍存在实践教学形式化、教学质量不高等问题,从而影响到实践教学效果,具体表现在:

(一) 重形式而轻内容

法律实习生应该发挥专业特长,将所学理论知识融入审判实践,在指导人员的帮助下,参与案件审理、案件记录、起草法律文书等审判辅助工作以及参加审判工作专题调研和课题研究。在当下"案多人少"的现实困境下,各级法院、特别是基层法院加强院校合作,挂牌成立法律实践教学基地,敞开大门欢迎法学专业学生到法院实习,但学生来到法院后,怎样实习、怎么培养、如何管理等问题,尚无科学系统的模式参照。现实中还存在分配随意性、管理零散性、实习形式化、教学质量不高等问题,不能很好地突出学生主体、挖掘学生的潜能、提升学生的实践能力。

(二) 重理论而轻实务

对于法律专业学生来说,如果不掌握实务技能,学习再多的法律知识也无法应用,遇到实际问题仍然会束手无策。可以说,增强司法实务技能,是法律实习生参与实践教学的核心。通常要求法律实习生须在高校学习至少二年以上的专业知识,具备了一个法律人起码的理论水平后再到法院实习。可现实中,大多法律实习生从事的是装订案卷、盖章归档、整理文件等事务性工作,对于增强实务方面,通常是在资深法官的指导下,开展模拟法庭,评析案例和观摩庭审等方式,先入为主对已决案件进行模拟开庭不能激发学生主动思考,千篇一律、毫无特色的观摩听庭方式让学生缺少代入感,学难致用,不能有效增强学生对接法律职业的能力。

(三)重整体而轻个体

片面地将法律实习生等同于书记员、法官的助手,就是来法院帮忙打杂的,缺少对实习生的培养管理机制,缺失长远的法律实务培养构建理念。殊不知,每一名法律实习生都是不同的个体,其家庭背景、性格爱好、素质涵养、学识水平都各不相同。面对这一现状,有的法院未能对症下药,注意实习生个体能力的发挥和活力的释放。而是实行一刀切,用同一把尺子衡量每一个人,没有针对个体特点挖潜,缺少用其所长的战略眼光,一定程度上埋没了专长人员。

二、"三段六步全程参与式"实践教学改革的特点

与传统的法律实习生培养模式相比,"三段六步制"实践教学模式可谓推陈出新,更具特色,更有创新性,具体表现在:

(一)以实习生为主体

传统的法律实习生培养主要是以法院以及法官的需求为主要追求目标,法律实习生的工作主要是服从各个庭室和指导法官的安排。而"三段六步全程参与式"实践教学模式是以法律实习生为整个教学改革的主体,根据法律实习生的需求、特点而量身定制。无论是在庭前优选、模拟庭审、庭中观摩还是庭后交流阶段,都是以法律实习生为主体,法官的指导更多的是一种潜移默化的指导和引导,很好地发挥了法律实习生的主动性、积极性和创造性。

(二) 资源的优选优化

传统的法律实习生培养主要是在法官的指导下,参与案件审理、案件记录、起草法律文书等审判辅助工作。法律实习生在纷繁众多的案件中,容易被事务性的工作困扰,难以达到最佳效果。而"三段六步全程参与式"实践教学模式一方面是充分发挥法院具有丰富的司法实践资源的优势,在案件上的精挑细选,另一方面是充分发挥法院优秀法官的优势,对以审判长为中心的合议庭进行精挑细选,这两个方面就实现了对法院资源最大的优化组合,奠定了"三段六步全程参与式"实践教学模式的基础。

(三) 法官指导的无缝对接

在"三段六步全程参与式"实践教学模式中,尊重和遵循的是法律实习生的主体地位,依靠的是法院资源的优选优化,但贯穿其中的是法官的全程参与式、无缝对接的指导和引导。从庭前根据法律实习生的特点优选案件到针对案件进行相应的思维和技术指导,从观看指导"模拟庭审"到庭后的评审交流,从考虑到法律实习生的接受能力而追求的真实庭审到庭后对法律实习生法律文书的阅改点评,法官的指导无处不在,这是"三段六步全程参与式"实践教学模式取得效果的保证。

三、法律实习生教学实践改革中的法官角色定位

"三段六步全程参与式实战教学法"由法官主导、以庭审为中心,注重学生主体地位、角色演练与技能培养,具体的操作过程中,法官发挥着举足轻重的作用,并且推动着"三段六步全程参与式"教学实践模式的顺利进行。

(1) 为搞好教学实践改革工作,法官要做好以下庭前准备工作:一是选择好案件。选择案件是开展好"三段六步全程参与式"教学的前提。案例的选择至关重要,不同部门的案例能让学生体会到不同部门的诉讼法之间的区别;不同的案例锻炼学生不同的能力。因此,法

官在选择案例时需要再三斟酌,选择典型的、事实有争议、证据有疏漏的未审结真实案件,如案件涉密可进行必要技术处理。学生面对未审案件一切都是未知的,面对的情况和承办法官一模一样,这样才能有效避免以往模拟法庭对已结案件先入为主的印象而做的表演秀,最大限度地锻炼学生的法理分析能力、证据运用能力和庭审驾驭能力。如2016年7月27日长沙中级人民法院知识产权庭选择了"芒果TV诉迅雷不正当竞争"一案进行模拟教学,教学效果良好。二是组织好合议庭。成员是精挑细选的优秀法官,特别是审判长,一般安排副庭长以上的"双师"型资深法官担任。因此,合议庭是经过精心挑选的一支高水平审判团队,负责案件开庭审理、撰写法律文书、参观学生模拟开庭、对学生释法答疑、加强庭审指导等。未审真实案件与高水平审判团队的优选组合,奠定了教学效果的基础。三是指导做好模拟开庭前的工作。审判长要就案件程序和法庭技术向实习生做方向性指引。实习生组织庭前阅卷,签署保密协议,明确诉讼请求和法律适用,提炼争议焦点。

(2) 在模拟开庭阶段,做好以下几项工作:一是创造最真实的庭审条件。地点一般设在多媒体数字法庭,对庭审全程录音录像,方便后期学习、对比。模拟开庭时,由审理该案件的合议庭成员和学院导师组成的"双师团队"进行现场观战。整个庭审过程完全由学生主导,法官、导师不插手指导,庭审程序、庭审节奏由学生模拟的控、辩、审各方把控。真实感、具体性考验着实习生的庭审驾驭和临场应变能力。在这样的法庭上,什么情况都有可能发生。可以说,除了主体不适格,其他方面和正式庭审没有区别,这样就从根本上杜绝了将模拟法庭演变成"戏剧表演"或"辩论赛"的尴尬。二是庭审结束后,参与旁听的法官、指导老师分别对模拟庭审进行点评总结。法官根据多年的司法实践经验,从专业角度对学生的庭审实战技能进行有针对性的点评。

(3) 在观庭听审阶段,做好以下几项工作:一是严格庭审规范。开庭审理是法官依法行使审判权、正确处理各种纠纷的一门艺术,审判的权威与法庭的环境、法官的形象、法官的业务素质和审判情况息息相关,要做到着装严肃、准时开庭、举止端庄。二是使用法言法语及法律术语。在核对当事人身份,进行庭审调查、辩论、调解、裁判时,要注意法言法语，有理有据，掷地有声，体现出法官的秉公执法之风度，做到思维清晰、表述准确、逻辑严密、声音洪亮、语调适中，让当事人通过法官之举止言行产生信任感和对法律的敬畏感。三是驾驭好庭审。当事人之间有时会争论得脸红脖子粗，也会有一些出格及不负责任的言语，法官一定要把握好度，注意自己语言的规范，在给当事人充分发言机会的情况下，对于违反庭审规则的语言该制止的要及时制止，不能放任，要引导当事人围绕案情和案件争执的焦点发表意见，法官自己绝对不能有偏离案件的言语，更不允许说一些不文明的话。四是运用好庭审技巧。以高度的责任感控制好自己的感情，做到正直、沉着、冷静，理智地对待庭审中出现的问题，感情不外露，遇到言行举止粗鲁的当事人及胡搅蛮缠的当事人时，要认真分析判断，杜绝先入为主，对于出现违反法庭纪律之行为，要严格依据法律规定予以惩处。以强烈的正义感、高度的责任感、特殊的逻辑思维模式、严谨的工作作风、中立的审判心态、高质高效地审理好每个案件。

实习生经过庭前阅卷、模拟开庭、庭后交流、试拟判决书后，对案件情况已经做到了心中有数。此时再观摩真实庭审，对实习生的感受更强烈，冲击力、震撼力更强。通过观摩真实庭审，与模拟庭审进行比对，检验争议焦点是否恰当，扮演的角色是否到位。如“芒果 TV 诉迅雷不正当竞争”一案，庭审过程中被告对原告证据突袭的应对、合议庭对案件基本事实的确认、总结争议焦点的技术性等灵活处理问题，让实习生见识了控、辩、审三方的能力，充分认识到自身与法官司法水平的差距。该案作为实践教学选用的典型案例，对实习生在诉讼请求的确定、侵权行为的确定、双方举证等问题上都有很强的针对性。

(4) 在庭后提升阶段，做好以下几项工作：庭审结束后，安排实时点评时间，在指导老师的主持下，由主审法官主评、人民陪审员参评，与实习生进行面对面的指导交流。经过两轮庭审后，学生们已对模拟庭审和真实庭审进行了比对，找到了差距也有许多问题需要请教，此时法官对学生进行答疑解惑，对学生所提问题进行程序上和技术上的分析解答，实现法庭评点与学生答疑的无痕对接，对提升实习学生的庭审能力具有立竿见影的效果。实习生通过观摩庭审和撰写文书，及时进行比对,认识到自身不足,在总结中提升水平。法院通过庭审直播、微信推送、媒体报道,充分听取意见和建议。

“三段六步全程参与式”实践教学模式紧密围绕“庭审”这一中心环节展开,大陆法系中法官是驾驭庭审的主角,因此,该教学模式是以法官为主导来推动学生参与实战化教学的全过程。虽由法官主导,但在整个教学过程中,除了庭审后的点评交流,法官只要做好法官职业本身就好。在该实践教学中,法官和导师传授知识的功能是次要的,重要的是充当推动者、协作者、启发者,鼓励和引导学生发挥主观能动性,让学生找到差距而主动去学习,真正体现了实践教学中的学生主体地位。

四、法律实习生教学实践改革的目标

“三段六步全程参与式”实践教学改革依托的是我国现有的司法体制优势,它丰富了人民法院与法律院校合作交流的内容和形式,对于创新法治人才培养机制、拓宽法治人才培养途径、培养造就熟悉和坚持中国特色社会主义法治体系及树立坚定法治信仰的法治人才和后备力量,都具有十分重要的作用。

(一)更好地帮助提高法律实习生的职业技能和技巧

“法律的生命不在于逻辑,而在于经验。”三段六部全程参与式教学改革给学生提供的就是高强度、全方位的非常职业化训练,最大限度地为实习生提供掌握工作技能的训练平台,让学生在亲自撰写法律文书、亲历法庭审理、法庭辩论过程中,获得不同类型诉讼的庭审经验,进一步帮助学生提高法律逻辑思维能力、法律文件书写能力、法律语言表达能力、法律交流沟通能力,等等。从参与实践教学改革的学生反馈的学习心得中,我们可以看到,绝大部分学生都表示:“三段六步全程参与式教学改革很好的锻炼了自己的法律职业思维以及法律语言表达能力,在看到自身差距的同时更有动力有针对性地学习和提高自己,进一步坚定了自己从事法律职业的信心和动力。”

(二) 有效树立法律实习生的职业道德和职业伦理

较于传统的实习生培养模式,“三段六步全程参与式”实践教学改革能更有效地将法官、公诉人、律师等职业特别是法官的职业以最真实、最直观、全方位的方式展现在法律实习生面前。让法律实习生在将自己参与的“模拟庭审”和法官真实庭审比对的过程中,在庭前庭后与法官的交流过程中,更好地将原本抽象的法学理论或观点与法官的职业角色的具体要求相结合,让法律实习生在书本与现实、理论与实际、程序与实体的转换中,在不断的思维碰撞中进一步加深对法官这个职业的理解和定位,在潜移默化中的进一步树立法律职业道德和职业伦理。参与实践教学改革的学生都表示:“在参与的过程中更深刻地理解了‘法官’二字代表的意义”。有的学生表示:“这更坚定了我做法官的理想。”

(三) 有效培育法律实习生的法治精神和法治信仰

法律的权威源自人民的内心拥护和真诚信仰。作为司法实务部门的人民法院,如何立足自身工作实际加强我国法律人才后备力量的培养一直是人民法院非常重视的课题之一。而法律系的学生,无疑是法治人才及后备力量的最重要组成部分。“三段六步全程参与式”实践教学改革让法律实习生在全程参与案件、全方位体验控辩审三方的身份定位以及与法官的沟通交流过程中,进一步深入体会“摸得着”的法律、感受法律的魅力、感悟法律职业伦理、领悟公平正义、领悟法律的权威和法治的力量,从而进一步树立坚定的法治信仰。

(四) 大力促进审判工作和司法改革的开展

“三段六步全程参与式”教学改革不仅是为广大法学专业学生提供了一个理论与实践相结合的平台,能够大力推进法律后备人才培养。同时,法官观摩、点评、指导学生也是一种学习的过程,有助于法官直观深入地了解社情民意和法学教育动态,更好地促进理论与实践的结合,推动审判工作的开展。目前,全国法院正在积极稳妥地推进司法改革,改革的力度、深度前所未有。要完成改革目标,不仅需要法院自身的努力,还需要法律职业共同体共同努力,需要法学院校给予强大的理论支持、智力支持和人才支持。“三段六步全程参与式”教学改革进一步加强了法院和法学院校的交流与沟通,强化了法学理论与司法实践的融合,对法院更好地回应时代需求、促进社会主义法治理论研究和实践创新、实现司法事业的发展具有非常重要的作用。

法学人才培养

“四化三导”卓越法律人才培育模式的探索与实践

——以湖南科技大学为例*

宋智敏** 徐德刚***

摘 要:“四化三导”卓越法律人才培养模式,是指坚持深化教学研究、内化实践教学、优化第二课堂、强化横向交流,主导“问题认知式”理论教学、倡导“合作协助式”实践教学、引导“研究创新式”自主学习的卓越法律人才培养模式。湖南科技大学法学院自实施该模式以来,在司法考试、法庭辩论赛、法律协会、服务地方法治建设等方面取得了明显成效,很大程度上克服了传统法学教育中重理论提升轻实践养成、重第一课堂轻第二课堂、重理论传授轻实践训练、重实践形式轻实践效能等问题。

关键词:法律人才培养模式 四化三导 研究创新

* 本文系湖南科技大学教改课题《法律职业资格制度与法治人才培养模式创新》(916-G31579)的成果,该文主要介绍和论述了湖南科技大学法学院在法律人才培养模式改革中的重要举措和取得的成绩,凝聚了全院师生的智慧和心血。在写作过程中,大量吸收了胡正昌、李云霖、吴四江、喻军等老师的研究成果,在此表示衷心的感谢。

** 宋智敏,女,湖南科技大学法学与公共管理学院副教授,法学博士。

*** 徐德刚,男,湖南科技大学法学与公共管理学院院长、教授。

前言

从2011年《关于实施卓越法律人才培养计划的若干意见》的出台,到党的十八届四中全会“创新法治人才培养机制”的提出,再到2016年《关于完善国家统一法律职业资格制度的实施意见》的颁行,我国正在为加速法律职业共同体的形成而推进法律人才培育模式的改革。地方法学院校作为国家卓越法律人才培养的主阵地,如何结合自身实际,在法律人才培育过程中,创造性地落实改革精神,的确是一篇值得深入探讨和精心求证的大文章。自2010年以来,湖南科技大学法学院在重视理论教学的基本上,突出实践教学,形成了“四化三导”卓越法律人才培养模式,很大程度上破解了传统法学教育中存在的“四重四轻”问题,为造就一批信念执着、品德优良、知识丰富、本领过硬的高素质法律人才进行了不懈的探索和实践,并取得了良好的成效。

一、“四化三导”模式的内涵及拟解决的问题

(一)“四化三导”模式的内涵

“四化三导”卓越法律人才培养模式的目的在于通过法学教育教学的完善与改革,增强我校法科学生理论联系实践的能力,为法律实务部门输送高素质的法律人才。所谓“四化”:一是深化教学研究。鼓励教师积极开展法学教育教学的研究,申报法学教改课题,撰写法学教改论文,不断提高法学教育教学的理论与业务水平。二是内化实践教学。通过增加实践教学课程、开展实践教学大比武、加强实践设施建设和实习基地建设等措施,提高实践教学的水平。三是优化第二课堂。指导法律协会、法庭辩论队开展活动,提高学生理论联系实际的能力;指导学生准备“三考”及就业活动,提高学生就业的“硬实力”和“软实力”。四是强化横向交流。学校通过请进来、走出去等多种方式,加强与司法、行政及实务部门的联系与交流,增强学生接受和参与法律实践的机会。

所谓"三导":一是主导"问题认知式"理论教学。重视师生、学生间的互动学习,以达到正确理解、运用知识的目的。二是倡导"合作协助式"实践教学。注重明确学生参与实践活动的动机,解决实践中遭遇的问题,以培养学生表达沟通、团队合作、主动探索、独立思考和解决问题的基本能力。三是引导"研究创新式"自主学习。提升学生问题分析、决策与解决能力的素养,在开放、自由的环境下让学生主动探究与思考,以培养学生发现问题、形成假设、验证假设以及解决问题的能力。[1]

(二)"四化三导"模式拟解决的主要问题

"四化三导"模式主要是为了克服传统法学教育中的"四重四轻"问题。一是重理论提升轻实践养成的问题。不少法学教师重法学理论功底的提高轻法律实践经验的积累,重法学理论知识的传授轻实践能力的训练,重传统教学方法轻实践教学方法。他(她)们把自己重要精力和时间放在提高学位和从事科研上,对自身的教学能力尤其是实践素养的提升相对忽视。二是重第一课堂轻第二课堂的问题。不少法学教师将第一课堂作为自己唯一教学任务,完成了课堂教学就认为万事大吉,不愿意承担第二课堂的指导任务,不愿意牺牲课余时间。三是重理论传授轻实践训练的问题。法学是实践之学。实践既是检验法科学生掌握知识的手段,又是培养法科学生运用知识认识问题、解决问题的有效方式和途径。但不少师生习惯于理论知识的传授和习得,不愿意开展实践训练,局限于书本知识。四是重实践形式轻实践效能的问题。不少师生尽管按照要求进行了实践教学,但也是为了完成任务,热衷于表面的形式,只要形式热闹了就达到了目的,不追求实践教学的实际效果。

---

〔1〕 刘铁光,骆庆国,胡正昌:《地方性高校法律人才的培养定位与模式》,载《湖南科技大学学报》(哲社版)2013 年第 5 期。

二、"四化三导"模式体现的特色

(一)深化教学研究,更新教育理念

理念是行动的先导。开展法学教育需要有先进的教学理念进行指导。为此,湖南科技大学法学院始终紧跟时代潮流,把握国家对法律人才素质的要求,开展了一系列教学改革研究。如胡正昌教授主持省教育科学课题《法学专业人才培养目标与实践教学模式创新研究》;李云霖博士主持省教育科学课题《地方性大学法学本科研究性教学与学习的理论与实践》;刘铁光博士主持课题《地方高校应用型卓越法律人才的培养模式与实施方案研究》;宋智敏博士主持教改课题《法学专业课程设置的改革与实践》;等等。通过研究,法学教师们对法律人才培育的目标、模式、方法等方面有了自己的理解。如刘铁光、胡正昌教授通过研究指出:"法律人才的培养应该以差异性人才培养为基础,充分利用地方性高校法律人才培养的资源优势,以应用型法律人才培养为定位,构建高校——实务部门联合的培养模式"。[1] 宋智敏博士在研究司法考试在法学教育中扮演的角色时指出:"我国司法考试虽然在法律职业与法学教育之间建立了一座立交桥,但职业化、专业化、单一性的司法考试与厚基础、宽口径、复合型的现代法学教育之间存在着深刻的矛盾,亟须改革以实现两者的良性互动。"[2]以上成果为国家推行"双千计划"、法律职业资格考试制度改革提供了理论的证成。

(二)内化实践教学,助推课程改革

法学是"世俗的学问,甚至很多是实践性的、技术性的,因此,单靠课堂讲授是不够的"。[3] 湖南科技大学法学院对以往的法学专业培

---

〔1〕 刘铁光,骆庆国,胡正昌:《地方性高校法律人才的培养定位与模式》,载《湖南科技大学学报》(哲社版)2013年第5期。

〔2〕 宋智敏:《论司法考试与法学教育的良性互动》,载《当代教育理论与实践》2011年第9期。

〔3〕 苏力:《当代中国法学教育的挑战与机遇》,载《法学》2006年第2期。

养方案进行了反思,提出了强化实践教学的一系列改革措施。首先,改革课程设置体系,增加实践教学课的比重。近5年间,先后3次修订法学专业培养方案,把课程结构从原来的四大系列调整为公共教育课程、专业学科课程、教育学科课程、实践教育课程、综合素质教育课程五大板块,总计2464学时、190学分。其中,集中实践环节有16门,合计52周、27学分,综合素质教育必修294学时、5学分,大大增大了实践教学的比例。其次,加强实践设施建设。为了完善实践设施,学校先后组织教师到武汉大学、湘潭大学、湖南工业大学、湖南人文科技学院、湖南文理学院进行专题考察,重点学习其模拟法庭、刑事侦查室、案卷分析室的建设和使用情况,并着手建立了校模拟法庭、案卷室、刑事侦查室等实训机构。再者,加强实习基地建设与交流。为了保障学生实践(实习)的顺利开展,我院与雨湖区法院、岳塘区法院、湘潭市司法局、湘潭市中院、湘潭市检察院、湘剑律师事务所、潭州律师事务所等26家单位建立了规范化的实践基地。与此同时,学校还经常将湘潭市中院、雨湖区法院的法庭搬到学校来审理,让学生有身临其境之感。

(三) 优化第二课堂,提升综合素质

第二课堂活动对于法学专业学生法律素养、人文素质的培养和提高尤为重要。湖南科技大学法学院投入了大量的人力物力指导和引导法科学生的第二课堂。其一,指导法律协会开展活动。法律协会是一个以"弘扬法律文化、培养法律理念、提高法律素养"为宗旨、面向法学专业的学生社团。该社团由徐德刚、胡正昌两位经验丰富的老师担任指导老师,组织开展了模拟法庭、案例讨论、法律咨询、影片观摩等系列活动。最近3年,该协会举办学术研讨会20多次、辩论会30多场、演讲会18次、模拟法庭12次。其二,指导法律辩论队开展活动。语言是法科学生将来执业的基本工具。为提高全体法律专业学生的口头表达能力,我校专门组建了模拟法庭辩论队,由邱帅萍、陈小杉等老师担任指导老师,利用周末、寒假、暑假进行培训,积极备战湖南省首届大学生模拟法庭竞赛及学校各种演讲、辩论赛。其三,指导学生准备"三考"及就业活动。法科学生"三考"通过率(司法考试、研究生

入学考试、公务员考试)是衡量法科学生综合素质的重要标尺。为此,我院成立了学生考研、考公务员、司法考试等指导小组,刘敏、李云霖等老师辅导司法考试,胡正昌、宋智敏等老师辅导学生考研,叶军、朱红梅等老师辅导学生报考公务员。通过一系列有针对性的辅导,促进学生应试能力和综合素质的提高。

(四)强化横向交流,积累实践经验

加强与司法、行政及事务部门的联系与交流,是拓展教学视野和积累实践教学经验的有效举措。为此,湖南科技大学法学院采取了下列措施:一是鼓励教师积极参加“双千计划”。“双千计划”是教育部、司法部等根据时代变化和实践要求,搭建的法学理论界与实务界良性互动交流平台。法学院教师通过“双千计划”,接触“法治原生态”反哺教学,实现法学人才培养模式的创新。如胡之芳教授于 2011 年挂职湖南省人民检察院;胡正昌教授于 2013 年挂职衡阳市检察院;李云霖博士 2014 年挂职湘潭市检察院;喻军博士 2015 年挂职湘潭市中级人民法院。同时,株洲市公安局法制支队副支队长陈芳华 2014 年也挂职湖南科技大学法学院。二是鼓励教师兼职社会实务。如陈小衫、李云霖、邱帅萍、刘敏、易卫中等老师兼职律师实务;徐德刚、胡正昌等老师兼职湘潭市仲裁委员会委员。宋智敏、吴四江、刘敏、李倩等老师兼职湘潭市雨湖区人民法院人民陪审员;徐德刚、胡正昌、宋智敏、李云霖、喻军等老师兼职湘潭市政府法治宣讲员;胡之芳、李云霖、刘敏、邱帅萍等老师兼职湘潭市、长沙市人大常委会立法咨询专家。三是联合法律实务部门开展法治活动。我校不仅与公、检、法单位、律师事务所开展诉讼向导志愿者服务、疑难案件研讨活动,还常年与司法局、消防大队、知识产权局等执法部门开展法制宣传和法律援助等系列活动。如 2014 年我国首个“宪法日”,我校同市公安局、质监局等多家机关和事业单位,在白石广场隆重举办了“12·4”宪法宣传活动,让宪法走进人民的生活。通过与外界的交流,能及时地将事务部门的新理念、新内容带入到平时的学生指导中来。

三、"四化三导"模式倡行的主要方法

(一)"问题认知式"理论教学方法

"问题认知式"理论教学强调问题意识,重视师生、同学间的互动学习以达到正确理解、运用知识的目的。[1] 如李云霖、宋智敏老师在进行宪法学、行政法学与行政诉讼法学的理论教学中注重把握以下三个重点:一是提出问题或安排问题情境。教师以问题为开始,依据学生的知识、经验背景及需求,将所欲进行的学习内容编制成问题,由简入深,以认知、记忆的问题为引导,奠定学生的知识基础。二是鼓励学生思考想象。提供学生聚敛性思考和扩散性思考的时间与空间。三是评价。坚持暂缓批评、欣赏创意的原则,重视形成性评价与自我鉴定的方法,强调师生相互反馈和尊重。

(二)"合作协助式"实践教学方法

"合作协助式"实践教学注重提高学生参与实践活动的动机,解决实践中遭遇的问题,以培养学生表达沟通、团队合作、主动探索、独立思考和解决问题的基本能力。教师的角色是维持环境,让学生从任务和挑战中得到意义,并给予适当协助。具体而言,学校进行了以下实践:一是验证式实践教学。如吴四江老师在进行刑事侦察学的教学中,为了让学生获得实际的体验而对抽象的科学内容有深刻的体认,进行了刑侦实验。二是开放式实践教学。即提供学生极大自由度去决定所欲探究的问题和研究方法,教师处于辅导立场,适时协助活动发展。如刘敏、李云霖等老师在开展案例讨论、法律诊所、模拟法庭课时,运用了开放式实践教学方法。三是归纳与演绎性实践教学。归纳性实践教学在于让学生通过操作观察的经验、自行建立概念、原则和原理;演绎性实践教学即训练学生能够用一般性的定律来解释特定事件的实践教学。如胡正昌、宋智敏等老师在讲授法理学,指导法律咨

[1] 李云霖:《论法学本科研究性教学的实现路径》,载《当代教育理论与实践》2015年第10期。

询等课程时充分运用了归纳与演绎性实践教学。

(三)"研究创新式"自主学习方法

"研究创新式"自主学习旨在提升学生问题分析,决策与解决能力的素养,在开放、自由的环境下让学生主动探究与思考,以培养学生发现问题、形成假设、验证假设以及解决问题的能力。[1] 刘敏博士指导地方高校国家级大学生创新创业训练计划项目《收养条件的反思与再造》,从袁厉害事件切入,对我国收养的条件进行了深入的思考;李云霖老师指导省大学生研究性学习和创新性实验计划项目《美丽中国视野下湖南省陆生野生动物致害的生态型行政补偿研究》,提出的《关于完善湖南省野生动物致害补偿的立法意见》被湖南省林业厅采纳;宋智敏等老师指导的大学生创新性计划项目《农村纠纷及解决机制研究》中,充分运用该教学方法,让学生成为具有创造意识与创造能力的人。

四、"四化三导"模式的应用效果

(一)司考通过率连创新高

司法考试是法学教育与法律职业之间的一座桥梁,素有"中华第一考"之称。近年来,湖南科技大学法学院高度重视司法考试,开展了"课前五分钟演讲","审判进校园"、"司考进课堂"等一系列实践活动,不仅增进学生对法律知识的理解,还帮助学生对法律理念、法律思维的养成。纵观近 5 年司考,全国司考通过率约为 10%,我院 2011、2012、2013、2014、2015 年司考通过率分别为 50%、54.55%、44.3%、63.51%、42.7%,屡创新高,远远高于兄弟院校法科学生司考通过率。2014 年 12 月 16 日,湖南省司法厅司法考试处处长何忠禄、副处长许艳芳、湘潭市司法局分管司法考试的领导刘旭东、司法考试科科长宋东和副科长潘岩等领导特来我校开展司考交流,并充分肯定了我校教

---

〔1〕 李云霖:《法学学生"研究创新式"学习的内涵、维度与路径》,载《当代教育理论与实践》2016 年第 6 期。

学改革与司法考试取得的成绩。除此,湘潭大学等省内外兄弟院校纷纷来校交流司法考试经验。

(二)法庭辩论赛成绩喜人

模拟法庭是法律实践性教学的重要方式,即通过案情分析、角色划分、法律文书准备、预演、正式开庭等环节模拟刑事、民事、行政审判及仲裁的过程,以调动学生的积极性与创造性、提高法律文书的写作能力。湖南省模拟法庭竞赛,是培养学生分析、解决实际法律问题的能力,展现法学教育教学模式的改革和实践的重要平台。为此,法学院成立了模拟法庭辩论队,由陈小杉、邱帅萍、刘敏、刘鄂等担任指导老师,定期对学生进行指导和实训,并邀请湘潭市中级人民法院庭长谭伟、岳塘区人民法院庭长赖浩翔等优秀法官共同指导。

2012 年,我校法庭辩论队在比赛中初露锋芒,取得团体二等奖以及书状一等奖的好成绩。2013 年 11 月,我校的法学专业组织了法学院代表队与潇湘学院代表队两支队伍参加了比赛。在三十多支参赛队伍中,我校法学院代表队最后夺得亚军,获得团体比赛一等奖,潇湘学院代表队取得团体二等奖以及书状三等奖(60 份书状取 6 份书状)。法学院的张玉同学、潇湘学院的彭月丹同学分别获得优秀辩手称号。我校是所有三十多支参赛队伍中,唯一个同时获得团体一等奖和二等奖的学校,而且潇湘学院队还是全省唯一获得团体二等奖的独立学院代表队,更是唯一获得团体二等奖与书状奖的代表队。在 2015 年第三届模拟法庭竞赛中,法学院法学专业代表队获书状竞赛一等奖以及现场竞赛三等奖。

(三)法律协会工作连获好评

一是法律协会建设好评不断。以法学专业为依托的法律协会,先后被评为"校级优秀社团"、"湘潭市优秀社团"及"全国优秀社团"。二是法律协会斩获教育部"法制课件"一等奖。2014 年 12 月 26 日,湖南教育网报道:"教育部第一届法制教育多媒体课件征集活动"在全国青少年普法网揭晓最终评选结果,由湖南科技大学教务处选送的《如果有一天,爸爸妈妈分开了》课件获一等奖,为湖南省唯一获此殊荣高校。该课件由湖南科技大学法律协会、豆沙包漫画工作室在课题组成员的指导下联合制作,紧扣大赛主题,弘扬法治观念。三是法律协会在参与湖南省一、二届法律达人知识竞赛比赛中,蝉联团体桂冠。特别是 2014 年在湖南师范大学举行的第二届“宏才”杯法律达人知识竞赛比赛中,共有来自湖南大学、湖南师范大学、湘潭大学等 12 所大学的 13 支队伍参加。我校法律协会的精彩表现赢得了对手和评委的一致认可,大赛组委会甚至临时决定,将团体冠军的奖励等级由“一等奖”变更为“特等奖”。四是以法律协会为依托的社区法治服务协会成绩喜人。2014 年 12 月 5 日,新华网湖南频道以《湖南科技大学法治协会义务为市民挽回万元损失》为题,报道了我校创立的社区法治服务协会义务提供法律援助的故事,引起了不同凡响。其中,彭月丹同学运用所学法律知识无偿援助困难群众,处理纠纷 30 多起,挽回经济损失 140 多万元。她创办了湖南省首家高校社区法治服务协会,带领更多同学掀起公益法援的热潮,助力和谐社区建设,为法治中国建设贡献青春力量。她的先进事迹被《中国青年报》《中国教育报》《中国妇女报》《湖南日报》等媒体广泛报道。该同学荣膺 2015 年度“中国大学生自强之星标兵”, 受团中央邀请录制《中国好青年》电视节目,受兄弟高校和知名中学邀请报告先进事迹。

(四) 服务地方法治建设成效显著

一是助推地方立法质量的提高。《立法法》的修改对地方立法工作提出了新的要求和挑战。为此,湖南科技大学组建了地方性立法的研究团队。李伯超教授主持了省社科基金重大委托项目《我省全面推进依法治省中提升地方立法质量研究》,胡正昌、李云霖、宋智敏等老师带领学生开展地方立法的调研,并在湖南省宪法学年会关于“地方性立法”的研讨会上进行主题发言;徐德刚教授作为株洲市行政决策咨询专家,参与了《株洲市人民政府起草地方性法规草案和制定政府规章办法》的制定;李云霖博士参加了《湖南省实施〈城乡规划法〉实施办法》修改的调研及论证工作;宋智敏、李云霖博士接受湘潭市城管局委托,参与起草湘潭市首部地方性法规《湘潭市城市市容和环境卫生管理办法》;宋智敏博士接受衡阳市政府法制办的委托,起草《衡阳市关于普遍建立法律顾问制度的实施办法》。师生们在立法上的研究与实践直接推动了地方的立法工作。二是法治宣讲活动深入人心。我院法学教师应邀参加各种讲学活动,服务地方的法治建设。如徐德刚教授在湘潭市人大、湘乡市人大主讲《突发事件应对法》、《监察法》的颁布与实施;宋智敏老师在湘潭市司法局主讲新《义务教育法》、《行政机关公务员处分条例》的颁布与实施、在湘乡市司法局主讲《人民调解法》的颁布与实行;雷莲莉老师在湘潭市法制办主讲《未成年人保护法》的修订与实行;朱红梅老师在湘潭市岳塘区主讲《新婚姻法解释(三)》的实施等。通过不断的交流,促进了地方法学院校与地方法治建设的对接,服务社会经济发展。三是法律志愿团开展爱心接力获好评。自 2005 年以来,以法学专业为依托的法律志愿团十年如一日地照顾五保老人,引起了社会的强烈反响。新华网、环球网、中国教育新闻网、红网、广播网、中央电视台、中国青年报等主流媒体纷纷报道我校法律志愿团的感人事迹。他们用爱心诠释了"志愿"的真谛和法律人的德性。

结语

全面推进依法治国是一项系统工程,法治人才培养是其中的基础性环节。[1] 高等院校作为法治人才培养的主阵地,不仅需要建立一支高素质的法治人才培养专家和教师队伍,还要增强法治人才培养多方协助的合力,强化法治人才培养的政策配套。随着《关于深化高等学校创新创业教育改革的实施意见》、《关于积极推进"互联网+"行动的指导意见》、《关于完善国家统一法律职业资格制度的实施意见》的推行,湖南科技大学法学院将基于"互联网+"的时代特征,通过深化教学改革理念,激发法科学生创新创业的精神;通过健全共同组建师资队伍,发挥法治实务人员的主体责任;通过加强案例库、案卷分析室的建设,提高法科学生的实践能力;通过编制法学教育协同评价指标体系,提高法科人才培养质量。

---

〔1〕 袁贵仁:"创新法治人才培养机制",载《中共中央关于全面推进依法治国若干重大问题的决定》,人民出版社 2014 年,第 256 页。

论法学专业本科人才培养方案的修订

——以湖南师范大学为例*

陈一诚**

摘　要:作为法学专业本科人才培养蓝图的人才培养方案其重要性不言而喻。在社会经济发展需求、高校审核评估、学生选课需求等多种因素的共同作用下,有必要对我校法学专业本科人才培养方案进行及时的修订。针对我校人才培养方案在培养目标定位不准、课程结构不完善、课程门类不均衡、开课进程与学时安排不合理、考核方式单一等方面的问题,结合我校实际,依据社会需求性原则、参与性原则和特色定位原则,对我校法学专业本科人才培养方案在明确培养目标、优化课程结构、均衡课程门类、合理规划开课进程与学时安排、改革课程考核等方面进行了修订。其目的是为了更好地服务于人才的培养,提高人才培养的质量,促进学科专业的发展。

关键词:法学专业　培养方案　培养目标　课程

2014年10月党的十八届四中全会审议通过了的《中共中央关于全面推进依法治国若干重大问题的决定》(以下简称《决定》),提出全

---

* 本文系湖南师范大学教学改革研究项目《法学专业本科人才培养方案的修订与实施》的研究成果。

** 陈一诚(1985—),男,湖南邵阳人,法学硕士,湖南师范大学法学院教务办主任。

面推进依法治国,总目标是建设中国特色社会主义法治体系,建设社会主义法治国家。要实现依法治国,需要培养一大批高素质的法律专门人才。《决定》提出,要"推进法治专门队伍正规化、专业化、职业化,提高职业素养和专业水平。完善法律职业准入制度,健全国家统一法律职业资格考试制度,……健全从政法专业毕业生中招录人才的规范便捷机制"。培养高素质的法律专门人才成为了全面推进依法治国的人才保障,而培养法学专业本科人才是实现培养高素质法律专门人才的基础和起点。人才培养是一个复杂而长期的过程,就如同构筑高楼大厦,一切始于建筑设计的蓝图,而人才培养方案就是人才培养的蓝图,培养的过程要依照培养方案进行,因此培养方案的重要性不言而喻。

一、湖南师范大学法学院法学本科人才培养方案修订的必要性

第一,是为适应社会经济发展对人才的需求。培养方案在一定时间范围内是稳定的,它需要保证人才培养的稳定性,但这种稳定是相对的,不同时期,社会对人才需求是不同的,国家对人才培养的要求也是不同的。改革开放以来,我国的经济社会发展走入了快车道,随着经济总量跃居世界第二,经济活动空前活跃,各种社会问题随之而来,社会经济的发展都需要依靠法律进行规制,对法律专门人才也提出了新的要求。高校作为人才培养的主阵地,能否培养出符合社会经济需求的人才成为了关注的焦点,而人才培养方案是否符合现实的需要也成为这一焦点的关键。为适应时代的变化,回应时代的需求,我们根据国家的要求和社会需求对人才培养方案不断修订和调整就成为必然。

第二,是为配合新一轮审核评估。根据教育部 2013 年发布的《教育部关于开展普通高等学校本科教学工作审核评估的通知》文件要求,普通高等学校本科教学工作进入了新一轮审核评估阶段。审核评估可以及时找出办学中的问题,通过不断的优化和发展,进一步提升专业水准和办学水平。其过程是根据指标体系来检验高校是否达到

了自身设定的目标,其中一项核心指标体系就是人才培养方案,即培养方案设定目标与社会需求的适应度,培养效果与培养方案设定目标的达成度。因此,在培养方案实行的过程中,如果发现培养方案存在问题就应当进行及时的调整与修订。

第三,是为回应学生加大选课自主度的诉求。我校正在进行学分制改革,改革的重要内容之一就是提高学生选课的自由度。从我们课程的开设要求来看,法学专业课程不仅要满足本专业学生的选课需求,还需要满足其他专业的学生选择法学专业课程的需求。学生根据自己的需求和兴趣选课可以进一步提升自身的综合素质,提高其就业的竞争实力。课程的设置是否对学生有足够的吸引力,是否能达到提升学生综合素质的目的,实现人才培养的目标,让学生学有所获,这都需要培养方案的科学化修订和完善。

二、湖南师范大学法学专业本科人才培养方案存在的问题

我校法学专业本科人才培养方案是2013年制定的,主要包括培养目标、学分、学制与学位、课程设置等几个方面的主要内容。从实行的情况来看,对我校法学专业本科人才的培养起到了积极的作用,近几年就业率稳定在90%以上,司考通过率在50%以上,用人单位的评价和满意度都较高,但从人才培养追求卓越并不断适应新形势、新要求,特别是用人单位提出的要求和建议以及教师和学生对于培养方案的建议和意见来看,还存在以下几个方面的问题。

(一)培养目标定位不准

培养目标不仅仅是指导培养主体如何去做,还需要让培养对象通过对培养目标的了解,明确自身努力的方向。现行的培养方案对于培养目标的表述是:“本专业培养德智体美全面发展、具有高尚品德和健全人格、有扎实的马克思主义法学理论基础、系统掌握法律知识和综合知识,熟悉法律争端解决方法、适合从事法律实务工作与法学教育工作的应用型法律专门人才。”这一培养目标对法学专业本科人才做

了仅一个概述性的要求，从培养对象所应具备的能力来看，没有与社会对于法学专业人才的要求以及用人单位对毕业生胜任工作岗位的具体要求相结合，没有更进一步说明培养出来的法律人才需要具备什么样的核心能力和具体能力。对于刚刚接触到法学专业的学生来说，也无法明确知晓自己将来适宜在哪些具体的单位工作，无法准确地定位。培养目标不准确同时也会导致课程不能很好地围绕培养目标来设置，导致课程结构和课程门类等方面的问题。

（二）课程结构不完善

课程结构是根据学生的知识结构需求和修读要求对学生在校期间所学课程的划分形式。现行的培养方案中，课程分为公共必修课、专业必修课、专业限选课、弹性素养限选课、任意选修课等 5 个版块。其中，公共必修课由学校规定，专业必修课包括教育部发布的《普通高等学校本科专业目录和专业介绍(2012 年)》中法学专业设置的 16 门专业核心课程，实习、毕业论文。专业限选课主要包括民商法学、经济法学、国际法学等相关的课程，弹性素养限选课主要包括实践类和提升学生实务技能方面的课程，这两个版块对需要修满的学分数做了规定。任意选修课涉及的课程主要是一些交叉学科或部门法学大类下面的课程，如消费者保护法、国际移民法、法医学、公务员法、刑罚学等课程，这一版块对于学生的选修并没有强制要求。首先，从版块的名称来看，并没有很好地围绕培养目标展开，主要是按照课程修读的不同要求进行命名，版块的分类比较粗略，结构上也没有体现出对学生哪方面能力或技能的培养。其次，从版块之间的关系来看，专业限选课和弹性素养限选课相互的关系有交叉也有并列，体现不出版块划分的意义。任意选修课涉及的课程多达 40 门，而由于没有选课的强制要求，所以设置的意义也没有得以体现。最后，从实际的操作来看，除必修课的课程学生都要修读以外，专业限选课 14 门修读 22 个学分，弹性素养限选课 15 门修读 12 个学分且前 6 门课须选择 4 门，这样留给学生的选课余地并不大，无法满足学生自身的选课意愿。因此，现行的培养方案课程结构并不完善，不能很好地服务于人才培养。

(三) 课程门类不均衡

课程门类是根据授课内容、授课方式以及对学生不同能力和素质的培养进行的分类。现行培养方案中除专业必修课以外,专业选修课程有 69 门,而在实际选课中对学生有硬性要求的选修课程为 29 门,其中设置有实践课时类课程的为 7 门,其他都只设置了讲授课时类课程。29 门选修课中,培养学生职业能力的课程为 4 门、培养学生国际视野的课程为 7 门、培养学生专业素养的课程为 18 门。法学专业是一个实践性、应用型的专业,应当加强学生实践能力的培养,但从课程的门类来看,对于学生实践能力培养的课程数量较少。应用型强调的是对学生职业能力的培养,学生毕业后应当具备从事法律职业的基本能力,但培养方案中涉及学生职业能力培养的课程数量显然太少。在实际的选课过程中,由于每个模块都有相应的要求,学生的选课自由度有限,部分含实践课时类课程、职业能力类课程很难被选到,更凸显了课程门类的不均衡。

(四) 开课进程与学时安排不合理

开课进程主要是指课程的开课学期、先后顺序。开课进程不合理主要表现为两个方面:一方面,由于没有宏观把握部门法课程之间的相互关系,以及同一部门法课程之间的衔接关系、包含关系,部分课程的开课时间不合理,如民法(二)与合同法在同一个学期开设。另一方面,由于考虑学生司法考试和就业的客观需求,课程过于集中在前 5 个学期,导致学生课业压力过大,且因为要适应专业课往前集中的安排,部分内容较多的实体法课程在第一个学期即开设,不符合学生的学习规律。学时是指授课的时间周期,学时安排不合理主要表现在部分课程内容与课时量不匹配,课程内容较多而课时不够。比如民法学、刑法学、行政法学与行政诉讼法学等核心基础课程,教学内容较多,在实际操作中,由于课时量不够,部分内容只能通过学生自学完成,对学生打下牢固的专业基础产生不利影响。

(五) 考核方式单一

课程考核是检验学生学习效果和教师教学效果的重要环节,也是对培养方案落实的重要环节。与培养方案相配套制定的“四纲一介”(教学大纲、考试大纲、实验大纲、实习大纲、课程简介)中的教学大纲和考试大纲都对课程的考核进行了明确的要求。我们目前的考核,平时成绩占到了课程总成绩的30%,期末试卷占到了课程总成绩的70%。考试大纲主要是列明考核要点,更注重于期末试卷的题型、考点等内容,涉及平时成绩的内容较少。在实际操作中,教师也更加注重通过期末试卷出题考核,对于平时成绩的考核还缺乏较为明确的考核指标和要求,教师的主观随意性比较大。单一的期末试卷考核一方面对于实践类、职业能力类课程的考核维度不够,无法充分反映出学生的综合能力与课程学习效果;另一方面对于基础知识和素养类的课程考核也过于重视结果而忽略了教师的教学过程和学生的学习过程,难以促进教师对教学内容的更新、对教学方法的改革,不利于学生良好的学习方法和学习习惯的养成。

三、湖南师范大学法学专业本科人才培养方案修订的基本原则

在长期的实践中,我们认为培养方案的修订不应当是为修订而修订,应当带着问题意识,从学生培养这一根本点出发,修订培养方案中存在的问题,结合现实的需求来进行修订,因此,我们主要遵循以下几个基本原则。

(一)社会需求性原则

培养方案最终是通过人才的培养效果得以体现,而人才培养效果要通过是否符合社会需求,是否胜任工作岗位要求得以体现。因此,社会需求、用人单位需求是我们修订培养方案的重要导向。一方面,我们将国家出台的相关文件进行研究与探讨,通过教育部对法学本科专业的定位来把握法学专业本科人才的定位。另一方面,我们邀请用人单位进行座谈[1],了解用人单位需要我们培养出来的人才应当具

〔1〕 我校法学院2016年4月召开了“司法改革与法治人才培养机制创新研讨会”,邀请了长沙市中级人民法院的领导、法官参与研讨法学专业本科人才培养的机制与要求。

备哪些必要的知识结构、职业技能、道德修养。同时,采取向用人单位发放调查问卷的形式,收集用人单位对于我校培养的法学专业本科毕业生的评价和意见,结合工作实际对于学生培养的要求和建议。我们将这些信息进行整合,并应用于培养方案的修订。

(二) 参与性原则

培养方案的实施主体是教师、实施对象是学生,在实施的过程中产生了哪些问题,实施主体与对象培养方案有哪些建议和意见,这都对培养方案的修订具有十分重要的作用。因此,我们在修订培养方案中,让教师和学生充分地参与进来[1],收集培养方案实施过程中在课程结构、课程门类、开课学期、学时安排以及考核方式等各个方面产生的问题,对培养方案修订的相关建议和意见,使培养方案的修订更具有可操作性。我们还邀请同行业的专家、实务部门的领导参与到我们人才培养方案的修订中来,融合各方有益的建议使之更具备科学性。

(三) 特色定位原则

培养方案根植于学院教学的土壤,全国 600 多所开设了法学专业的院校如果用一套培养方案,这是不现实的也是不符合实事求是原则的。我们学院有自己的学科优势、教师队伍,我们学校的办学条件、办学规模也有自身的特点,我们所处的地域环境、接收的生源质量、用人单位的人才需求也有差异。因此,我们在修订人才培养方案时,一方面广泛调研,了解其他兄弟院校的做法[2];另一方面要立足于我们的实际,结合自身的优势和特色对人才培养方案进行定位。

---

〔1〕 面向教师我们组织系主任和教研室主任听取和收集各系所任课教师对于现有培养方案的意见和建议,对于制定 2016 年培养方案的要求和建议,汇总各个系所对课程开设的方案,在此基础上,召开了全院任课教师会议,对 2016 年培养方案进行解读和建议收集。面向学生我们采取班级、个人征求意见,召开年级座谈会等形式,对全院四个年级的学生进行了调研。分别选取了 2013 级和 2014 级每个班的学习委员、成绩在班上前 5%的同学 1 名、成绩在班上处于 50%左右的同学 2 名、成绩在班上处于后 10%的同学 1 名,召开年级座谈会,听取和收集学生对于现有培养方案的建议和意见。

〔2〕 我们通过实地调研、文字调研等方式,先后对暨南大学、华南理工大学、华东政法大学、湘潭大学等院校的法学专业本科人才培养方案进行了了解和比较。

四、湖南师范大学法学专业本科人才培养方案的修订与完善

通过对现行培养方案相关问题的收集与整理，采纳各方意见和建议，遵循人才培养方案修订的基本原则，我们在 2013 年法学专业本科人才培养方案的基础上，修订完成了我校 2016 年法学专业本科人才培养方案，具体做法如下。

(一) 明确培养目标

为实现培养方案与社会需求接轨，与用人单位需求接轨，更好地指明法学专业本科人才培养的方向与要求，我们进一步明确了人才培养目标。[1] 首先，我们明确了学生应当具备的基本素质和能力要求，包括深厚的法学专业知识功底、较高的外语水平、创新能力和实践能力。其次，我们进一步明确了学生适宜在哪些单位工作，并进行了列举，这有利于学生对自己的职业进行准确的定位，有意识地树立职业理想。最后我们明确了学生应当是应用型、复合型的专门人才，复合型强调的是法学专业本科生的多元知识体系，学生除了具备法学专业知识之外，还应当具备与专业密切相关的知识；应用型强调的是学生的实践能力、职业能力，学生在具备复合型知识体系的基础上，具有一定的职业眼光、职业操守、职业判断能力，即法律职业共同体所必备的执业能力与职业思维。这就与社会需求和用人单位的需求紧密结合起来，也为后面的课程设置确立了方向。为更好地阐明培养目标，我们列举了十项学生应当具备的知识、能力和素养要求，并通过矩阵图的形式将每一门课程涉及相关的知识、能力和素养要求进行了关联。

---

〔1〕 本专业培养德、智、体等方面全面发展，掌握马克思主义基本理论，熟悉我国法律和党的相关政策，具有深厚的法学专业知识功底，达到较高的外语水平，具有创新精神和较强的创新能力、实践能力，能在国家机关、企事业单位和社会团体，特别是能在立法机关、审判机关、检察机关、司法行政机关、仲裁机构、法律服务机构和涉外活动从事法律工作的应用型、复合型专门人才，同时兼顾培养能够在各高等、中等学校从事法学教学的教师。

(二) 优化课程结构

为实现人才培养的目标,优化学生的知识结构,提高学生选课自由度。我们设置了 4 大版块,即公共必修课程、公共选修课程、专业必修课程、专业选修课程。其中专业必修课程分为学科基础课程、专业核心课程、专业实践课程等 3 个模块,专业选修课程分为专业素养课程、国际视野课程、职业能力课程等 3 个模块。专业素养课程模块主要是提高学生的专业知识素养,是专业必修课程的扩张与延伸。国际视野课程模块依托于学院国际法学的学科优势,其目的是提升学生的国际视野,了解国际上法学的前沿与动态。职业能力课程模块是充分调研了用人单位和考虑了学生自身需求,根据实务工作特点设置的。课程版块和模块的设置,紧密围绕人才培养目标的设定和我校的学科优势和特色,清晰地反映出学生学习的方式和对于其哪方面能力的培养,使学生能根据自己的需要合理安排学习。专业必修课学分要求为 76,专业选修课学分要求为 37,两者的比例接近 2∶1,这也在一定程度上提升了学生的选课自由度。专业选修课程版块下的专业素养课程、国际视野课程、职业能力课程这三个模块的学分要求分别是 18、7、12,其学分数设置的比例是根据学生素养、能力培养的客观需求来确定的。这三个模块的课程总数为 58 门,为学生创造了选课的巨大空间,也在开课教师中间形成了竞争机制,有利于促进课程质量的提高。

(三) 均衡课程门类

为提升学生实践能力的培养,增加了实践课时类课程,开设了 5 门以实践课时为主体的课程。[1] 为提升学生的职业能力,我们在培养方案中专门设置了职业能力模块,学院成立了法律实务技能中心,开设了 7 门职业技能课程[2],该模块的课程总数达到 21 门。专业选修课程版块下的素养课模块课程数量为 27 门,国际视野课程模块的

---

〔1〕 这 5 门课是:商事谈判和调解、模拟国际商事仲裁庭、法律诊所课程、模拟法庭、法律情景实验课堂。

〔2〕 这 7 门课是:商事谈判和调解、合同起草和审核、法律适用方法(民商事案例分析)、大数据与法律检索、民事诉讼实务、法律职业规范和礼仪、模拟国际商事仲裁庭。

课程总数为10门,依据设置的选修学分比例,能有效提高实践类课程和职业能力类课程的选择率,同时兼顾其他素养和能力的培养,切实结合培养目标要求,全面提升学生的综合素质。

(四)合理规划开课进程与学时安排

开课进程方面,我们从全局出发,协调各个教研室内部和教研室之间开设课程的时间安排,专业必修课的遵循先基础后核心、先实体法后程序法、先国内法后国际法、专业课与公共课相协调的原则,重新梳理了课程的开课学期。专业必修课和专业选修课的开课学期根据教学内容遵循先一般后特殊的原则,结合人才培养的客观规律和培养进度进行调整。根据国家对于司法考试制度的改革,将专业课的开课学期进行了合理安排,减少了前两年的课程数量,将专业实习放到三年级的暑假,减轻了学生的学业负担。学时设置方面,重点考虑了任课教师和学生的建议和意见,重视牢固学生专业知识基础,增加了部分专业必修课的学时,压缩了部分专业选修课的学时。

(五)改革课程考核

我们提出对学生考核由静态考核转变为动态考核,由阶段考核转变为全过程考核,由知识考核转变为知识与能力相结合考核,改革考核内容、考核方式和考核标准。基于此,为进一步促进教师对教学内容的更新、对教学方法的改革,促进学生养成良好的学习方法和学习习惯,我们将平时成绩占比由原来的30%提高到40%。平时成绩占比的提高一方面是表明更加注重学生的学习过程表现,可以更好地反映教师的教学效果和学生的学习效果,另一方面也对考核的标准和内容提出了更高的要求。对于培养方案设置的课程,特别是职业能力类课程,我们要求教师根据授课内容,在与人才培养方案相配套的考试大纲中进一步细化平时成绩考核体系与指标,完善考核方式,多维度综合考察学生的学习效果与综合素质。[1]

---

〔1〕 比如法律文书制作能力训练课程,任课教师将学生分为若干个小组,每个小组都以真实案例为基础制作法律文书,通过模拟案情将相关的如起诉状、答辩状、判决书等法律文书展示出来,通过其他小组评判打分、任课教师打分、自我评价等多种方式确定成绩。

法学专业本科人才培养方案的修订其目的是为了更好地服务于人才的培养,提高人才培养的质量,促进学科专业的发展。该培养方案经同行专家和实务部门专家审核后给予了高度的评价,但是,培养方案最终还是要接受实践的检验,要通过培养出来的专业人才予以验证,随着社会经济的不断发展,也会有新的情况出现,这也要求我们在发展中不断地修正与完善。

参考文献

[1] 蒋后强、章晓明:《应用型、复合型卓越法律人才教育培养的理论与实践——以西南政法大学为例》,载《西南政法大学学报》2015 年第 1 期。

[2] 王晨光:《卓越法律人才培养计划的实施 ——法学教育目标设定、课程设计与教学安排刍议》,载《中国大学教学》2013 年第 3 期。

知识产权专业人才实训培养的几点思考

李 鲲*

2016年7月18日，国务院办公厅印发《国务院关于新形势下加快知识产权强国建设的若干意见》重点任务分工方案的通知。通知的下发无疑对于我国知识产权工作的开展指明了方向，注入了活力剂，也给我们高校知识产权专业的人才培养提出了更高的要求。

知识产权专业本身是具有极强实践性的专业，社会和公众对于知识产权专业人才的需求也多以解决实际问题为主要需求，在理论知识传授和夯实的基础上，实训培养的加强和完善非常重要，高校的知识产权专业人才培养应当切实关注这一点。在此基础上，本文认为，为了适应今后不断发展的知识产权形势发展和人才需求，高校知识产权专业人才实训培养应该从以下几个方面予以着手：

第一，高校应当拟定适宜可行的知识产权专业人才实训培养方案。作为知识产权专业人才培养的基础，专业人才培养方案的完善与否可以说直接关系着人才培养的成败，而专业人才培养方案当中的实训培养部分(或者单独的人才实训培养方案)又有着特别的地位。在高校院系拟定知识产权专业人才培养方案的初始，在考察和借鉴兄弟院校的知识产权专业人才培养方案的基础上，应当有目的地走出“象牙塔”，接触、了解和思考当地企事业单位的知识产权工作实际需要以及知识产权人才市场的供给需求发展趋势，并有针对性地在人才培养

* 李鲲(1980—)，男，讲师，硕士，现为衡阳师范学院法学院知识产权教研室主任。

方案当中反映出来。而在实训培养部分,作为反映这种思考最为直接的部分应当引起关注和重视。

第二,高校应当配备具有较强实训培养能力的专业师资。学校学习阶段的知识产权专业人才的实训培养,离不开具有较强实操能力的专业师资力量。知识产权专业因其较高要求和较为复杂的专业实践性,其专业人才的培养结果被企事业单位、专业机构、社会组织和广大权利人所直接检验,被他们"用脚投票"。高校院系要想在这场专业人才的"华山论剑"当中脱颖而出,为学子们找到好师傅至关重要。这样的好师傅应当具有较为扎实的知识产权专业基础知识、较为丰富的知识产权专业实操经历以及较为熟练的知识产权专业人才培养能力。高校除了在岗教师进行自我转型和深造提升之外,还应当开拓人才引进视野,考虑那些能够对于专业人才实训培养有所助益的师资。

第三,高校应当加强与社会相关单位的实训合作交流。就笔者参与的知识产权专业见习活动所见,知识产权业务量非常大且呈进一步上升趋势,社会相关单位对于知识产权专业人才的需求度是非常大的。当然,也要看到,知识产权业务的专业人才需求量与专业人才供给量之间的矛盾是客观存在的。如何看待这种现实,如何思考这一现实,如何利用这一现实,如何在这一现实中真正提高和充实自身办学水平,是每一所开办知识产权专业的高校相关院系都应当思考的问题。高校只有着力加强同社会相关单位的交流合作,才能促进知识产权专业建设的更高水平发展;高校只有大力探索知识产权专业人才实训培养的新模式、新办法、新路径,才能在专业人才培养的征程中取得更大的成果。

第四,高校应制定合理有效的人才实训培养机制。知识产权专业实训是知识产权专业人才培养的重要一环,是专业人才进入社会适应相关单位开展知识产权战略的重要一环,理应配备相应的人才培养机制。而我们目前的专业人才实训培养,基本上采取的都是学校模拟、见习实习等方式,验收上也只是学校指导老师评分与见习实习单位指导人员评分相结合的形式。这样的专业人才实训培养机制是否能够体现高校专业人才培养水平,是否能够适应现实需要,是否能够真正有利于学生的个人发展,值得思考。笔者认为,既然知识产权专业需要极强的实践性,那么能否在人才培养过程中考虑引入相关单位的实际人才需求因素,并采取校企联动合作、企业直接参与实训培养等方式探索新的人才实训培养机制,打通知识产权专业人才培养的“最后一关”,值得思考。

第五,高校人才实训培养资源共享机制的搭建。就全国来看,本科阶段开设知识产权专业的高校只有20家左右,湖南省则只有3家,虽然作为朝阳专业前途光明,但是专业人才培养的现实压力非常大,社会和市场的检验和挑剔是人才培养的“达摩克利斯之剑”;同时,高校知识产权专业人才培养的资源积累地区化差异客观存在。在面对专业人才实训培养的共同压力时,高校可以有意识地、分阶段地、有步骤地建立资源共享机制。在其他方面的资源共享可能仍有困难的情况下,可以由易入难,从专业人才实训培养的方案制定、师资交流、培养验收以及社会检验等方面先予以试验,进而探索更深层次的资源共享机制。

法硕刑法案例教学的困境与出路

——立足于创新型法律人才的培养*

张永江**

摘　要：传统的讲授式教学方法难以满足创新型法硕人才培养的需要。案例教学因其注重实践性与创新性的特点在法硕教育中得到一定的运用，但也存在一些不容小觑的问题，亟待完善。以刑法为例，当前法硕刑法案例教学面临着教学理念陈旧和定位有误、教师素质难以全面符合案例教学要求、案例选择缺乏真实性与科学性等困境，制约其发展。细究原因，从本质上看其受制于传统以理论教学为主的刑法教育大环境；从现实层面分析可知，刑法案例教学中的教师欠缺主观积极性与客观实务经验；而目前尚未有科学的案例筛选机制成为了技术层面的阻碍。相应地，解决的出路可从根本上改变传统教学理念，准确定位刑法案例教学、现实层面建立案例教学激励机制，推行"双导师"制度、技术上规范选择刑法案例三方面着手，以期完善法硕刑法案例教学，进而打造法硕案例教学模式，助力法硕教育与创新型法律硕士人才培养。

关键词：刑法案例教学　法硕教育　创新型法律人才

---

* 本文系湘潭大学学位与研究生教育教学改革研究项目"法硕刑事案例教学改革研究与实践"成果（项目编号：0443 | 4302010）。

** 张永江，男，法学博士，湘潭大学法学院副教授。

当代法律人才培养要求创新,主要体现于问题意识与实践能力,反映在培养方式上就是要谋求思维创新与能力创新。对于更注重法律实践的法律硕士而言,这样的转变显得尤为必要,也因此对传统法律硕士教学模式提出了更为严格的要求:不能再“老师教一步,学生做一步”,而要“老师边引导,学生边思考”;不能再“以教材为中心”,而要“以实践为中心”。而近年来兴起的案例教学正是以案例为教学平台,通过案例将所描述的法律事件情景带入课堂,让学生自身通过对法律事件的阅读与分析,在群体讨论中甚至作为某个角色进入特定的法律情景,建立真实感受,追寻解决实际问题的最佳方案,通过启迪受教育者的思维,培养其推理和解决问题的能力,使学生通过归纳或演绎的方法实现和掌握蕴含于案例中的法学理论。[1] 因此,在全面培养创新型法律人才的目标下,建立健全案例教学模式对于培养高素质创新型法律硕士而言是必要且迫切的。

然而,受制于传统的培养理念,当前案例教学方法虽已运用在法硕教育过程中,但多停留于纸上谈兵,泛泛于知识的掌握,而疏于对能力的培养,以至于不能发挥其应有之功效。有鉴于此,本文拟在法律硕士教育层面,以法硕刑法案例教学为例,针对当前的刑法案例教学进行反思与研究,探求改进方法,以期完善法硕刑法案例教学,进而打造法硕案例教学模式,助力法硕教育与创新型法律硕士人才培养。

一、当前法硕刑法案例教学面临的困境

在国内的法硕教育领域,案例教学方法已被越来越多的人所关注并接受,尤其在法硕刑法教学中广受青睐。但客观而言,当前法硕刑法案例教学整体上仍然处于引进理论、实验探索的阶段,随着应用经验的不断累积,也暴露出一些不容小觑的问题,亟待解决。

(一)刑法案例教学理念陈旧,定位有误

受传统教学理念的影响,目前的刑事案例教学仍可谓传统讲授式

---

〔1〕 苏彩霞:《案例教学法在刑法教学中的运用》,载《湖北成人教育学院学报》2006年第3期。

教学的延续,虽存在一定形式上的创新,但未真正发挥功用,不尽如人意。这主要体现在以下两个方面:

一是重理论轻实践的顽疾未除。前已述及,案例教学重在培养学生的综合实务能力。但目前有些刑法教师未真正理解案例教学的理念,流于形式,虽然在课堂上引用了不少案例,但依然是传统的一言堂模式——老师说,学生听,缺乏情境代入,缺乏自主思考,缺乏问题意识,缺乏师生互动。这样的讲授模式根本不是案例教学,而是"四不像"。不仅谈不上有助于学生创造性思维,更有可能因为某些教师只是把案例处理结果呈现给学生,不引导、不总结,不点评,反而容易导致学生认知出现偏颇,面对刑案时出现结果定型化,不利于理论功底的夯实和实际处理问题的培养。更有甚者,把刑法案例教学当作讲故事,让学生听听过瘾,完全与案例教学的应有意义背离。这些问题使得现在一些地方的"案例教学"名不副实,效果大打折扣,长此以往,危及刑法教学之根本。[1]二是将例证教学法误等于案例教学法。所谓例证教学法是从理论联系实际的角度出发,在讲解理论时为了便于学生理解举一些典型的例子来说明该理论。如刑法教学中在讲解"因果关系中断"时,经常会举这样的例子:甲乙有仇,甲在乙水中投毒,剂量足以毒死乙十次,但是乙在喝完被投毒之水后,却遭到另一仇敌丙枪击,毙命。问此时甲是否要担罪责,如何定罪?这个例子可以更为直观地帮助学生理解甲的投毒行为因丙的枪击行为导致与乙之死亡因果关系中断,以便学生迅速掌握该知识点。但与案例教学法相比,例证教学法中的案例情节并不值得现实推敲,仅处于次要地位,只是用来说明问题,因此在讲授方式上由教师单方教学,灌输知识即可,并不需要学生对案情进行分析或者结果进行推理,而正因为此,例证教学法缺乏师生双向沟通。老师不断地举例,学生仅凭听例子的过程便可理解理论知识,师生之间并没有形成互动,这与传统机械式教学模式没有根本差别,与本文所提倡的案例教学法大相径庭。

---

〔1〕 范卫红:《国外案例教学法与中国法学教育》,载《重庆大学学报(社会科学版)》2006年第2期。

(二) 教师的素质难以全面符合案例教学要求

“对于教师来说,不会用案例教学将被现代教育所淘汰。国内法学院系有很多老师缺乏丰富的法律实务经验,不能恰当地引导学生对法律实务过程进行实践上的审视和洞察,更不能在此基础上进行创新。”[1]客观而论,法律硕士案例教学,尤其是刑法案例教学,是一种实践性的教学方法,对传统以学术见长的教师素质提出了很高的要求。而相当一部分高校刑法教师实务经验匮乏,很多教师可能从未代理过刑事案件,甚至对实务中的刑案辩护毫无了解,自己尚且不能全面而准确地分析案例,又谈何引导学生对法律实务过程进行实践上的审视和洞察。而就主观来说,现阶段的刑法案例教学毕竟只是法硕教育提倡的教学方法,不具备行政强制性,全凭教师自愿选择,自愿奉献。基于这种形势,部分教师不愿意全心投入,怀着走过场的心态也就不足为怪。

(三) 刑法案例选择缺乏真实性与科学性

现行法学案例教学中所使用的案例大都是从教科书上来的,而这些案例都经过了加工,是基于考察所学某一知识点掌握程度的。甚至有一部分是凭空想象的,没有任何实际依据,是“坐在椅子上空想的案例”。而真正的案例却是实实在在的现实情况的记录。案例案情的先验化、事实的定型化、法律适用的简单化、答案的标准化很难展现案例教学法的魅力。[2]

事实上,这样的案例不符合案例教学法的真实要求,也很难说是科学的。如过去,讲授者对教学案例的组织和处理总是围绕刑法知识进行,虽然一部分案例在一定程度上能帮助学生理解知识点,但明显编写的虚假案例无法引发学生的学习和主动参与兴趣,也会有脱离现实的危险,毕竟真实的刑法案例并不会按规律有序地套用刑法知识

---

〔1〕 范卫红:《国外案例教学法与中国法学教育》,载《重庆大学学报(社会科学版)》2006年第2期。

〔2〕 韩苏佳:《“授之以鱼”还是“授之以渔”? ——法学案例教学之困境》,载《黑河学刊》2015年第3期。

点。如今,传统的刑法教学思维方式仍然影响着很大一部分教师。尽管不少高校逐渐开始重视案例教学的应用,但在案例的搜集、整理与分析等方面相当滞后,缺乏科学筛选机制,有些甚至直接采用杂志甚至传记文学的内容,完全偏离了刑法教育的视角。此外,案例陈旧也是主要弊病之一。有些案例仅涉及传统犯罪,与互联网新型犯罪脱节,与跨国犯罪等严重脱轨,对开拓学生视野没有实质性帮助。可以说,现在刑法课堂上所使用的刑法案例大都不是真实案件,即便是真实案件也是随意选择,缺乏科学筛选机制,导致代表性缺乏,直接影响了案例教学的质量。

二、法硕刑法案例教学面临困境的原因

比发现上述问题更重要的是分析它们产生的原因,唯有如此,才能有的放矢,真正解决问题。有鉴于此,笔者结合自身教学实践经验认为,可从当前刑法教育的总体环境、刑法教学的师资力量以及刑法教学中所使用的案例三个层面入手,寻找上述法硕刑法案例教学所面临困境之根由。

(一)本质原因:受制于传统以理论教学为主的刑法教育大环境

刑法是一门理论性极强的学科。诚然,刑罚是规定犯罪及其刑事责任的法律规范的总称,解决的问题无非两个:“定罪”与“量刑”。何种行为在怎样的条件下可入刑,定何罪,其刑罚如何,在刑法中都有相应的法律规范予以明确。法律规定的详尽并不意味着刑法的理论性偏弱,恰恰相反,正是因为刑法总则对罪刑关系的高度概括以及刑法分则各罪对罪刑关系的具体体现,反倒使得对罪刑关系的认识角度多种多样,由此衍生出诸多解释与各大流派,形成了“罪刑法定”、“罪责刑相适应”等包罗万千的刑法原则,出现了“犯罪”、“刑事责任”、“共犯”等内涵丰富的刑法术语。因此,刑法虽是一门实践性极强的学科,但其理论性同样不弱。

但正是因为刑法的理论性太强,所以在刑事教学上往往强调以理论为主,从理论到理论,或是从理论到实践,与形式案例教学所要求的

从实践到理论大相径庭。笔者认为,形式案例教学之所以定位不明,就是因为形式虽然创新了,但理念仍停留在过去的传统教学理念。因此,以理论教学为主的刑事教育大环境才是发生上述问题的本质原因。因为如果我们不从根本上扭转传统理念,就会心生疑惑:案例教学真的可以借鉴吗,应在何种程度上借鉴,这样的经验主义教学方式是否契合刑法所蕴含的理性精神?

(二)现实原因:刑法案例教学中的教师欠缺主观能动性与客观实务经验

师资力量往往决定案例教学的质量。尤其在复杂而严谨的刑法案例教学中,教师的理论水平与实务经验关乎案例教学的成功与否。更重要的一点是,案例教学要求教师在具体案例分析中时时参与,事事洞察,根据学生的不同回答给予不同提示与点评,更要及时更新案例,因此不可能再像过去那样一本教案用十年,这就对教师提出了更高的要求,不仅是在客观能力方面,而且体现在主观态度上。

鉴于此,当前刑法案例教学中的教师素质之所以难以达标,一方面是因为缺乏相应激励机制导致主观积极性不高,没有付出心血;另一方面是因为传统教学模式下教师的实务经验基本为零,致使如今在岗刑法教师大多缺乏足够的实务经验。就前者而言,案例教学目前只是一种受提倡的教学方式,尚未纳入国家教育规划,因此教师在案例教学中的付出并非义务使然,而是出于自愿。不可否认,这样主动追求教学质量,无私奉献的教师更能发挥案例教学的真正效用,但缺乏激励机制,意味着教师的主观积极性得不到长期的保障。这是因为我国教育惯常将经济报酬与教学成果挂钩,而案例教学出成果慢,因此在相当长的时间里,用案例教学法的教师在待遇上不如使用传统教学法的教师,当前者生活水平因此受到影响,其对案例教学法产生怀疑也就不足为怪。至于后一方面,学界早已达成共识。客观而言,短期内要想全面提高现任教师的实务能力几无可能,但仍有变通之道,那就是引进法律实践一线精英社会兼职成为实务导师以弥补上述实务经验的空缺。

(三) 技术原因:没有科学的案例筛选机制

当前用以教学的刑法案例之所以不真实,或虽真实却不具代表性,乃是因为缺乏科学的案例筛选机制。我国案例的数量不可不谓之繁多,但质量却参差不齐,因而拿来就用是万万不行的。但如何选取,未见统一标准。究其原因,是案例本身未得到应有之重视,因而没有对其进行专业性筛选的内在需求。不同于英美法系国家,我国不存在判例法,只有指导性案例。但所谓指导性案例往往只是单纯地用来表明上级法院的裁判意见或是说明某一个法律问题的处理办法,并不具有法源地位。因此,案例在我国受到轻慢也就不足为奇,案例筛选机制的欠缺也成为如此背景下的某种必然。

事实上,案例的选取远不如人们想象的那么简单。由于案例教学法的模式可以是多样的,如情景式、辩论式等,因此在相应案例的选取上也没有固定的单一标准,此其一。其二,案例既可以是法院判决,也可以是边缘学科有关的案例,来源的多样性同样为甄别优秀案例带来了考验。其三,在没有客观筛选机制的前提下,哪些案例符合要求完全由使用者自己决定,具有主观不确定性。无形中加大了案例筛选的难度。再加上,我国案例教学尚且处于起步阶段,案例的选取是关乎案例教学成功与否的第一道关卡,其重要意义不言而喻。因此,建立科学的案例筛选机制,制定量化评估指标,帮助刑法教师准确识别刑事案例,无疑是当务之急。

三、解决法硕刑法案例教学困境的出路

毋庸置疑,改革法学教育的最终目的就是培养创新型法律人才。在此目标下,完善案例教学体系,构建科学、合理且行之有效的法硕刑法案例教学模式可谓势在必行。因此,笔者根据前述三点原因,针对当前法硕刑法案例教学在教学观念、教师素质以及案例筛选三个方面的不足提出因应之策。

(一) 根本上改变传统教学理念,准确定位刑法案例教学

由前述可知,刑法是理论性极强的法律,但同时也应看到刑法的

开放性,是有生命的、现实的法律,因而具有很强的实践性和应用性。须知,以刑法为研究对象的刑法学不能不关注现行刑事立法和司法,应用性和实践性本来就应当成为刑法学的生命和灵魂,是刑法学得以发展和繁荣的源泉,离开应用性和实践性,刑法学的发展也就失去了生命力,这是刑法学的学科属性使然。既是如此,突破传统的以理论为主的教学理念,采取案例教学方式,树立实践的教学理念是法硕刑法教学的本质趋势,也是培育学生创造力的根本途径。那么,在此要求下,教师便不应成为理论的纯灌输者,而应让学生自主思考,以求在实践中提升自己。有学者形象地将教师称为案例教学的指引者和总导演,而学生则是案例教学的主体和主演。如果角色定位错误,案例教学的质量也就可想而知。一味地"教",或是一味地"学",都是不正确的。真正的案例教学,教师和学生都要进行充分的准备。边"教"边"学"案例的选择、展示、分析,都应交由学生完成。尤其值得注意的是,刑法案例讨论并不在于标准的答案,而主要在于思考的方式。教师要根据案例进行一些辅助性提问,帮助学生找到解决问题的办法,妥善处理教学过程中的偶发事件。在引导时,点拨要适度,不应附带倾向性的提示,以防限制思维,阻碍学生思维的发散和创新。

在转变刑法教学传统理念后,构建科学的刑法教学模式也是不容忽视的问题。将案例教学作为主要的教学方法,与讲授法相结合,才能真正凸显案例教学的参考价值。笔者从不否认,传统讲授法作为基本教学手段仍是必不可少的。案例教学不具备知识的系统性、连贯性和明确性,要想充分发挥案例教学的功效,了解并掌握一定的刑法理论知识是前提。但我们大可以刑法案例教学作为主要的教学方法,因为案例教学可以将知识的传授、能力的培养和素质的提高融合在一起。我们应当树立这样的意识:根据教学目标和教学内容的需要,发挥多种教法的优势互补作用,在以案例教学为主的前提下,实现教学方法的优化组合,如情景式案例教学、辩论式案例教学、观摩式案例教学等。

(二)现实层面建立案例教学激励机制,推行"双导师"制度

建立鼓励案例教学的激励机制,是突破师资困境的有效出路。客

观而言,相比传统“填鸭式”教育,案例教学见效较慢,这对于教师来说,意味着付出很多,短期内却鲜见回报。是故,我们需要相应激励机制来填补这一心理落差以及利益空缺,否则愿意尝试案例教学的人会变得少之又少,这也是我国法学教学中采用案例教学比例偏少的深层原因。

只有真正解决了这一现实问题,案例教学才能焕发活力。但需注意的是,激励机制,并不单单意味着增加报酬或是提高薪水,更重要的是对案例教学初期予以物质扶持,在初见成效后予以经济奖励,在成果确定后帮助推广。只有这样,教师的积极性才有所保障,案例教学才能够真正发挥其应有的作用。我们不能轻慢成果推广这个关键环节,否则前期的投入得不到最大限度的转化,激励机制的深层意义也就无从实现。具体来说,推广的方式可以是有经验的教师向缺乏经验的教师传授经验,也可以是通过优秀教师公开课的方式向更多教师提供学习机会。当然,通过组织综合性的案例课程,由来自不同专业的教师在一门课程中分别主持不同案例的学习,提供借鉴不同教学风格的机会,对已经具有相当案例教学经验的教师提高教学水平也非常有益。

除此之外,推行“双导师”制度,从法院、检察院、公安部门、律所等实践部门选拔实务导师,实行联合培养,也不失为一个行之有效的办法。法硕人才,其创新思维与意识可以在法学课堂之内培养,但其创新能力的培养却须延展于课堂内外,因此既需要在法学课堂内开展创新能力培养,更需要将视线投入于实务部门之中,通过实践增强其创新能力。为此,有必要加强学校与实务部门之间教学与实习,“双导师”制度无疑是共赢途径。实务导师得以借此机会接触理论前沿问题,法硕学生得以接触大量一线实践案件,获得书本中所没有的实务经验,提高自己的应用技能。更重要的是,作为社会兼职的实务导师不存在生存压力,而进入大学任职能提高其社会地位,因此对实务导师的选拔任用能够快速有效的解决当前案例教学教师不足的师资问题。

(三)技术上规范选择刑法案例

刑法案例教学的有效开展离不开案例的选择。在现实社会中,案例不知繁几,但并不是每个案例都能用之于案例教学,即便适宜,也会因教学对象不同、教学目的不同而有所区分。因此,在选择刑法案例时,要规范技术,必须把握现实性、典型性、适度性的原则。

具体而言,在选择刑法案例时应注意以下几个方面:首先,案例材料应以实际案例为主。在我国,实践中有些判例或实例是知名的法官和法学家精雕细刻出来的成果,其中某些经过长期理论或实践的检验已被公认为“指导性案例”,而这样的案例无疑具有重要的参考价值,尤值重视。其次,案例的收集应注重择取典型性案例。一个或几个案例不可能说明整个学科的问题,但一个或一组典型性案例却能够帮助学生以小见大,由点及面。典型案例的收集不易,主要途径包括实践收集、查阅资料收集、新闻、广播、电视等媒体收集等。更多情况下,并没有现成的典型案例以供收集,这就需要我们自己甄别择取。要针对不同问题,在不同教学环节中使用恰当的案例,如讲到怎样区分盗窃和侵占时,可以选择典型的“梁丽深圳机场拾金案”;讲到虐童行为的刑法规制时,可选择“南京虐童案”为典型案例等。因此选择刑法案例时要以教学目的为标准,要注意以讲授的知识为中心,要兼顾新颖性和综合性。最后,不同教学阶段应使用适当难度的案例。对于初学者而言,难度太大的案例会阻碍其学习积极性,适得其反;而对于具有一定基础的学生来说,难度不够的案例缺乏挑战,不利于其能力的提高。因此,在案例的使用上,教师应注重难度的梯度排布,并根据学生的实际情况有针对性地选择案例教学。[1]

当然,仅仅依靠教师个人选取案例,其难免负担过重,影响案例的质量。对此,有能力的高校不妨组织本校的一些优秀教师或邀请校外专家进行案例汇编工作,优秀的案例教材可以一直沿用,并定期增补。此外,各高校还可以购买案例数据库,如国内的“北大法宝”、“月旦法学”,国外的“Westlaw”、“Heinonline”,这些数据库中都有丰富的刑法案例资源,是刑法案例教学的宝贵素材。[2]

---

〔1〕 范卫红:《国外案例教学法与中国法学教育》,载《重庆大学学报(社会科学版)》2006年第2期。

〔2〕 韩苏佳:《“授之以鱼”还是“授之以渔”?——法学案例教学之困境》,载《黑河学刊》2015年第3期。

结语

法治建设离不开优秀法律人才的培养,而优秀法律人才的培养依靠法学教育。尤其是在刑法法律硕士的培养中,由于刑法学是一门基础性、实践性和理论性紧密相连的主干课程,因此刑法学教育也被要求理论与实践的高度统一。当代刑法学教育要得到社会的认可,就要培养出社会需要的刑事法律人才。当然,案例教学法并不是唯一的培养方法,但经过实践的证明,它的确是一种行之有效的教学方法。诚然,在案例教学的过程中会不可避免地出现这样或者那样的问题,但我们应当正视当前阶段出现的问题,采取具有可行性的措施。只有不断地学习先进的理论与知识并将之加以运用,将案例教学法与其他的传统教学方法相结合,根据具体情况来合理运用,通过教学来不断提高学生的综合能力,提高教学质量、提高学生的综合素质能力,最终实现创新法律人才的培养。

复合型法律人才培养探讨

——以《知识产权法》课程改革为例

田　华*

摘　要:复合型法律人才,应该是指除精通专业法律知识外,往往还具有其他专业背景,有广博文化修养和综合能力,满足更多行业需求的人才。在依法治国方略的背景下,法学本科毕业生除能够在检察机关、审判机关、行政机关工作外,还应该具备在企业事业单位和社会团体、仲裁机构以及法律服务机构从事与法律相关服务工作的能力。改革的具体途径分为,将课堂教学设计为知识板块与案例分析板块;以能力培养为目标的情景模拟构建方式的实践教学改革。

法学本科教育的目标即通过本科教育针对培养对象所要达到的根本目的及实现的全部效果,是我们开展课程建设,教学方法改革等一系列教学活动的方向。对于这一核心问题,长期以来理论界存在有精英教育、通识教育、职业教育的讨论。精英教育其目标定位于培养具有高度卓越的法律实践能力、综合素质与人文精神的职业群体;以通识教育强调教育的普遍性,法学教育并不只培养法律职业人才;而职业教育则强调的是法学教育是一种职业教育,应该具有专业性和应

---

* 田华,湖南文理学院法学院讲师,法学硕士。

用性。〔1〕现阶段学者普遍认为,不同类型的学校应当在培养目标上有所侧重,一般本科院校应走职业教育与素质教育相结合的道路,主要培养全面发展的复合型法律人才。〔2〕

一、复合型法律人才内涵解读

(一) 复合型法律人才的定义

所谓"复合"从字面意义上理解,就是不同的两者或两者以上的合成。复合型法律人才,应该是指除精通专业法律知识外,往往还具有其他专业背景,有广博文化修养和综合能力,满足更多行业需求的人才。法学专业毕业生的就业方向除了传统的法检系统外,公司法务人员也是目前法学专业毕业生就业人数最集中的一部分,在各大国企、银行、外企、一些大型的私企、公司内部都会设有法务部门,专门处理企业所涉及的法律事务,法科毕业生主要服务于企业的法律事务部、法律咨询部以及知识产权部等。此外亦有部分法科毕业生从事企业中的文秘、人力资源管理、市场营销等岗位,这些工作岗位要求高校提供既有经济管理基本知识,又具有法律专业知识的"复合型知识结构"的法律人才。

(二) 复合型法律人才的特征

1. 复合型人才的知识特征

(1) 厚基础,宽领域。复合型人才要基本通晓两个(或两个以上)专业或学科的基础理论知识和基本技能,因此具有较宽的知识面和宽厚的基础,从而为多学科知识的融会贯通提供了条件,也为不同专业知识的学习和能力的培养提供了良好的基础。

(2) 知识结构具有交融性。复合型人才具有多学科的知识,但这些知识绝非松散而没有联系,而是相互交叉、融合,形成新的知识,并

---

〔1〕 陈建民:《从法学教育的目标审视诊所式教育的地位和作用》,载《环球法律评论》2005 年第 3 期。

〔2〕 屈茂辉:《中国法学本科人才的培养目标——基于法学院系网站资料的分析》,载《湖南师范大学教育科学学报》2010 年第 6 期。

成为新的思维方法和综合能力的萌发点,不仅有助于解决本学科、本专业的问题,而且更容易有所创造。学科知识能否融合并综合地发挥作用,是复合型人才的重要标志。

2. 复合型人才的能力特征

(1) 多角度思维的能力。宽厚的基础和多学科知识的交融有利于能力的形成,但又不是各学科能力的简单相加,而是彼此之间互相取长补短,并在多种能力的基础上形成综合能力,在实践中发挥其综合功能。

(2) 创造性思维的能力。复合型人才可以通过不同学科知识和能力的融合而达到对原来的知识、能力的超越,即能用一种全新的思维方法来思考所遇到的问题,提出新的解决办法。这也是人的创造力的迸发,是人的智能的飞跃。

二、传统教学模式阻碍复合型法律人才培养目标的实现

(一) 传统理论讲述方式的不足

完全凭借教师传统口述、学生记笔记的教学模式,而且还在学生无任何经验的情况下,往往会让学生感到雾里看花,对学习内容似懂非懂,对基础理论的了解也仅仅停留在死记硬背的层面。

主要表现在实践经验缺乏、操作能力不强、知识面不够三个方面。

(二) 传统实践教学基地的单一性

传统的法科教育包含的实践教学内容一般是庭审观摩、司法调研、法律咨询、模拟审判、毕业实习、专业实习、毕业论文等课程构成,其中庭审观摩、司法调研、毕业实习、专业实习均是在实习基地进行。而法学本科实习基地普遍是以法院、检察院为主,实践的方式也比较单一,例如,法院旁听由于受到法院工作安排、旁听案件类型、学校教学安排等多种因素的影响,次数少、时间短,无法完整听取一个案件的法庭审理过程。学生既不了解案情的前因后果,又无法身临其境去将自己所学与具体案情结合,难免有隔靴搔痒之感。即便是毕业实习,

这虽然是很多学校重视的实践环节,也是教学安排中最主要的实践安排。目前毕业实习一般采取两种模式:其一是由学校统一安排,到当地基层法院、检察院等机构实习,由于实习单位性质限制,相关单位有些根本无法同时容纳如此多的实习学生,即便接受,由于实习时间一般仅有十周左右,且业务部门本身分工明确,往往谈不上有针对性地安排实习工作。很多实务部门对于学生实践活动的配合度不高,认为这种实践无法给本单位带来实际利益,基本都采用推脱方式。很多情况下只安排实习学生专职负责打印、复印或者装订卷宗等工作,实习期间根本接触不到实际工作。其二,有些学校允许学生自行安排毕业实习,由于实习期与学生考研考公务员复习时间重合,更是导致很多学生为了挤时间不参加实习,到亲朋好友单位开个证明敷衍了事,毕业实习名存实亡。

总的来说,法科学生在接受正规的法学教育之后,大多是在实践中依靠独自摸索或言传身教等非系统方式提升法律实务能力,至于人际交往及协调能力,创新能力更是无法在现行的实践教学条件下实现。

三、复合型法律人才培养的路径选择

(一)改革传统课堂教学模式

传统教学模式是以经典理论灌输为主,教师多采用讲述法,有时辅之以经典案例。学生在课堂上充当的是听众,接受多少很难直观体现。而复合型法律人才培养的课堂教学必然是以学生为主体,训练学生的创新能力。为此在课堂讲述中可以进行两个板块设计,即把每次课程分为知识板块+案例分析板块:

例如笔者在讲述“职务发明创造的权利归属”这一课题时,首先,介绍基本理论:现代专利制度以法律的形式将垄断性的权利赋予知识产品的创造者,职务发明创造的完成,既需要依赖发明者,更离不开的是资金的投入者,如何平衡二者的利益,这便是解决这一实践问题的起点。然后围绕利益平衡,我对于《专利法》第 6 条的规定,还是《专利法实施细则》第 12 条的解释进行了明确的说明。例如:主要利用本单位的物质技术条件所完成的职务发明创造,我对于“主要”一词进行了界定，指出应从质与量两方面来把握是否符合这一条件。

其次，笔者设计了一个典型案例，一位大学教授在高校工作期间完成的发明创造能否认定为职务发明创造。学生运用所了解的知识，积极发表意见，形成两种不同的观点。在此基础上，我引导学生，既要重视法律的规定，同时必须注重证据。最后，笔者根据此前介绍的内容，对案例进行演绎，设计不同的问题，考查学生对知识的掌握情况。以一个典型案例为基础，在不同环节多次使用该案例，多角度地思考该问题，针对该案例展开讨论，提升了学生的实践能力。在这一过程中还应注意尽量鼓励学生提出问题，教师再做适当的补充，因为正如爱因斯坦所言“提出一个有价值的问题，比解决一个问题要更有效”。

（二）通过情景模拟方式的实践教学改革

1. 情景模拟方式的含义

所谓情景模拟是指根据被试者可能担任的职务，编制一套与该职务实际情况相似的测试项目，将被试者安排在模拟的、逼真的工作环境中，要求被试者处理可能出现的各种问题，用多种方法来测评其心理素质、潜在能力的一系列方法。[1]

2. 案例的选择及相关能力的培养定位

以选择经典案例苹果 IPad 与唯冠的商标之争为例，我要求学生以商务谈判的方式解决纠纷。美国的知名律师弗拉斯科纳曾说过，法律职业就是谈判，谈判能力包括思维能力、观察能力、反映能力和表达能力，能对学生未来参与企业法律提供极大的帮助。

3. 具体案例设计及流程

序号	教学内容 教学环节	谈判能力培养	教学方式	课时
1	调研阶段	主要培养学生人际协调能力。	由学生独立完成。① 在确定组长负责的前提下，分析谈判对手判断个性特点。② 调查，掌握有关详尽的资料，审核对方的资格、信誉、注册资本及法定地址。	2 节

〔1〕 戴国良、周永平：《情景模拟教学研究与实践》，载《南方论刊》2010 年第 3 期。

(续表)

序号	教学内容 教学环节	谈判能力培养	教学方式	课时
2	准备阶段	主要培养学生运用谈判的理论来分析谈判案例的能力。	由学生一对一的向教师汇报案例分析的结果,教师通过提问来考察。	2 节
3	进行阶段	主要培养学生对谈判的策略、技巧运用能力。	由学生以多对多两组对抗的方式分析谈判结果。交一份和解合同。	2 节
4	结束阶段	主要培养学生归纳总结的能力、创新思维的能力。	由教师与学生采取一对多的形式小结。一方面对大家的讨论结果有一个大体的方向性指导，对理论知识的运用是否恰当给出明确结论。另一方面又提出一些更深层次的问题，引导学生课后继续深入思考。比如,本次课后我要求学生自己替苹果公司设计一款商标并撰写商标申请书。	2 节
合计				8 节

论女性学专业学生法律素养的培养

——基于《法理学》或《法学概论》的教学思考

屈振辉* 颜 龙**

摘 要:女性学是最具有女子高校特色的专业,法律是我国妇女争取自身解放的武器。基于女性学专业自身的学科特点、毕业生今后就业的主要方向及作为其他专业课程的基础等多方面考虑,培养该专业学生的法律常识、权利意识、法律思维等法律素养非常重要,而开设《法理学》或《法学概论》课程则是其最主要的路径。它作为女子高校女性学专业的必修课,不同于法学或其他文科类专业的同名课程,具有该专业独特的特点。因此在教学过程中应根据本专业特点,精心选取教学内容、增强学科知识融通,不断提高教学效果、提高学生法律素养,培养出合格的女性学专业人才。

关键词:女性学专业 学生法律素养 培养 法理学 法学概论 教学思考

女性学专业是为党政机关和群团组织、企事业单位、民间组织、学

---

* 屈振辉(1977—)男,河南信阳人,湖南女子学院教育与法学系副教授、硕士,主要研究法理学。

** 颜龙(1972—)男,湖南郴州人,湖南女子学院基建处讲师、硕士,主要研究宪法与行政法。

校、社区及国际组织培养从事妇女工作、性别研究与实际推动、性别政策分析、性别文化传播、女性权益维护及女性教育等相关工作专门人才的特殊专业,因此该专业的专业课程主要涉及社会学、法学、政治学、公共管理等学科板块。《法理学》或《法学概论》[1]是其中法学板块的基础课程,也是其他板块的知识支撑性课程,是女子高校女性学专业的专业基础课,肩负培养该专业学生法律素质的任务,因此既十分重要又非常必要。女性学专业在我国高校专业序列中属新兴专业,在很多方面都要不断进行教学改革和探索,《法理学》或《法学概论》也是同样。不论是该课程的教学还是教学改革,都要以达到人才培养目标且有利于学生今后从事相关工作为中心。

一、女性学专业学生加强法律素养的意义

女性学专业加强法律素养具有非常重要的意义。首先,这是由该专业的学科属性决定的。在教育部公布的《普通高等学校本科专业目录》中,女性学专业属于法学学科门类社会学类的特设专业,学生毕业后将获得法学学士学位。开设《法理学》或《法学概论》课程,将有助于学生明确专业学科定位、培养学科思维模式,同时也了解法律的基本常识。否则学生毕业后在找工作时,用人单位见其手持法学学士学位,随便问及几个法律常识问题他们都答不出,未免有点太贻笑大方了。因此女性学专业学生应比其他专业学生掌握更多的法律常识。其次,这是由该专业的培养目标决定的。男女平等虽然是我国的基本国策,但在现实中女性权益常常被侵犯,因此女性维权工作非常重要。培养女性维权人才就成为女性学专业的主要目标。但女性维权靠什么?主要还是依靠法律,特别是在中国社会。“寻求法律保护是妇女最有现代意识的社会举动,法律是妇女发展中每呼必灵的‘万能法器’。其理由是、饱经苦难、命运坎坷的中国妇女,终于认识到庄严的国徽照耀下的法律武器才是她们争取解放、摆脱压迫的护身符,因此,

---

〔1〕 女性学是我国普通高校本科专业目录中的专业,目前我国普通高校中仅只有中华女子学院和我院设有该专业。中华女子学院的女性学专业开设《法学概论》,而我院的女性学专业开设《法理学》。两者略有不同,详见下文。

她们将会以极大的热情和信赖学习运用法律武器,来保护自己的利益。"[1]即使该专业学生毕业后不从事女性维权工作而从事其他工作,例如妇女工作、性别研究与实际推动等也都离不开法律。最后,这也是为该专业其他课程教学服务的。例如妇女社会工作,这门课程中就涉及大量法律内容。比如说应对就业歧视、解决家庭暴力、保障教育权益等方面,就分别与《妇女权益保障法》、《劳动法》及《义务教育法》等有关。而其中最重要的就是《妇女权益保障法》,它是开展妇女社会工作的法律依据。再例如中外妇女运动史,这门课程中也涉及大量法律文献。如果说"法律是凝结的历史,或者说是历史过程的产物。在人类社会的转折点,都可以看到法律的旗帜或标志"[2],那么在妇女运动和妇女解放的历程中也随处可见"法律的旗帜或标志"。这方面在我国例如《中华苏维埃共和国宪法大纲》,其第 11 条规定"中华苏维埃以保证彻底地实现妇女解放为目的,承认婚姻自由,实行各种保护妇女的办法,使妇女能够从事实上得到摆脱家务束缚的物质基础,而参加全社会经济、政治、文化生活。"在国外有美国宪法第 19 修正案,其规定"合众国或任何一州不得因性别而否认或剥夺合众国公民的选举权。"这是 20 世纪初美国妇女参政权运动的高潮,也是现代美国妇女获得选举权的法律依据。在国际上有《消除对妇女一切形式歧视公约》,这是联合国为消除对于妇女的歧视、争取性别平等而制定的重要国际人权文书,旨在保障妇女在政治、法律、工作、教育、医疗服务、商业活动和家庭关系等各方面的权利……正是这些法律文献勾勒出中外妇女运动发展运动的主线。另外应当指出的是,十八届四中全会通过《中共中央关于全面推进依法治国若干重大问题的决定》,标志着我国包括妇女事业在内的各项事业都将步入法治化的轨道,因此今后主要从事妇女工作的女性学专业学生的法律素养培养就更为重要。

---

〔1〕 娜仁、孙晓梅:《马克思主义妇女观简明教程》,内蒙古出版社 1991 年版,第 171 页。

〔2〕 张文显:《法理学》(第 4 版),高等教育出版社 2011 年版,第 7 页。

二、女性学专业学生法律素养的主要内容

法律素养是涵盖性较广泛的法律概念。它具体而言是指人们认识和运用法律的能力,通常包括法律知识、法律意识和法律观念、法律信仰等三个层面。其中前者是指知道法律相关的规定;中者是指对法律尊崇、敬畏、有守法意识,遇事首先想到法律,能履行法律的判决;后者是指个人内心对于法律应当被全社会尊为至上行为规则的确信。我们认为,女性学专业学生应具有的法律素养也包括这些方面。首先是法律常识,即与每个公民最密切相关也最常用的法律知识,它的内容比较广泛且范围也不好把握。目前我国已建成的中国特色社会主义法律体系主要包括宪法及宪法相关法、民法商法、行政法、经济法、社会法、刑法、诉讼与非诉讼程序法等七个组成部分,女性学专业学生应掌握的法律常识应包括它们。其中宪法及宪法相关法、民法商法(特别是婚姻法、继承法)与社会法(特别是妇女权益保障法、劳动法)是教学重点,刑法、诉讼与非诉讼程序法相对次要,经济法、行政法做一般了解即可。从这个角度讲,将课程定名为《法学概论》较为合适。其次是权利意识。在现代社会中,权利意识是最为重要的法律意识,它甚至成为法律意识的代名词。“权利意识是指特定社会的成员对自我利益和自由的认知、主张和要求,以及对他人认知、主张和要求利益和自由的社会评价。”〔1〕在女性学专业学生的法律素养培养中,权利意识的培养也最为重要。《为权利而斗争》〔2〕,这既是德国法学家耶林享誉世界的法学名著的书名,也是西方女权运动和我国妇女解放运动共同的主旨。通常而言,权利意识包括权利认知、权利主张以及权利要求等三个层面。女性学专业学生对女性权利不应当仅停留在了解和认知层面(这是社会上的每个女性甚至包括男性在内的所有公民都应知晓的),而应深入到主动确认和维护女性权利层面,甚至向社会或政府提出女性新的权利请求层面。后两者正是女性学专业学生毕

〔1〕 高鸿钧:《中国公民权利意识的演进》,载夏勇:《走向权利的时代:中国公民权利发展研究》(修订版),中国政法大学出版社2000年版,第45页。

〔2〕 〔德〕鲁道夫·冯·耶林:《为权利而斗争》,郑永流译,法律出版社2012年版。

业后从事的专业对口工作内容之一。最后是法律思维。“法律思维在本质上就是运用法律的概念和方法来思考和看待问题。”[1]我国社会中很多女性问题实际上都是法律问题,例如性骚扰、家庭暴力、就业性别歧视、“外嫁女”的选举权和土地承包经营权被剥夺,等等。这些问题的解决最终都必须依靠法律手段。因此要培养女性学专业学生对于这些问题的法律敏感性,使她们在遇到这类问题时能首先想到法律,意识到这些问题将会涉及哪些法律,并且能够运用所学的法律常识解决其中的简单问题,或者能为其中的复杂问题指明解决的法律方向。就此而言,如果从普及法律常识角度上讲该课程应定名为《法学概论》;那么从培养权利意识和法律思维角度上讲,该课程则定名为《法理学》更为合适。

三、《法理学》或《法学概论》教学中的问题

开设《法理学》或《法学概论》课程虽是培养女性学专业学生法律素养的主要路径,但在教学中仍存在以下问题:首先是教材难选取。其实无论该课程的名称定名为《法理学》还是《法学概论》都不重要,关键在于其内容必须涵盖法的基础理论和各部门法常识这两部分,但是现有教材很难两者兼顾。具体而言,现有的《法学概论》教材基本以介绍各部门法常识为主,有关法的基础理论最多只有两三章而且很不深入,更无法满足培养该专业学生深层次法律素养的需要;而现有的《法理学》教材基本以阐述法的基础理论为主,有关各部门法的介绍最多是在“法律体系”部分中“昙花一现”,基本上起不到普及相关部门法常识的作用。且现有的《法理学》教材的使用对象多为法学专业学生,非法学专业学生对教材内容往往难以理解,学习起来难度非常大。近年来也有些介绍与女性权益有关的法律教材出版,但它们也不适合作为本课程的教材,既是因为其在法理的深度和部门法的广度上都不够,又是因为其在整体上带有女性主义的色彩,而本门课程教学要求在整体上是不该带有这种倾向性的。其次是对教师的要求高。要讲好女

---

〔1〕 北京大学法学百科全书编委会:《北京大学法学百科全书》(法理学·立法学·法律社会学),北京大学出版社2010年版,第292页。

性学专业学生的《法理学》或《法学概论》课程非常不容易。教师既要有深厚的法学基础理论功底,又要对各部门法尤其是与专业相关的部门法非常熟悉。但是这还不够,还需要教师对女性学理论和现实女性问题比较了解,能够在教学中自如地运用相关理论和案例,最好还能在教学中有些"女性主义法学"的视角,这就对教师提出了更高要求。实际上即使在女子高校甚至是其中的法律院系,这样具有双重学术背景和视角的教师也非常少。最后是课程趣味性不足。在"依法治国"的今天,每个公民都应学习法律,都应了解基本法律常识。但真正学起法律来很多人又感到枯燥无味,甚至包括法学专业学生都有同感,特别是趋近哲学的《法理学》学习起来就更难。"法理学作为理论法学,其研究具有高度抽象性……学生学习兴趣难以提高,深感枯燥、乏味。"〔1〕《法理学》课程本身具有较强的逻辑性,但女性学专业学生则主要以女生为主,她们在逻辑性上稍逊于男生,其对课程内容需要反复消化才能理解,因而学习起来也非常吃力。这些问题都严重地影响到了该课程的教学效果,也严重地影响到女性学专业学生法律素养的培养。

四、《法理学》或《法学概论》教学改革

女性学是我国高校中的新兴专业,很多课程都要不断进行改革探索,《法理学》或《法学概论》亦然。针对该课程目前存在的上述问题,我们认为该课程应当从以下五个方面进行改革、探索和完善:

第一,合理确定教学内容。授课教师应根据女性学专业特点,大胆突破现有教材中的体系局限,合理选择现有教材中的教学内容,甚至还必须补充相应的教学内容。我们认为,这门课程教学内容应包括四部分,即法学学科门类概要、法学基础理论、中国特色社会主义法律体系和女性主义法学,其中第二三个部分是该课程教学的重点。第一部分主要介绍法学学科门类及其中法学、政治学、社会学、民族学和马克思主义理论等五个一级学科,使学生明确自己所学专业在法学学科

---

〔1〕 石旭斋:《走向21世纪的"法理学"教育》,载《当代法学》1999年第2期。

门类中的位置，弄清该专业与学科门类内其他专业间的区别与联系，从而帮助学生准确地进行学科、专业定位。第二部分主要介绍法的本体、运行、价值、历史发展及与社会的关系。其中重点是法的概念、本质、特征与作用，法律关系、法律行为、法律责任、法律思维，权利与义务，立法、执法、司法与守法，法的公平、正义、人权价值等。女性学专业学生在今后的专业对口工作中，不仅将遇到很多法律问题且还要具备认识和解决这些问题的能力，因此不能只具备部门法的常识还必须有一定的法理功底。而传统的《法学概论》课程，主要以讲述部门法知识为主，则无法满足上述的要求。第三部分主要介绍中国特色社会主义法律体系的各个组成部分，即宪法及宪法相关法、民法商法、行政法、经济法、社会法、刑法、诉讼与非诉讼程序法等。其中重点是婚姻法、妇女权益保障法以及宪法、民法通则、继承法、劳动法和刑法中涉及女性权益的条款。本部分还应介绍国际法的有关内容，如国际保护妇女权益公约等。这部分将有助于学生比较全面地掌握法律常识，满足女性学专业学生今后从事相关工作的需要，也能为学习妇女社会工作等专业课程打下基础。传统的《法理学》课程，主要以讲述法的基本理论为主，也无法满足上述的要求。就此而言，这门课程应当是《法理学》和《法学概论》两门课程的结合。第四部分主要介绍女性主义法学，这是该课程的特色所在。“作为西方后现代法学的一个重要分支，女性主义法学主要从理论上探讨女性受压迫是如何表现在法律领域内，法律如何维护男性对女性的统治、压迫和歧视，造成这种现象的根源是什么，法律在促进两性平等中的价值应当如何体现等内容。”〔1〕它实际上是西方女权主义思潮在法学领域中的反映，也是影响很多涉及女性的法律发生变革的主要原因，对于女性学专业学生而言也非常重要。鉴于目前涵盖这四部分内容的《法理学》或《法学概论》教材还没有，建议设有女性学专业的高校按这个体例联合编著出版一本新的教材以满足教学需要。

第二，运用女性案例教学。实践性是法学专业教学的重要特征，而案例教学则是法学专业的重要教学方法。“法学实践性教学的内容

---

〔1〕 李傲：《性别平等的法律保障》，中国社会科学出版社 2009 年版，第 74 页。

广泛,并且处于不断的发展、变化当中;不过,案例教学在其中始终居于某种关键地位。"[1]案例教学有助于加深学生对于法理和部门法知识的理解,还可起到引发学生兴趣、培养学生能力的作用,且有利于他们今后从事具体实务工作。我们认为,教师在为女性学专业学生讲授《法理学》或《法学概论》课程时,不仅要多使用案例教学而且还要更多使用发生在女性身上的案例教学,最好是女性维权方面的案例。这既有利于突出本课程作为女性学专业基础课程的特色,也有利于学生加深对与案例对应理论部分的认识和理解,更有利于学生今后在实际工作的具体应用。使用女性维权案例开展教学,更有利于促进该专业学生的权利意识增长,使他们在认识到现实社会生活中女性维权之不易的同时,掌握女性维权的理论依据与实践技巧,以便其今后从事女性维权工作的需要。例如,在我国某些农村地区屡屡发生"外嫁女"选举权和土地承包经营权被其娘家所在地村委会剥夺的事件,就可以作为宪法一章中选举权平等原则和民法一章中财产权益保护等教学内容的案例。全国很多地方法院及妇联组织都发布了一些妇女维权的典型案例,其中涉及婚姻法、妇女权益保障法、继承法、劳动法和刑法等多方面,这些案例应充分地运用到女性学专业的《法理学》或《法学概论》教学中。在教学中最好使用新闻片段等视频形式的案例,这样的视频案例既生动形象、喜闻乐见又具有较强的视觉冲击力,能充分调动学生的兴趣和积极性;但它们并不是为教学专门制作的,因而也存在着主题不够鲜明、说理不够充分等问题。这就需要教师在教学中帮助学生凝练和总结,而不是在理论讲完后把视频一放了事,敷衍了事不利于提高本课程教学效果。

第三,巧妙采用电影教学。提高女性学专业学生的法律素养,仅靠《法理学》或《法学概论》课程的课堂教学还不够,还必须辅之以其他教学方式,否则前者就是"孤掌难鸣"。不仅学生兴趣难以调动,而且教学效果也难巩固。笔者在实际教学中深感于此,同时也为向所在院校的其他专业学生普及法律常识,开设了全校性的公共选修课《电影

---

〔1〕 王泽鉴:《法学案例教学模式的探索与创新》,载《法学》2013年第4期。

中的法律世界》并撰写了相应教材[1],鼓励女性学专业学生积极地选修。法律电影是法治的现实反映,也是法治的艺术再现与升华,是法治与艺术最完美的结合。而通过观看影片使学生了解法律常识,既增添了普法教育的趣味性,又能深化人们对法律的理解。更为重要的是,它让我们深切感受到法律在生活中的无所不在。谈到学习法律,很多人都觉得枯燥无味;而观看起电影,很多人都感到津津有味。而在法律电影的赏析中,随着故事情节的展开和电影场景的变换,将其中的法律问题顺其自然地道出来,在潜移默化中普及有关法律知识,这莫不是一种很好的普法方法。它甚至成为美国很多大学法学院开展法学专业教学的方法。特别是一些女性主义题材的法律电影,更加是进行女性学专业《法理学》或《法学概论》课程课外教学的好素材,充分运用它们可以显著提升该课程的教学效果。在法律题材影视作品中,女性常常具有很重要的角色,其中也折射出女性与法律的种种关系。[2] 我们在课外组织学生观看了《律政俏佳人》、《永不妥协》、《秋菊打官司》等影片并召开影评会进行讨论,收到了很好的效果。

第四,加强学科知识融通。即让女性学专业的学生融会贯通所学全部知识,从而将法学知识与其他课程所学知识联系起来融为一体,使学生自己成为知识的有机体。其实所谓学科划分是人们主观思维设计的产物,但进行这种划分本身并不是目的,而仅仅是为了方便、快速地理解和掌握知识。一个人所具有的知识体系常常是“跨学科”的,其各种观念也不会仅仅只源于某一类知识。特别是在女性学这种融合多种学科知识的专业中这一点更为明显。“与其他领域不同,女性/性别研究具有明显的多学科性和跨学科性,其研究对象(女性和性别关系)几乎存在于人文社会科学的每个领域。”[3]因此在女性学专业学生的《法理学》或《法学概论》课程教学中,还必须与他们其他专业课程的知识相联系。例如,妇女权益保障法与“妇女社会工作”课程,宪法及行政法与“性别与公共政策”课程,等等。将法学知识与其他课程

---

〔1〕 屈振辉:《影中觅法——寻找电影中的法律世界》,上海交通大学出版社2013年版。

〔2〕 李思岐:《走进镜头的女性——从法律题材影视作品中的女性角色看女性与法律的关系》,载《法制与社会》2012年第12期。

〔3〕 陈方:《再论女性/性别研究学科建设》,载《中华女子学院学报》2013年第6期。

知识联系起来,将法律素养的培养渗透到女性学专业学生的整个知识体系中,这样效果将会更佳。

第五,教师学科视角培养。女性学专业学生学科视角的培养固然重要,但是该专业教师学科视角的培养更加重要。如前所述,女性学专业的《法理学》或《法学概论》课程性质决定了其任教教师多为法学学科专业背景,但是他们对女性学理论和现实女性问题大都不太了解,因此也给该课程教学带来了很多问题。而解决这个问题其实也有很多途径,除对该课程任课教师进行女性学知识方面的专门培训外,"教学相长"也非常重要。即让讲授女性学专业《法理学》或《法学概论》的教师,聆听女性学专业教师讲授《女性学导论》等专业课程或《女性学》公共课程,了解女性学的理论框架及其基本内容,以此培养他们女性学的学科视角;甚至在条件成熟的情况下还可以让他们讲授作为《女性学》公共课程,以进一步获得提高。

结语

基于女性学专业自身的特性,法律素养应成为该专业学生应具有的基本素养,而开设相关课程则是加强其这方面素养的主要途径。我们应当不断地进行课内教学改革和探索,同时辅之以课外活动以增强教学效果,使该课程在整个女性学专业课程体系中及在该专业学生知识体系培养中发挥其重要作用。

地方高师院校教师教育改革中法律意识培养的反思与重构

——以乡村中小学教师性侵犯学生为视角

杨　晓*

摘　要：乡村中小学教师队伍中出现的师德失范现象，有历史、社会、教师等多方面的原因，为了避免这些现象的发生，必须反思教师教育改革，从新进行高师院校师范专业课程体系的设置，改革中小学教师在职培训的目标，加强对准教师的法制教育，努力提高教师的思想道德素质和业务水平。

关键词：乡村中小学教师　法律意识　重构

我国汉代教育尊师杨雄说："师者，人之模范也。"表明教师是学生做人的模范。古语中还有"学高为师，身正为范"的说法。最近几年媒体纷纷报道，个别教师竟然不顾礼义廉耻和基本师德，违反法律的规定，随意对学生施暴甚至性侵自己可爱的学生，这其中又以经济欠发达地区的乡村中小学教师居多。[1] 频频出现的中小学教师性侵学生

---

* 杨晓（1978—），男，壮族，湖南江华人，讲师，主要从事经济法学及高校教育教学理论研究。

〔1〕 石峰：《论教师德性》，载《教育探索》2010年第3期。

事件不得不让我们反思目前进行得轰轰烈烈的教师教育改革在取得重大成绩的同时,还忽略了哪些问题。地方高师院校承担着为广大村镇中小学输送教育人才的重任,反思地方高师院校教师教育改革中法律意识培养存在的问题,进而探寻解决问题的对策意义重大。

一、教师教育改革中法律意识培养缺失引发的问题

1. 一些教师道德平庸,事业心不强

社会民众反映,最近几年教师师德建设有滑坡的趋向,现在的教师不如以前的教师素质高,道德水平有所下降,在少数教师身上看不到为人师表的样子,古时先贤圣师的高尚品格在他们身上完全丧失。由于乡镇中小学教师待遇偏低,受社会上普遍存在的拜金主义思想的影响,部分教师身兼数职,在授课之余或者经商、或者私下给学生补课、或者从事农业劳动等。由于待遇低、晋职升迁无望,部分教师感觉对教育付出太多不值,于是对教学、学生漠不关心,无法全身心投入到教学中,于是乎出现了“当一天和尚撞一天钟”类似的不正常现象。

2. 少数教师责任意识差,自身不良习性给学生带来一些负面影响

笔者在一次调研中走访了部分中小学校,相关负责人普遍反映的一个现象是,现在的高师毕业生单从知识储备教学能力等方面看,大多数本科毕业生可以很快胜任中小学的教学工作;但是,在日常行为习惯方面很难给学生以示范,甚至对学生造成一些不良影响。例如个别教师在与学生交流时不注意自己的言行,“出口成脏”或者给学生宣传一些不健康的思想;个别教师平日不注重修身养性,染上了无节制玩网络游戏、赌博、吃喝嫖赌等恶习,在自己的言传身教中不经意地将恶习传递给了学生;部分教师利用节假日要求学生家长请吃喝、送礼等。这反映出高师院校在对学生进行知识性教学和教学能力培养方面确实取得较好的成绩,但在思想道德培育方面还存在某些问题。

3. 个别教师法治素养极差,侵犯学生权益事件屡禁不止

中国公安大学曾经对全国 5800 个中小学生做过一个问卷调查,41%受到过所谓的打骂威胁和肢体侵害,这些侵害包括性侵害。近年来,关于中小学教师对学生性侵犯的案例不断见诸报端,个别老师对

学生的性侵犯手段恶劣，令人发指。

据南方周末网 2013 年 5 月 18 日综合报道，安徽天明小学校长杨启发被指在 12 年里先后对 9 名四年级以下女学生实施性侵。目前，安徽潜山县检察院已经以涉嫌强奸猥亵儿童罪对天明小学校长杨启发提起公诉，该案即将开庭审理。据媒体报道，2013 年至 2014 年 4 月期间，12 名幼女在宁夏灵武市秀水梁村村里的幼儿园被教师黄振辛性侵，其中 11 人为留守儿童。

现实的情形令人触目惊心，教师性侵犯案件的发生，给未成年人造成的生理和心理上的伤害自不待言。重要的是影响了教师的形象、学校教学教育秩序的稳定和整个教育制度的进一步改革。

二、教师教育改革中法律意识培养缺失的成因

发生教师性侵学生的地区，大都相对闭塞和落后，基本上是乡镇小学，天高皇帝远，主管部门对这些学校缺乏强有力的监督和制约，校园成为一个以教师为核心的独立“王国”，一旦个别教师道德品行败坏，那些令人发指的性侵犯案件频频发生也就不足为奇。因此探讨教师教育改革中法律意识培养缺失的成因，构建教师法律素养培育新机制迫在眉睫。

1. 教师教育中职前教育阶段不重视对师范类学生法律意识的培养

(1) 部分师范院校为了在激烈的竞争中生存，在人才培养目标定位与课程体系设计上重学生专业技能培养，轻德育、法制培育。从当前地方高师院校教师教育改革现状看，改革存在两个误区。

第一，随着师范类毕业生就业压力的增大，各高师院校开始注重对学生进行专业技能的培训，开始强调教师职业的专业性，将教师职业视为拥有异于一般知识的专业知识，能够根据特有的专业经验，为特定对象提供专业服务的专业化职业。在如此教育理念的支配下，各高师院校纷纷增加教师技能课程，加强学生专业知识培养和专业技能训练，开始重视学生系统知识的传授和教学实践能力的培养，通过这

些方面的改革来加强其就业竞争能力,以提高就业率。[1]

第二,为了在激烈的竞争中生存,一些地方高师院校开始进行改革,力图在办学方面体现其与综合性大学不同的师范特色,在人才培养目标、专业设置、课程设置等方面凸显师范性,重视对师范生教学教法、授课技巧、教育心理等培养,力图在招生蛋糕中获得一杯羹。

如此对专业素养的重视,不经意间就轻视了对学生德育、法律意识的培养。一些地方高师院校由于教学资源的紧缺,将思想道德修养等公共课进行大班开课,一个班 100 多人,教学效果差,学生无法用心掌握教师课堂传授的知识,教师也无心将此类公共课上好。

(2) 一些师范院校任课教师角色定位不准确,重教书轻育人。据笔者调查得知,在教育教学实践中,部分高师院校教师在一定程度上存在只管教书、不管育人的现象。他们认为专任教师的任务就是教书,管理学生、培育学生品德修养和法律意识是辅导员的任务。这些教师只顾完成教学任务,45 分钟的授课时间里只是埋头向学生灌输专业知识,对学生的思想道德教育成效漠不关心。加之大部分高校分设多个校区,任课教师忙于在多个校区之间奔波,下课后基本上没时间没动力与学生交流,更无法了解学生的德育状况,如此放羊似的教学对提升学生道德素养与法律意识所起的作用极其有限。

2. 教师教育中继续教育环节忽略了对教师道德品行与法律意识的培养

目前中小学教师培训计划针对的是农村中小学骨干教师,班主任教师、中小学紧缺薄弱学科教师培训,培训目标是提升少数教师群体的专业素养、专业教学技能与专业管理能力,因而忽略了大部分教师道德素养与法律意识的培育。

此外,农村教师紧缺,大部分乡村学校对教师在职培训不重视,导致农村教师缺乏在职培训的环境和条件,致使农村教师的专业化进程缓慢而又曲折。欲通过在职培训的方式全面提升乡村中小学教师的专业水平与法律意识需要做很多工作。

---

〔1〕 宋晔:《教师德性的理性思考》,载《教育研究》2013 年第 6 期。